AUTOLYCOS DE PITANE

LA SPHÈRE EN MOUVEMENT
LEVERS ET COUCHERS HÉLIAQUES
TESTIMONIA

COLLECTION DES UNIVERSITÉS DE FRANCE
publiée sous le patronage de l'ASSOCIATION GUILLAUME BUDÉ

AUTOLYCOS DE PITANE

LA SPHÈRE EN MOUVEMENT

LEVERS ET COUCHERS HÉLIAQUES

TESTIMONIA

TEXTE ÉTABLI ET TRADUIT
PAR
GERMAINE AUJAC
Professeur à l'Université de Toulouse Le Mirail

AVEC LA COLLABORATION
DE

JEAN-PIERRE BRUNET ET ROBERT NADAL
Chargé de recherche à l'Observatoire de Toulouse-Pic du Midi
Assistant à l'Observatoire de Toulouse-Pic du Midi

Deuxième tirage

PARIS
LES BELLES LETTRES
2002

Conformément aux statuts de l'Association Guillaume Budé, ce volume a été soumis à l'approbation de la commission technique, qui a chargé M. Charles Mugler d'en faire la révision et M. Alain-Plilippe Segonds d'en surveiller la correction en collaboration avec Mlle Germaine Aujac.

95 boulevard Raspail, 75006 Paris
www.lesbelleslettres.com

Première édition 1979

ISBN : 2-251-00071-2
ISSN : 0184-7155

INTRODUCTION

I

LA VIE D'AUTOLYCOS

Autolycos, originaire de Pitane en Éolide, ne serait qu'un nom sans guère de consistance si le hasard de la transmission des textes n'avait conservé de lui deux ouvrages de géométrie sphérique, *La sphère en mouvement* et *Les Levers et couchers héliaques*, généralement considérés comme les plus anciens textes scientifiques grecs connus[1].

1. Sur Autolycos de Pitane, le travail le plus récent est dû à J. Mogenet, *Autolycos de Pitane, Histoire du texte suivie de l'édition critique*, Louvain, 1950. Consulter aussi Fr. Hultsch, *R.E.*, II (1896) s.v. col. 2602-2604 ou encore P. Tannery, *Autolycos de Pitane*, Bordeaux, 1886. D'intéressants chapitres sont consacrés à Autolycos et à ses contemporains dans J. B. Delambre, *Histoire de l'Astronomie ancienne* (2 vol.), Paris, 1817 ; P. Tannery, *Recherches sur l'histoire de l'Astronomie ancienne*, Paris, 1893, et *La géométrie grecque*, Paris, 1887 ; P. Duhem, *Le système du monde*, 10 vol., Paris, 1913-1959 ; T. L. Heath, *Aristarchus of Samos*, Oxford, 1913 ; G. Schiaparelli, *Scritti sulla storia della Astronomia antica*, Bologne, 1925 ; et plus récemment O. Neugebauer, *A History of Ancient Mathematical Astronomy*, Berlin-Heidelberg-New York, 1975. L'édition princeps des traités d'Autolycos est due à Fr. Hultsch, *De sphaera quae mouetur liber, de ortibus et occasibus libri duo*, Leipzig, 1885. Une traduction allemande fondée sur son texte a été publiée par A. Czwalina à Leipzig en 1931 ; une traduction anglaise fondée sur le texte de J. Mogenet, par F. Bruin et A. Vondjidis à Beyrouth en 1971. Le texte grec des propositions seules avait été publié dès 1572 par C. Dasypodius à Strasbourg. Pour une vue d'ensemble sur les textes grecs et latins conservés, cf. *L'Astronomie dans l'Antiquité classique* (Actes du colloque tenu à Toulouse, 21-23 octobre 1977), à paraître aux Belles Lettres.

1. Essai de chronologie

Le mathématicien Autolycos est mentionné par Diogène Laërce (*Vies des philosophes*, IV, 29) dans la biographie d'Arcésilas de Pitane, fondateur de la Moyenne Académie, qui aurait été son disciple et l'aurait accompagné à Sardes avant de se rendre à Athènes.

Par Arcésilas donc il serait possible de situer Autolycos dans le temps, si la vie d'Arcésilas était mieux connue et plus sûrement datée. Or les renseignements fournis par Diogène Laërce sont peu compatibles entre eux et l'on en est réduit à des conjectures. L'opinion qui prévaut néanmoins[1] est qu'Arcésilas vécut entre 315 et 240 et qu'il prit la direction de l'Académie après Cratès, vers 265, et la conserva jusqu'à sa mort. Si l'on s'en tient à ces dates, ce serait donc vers 305/300 qu'Arcésilas aurait bénéficié des leçons d'Autolycos ; c'est aussi à ce moment-là que se placerait le voyage à Sardes sur lequel nous n'avons pas d'autres précisions. L'époque était particulièrement troublée en Asie mineure où Antigone le Borgne, en lutte avec les diadoques, finit par trouver la mort en 301 à la bataille d'Ipsos en Phrygie.

L'autre renseignement dont nous disposons concernant la carrière d'Autolycos est aussi décevant sur le plan biographique. Dans son *Commentaire au De Caelo*, Simplicius[2], retraçant à grands traits l'histoire des hypothèses astronomiques destinées à « sauver »[3] le mouvement des planètes, conclut son exposé du

1. Cf. H. Dörrie, *Kleine Pauly*, I s.v. col. 596-597.

2. Simplicius, *In Aristotelis de Caelo librum Commentaria*, p. 504 Heiberg. Ce texte est reproduit dans les *Testimonia* en fin de volume (*infra*, p. 179).

3. L'expression consacrée « sauver les phénomènes (ou les faits observés) » s'applique surtout au mouvement des planètes : il s'agit de convertir les mouvements apparents irréguliers des planètes en une combinaison de mouvements circulaires et uniformes.

système des sphères homocentriques imaginé par Eudoxe de Cnide en évoquant, d'après Sosigène[1], les critiques formulées à l'encontre de ce système par Autolycos, ses tentatives infructueuses pour l'améliorer et sa controverse fameuse avec Aristothéros.

La mention d'Aristothéros[2] dans ce texte n'est d'aucun secours. Dans la *Vita* IV d'Aratos, il est bien question d'un Aristothéros mathématicien qui aurait été le maître d'un Aratos, fils de Mnaséas, mais cette tradition est jugée aberrante par les spécialistes[3] ; le poète Aratos de Soles, auteur des *Phénomènes*, n'était d'ailleurs pas fils de Mnaséas.

Faut-il se fonder alors sur des analogies? Sosigène, qui tire le plus clair de ses informations de l'*Histoire de l'astronomie* d'Eudème de Rhodes, disciple d'Aristote, cite les recherches d'Autolycos tout de suite après celles de Callippe[4] qui avaient, elles, réussi à « sauver » certains des phénomènes dont le système d'Eudoxe était incapable de rendre compte ; puis, en manière de conclusion, il oppose à l'ardeur novatrice d'Autolycos le conservatisme de Polémarque de Cyzique, disciple d'Eudoxe et maître de Callippe. Ces indications, pour vagues qu'elles soient, peuvent suggérer qu'Autolycos, nettement postérieur à Polémarque, est également légèrement plus jeune que Callippe ; partageant son attitude critique vis-à-vis de l'hypothèse d'Eudoxe, il

1. Sosigène d'Alexandrie, philosophe péripatéticien du IIe siècle après J.-C., qui fut le maître d'Alexandre d'Aphrodise, composa un traité *Sur les sphères tournantes*, utilisé par Simplicius dans le passage cité.

2. Sur Aristothéros, d'abord considéré comme l'un des maîtres du poète Aratos ou comme l'un de ses amis, cf. C. Wachsmuth, « Der Mathematiker Aristotheros », *Rheinisches Museum*, XX, 1865, p. 455-456 ou encore E. Maass, « Aratea », *Philologische Untersuchungen*, XII, Berlin, 1892, p. 320-322. Opinion inverse chez F. Hultsch, *R.E.* Suppl. I, 1903, s.v. col. 136.

3. Cf. J. Martin, *Histoire du texte des Phénomènes d'Aratos*, Paris, 1956, p. 193. Aratos composa les *Phénomènes* vers 277 à la demande d'Antigone Gonatas.

4. Sur Callippe, dont il sera question plus loin, cf. Rehm, *R.E.* Suppl. IV, 1924, s.v. 1431-1438.

semble être allé beaucoup plus loin que lui et avoir proposé des modifications plus radicales, sans toutefois arriver au succès.

Si Callippe de Cyzique a vécu entre 370 et 300 (la première des périodes dites callippiques commence en 330), on peut situer sans trop d'invraisemblance la vie d'Autolycos entre 360 et 290. La rédaction de la *Sphère en mouvement* doit appartenir à la première partie de sa vie ; le second traité, consacré aux *Levers et couchers héliaques*, nettement plus original, doit être le produit de sa maturité, et il en est probablement de même pour la tentative d'explication touchant le mouvement des planètes.

2. Le contexte scientifique

La seconde moitié du IVe siècle fut une période particulièrement brillante dans le domaine scientifique. L'enseignement d'Eudoxe de Cnide commençait à porter ses fruits, et il n'est pas indifférent que ce soit justement dans un contexte eudoxéen qu'Autolycos soit mentionné par Sosigène.

Eudoxe de Cnide (c. 408-355), mathématicien et astronome[1], avait été l'élève en géométrie d'Archytas de Tarente, le Pythagoricien, dont Diogène Laërce dit que « le premier il introduisit l'emploi des principes mathématiques en mécanique, et le premier il appliqua les mouvements des instruments à la description géométrique en cherchant à tirer de la section d'un demi-cylindre deux moyennes proportionnelles pour former le double du cube » (*Vies des philosophes*, VIII, 83). A Athènes, Eudoxe avait suivi avec grand intérêt l'enseignement de Platon ; puis il était parti en Égypte s'instruire en astronomie et faire des observations : du temps de Strabon, on montrait encore son observatoire à Héliopolis (Strabon, *Géographie*, XVII,

1. Sur Eudoxe de Cnide, cf. Fr. Hultsch, *R.E.* VI (1907) s.v. col. 930-950, et F. Lasserre, *Die Fragmente des Eudoxos von Cnidos*, Berlin, 1966.

1, 30). Il fonda ensuite à Cyzique une école de mathématiques que fréquenta Polémarque ; il la transféra plus tard à Athènes ; mais il revint finir ses jours dans sa patrie, s'y faisant construire un observatoire et prenant une part active dans l'administration de la cité.

L'activité scientifique d'Eudoxe est de tout premier plan en bien des domaines. En astronomie, il est l'auteur de deux ouvrages intitulés *Le miroir* et *Les phénomènes*, dans lesquels il décrit essentiellement le mouvement apparent du ciel (ou encore les faits observés, ce qui est le sens du mot grec *Phainomena*) et le fonctionnement de la sphère des fixes. Il avait le premier porté les étoiles sur une sphère, utilisant cet instrument, la sphère solide ou sphère étoilée, pour reproduire les mouvements du ciel. Mais le nom d'Eudoxe est surtout resté attaché à l'hypothèse des sphères homocentriques, imaginée pour rendre compte du mouvement apparemment irrégulier des planètes à l'aide de mouvements circulaires et uniformes; il l'avait exposée dans le traité *Des vitesses* (περὶ ταχῶν).

Les études astronomiques avaient des incidences pratiques qu'Eudoxe avait fort bien reconnues : elles permettaient à l'homme de connaître sa place sur la terre, d'où l'intérêt d'Eudoxe pour la géographie[1] (il avait composé un *Tour de la terre*) ; elles permettaient aussi de se repérer dans le temps, d'où l'attention portée par Eudoxe aux problèmes de calendrier (il était l'auteur d'un *Octaétéride*).

Son disciple au second degré, Callippe de Cyzique (c. 370-300), élève de Polémarque, était lui aussi un mathématicien éminent. Non seulement il collabora avec Aristote pour corriger et compléter le système des sphères homocentriques mais, reprenant les travaux de Méton et d'Euctémon, il fixa avec plus de précision qu'eux la durée des saisons astronomiques et améliora leur période de dix-neuf ans destinée à mettre en accord

1. Cf. Strabon, *Géographie*, IX, 1, 2 qui présente Eudoxe comme une autorité en matière de figures et de climats.

mois lunaires et année solaire : la période callippique de 76 ans fut celle adoptée par Ptolémée pour dater les observations.

Autolycos semble avoir eu pour exact contemporain, à l'autre extrémité du bassin méditerranéen, l'illustre astronome et explorateur Pythéas le Massaliote[1] ; on situe généralement son grand voyage le long des côtes nord-ouest de l'Europe dans la décennie 333-323, c'est-à-dire peut-être à l'époque où Autolycos rédigeait *La sphère en mouvement*. Ce que l'un démontrait par la géométrie, l'autre allait le vérifier sur place. Pythéas était connu pour la précision de ses observations : mieux qu'Eudoxe, au dire d'Hipparque[2], il avait su repérer la place exacte du pôle dans le ciel. Il avait établi un tableau de corrélations entre la hauteur du soleil au-dessus de l'horizon au solstice et la latitude du lieu d'observation[3]. Utilisant l'astronomie à des fins géographiques, il situait « Thulé, la plus septentrionale des îles bretonnes, à l'endroit où le tropique d'été se confond avec le cercle arctique » (Strabon, *Géographie*, II, 5, 8). Comme Autolycos, il cherchait, par l'approfondissement de la théorie, le moyen d'atteindre à une meilleure maîtrise du réel.

L'activité scientifique de ce temps était nourrie et soutenue par la réflexion des philosophes. C'est Platon qui, au dire de Simplicius[4], avait posé aux mathématiciens le problème qui devait dominer toutes les recherches astronomiques : trouver des hypothèses capables de « sauver » au moyen de mouvements circulaires et uniformes les mouvements apparemment irréguliers des planètes. Eudoxe et son école y répon-

1. Sur Pythéas, cf. H. J. Mette, *Pytheas von Massalia*, Berlin, 1952 et F. Gisinger, *R.E.* XLIX (1963), col. 314-366.

2. Cf. Hipparque, *In Aratum*, IV, 1 (éd. C. Manitius, Leipzig, 1894).

3. Cf. Strabon, *Géographie*, II, 1, 18 et II, 5, 42 (éd. G. Aujac, Paris, 1969).

4. Cf. *Commentaire au De Caelo*, p. 493 Heiberg, cité dans les *Testimonia* en fin de volume. Ce passage est fondamental pour la connaissance des hypothèses astronomiques grecques (*infra*, p. 160).

dirent par la théorie des sphères homocentriques, adoptée par Aristote qui, interprétant en physicien le modèle sphérique présenté par Eudoxe, le transforma en conséquence. L'intérêt porté par Aristote aux problèmes du ciel était grand ; n'est-ce pas lui qui, d'après Sosigène, avait recommandé à son neveu Callisthène de lui envoyer le relevé des observations faites à Babylone par les astronomes chaldéens depuis les temps les plus reculés? Son disciple Théophraste (c. 370-286), auprès de qui Arcésilas de Pitane était allé s'instruire après avoir reçu les leçons d'Autolycos, interprétait à son tour l'hypothèse des sphères homocentriques. Un autre disciple d'Aristote, Eudème de Rhodes, resté en relations suivies avec Théophraste, composait outre une *Histoire de l'arithmétique et de la géométrie*, une *Histoire de l'astronomie* qui est l'une des sources les plus estimables de Sosigène et, à travers lui, de Simplicius.

Il n'est pas jusqu'à l'expédition d'Alexandre qui ne soit un bon témoin des préoccupations scientifiques de l'époque. Cet élève d'Aristote dont la courte vie (356-323) a laissé sur le monde une trace indélébile emmenait avec lui, dans son audacieuse expédition jusqu'aux limites du monde habité, une brillante suite de savants et de philosophes (dont Callisthène) qui avaient mission de faire de cette campagne militaire dans des pays mal connus un voyage de reconnaissance et de découverte scientifique : Alexandre faisait en effet en direction de l'orient, avec des moyens autrement importants, le même type d'exploration que celle entreprise par Pythéas, presque au même moment, dans les contrées septentrionales.

Les diadoques pour leur part manifestèrent un véritable engouement pour les études scientifiques. Ptolémée I Soter mandait à Alexandrie le célèbre géomètre Euclide qui y ouvrit une école ; il envoyait Philon explorer le cours inférieur du Nil et y faire des observations. Plus tard c'est un roi de Macédoine,

Antigone Gonatas, qui pria le poète Aratos de mettre en vers (c. 277) les *Phénomènes*[1] d'Eudoxe de Cnide.

Mais incontestablement le plus illustre des contemporains d'Autolycos, sur le plan scientifique, fut Euclide. On s'est longuement demandé lequel était antérieur à l'autre. Fr. Hultsch[2] a montré que certaines des démonstrations d'Euclide dans les *Phénomènes* admettaient comme acquis des théorèmes démontrés dans *La sphère en mouvement*, et il en a conclu à l'antériorité de l'ouvrage d'Autolycos. Ce mode de preuve n'est pas entièrement convaincant : les démonstrations d'Autolycos supposent elles aussi que sont acquis des théorèmes que l'on peut lire dans les *Sphériques* de Théodose, un auteur du Ier siècle avant J.-C., et la seule conclusion que l'on en puisse tirer, c'est qu'il existait déjà, du temps d'Autolycos, un corps de *Sphériques* analogues au traité de Théodose. La production scientifique de l'époque a si largement dépassé les quelques bribes qui nous en restent que l'on serait imprudent de négliger l'influence de tant d'œuvres perdues.

Si pourtant, comme je l'ai suggéré ailleurs[3], c'est aux travaux d'édition faits à la Bibliothèque d'Alexandrie, sous l'impulsion d'Ératosthène, que l'on doit d'avoir conservé tant de textes scientifiques précieux de l'époque hellénistique, il est probable que les deux traités d'Autolycos ont été connus et couramment étudiés dans l'école d'Euclide à Alexandrie, ce qui leur a valu de figurer dans les textes retenus pour l'édition à côté des traités du maître. C'est d'ailleurs immédiatement après *La sphère en mouvement* que dans les manus-

1. Cf. Arati, *Phaenomena*, éd. J. Martin, Florence, 1956.

2. Fr. Hultsch, « Autolykos und Euklid », *Berichte über die Verhandlungen der königlich Sächsischen Gesellschaft der Wissenschaften zu Leipzig*, Phil.-hist. Klasse, XXXVIII, 1886, p. 128-155.

3. Cf. G. Aujac, « Ératosthène, premier éditeur de textes scientifiques ? », *Pallas*, XIII, 1977, p. 3-24.

crits les plus anciens sont copiés les *Phénomènes* d'Euclide, comme s'il existait un ordre de succession logique sinon chronologique. Restons-en donc à l'opinion courante qu'Euclide, dont on situe l'*akmé* vers 300, est d'une vingtaine d'années plus jeune qu'Autolycos.

II

L'ŒUVRE D'AUTOLYCOS

Les deux traités conservés d'Autolycos sont *La sphère en mouvement*, en douze propositions, et *Les levers et couchers héliaques*, en deux livres de 13 et 18 propositions. Ils ne se trouvent pas à la suite l'un de l'autre dans les plus anciens des manuscrits qui transmettent ces textes : *La sphère en mouvement* est le second traité de la collection de textes astronomiques connue sous le nom de *Petite Astronomie*[1] ; il y succède aux *Sphériques* de Théodose de Bithynie. *Les levers et couchers héliaques* est souvent l'avant-dernier traité de la Collection, avant l'*Anaphoricos* d'Hypsiclès. Certains manuscrits ne contiennent que *La sphère en mouvement* ; aucun n'offre le second traité seul. Ceci est déjà une indication sur l'intérêt différent que présentent les deux opuscules.

La sphère en mouvement

Le premier traité, beaucoup plus général que le second, étudie, à l'aide d'une représentation géométrique, les différences d'aspect, par rapport à un plan de référence, d'une sphère tournant à vitesse uniforme autour de son axe. Il utilise pour cela des cercles parallèles, décrits par les points se trouvant à la surface de la sphère, et des grands cercles obliques, mobiles ou fixes, ou

1. L'appellation, contestée par O. Neugebauer (*op. cit.* p, 769), remonte à Pappus (cf. *Testimonia* p. 142). Pour la liste des traités réunis dans ce recueil, cf. le contenu du *Vatic. gr.* 204, *infra*, p. 29-30 (le Commentaire d'Eutocius aux *Coniques* est étranger au recueil).

encore il considère le mouvement de ces cercles obliques dans divers cas de figure.

Si Autolycos semble ne faire qu'une étude géométrique de la sphère mobile, il est évident que cette sphère mobile est la géométrisation de la sphère céleste ou sphère des fixes[1] qui, selon l'hypothèse géocentrique, tourne d'est en ouest d'un mouvement uniforme autour d'un axe fixe qui traverse la terre en son milieu et dont les extrémités sont les pôles de la sphère ; comme le globe terrestre peut être considéré comme un point, étant donné les grandes dimensions de cette sphère, tout se passe comme si l'observateur, à la surface de la terre, se trouvait au centre de la sphère céleste ; le plan horizontal qui passe par son œil sépare la sphère en deux hémisphères, l'un visible « au-dessus de la terre », l'autre invisible « au-dessous de la terre » ; ce qui change pour l'observateur qui se déplace du nord au sud à la surface de la terre, c'est l'inclinaison de l'axe sur l'horizon, ou hauteur du pôle au-dessus de l'horizon (d'où l'intérêt d'avoir repéré avec exactitude dans le ciel la place du pôle, comme l'avait fait Pythéas) : elle est égale à la latitude du lieu d'observation. Tout cela était connu depuis longtemps[2].

La sphère en mouvement se compose, dans son état actuel, de douze propositions.

Les trois premières, de portée très générale, considèrent le mouvement des points d'une sphère qui tourne à vitesse uniforme autour d'un axe fixe : tous les points de la sphère décrivent des cercles parallèles

1. Les étoiles sont dites fixes (ἀπλανῆ) parce que, contrairement à ce qui se passe pour les planètes, elles gardent toujours dans le ciel les mêmes positions relatives, d'où leur groupement possible en constellations.

2. Toutes ces connaissances se trouvaient énoncées sous forme ou non de propositions dans les divers traités d'astronomie conservés, soit contemporains, comme les *Phénomènes* d'Euclide, soit plus tardifs, comme l'*Introduction aux Phénomènes* de Géminos, *Les lieux géographiques* de Théodose de Bithynie, voire la *Géographie* de Strabon (II, 5, 2 sqq.) ou l'*Architecture* de Vitruve (livre IX).

dont le plan est perpendiculaire à l'axe (Prop. I) ; tous les points décrivent en des temps égaux des arcs semblables (Prop. II) ; les arcs décrits en des temps égaux sont semblables (Prop. III).

Les deux propositions suivantes examinent la sphère pour deux positions extrêmes de l'axe par rapport à un plan fixe qui sépare (ὁρίζων) l'hémisphère visible de la sphère de l'hémisphère invisible ; le lecteur transposait aisément ces propositions en termes de sphère locale[1] pour un lieu donné. Si l'horizon est perpendiculaire à l'axe, aucun point de la sphère ne se lève ni ne se couche ; tous les cercles parallèles de la sphère sont parallèles à l'horizon (Prop. IV ; ceci se produit aux pôles terrestres, de latitude $\pm 90^{o}$). Si l'horizon passe par les pôles, tous les points se lèvent et se couchent ; tous les cercles parallèles sont coupés en deux parties égales par l'horizon (Prop. V ; ceci se produit à l'équateur terrestre, de latitude 0°).

Les sept propositions suivantes considèrent le mouvement de la sphère quand elle se trouve dans une position quelconque, c'est-à-dire quand l'axe est incliné sur l'horizon. Dans ce cas, l'horizon est tangent à deux cercles parallèles égaux (cercles que l'on a l'habitude en Grèce d'appeler cercles arctiques[2]), dont l'un est toujours visible, l'autre toujours invisible (Prop. VI) ; tout cercle parallèle se lève et se couche aux mêmes

1. La sphère locale est la sphère céleste relative à un lieu d'observation. L'axe du monde y a une inclinaison sur l'horizon égale à la latitude du lieu. Les points de la sphère se lèvent quand ils traversent l'horizon en allant de l'hémisphère invisible vers l'hémisphère visible, se couchent dans le cas contraire.

2. Sur les cercles arctiques, cf. Géminos, *Introduction aux Phénomènes* (éd. G. Aujac, Paris, 1975), V, 2 et 9 : « Le cercle arctique est le plus grand des cercles toujours visibles, tangent à l'horizon en un point et situé tout entier au-dessus de la terre ; les étoiles qu'il contient ne se lèvent ni ne se couchent ; durant toute la nuit, on les voit tourner autour du pôle... Le cercle antarctique est égal et parallèle au cercle arctique, tangent à l'horizon en un point et tout entier situé sous terre ; les étoiles qu'il contient nous sont totalement invisibles ». Pour une latitude de 36° N (latitude de Rhodes), ces cercles sont à 36° des Pôles.

points de l'horizon (Prop. VII) ; si des grands cercles sont tangents aux cercles arctiques, ils viendront à coïncider avec l'horizon quand la sphère tourne (Prop. VIII) ; des points qui se lèvent ensemble, les plus proches du pôle visible se couchent plus tard tandis que des points qui se couchent ensemble, les plus proches du pôle visible se lèvent plus tôt (Prop. IX) ; tout cercle passant par les pôles se trouve perpendiculaire à l'horizon deux fois durant chaque révolution de la sphère (Prop. X) ; tout grand cercle qui ne coupe pas les cercles arctiques se lève et se couche sur tout l'arc d'horizon compris entre les parallèles auxquels il est tangent (Prop XI) ; tout cercle qui, durant une révolution de la sphère, est toujours coupé en deux parties égales par l'horizon est un grand cercle de la sphère (Prop. XII).

Toutes ces propositions qui peuvent paraître à des esprits non prévenus le résultat d'un pur jeu de l'esprit avaient en fait une portée pratique qui se manifeste clairement dans l'utilisation qu'en ont faite aussi bien Euclide dans les *Phénomènes* que Théodose de Bithynie dans *Les lieux géographiques*, ou encore Géminos de Rhodes dans l'*Introduction aux Phénomènes*. Le traité d'Autolycos, qui étudie des lignes et des points, a, sur les applications au cas concret considéré, l'avantage qu'a la théorie sur la pratique, la géométrie sur l'astronomie ou la géographie : « Les démonstrations, procédant par les voies certaines du calcul et de la mesure, donnent une connaissance solide et exempte de doute », comme l'indique Ptolémée dans l'Avant-Propos de sa *Syntaxe mathématique*.

Les levers et couchers héliaques

Le second traité d'Autolycos, plus original que le premier, fait intervenir un élément nouveau : le soleil, dont les deux mouvements apparents, le diurne et l'annuel, font que l'on ne voit qu'une fraction, variable au cours des saisons, de la sphère céleste durant son mouvement. Le mouvement de la sphère des fixes et

le mouvement du soleil rythment pour l'homme le déroulement du temps ; ainsi se produisent les levers ou les couchers héliaques des étoiles, passage des étoiles au-dessus ou au-dessous de l'horizon en même temps que le soleil se lève ou se couche. Ces phénomènes spectaculaires servaient depuis longtemps de repère chronologique : le lever héliaque de l'étoile Sirius (appelée Sothis) signalait aux Égyptiens le début de l'année agraire ; la littérature grecque, depuis les poèmes d'Homère, fait constamment référence au lever des Pléiades. d'Orion, etc., pour indiquer la saison.

Autolycos pour sa part essaie d'édifier une théorie permettant, au prix de simplifications considérables, de dresser un calendrier approximatif de ces phénomènes suivant la place des étoiles par rapport au zodiaque[1] (nous dirions plutôt l'écliptique). Il admet, implicitement ou explicitement, que :

1) le soleil décrit l'écliptique d'ouest en est en une année d'un mouvement uniforme (il parcourt donc à peu près un signe de zodiaque en un mois, et un degré en un jour) ;

2) la sphère des fixes n'est visible que lorsque le soleil est au moins à 15° au-dessous de l'horizon[2] (mais Autolycos compte ces 15° soit sur le cercle parallèle que décrit le soleil dans son mouvement diurne, soit sur l'arc d'écliptique qu'il parcourt dans son mouvement annuel) ;

3) les étoiles ont toutes le même éclat et apparaissent

1. Cf. la définition du zodiaque donnée par Géminos, *op. cit.* V, 51-53 : « Comme cercle oblique, il y a le cercle des douze signes. Il est composé en fait de trois cercles parallèles : deux d'entre eux définissent la largeur du cercle zodiacal, le troisième est appelé cercle médian des signes... La largeur du cercle zodiacal est de douze degrés ; on appelle oblique le cercle zodiacal parce qu'il coupe les cercles parallèles ».

2. L'observation montrait que la nuit n'était complète que lorsque le soleil était au moins à 7/12 de signe de zodiaque, soit 17° 1/2, au-dessous de l'horizon (cf. Hipparque, in Strabon, *Géographie,* II, 5, 42) ; mais la valeur de 1/2 signe de zodiaque facilite le traitement géométrique.

toutes en même temps, dès que le soleil est à une certaine distance au-dessous de l'horizon.

Les définitions des levers et des couchers héliaques, placées en préface au livre I, sont claires : une étoile fait son lever ou son coucher héliaque vrai quand elle se trouve sur l'horizon en même temps que le soleil ; elle fait son lever ou son coucher héliaque apparent quand on la voit pour la première fois ou pour la dernière fois se coucher ou se lever, le matin ou le soir. Ainsi Autolycos distingue-t-il le lever vrai du matin (par abréviation LVM), le lever apparent du matin (LAM), le lever vrai du soir (LVS), le lever apparent du soir (LAS), le coucher vrai du matin (CVM), le coucher apparent du matin (CAM), le coucher vrai du soir (CVS) et le coucher apparent du soir (CAS). Quand un phénomène n'est pas défini comme vrai ou comme apparent, il s'agit en général d'un phénomène apparent, le seul utile dans la vie courante.

Le traité en deux livres que transmettent les manuscrits n'est probablement pas entièrement conforme au projet d'Autolycos. On a voulu voir dans les deux livres deux versions d'un même ouvrage, le second étant le plus élaboré[1]. Il est de fait que le livre II formule des hypothèses (sur la durée du crépuscule astronomique par exemple) qui n'étaient que suggérées dans le livre I ; il est de fait aussi que ce livre II se termine par un corps de neuf théorèmes de même

1. Dans une communication faite au 11e congrès des mathématiciens scandinaves tenu à Trondheim en août 1949 (Actes publiés à Oslo, 1952) et qui a pour titre « Some critical remarks about Autolycus' on Risings and Settings » (p. 202-209), Olaf Schmidt conclut des différences de présentation et des ressemblances de fond constatées entre le livre I et le livre II qu'il y a là deux expositions indépendantes du même sujet, faites probablement par deux auteurs différents. Cette position extrême, fondée en partie sur une défiance injustifiée vis-à-vis de l'édition de F. Hultsch, me paraît aventureuse, mais l'analyse des parallélismes entre le livre I et le livre II est très pertinente. O. Neugebauer (*op. cit.*, p. 75) voit dans le livre II une version révisée du livre I, faite par Autolycos lui-même.

type, qui se présentent comme une sorte de conclusion aux recherches plus ou moins tâtonnantes du livre I ou de la première partie du livre II[1].

Il ne faudrait pourtant pas rejeter trop vite le livre I dont les premiers théorèmes sont essentiels pour la compréhension du traité et pour les démonstrations ultérieures, et dont certains autres apportent une pierre souvent utile à l'édifice commun. En revanche il est indéniable que les trois dernières propositions du livre I, et les trois premières du livre II semblent, pour des raisons diverses, étrangères au projet d'Autolycos, qui était d'établir une théorie des levers et des couchers héliaques des étoiles, que ces étoiles soient ou non situées sur le zodiaque. Le libellé de la proposition 11 du livre I et celui de la démonstration correspondante ne rappellent en rien les formules habituelles à Autolycos ; les propositions 12 et 13, outre que le texte des démonstrations paraît fort altéré, mélangent phénomènes vrais et apparences de façon peu cohérente. Quant aux trois premières propositions du livre II, elles concernent le lever des signes du zodiaque, problème majeur pour l'astronomie de l'époque (le lever des signes du zodiaque était un des moyens de repérer l'heure la nuit) mais qu'on ne s'attendrait pas à voir traité dans cet ouvrage consacré, avant comme après, aux levers et couchers héliaques.

L'analyse du traité d'Autolycos va être présentée sous forme de tableau récapitulatif du contenu des propositions, à l'exclusion des six indiquées ci-dessus, qui ne permettent pas le même genre de formalisation. Voici les signes conventionnels utilisés, outre les sigles indiqués plus haut :

E^{*} : toute étoile fixe ;
E^{z} : une étoile située sur l'écliptique (ou zodiaque) ;
$E^{\pm z}$: une étoile proche du zodiaque ;
E^{n} : une étoile située au nord du zodiaque ;

1. P. Tannery (*Autolycos de Pitane*, p. 10 sqq.) y voit un essai de systématisation du parapegme d'Eudoxe.

1re Partie : les approches

$E^{\cdot}$	LVM → LAM LAS → LVS CVM → CAM CAS → CVS	I, 1
	(LAM $\overset{\uparrow}{\rightarrow}$ LAS) < 6 mois (CAM $\underset{\downarrow}{\rightarrow}$ CAS) < 6 mois	I, 2, 3
	(LVM → LVM) = (CVM → CVM) = 1 an (LVM → LVS) = (CVM → CVS) = 6 mois	I, 6 I, 7
	(LAM → LAM) = (LAS → LAS) = (CAM → CAM) = (CAS → CAS) = 1 an	II, 5
E^{z}	(LAM → CAM) = 6 mois (LAS → CAS) = 6 mois	I, 4, 5
	(CAS $\overset{-}{\rightarrow}$ LAM) = *x* jours	I, 8
$E^{\pm z}$	(LAM $\overset{\uparrow}{\rightarrow}$ LAS) = 5 mois	II, 4
E^{n}	(LAM → CAM) > 6 mois (LAS → CAS) > 6 mois	I, 4, 5
	(LAS → CAS) > (CAS → LAS) (LAM → CAM) > (CAM → LAM)	II, 7, 8
cas partic.	LAM $\overset{\uparrow}{\rightarrow}$ LAS $\overset{+}{\rightarrow}$ CAM $\underset{\downarrow}{\rightarrow}$ { CAS / LAM }	I, 10
E^{s}	(LAM → CAM) < 6 mois (LAS → CAS) < 6 mois	I, 4, 5
	(CAS $\overset{-}{\rightarrow}$ LAM) > *x* jours (cf. E^{z})	I, 9
	(CAM → LAM) > (LAM → CAM) (CAS → LAS) > (LAS → CAS)	II, 7, 8

2e Partie : les résultats

E^{z}	LAM $\overset{\uparrow}{\rightarrow}$ LAS $\overset{+}{\rightarrow}$ CAM $\underset{\downarrow}{\rightarrow}$ CAS $\overset{-}{\rightarrow}$ LAM (5 m) (1 m) (5 m) (1 m)		II, 6
E^{n}	d < ½ signe	LAM $\overset{\uparrow}{\rightarrow}$ LAS $\overset{+}{\rightarrow}$ CAM $\underset{\downarrow}{\rightarrow}$ CAS $\overset{-}{\rightarrow}$ LAM (5 m) (> 1 m) (5 m) (< 1 m)	II, 10, 13
	d = 1 signe	LAM $\overset{\uparrow}{\rightarrow}$ LAS $\overset{+}{\rightarrow}$ CAM $\underset{\downarrow}{\rightarrow}$ { CAS / LAM }	II, 14
	d > 1 signe	LAM $\overset{\uparrow}{\underset{\downarrow}{\rightarrow}}$ CAS $\overset{\uparrow}{\rightarrow}$ LAS $\overset{+}{\rightarrow}$ CAM $\underset{\downarrow}{\rightarrow}$ LAM	II, 15
E^{s}	d < ½ signe	LAM → LAS → CAM → CAS $\overset{-}{\rightarrow}$ LAM (> 1 m)	II, 11
	d < 1 signe	LAM → LAS → CAM → CAS → LAM (> 1 m)	II, 16
	d = 1 signe	LAM $\overset{\uparrow}{\rightarrow}$ { LAS / CAM } $\underset{\downarrow}{\rightarrow}$ CAS $\overset{-}{\rightarrow}$ LAM (> 1 m)	II, 17
	d > 1 signe	LAM $\underset{\downarrow}{\rightarrow}$ CAM $\overset{\uparrow}{\underset{\downarrow}{\rightarrow}}$ LAS $\underset{\downarrow}{\rightarrow}$ CAS $\overset{-}{\rightarrow}$ LAM (> 2 m)	II, 18

E^s : une étoile située au sud du zodiaque ;

→ : sens dans lequel les phénomènes se produisent ;

(...) : durée séparant deux phénomènes ;

↑ : lever visible ;

↓ : coucher visible ;

\+ : est visible au-dessus de l'horizon ;

— : n'est pas visible de la nuit ;

↑ ↓ : fait la même nuit un lever visible puis un coucher visible ;

↓ ↑ : fait la même nuit un coucher visible puis un lever visible ;

d : écart qui, pour toute étoile située au nord ou au sud du zodiaque, sépare, sur le zodiaque, l'étoile (ou le point) du zodiaque qui se lève en même temps qu'elle de celle qui se couche en même temps qu'elle.

N.B. — Ne sont portées sur le tableau que les indications effectivement données par Autolycos dans son traité. Il va de soi qu'une extrapolation simple permettait de dresser un tableau beaucoup plus complet.

On voit aisément que, si l'on rapproche les données des deux tableaux, on obtient une doctrine cohérente. Les étoiles situées sur le zodiaque présentent une succession de phases très claire : leur lever héliaque du matin se produit après une absence d'un mois du ciel nocturne ; elles sont vues la nuit pendant onze mois, jusqu'à leur coucher héliaque du soir.

Plus une étoile, située au nord du zodiaque, est éloignée de ce dernier, plus la durée de sa disparition est inférieure à un mois, c'est-à-dire que son lever héliaque du matin se rapproche de son coucher héliaque du soir, et ce jusqu'à une limite où les deux événements se produisent la même nuit ; l'étoile est alors telle que l'écart entre les points du zodiaque qui font avec elle leur lever ou leur coucher simultané est égal à un signe de zodiaque (cas particulier étudié dans I, 10). Les étoiles situées au nord de l'écliptique pour lesquelles l'écart est supérieur à un signe de zodiaque sont visibles toutes les nuits de l'année ; certaines nuits, elles sont

même « deux fois visibles », comme l'indique Géminos, donnant l'exemple d'Arcturus « que l'on voit souvent se coucher après le coucher du soleil et, la même nuit, se lever avant le soleil » (*Introduction aux Phénomènes*, XIV, 11).

Pour les étoiles situées au sud de l'écliptique, la durée d'invisibilité augmente ; le lever héliaque du matin se produit plus d'un mois après le coucher héliaque du soir ; quand l'écart entre les points (ou les étoiles) du zodiaque qui font avec elles leur lever ou leur coucher simultané vaut un signe de zodiaque, la durée d'invisibilité est de deux mois : il se trouve alors qu'en une nuit on voit l'étoile décrire tout l'arc de son cercle parallèle qui se trouve au-dessus de l'horizon. Plus l'écart augmente, plus la disparition de l'étoile excède les deux mois, et plus nombreuses sont les nuits où l'étoile est vue décrire toute la partie visible de son cercle parallèle. Pour ces étoiles, dont la durée d'invisibilité est longue, le lever héliaque du matin est un événement particulièrement spectaculaire : tel est le cas pour Sirius et, *a fortiori*, pour Canope.

La formulation géométrique

Les deux traités d'Autolycos, premiers textes scientifiques connus, sont aussi les premiers dans lesquels on voit utilisés les procédés démonstratifs propres à la géométrie. A coup sûr, cette formulation rigoureuse du raisonnement n'est pas de l'invention d'Autolycos : elle était déjà depuis longtemps en usage en Grèce ; Euclide, son contemporain, en use aussi, puis Apollonios de Pergé et Archimède. Mais le texte d'Autolycos en donne le premier témoignage tangible, et un témoignage déjà si ferme et assuré que nous ne pouvons douter que ce soit là le résultat d'une longue tradition qui se perpétuera durant des siècles.

Autolycos commence par énoncer la proposition, sous une forme aussi générale que possible. Dans un second temps, il présente le cas particulier à valeur générale sur lequel il va raisonner : il construit donc

la figure de départ, en indiquant par des lettres les points ou les lignes utiles. Une fois la figure ainsi précisée, il énonce à nouveau, en l'appliquant au cas particulier de la figure, la proposition à démontrer en l'introduisant par l'expression : λέγω ὅτι ..., je dis que[1]... Suit la démonstration qui utilise soit des théorèmes déjà démontrés dont Autolycos se contente d'appliquer les conclusions, soit la construction de points et de lignes supplémentaires permettant l'application de théorèmes connus, soit encore le raisonnement par l'absurde. La démonstration aboutit ainsi à la conclusion qui reprend, à peu près dans les mêmes termes, l'énoncé appliqué à la figure ou bien l'énoncé général.

Les procédés de raisonnement utilisés par Autolycos sont ceux de la géométrie. C'est d'abord l'extension d'une démonstration à d'autres cas analogues, par des formules comme ὁμοίως δείξομεν ὅτι ... ou ὁμοίως δειχθήσεται ὅτι ... ou encore διὰ τὰ αὐτὰ ... C'est aussi, avec valeur démonstrative, le raisonnement par l'absurde, toujours introduit par la formule stéréotypée : Μὴ γὰρ ἀλλ', εἰ δυνατόν ... et terminé par ὅπερ ἐστὶν ἄτοπον ; l'absurdité des résultats auxquels conduit la proposition inverse prouve la validité de la proposition première.

On le voit, la méthode démonstrative appliquée par Autolycos n'est pas très différente de celle utilisée par Euclide dans les *Éléments*. Une différence, pourtant, bien mise en lumière par Jean Philopon[2] qui compare la *Sphère en mouvement* non pas aux *Éléments* d'Euclide mais au traité des *Sphériques* de Théodose de Bithynie, traité qui précède celui d'Autolycos dans la *Petite Astronomie*. Tandis que les *Sphériques* (ou les *Éléments*) sont des traités de géométrie pure, raisonnant uniquement sur des lignes et des points, sans aucune relation avec le monde réel, et ont donc valeur universelle, le

1. Quand la démonstration est subdivisée en plusieurs fractions, les fractions suivantes sont annoncées par λέγω δὴ ὅτι...

2. Cf. Jean Philopon, *Commentaire à la Physique*, p. 220 Vitelli, passage reproduit dans les *Testimonia*, p. 153.

traité d'Autolycos sur *La sphère en mouvement* est de la géométrie appliquée à l'astronomie (et ceci est bien plus vrai encore des *Levers et couchers héliaques* où l'on trouve en abondance des φάνερον ὅτι ou δῆλον ὅτι valant démonstration). Même si Autolycos n'y nomme jamais la sphère comme sphère céleste, s'il traite de points et non d'étoiles, la présence d'un « cercle immobile qui sépare la partie visible de la partie invisible » ne laisse jamais oublier la référence à la réalité. La géométrie y vient en aide à l'expérience, mais elle se fonde aussi sur l'expérience qu'elle tente de codifier et de systématiser, et dans laquelle elle tente de trouver la logique qui la gouverne, ou du moins une logique qui pourrait rendre compte des apparences. Les hypothèses elles-mêmes sur lesquelles s'appuie Autolycos sont directement inspirées par l'expérience[1].

C'est cette position ambiguë des traités d'Autolycos, à mi-chemin entre l'expérience et la géométrie, essayant de concilier des inconciliables, qui surprend un peu le lecteur moderne, surtout s'il oublie la fin poursuivie par l'auteur. C'est elle aussi qui enlève quelque valeur démonstrative à des raisonnements qui ont pourtant toutes les apparences de la logique la plus formelle. Sans doute Autolycos s'est-il rendu compte lui-même de la marge d'incertitude contenue dans la méthode employée (ce flottement est surtout apparent dans le traité sur *Les levers et couchers héliaques* où certaines démonstrations paraissent un simple tissu de constatations) ; mais il n'en a pas pour autant abandonné un outil de travail qui pouvait contribuer à mieux prévoir les phénomènes.

1. Mais ces hypothèses sont toujours reformulées de manière à permettre des constructions géométriques ou des calculs simples. C'est le cas ici pour les 15 degrés, parcourus par le soleil sur l'écliptique, qui mesurent la durée du crépuscule astronomique ; le cas aussi pour l'obliquité de l'écliptique, toujours arrondie à 24 degrés même si l'on connaissait une valeur meilleure ; le cas également pour le mouvement annuel sur l'écliptique, considéré ici comme uniforme bien qu'Autolycos ne puisse ignorer l'inégalité des saisons astronomiques.

III

LE TEXTE D'AUTOLYCOS

L'histoire du texte des traités d'Autolycos a fait l'objet de recherches approfondies menées par J. Mogenet et consignées dans son *Autolycos de Pitane* (Louvain, 1950). Les conclusions de son étude forment la base de la présente édition.

Les manuscrits grecs

Les quarante-trois manuscrits grecs recensés par J. Mogenet sont répartis par lui en sept familles dont les chefs de file sont :

— le *Vaticanus graecus* 204 (A = V Mog.) du IXe-Xe siècle
— le *Vaticanus graecus* 202 (B = W Mog.) du XIIIe siècle
— le *Parisinus graecus* 2390 (C = f Mog.) du XIIIe siècle
— le *Vaticanus graecus* 203 (D = v Mog.) du XIIIe siècle
— le *Vaticanus graecus* 191 (F = w Mog.) du XIIIe siècle
— le *Parisinus graecus* 2448 (K = p Mog.) du XIVe siècle
— le *Parisinus graecus* 2364 (P = P Mog.) de la fin du XVe siècle.

Sur ces sept manuscrits, deux Parisiens (2390 et 2448) ne contiennent que *La sphère en mouvement* ; le troisième Parisien (2364) est probablement le seul qui, copié en Italie, ne soit pas d'origine orientale. Quant à la répartition chronologique, elle est sans surprise : un beau manuscrit de parchemin de la fin du IXe ou du début du Xe siècle, témoin probable de l'activité scientifique déployée à Byzance autour de Léon le philosophe (ou le mathématicien) et d'Aréthas de

Césarée[1] ; cinq manuscrits de papier du xiiie et du xive siècle, contemporains de la renaissance à Byzance des études scientifiques, et particulièrement astronomiques, sous l'impulsion de Maxime Planude, Théodore Métochite et Nicéphore Grégoras[2].

A Le manuscrit le plus précieux, tant par son ancienneté que par le soin avec lequel il a été copié est le *Vaticanus graecus* 204 (A).

Ce manuscrit (parchemin, ixe-xe siècle, 206 fol., 345×251, 33 lignes à la page), pourvu de scolies abondantes, contient successivement[3] :

— de Théodose, les *Sphériques* en trois livres (fol. 1-37)
— d'Autolycos, *La sphère en mouvement* (fol. 38-43 v°)
— d'Euclide, l'*Optique* dans la recension de Théon (fol. 43 v°-59) avec pour titre Τὰ πρὸ τῶν Εὐκλείδου ὀπτικῶν
— d'Euclide, les *Phénomènes* (fol. 59-77)
— de Théodose { *Les lieux géographiques* (fol. 77-83), *Les nuits et les jours*, en deux livres (fol. 84-109)
— d'Aristarque, *Dimensions et distances du soleil et de la lune* (fol. 109-119)

1. Cf. J. Irigoin, « Survie et renouveau de la littérature antique à Constantinople », *Cahiers de civilisation médiévale*, Poitiers, 3, 1962, p. 287-302, et P. Lemerle, *Le premier humanisme byzantin*, Paris, 1971, p. 148 sqq. et p. 205 sqq.

2. Répartition analogue par exemple pour les manuscrits de Géminos (cf. *Introduction aux Phénomènes*, éd. G. Aujac, Paris, 1975, p. cx sqq.). Sur la renaissance des études scientifiques à cette époque, cf. D. Pingree, « Gregory Chioniades and Palaeologan Astronomy », *Dumbarton Oak Papers*, 18 (1964), p. 135-160.

3. Les traités de la *Petite Astronomie* sont édités dans des collections variées, ce qui ne les rend pas toujours facilement accessibles. En voici à peu près le recensement : Théodose de Bithynie, *Sphaerica*, éd. Heiberg in A.G.G. 19, 3, Berlin, 1927 ; *De habitationibus liber* et *De diebus et noctibus libri duo*, éd. Fecht, in A.G.G. 19, 4, Berlin, 1927 ; Aristarque de Samos, *De magnitudinibus et distantiis solis et lunae*, éd. T. L. Heath, Oxford, 1913, p. 352-414 ; Hypsiclès, *Anaphoricos*, éd. De Falco-Krause, A.G.G. 62, 1966, p. 34-45 ; Euclide, *Opera omnia*, éd. Heiberg et Menge, Leipzig, 1883-1895, vol. VI, VII, VIII.

— d'Autolycos, *Levers et couchers héliaques*, en deux livres (fol. 119-133 r°)
— d'Hypsiclès, l'*Anaphoricos*, fol. 133 v°-135
— d'Euclide, la *Catoptrique*[1], fol. 136-145 r°
— d'Eutocius d'Ascalon, le *Commentaire aux Coniques d'Apollonios de Pergé*[2] (fol. 146 r°-173 r°)
— d'Euclide, les *Data* (fol. 173 v°-194 v°) suivies de scolies.
— de Marinos de Neapolis (ἀπὸ φωνῆς), *Commentaire aux Data d'Euclide* (fol. 196-198)
— des scolies anonymes aux *Éléments* d'Euclide (fol. 199-206).

Le manuscrit est divisé en deux parties par une page blanche à la fin de la *Catoptrique* d'Euclide. La première partie est probablement l'un des témoins les plus authentiques de cette collection de textes astronomiques que Pappus d'Alexandrie connaissait déjà et que Jean Philopon utilise pour illustrer la différence entre physique et astronomie. La seconde partie, qui rassemble des commentaires à des textes non astronomiques, ne semble pas avoir été copiée tout entière de la même main ; si le commentaire d'Eutocius est probablement dû au copiste de la première partie, les *Data* d'Euclide et les divers commentaires sont d'une écriture beaucoup plus fine et cursive, dans une mise en page moins régulière.

Le copiste de la première partie, à la belle écriture droite, sépare les divers textes par des titres en onciale et assez souvent par des souscriptions. Les deux premiers feuillets actuels ont été copiés par Jean d'Otrante[3]

1. La *Catoptrique*, attribuée à Euclide par les manuscrits, est généralement considérée comme une compilation tardive, faite peut-être par Théon d'Alexandrie. L'authenticité des *Phénomènes* est parfois aussi contestée.

2. Le *Commentaire* d'Eutocius a été joint par Heiberg à son édition des *Coniques* d'Apollonios de Pergé (Leipzig, 1893).

3. Jean Honorius de Mallia, dit Jean d'Otrante, célèbre copiste du XVIe siècle (il fut de 1535 à 1550 « librorum graecorum instaurator » auprès du Pape), a copié sur le *Vatic. gr.* 204 le manuscrit conservé à Paris sous la cote 2366. Cf. J. Mogenet, *op. cit.*, p. 72-75.

ainsi que la table des matières qui, au lieu de conserver l'ordre du manuscrit, groupe les textes par auteurs. De belles figures, soigneusement exécutées à la règle et au compas, sont insérées dans le texte. Des alinéas avec lettres en saillie dans la marge indiquent les propositions puis leurs démonstrations. Les lettres affectées aux figures sont, dans le texte, toujours écrites en onciales et clairement surlignées. Peu d'abréviations sont utilisées (seulement, dans le traité d'Aristarque, les sigles habituels pour le soleil et la lune).

B Le *Vaticanus graecus* 202 (papier, XIIIe siècle, 398 fol., 253×170, 15 à 21 lignes à la page) est celui qui, par le contenu, se rapproche le plus du *Vaticanus graecus* 204. Écrit probablement en Orient, pourvu de quelques scolies, il présente dans le même ordre à peu près tous les traités contenus dans le *Vatic. gr.* 204 à l'exception de la *Catoptrique* d'Euclide, du *Commentaire* d'Eutocius et des scolies aux *Éléments* d'Euclide.

L'écriture droite, assez fantaisiste, donne une impression de négligé que tendrait à confirmer la mise en page des figures, tantôt placées à l'intérieur du texte, tantôt dans les marges latérales ou inférieures. Pourtant la copie est en général soignée : des titres annoncent les divers textes, des souscriptions les terminent souvent. Quelques lettres manquent au début des paragraphes, laissées pour le rubricateur qui n'a pas fait son travail. On observe l'usage fréquent des abréviations astronomiques et mathématiques.

C Le *Parisinus graecus* 2390 (papier, fin XIIIe siècle, 275 fol., 348×263, 33 lignes à la page dans la seconde partie) est un manuscrit composite, rédigé par plusieurs copistes utilisant des encres différentes mais toujours écrit sur deux colonnes.

La première partie du manuscrit contient la *Syntaxe mathématique* de Ptolémée (fol. 15 sqq.) précédée de *Prolégomènes* anonymes et suivie de traités secondaires de Ptolémée ainsi que des deux premiers livres du

Commentaire sur l'Almageste de Théon d'Alexandrie (fol. 191 sqq.).

La seconde partie, au début du folio 236, comprend les *Sphériques* de Théodose à partir de I, 3, deux folios précédents ayant été supprimés, *La sphère en mouvement* d'Autolycos (fol. 261) avec titre et explicit (la tresse en serpent qui précède le titre n'est pas sans rappeler celle du *Vat. gr.* 202), l'*Optique* d'Euclide dans la recension de Théon avec le titre habituel Τὰ πρὸ τῶν Εὐκλείδου ὀπτικῶν (fol. 264).

Ainsi la seconde partie du *Paris. gr.* 2390 paraît la réplique assez exacte des manuscrits du Vatican, 204 et 202, tronquée après les trois premiers traités (le dernier cahier qui n'a qu'une page est en très mauvais état). Ce manuscrit est visiblement le fruit d'une entreprise collective qui avait pour but fort probablement de mettre à la disposition du lecteur, sous un format unique et dans une mise en page analogue, les principaux textes astronomiques conservés ; il n'est pas sans rappeler pour le format et la mise en page le *Constantinopolitanus Palatii veteris gr.* 40[1] qui contient la fin du *Commentaire* de Théon *à l'Almageste*, ainsi que le *Commentaire* de Pappus *aux livres V et VI* du même traité, puis une série de textes astronomiques, dont l'*Hypotypose* de Proclus, le traité de *L'astrolabe* de Jean Philopon, l'*Introduction aux Phénomènes* de Géminos, enfin les *Coniques* d'Apollonios de Pergé et les traités de Sérénus sur la *Section du cylindre* et la *Section du cône.* Dans **C**, les figures, généralement encartées, sont correctes, mais l'écriture donne au manuscrit un aspect plutôt négligé.

D Le *Vaticanus graecus* 203 (papier, xiiie siècle, 104 fol., 344×252, 43 lignes à la page dans la première partie) est composé de deux parties faciles à distinguer du premier coup d'œil : tandis que dans la première partie

1. Sur le *Constantinopolitanus*, cf. notamment Géminos, *Introduction aux Phénomènes*, éd. G. Aujac, p. xcii.

(fol. 1-50), d'écriture uniforme assez ronde, la page contient de 43 à 44 lignes, elle en contient de 60 à 63 dans la seconde et l'écriture y est droite et anguleuse.

La seconde partie, copiée du *Vaticanus gr.* 206, est consacrée aux *Coniques* d'Apollonios (fol. 56-83) et aux deux traités de Sérénus (fol. 84-104). La première partie présente, mais dans un ordre différent, la plupart des traités contenus dans le *Vatic. gr.* 204. Euclide et ses commentateurs sont exclus ; les opuscules sont groupés par nom d'auteurs, d'abord les trois traités de Théodose, puis les deux d'Autolycos, l'*Anaphoricos* d'Hypsiclès, le traité d'Aristarque, et le *Commentaire* d'Eutocius.

Le texte y est copié à pleine page, avec beaucoup d'abréviations de toutes sortes. Les figures sont toutes rejetées en marge et sont de ce fait assez petites et peu lisibles. Le manuscrit est pourtant d'aspect très soigné, avec titres et souvent souscriptions ; mais le copiste avait à cœur de faire tenir le maximum de matière dans le minimum de place, et cela rend le manuscrit difficile à lire. Peu de scolies, les marges étant occupées par les figures.

F Le *Vaticanus graecus* 191 (papier, XIIIe siècle, 397 fol., 365×257, 53 lignes à la page dans la première partie), dépourvu de scolies, est constitué par la réunion de plusieurs codices au contenu extrêmement précieux.

Le premier de ces codices, copié à deux colonnes d'une écriture droite très régulière, présente la collection habituelle dans l'ordre suivant : d'abord les quatre traités d'Euclide (*Catoptrique*, *Phénomènes*, *Optique*, *Data* suivis du commentaire de Marinos), puis les trois traités de Théodose, celui d'Aristarque, les *Levers et couchers héliaques* d'Autolycos, l'*Anaphoricos* d'Hypsiclès, *La sphère en mouvement* d'Autolycos, enfin le *Commentaire aux Coniques* d'Eutocius.

Le second codex, copié à pleine page d'une écriture ronde très abrégée, contient une grande variété de textes scientifiques, entre autres la *Géographie* de Ptolémée, l'*Hypotypose* de Proclus, le traité sur

L'astrolabe de Jean Philopon, le *Commentaire aux Phénomènes d'Eudoxe et d'Aratos* d'Hipparque, les *Éléments harmoniques* d'Aristoxène, l'*Arithmétique* de Diophante, etc.

La première partie, qui seule nous intéresse ici, paraît elle-même subdivisée en trois séries, d'abord les traités d'Euclide (fol. 1-30), puis après un folio blanc, les traités de Théodose, d'Aristarque, d'Hypsiclès et ceux d'Autolycos (*La sphère en mouvement* y est suivie, en cours de page, au folio 74 v°, des premières lignes de l'*Optique* d'Euclide supprimées par rature), enfin le commentaire d'Eutocius (fol. 75 sqq.). Ce manuscrit, d'aspect très soigné, copié très probablement en Orient, rejette en marge toutes les figures, soigneusement tracées à la règle et au compas mais que leur petite taille rend parfois peu claires.

K Le *Parisinus graecus* 2448 (papier, XIVe siècle, 141 fol., 257×175, 28 lignes à la page) est l'un des manuscrits qui intriguent le plus J. Mogenet. D'origine probablement orientale, il semble avoir des rapports avec les traductions arabes. Son contenu est inhabituel. Après des traités du Ps.-Psellos (sans titres) consacrés à la musique, à l'astronomie et à la géométrie, on trouve les *Data* d'Euclide (fol. 25-56), un exposé du problème des bœufs du soleil d'Archimède (fol. 57-58), la *Catoptrique* d'Euclide (fol. 59-70), la *Planimétrie* de Diophante (fol. 70-76), des extraits de la *Géométrie* de Héron d'Alexandrie (fol. 76-77), un texte arithmétique de Domninus de Larissa (fol. 78-79), *La sphère en mouvement* d'Autolycos (fol. 79 v°-88 v°), les *Sphériques* de Théodose (fol. 88-139), quelques scolies aux *Data* d'Euclide (fol. 140-141).

La copie est soignée, l'écriture épaisse, les figures insérées dans le texte (à partir de la proposition 7, on peut lire, curieusement, à la fin de chaque démonstration, les mots ἑξῆς ἡ καταγραφή).

P Le dernier en date des manuscrits sans antécédents connus est le *Parisinus graecus* 2364 (papier, fin xve siècle, 124 fol., 250×175, 28 lignes à la page) qui fut la propriété d'un certain Andréas Coner. Il contient les trois traités de Théodose, les deux d'Autolycos *(La sphère*, et les *Levers et couchers)*, celui d'Aristarque et l'*Anaphoricos* d'Hypsiclès.

Ce manuscrit très soigné, d'une écriture droite fine et régulière, rappelle par la succession des traités le *Vat. gr.* 203, à la permutation près d'Aristarque et d'Hypsiclès. Les figures, toujours admirablement faites, se trouvent soit dans la marge soit dans l'intérieur du texte. Les deux derniers traités de Théodose sont séparés par dix folios blancs ; entre les deux traités d'Autolycos, on peut lire (fol. 95 v°, après une page blanche) un court extrait astrologique de Dion Cassius (*Hist. Rom.* XXXVII, 18-20), puis (fol. 96 v°) un bref extrait de l'*Introduction aux Phénomènes* de Géminos (XVI, 13-18) introduit par ἰστέον ὅτι... Ce manuscrit, le plus tardif de ceux retenus par Mogenet, est à utiliser prudemment.

Les traductions anciennes

Comme beaucoup d'autres ouvrages scientifiques, les traités d'Autolycos ont vivement intéressé les Arabes. Dès le ixe siècle, ils furent traduits, la *Sphère en mouvement* par Ishâq ibn Hunain, mort à Bagdad en 910, les *Levers et couchers héliaques* par Qustâ ibn Lûqâ (c. 826-912) qui était lui-même mathématicien et astronome, auteur d'un *Usage du globe céleste*. Ces deux traductions furent révisées, du vivant de leurs auteurs, par Tâbit ibn Qurra (826-901) qui, outre diverses révisions et traductions, composa de nombreux traités d'astronomie et de mathématiques[1]. J. Mogenet pense avoir retrouvé dans le *Seragliensis* 3464 (début

1. Cf. F. J. Carmody, *The astronomical works of Thabit ben Qurra*, Berkeley, 1960.

du XIIIe s.) une copie de la traduction originale de Ishâq ibn Hunain ; c'est sa révision par Tâbit que l'on trouve le plus couramment dans les manuscrits (par ex. dans le *Paris. ar.* 2467).

Une réédition des traités d'Autolycos en langue arabe est due à Nasr ad Din at-Tûsi (1201-1274), lui aussi mathématicien et astronome (il mit au point la trigonométrie sphérique), qui traduisit, outre les *Éléments* d'Euclide et les *Coniques* d'Apollonios de Pergé, à peu près tous les traités de la *Petite Astronomie* ainsi que la *Syntaxe mathématique* de Ptolémée. De nombreux manuscrits conservent ces traductions[1].

Suivant le processus classique, les versions arabes d'Autolycos passèrent de Bagdad en Espagne[2]. L'infatigable Gérard de Crémone (1114-1187), installé à Tolède, traduisit en latin le texte arabe de *La sphère en mouvement*[3] ; il semble que le second traité d'Autolycos ne l'ait pas intéressé. La traduction latine de Gérard de Crémone se trouve conservée notamment dans le précieux *Paris. lat.* 9335 (parchemin, XIVe siècle, copié en Italie du sud) qui débute par quelques traités de la *Petite Astronomie* : les *Sphériques* de Théodose, la *Sphère en mouvement* d'Autolycos, l'*Anaphoricos* d'Hypsiclès suivi d'un commentaire de Tâbit, *Les lieux géographiques* de Théodose ; avant de continuer par le traité d'Archimède *Sur la mesure du cercle*, le copiste indique (fol. 28 v°) que l'ordre de succession des traités[4]

1. Pour une liste des manuscrits contenant les traductions arabes d'Autolycos, consulter H. Suter, *Die Mathematiker und Astronomen der Araber und ihre Werke*, Leipzig, 1900, p. 39 n° 74 pour celle d'Ishâq ibn Hunain, p. 40 n° 77 pour celle de Qustâ ibn Lûqâ, p. 146 n° 368 pour celle de Nasr ad Din.

2. Cf. A. Miéli, *La science arabe et son rôle dans l'évolution scientifique mondiale*, Leiden, 1938, rééd. 1966.

3. Cf. J. Mogenet, « La traduction latine par Gérard de Crémone du traité de la Sphère en mouvement d'Autolycos », *Archives internationales d'Histoire des Sciences*, n° 5, 1948, p. 139-164.

4. F. J. Carmody (*op. cit.*, p. 21), signale l'existence d'une liste en arabe citant une série de livres appelés « intermédiaires »

est le suivant : l'*Optique* d'Euclide, les *Sphériques* de Théodose, *La sphère en mouvement* d'Autolycos, les *Phénomènes* d'Euclide, *Les lieux géographiques* de Théodose, *Les levers et couchers héliaques* d'Autolycos, les *Jours et nuits* de Théodose, l'*Anaphoricos* d'Hypsiclès, le traité d'Aristarque ; mais seuls figurent dans ce manuscrit les traités indiqués plus haut. Les figures, tracées avec beaucoup de soin à la règle et au compas, font davantage appel à la perspective que celles des manuscrits grecs ordinaires.

En juillet 1273, l'astronome juif Jacob ben Makir[1], dit Profacius (c. 1236-1305), achevait à Montpellier la traduction de *La sphère en mouvement* ; lui aussi semble avoir négligé le second traité d'Autolycos. Dans le *Paris. hebr.* 1021, le traité de *La sphère en mouvement*, qui fait suite à l'*Optique* d'Euclide et à la *Catoptrique*, est dépourvu de figures. Comme la traduction latine, la traduction hébraïque prend pour texte de base la traduction arabe révisée par Tâbit.

PRINCIPES D'ÉDITION

Le texte de la présente édition est celui des manuscrits grecs, qui ne présentent pas entre eux de graves divergences ; ne sont signalées dans l'apparat critique que les variantes des manuscrits cités, dûment vérifiées sur l'original pour les manuscrits de Paris, sur des microfilms obligeamment prêtés par l'Institut d'Histoire des Textes pour les manuscrits du Vatican. Le lecteur intéressé par le corps des scolies ou par les particularités des traductions arabe, latine ou hébraïque se reportera avec profit à l'édition de J. Mogenet.

Les traités d'Autolycos ont été abondamment commentés au cours des siècles, comme en témoignent Pappus, Jean Philopon, et aussi les nombreuses scolies marginales. Il n'est pas déraisonnable dans ces conditions

à la lecture de l'*Almageste* de Ptolémée ; la *Sphère en mouvement* d'Autolycos y figure en cinquième position. Est-ce une liste de ce genre qui a été traduite ici ?

1. Cf. P. Duhem, *Système du monde*, III, p. 298-312.

de penser[1] que certaines notes, certaines explications, voire certaines parties de démonstrations ont pu s'introduire subrepticement dans le texte et s'y incorporer solidement, avant même la copie du *Vatic. gr.* 204. Il a pu y avoir aussi de nombreuses omissions par saut du même au même, vu le caractère extrêmement répétitif du traité, encore aggravées par des réfections ultérieures. Le rôle de l'éditeur consiste alors à tenter de débarrasser le texte de ces scories pour lui faire retrouver sa cohérence première. Le nombre et l'étendue des omissions ou des intrusions discernées dans le texte étant affaire d'appréciation personnelle, le lecteur trouvera quelque différence entre le texte présenté ici et celui offert par les éditions antérieures. Des expressions, placées entre crochets obliques, ont été ajoutées, des passages entiers, placés entre crochets droits, ont été retranchés, quand la logique du raisonnement paraissait le réclamer. De même, dans le traité consacré aux *Levers et couchers héliaques*, le grand désordre qui régnait dans l'emploi des termes propres, ἐπιτολή ou ἀνατολή, a été réparé, autant que faire se pouvait, et les termes rétablis conformément aux définitions initiales.

Les figures reproduites dans le texte grec sont celles que l'on trouve dans le *Vatic. gr.* 204 et, à quelques variantes près, dans tous les manuscrits. Sont-elles exactement conformes aux figures originales utilisées par Autolycos ? C'est ce que pense O. Neugebauer, qui s'élève vigoureusement contre la réfection des figures opérée par certains éditeurs modernes[2]. Il n'est pas sûr qu'il faille être aussi catégorique : si le texte a été altéré au cours des temps, les figures ont pu l'être bien davantage encore.

Pour tenter néanmoins de rendre sensible au lecteur actuel l'application à la sphère céleste qui allait de soi

1. Cf. aussi J. Mogenet, *op. cit.*, p. 188-190.
2. Cf. O. Neugebauer, *A History of Ancient Mathematical Astronomy*, II, p. 751-755.

pour un lecteur grec, il a semblé préférable de présenter, avec la traduction française, des figures en perspective, où l'horizon soit horizontal. Pour leur tracé, certains partis ont été pris :

1) le plan de figure est le plan du méridien du lieu ;

2) la hauteur du pôle est approximativement égale à 36°, latitude de Rhodes ;

3) les points cités dans le texte et dont la place ne fait aucun doute sont représentés par • ;

4) les points cités dans le texte et dont la place importe peu à la démonstration ne sont pas indiqués de manière précise ; ils sont en général placés dans le méridien.

Pour les lettres qui désignent les figures, elles sont imprimées en majuscules, tant dans le texte grec (conformément à l'usage du *Vatic. gr.* 204) que dans la traduction. Pour faciliter la lecture de la traduction française, une concordance a été adoptée qui, pour arbitraire qu'elle soit, essaie de ne pas trop choquer les usages; la voici :

A = A	H = H	N = N	T = T
B = B	Θ = F	Ξ = V	Υ = Y
Γ = C	I = I	O = O	Φ = Q
Δ = D	K = K	Π = P	X = X
E = E	Λ = L	P = R	Ψ = U
Z = Z	M = M	Σ = S	Ω = W

*
* *

La présente édition n'est pas l'œuvre d'un seul. Christine Halbert à Rennes en 1974 et Serge Audina à Toulouse en 1977 ont consacré sous ma direction leur Mémoire de Maîtrise à la traduction, l'une de *La sphère en mouvement*, l'autre des *Levers et couchers héliaques*. Ces étudiants ont bénéficié de l'aide apportée à Rennes par M. Le Calvé, alors Maître-Assistant de Mathématiques à l'Université de Haute-Bretagne, à Toulouse par MM. J.-P. Brunet et R. Nadal, astronomes à

l'Observatoire de Toulouse-Pic du Midi. Mlle J. Baylac, professeur à Toulouse, a mis beaucoup de diligence à préparer avec moi l'apparat critique. Enfin et surtout, MM. Brunet et Nadal, qui ont revu de près, avant la mise au point définitive, l'introduction, la traduction et les notes et qui ont tracé les figures, ont été tout au long de ce travail les plus précieux des collaborateurs. Cette édition leur doit beaucoup.

M. Ch. Mugler a mis sa diligence habituelle à s'acquitter de la tâche ingrate de réviseur; je lui en garde grande reconnaissance ainsi qu'à M. A. Segonds, qui a bien voulu relire les épreuves et me suggérer bien des améliorations. Puissent tous ces efforts conjugués contribuer à mieux faire connaître un moment important de l'astronomie grecque !

SIGLA

A	Vaticanus graecus 204	saec. IX ex.-X in.
B	Vaticanus graecus 202	saec. XIII.
C	Parisinus graecus 2390	saec. XIII.
	(De Sphaera quae mouetur)	
D	Vaticanus graecus 203	saec. XIII.
F	Vaticanus graecus 191	saec. XIII.
K	Parisinus graecus 2448	saec. XIV.
	(De Sphaera quae mouetur)	
P	Parisinus graecus 2364	saec. XV ex.

Compendia

Hult. = Hultsch, editio Lipsiensis 1885.
Mog. = Mogenet, editio Lovaniensis 1950.

LA SPHÈRE EN MOUVEMENT

[On dit que des points se déplacent à vitesse uniforme[1] quand, en des temps égaux, ils décrivent des longueurs égales ou semblables[2]. Si un point qui se déplace à vitesse uniforme sur une droite[3] décrit deux segments de cette droite, le temps qu'il met à décrire chacun des segments est proportionnel à la longueur des segments[4].]

I

Si une sphère tourne à vitesse uniforme[5] autour de son axe, tous les points situés à la surface de la sphère

1. Cette définition du mouvement uniforme (ὁμαλῶς) précède dans tous les manuscrits la première proposition. Il est pourtant probable qu'elle ne fait pas partie du traité d'Autolycos : c'est sans doute une simple scolie marginale commentant le terme ὁμαλῶς de la première proposition, reportée en préambule par l'inadvertance d'un copiste et acceptée à cette place par toute la tradition manuscrite.

2. L'indication « ou semblables » est valable en particulier dans le cas de la sphère en mouvement. Quand elle tourne à vitesse uniforme, la vitesse angulaire reste constante et les points situés à sa surface décrivent en des temps égaux des arcs égaux si les points sont situés sur un même parallèle ou sur son symétrique par rapport au grand cercle parallèle (équateur) de la sphère, des arcs semblables si les points sont situés sur des parallèles différents. En fait le mouvement uniforme n'est pas ici correctement défini.

3. Le grec utilise ici le terme de γραμμή, ligne, qui peut désigner n'importe quelle ligne géométrique, rectiligne ou circulaire ; c'est le même terme qui est utilisé un peu plus loin pour désigner les segments de droite.

4. A ce préambule, le *Paris. gr.* 2448 ajoute la définition de l'axe et des pôles de la sphère : « L'axe de la sphère est le

ΠΕΡΙ ΚΙΝΟΥΜΕΝΗΣ ΣΦΑΙΡΑΣ

[Ὁμαλῶς λέγεται φέρεσθαι σημεῖα ὅσα ἐν ἴσῳ χρόνῳ ἴσα ἢ καὶ ὅμοια μεγέθη διεξέρχεται. Ἐὰν δὲ ἐπί τινος γραμμῆς φερόμενόν τι σημεῖον ὁμαλῶς δύο γραμμὰς διεξέλθῃ, τὸν αὐτὸν ἕξει λόγον ὅ τε χρόνος πρὸς τὸν χρόνον ἐν ᾧ τὸ σημεῖον ἑκατέραν τῶν γραμμῶν διεξῆλθεν καὶ ἡ γραμμὴ πρὸς τὴν γραμμήν.]

A

Ἐὰν σφαῖρα στρέφηται ὁμαλῶς περὶ τὸν ἑαυτῆς ἄξονα, πάντα τὰ ἐπὶ τῆς ἐπιφανείας τῆς σφαίρας σημεῖα ὅσα μὴ

2-7 deleui || 2 ὅσα ABCD : ὅταν FKP || 3 ἢ καὶ A : τε ἢ καὶ BCDF τε καὶ K (corr. ἢ sup. l.) P || διεξέρχεται ABCD : - χηται FKP || 7 post γραμμήν hab. Ἄξων σφαίρας ἐστὶν ἡ διάμετρος τῆς σφαίρας περὶ ἣν μένουσαν ἡ σφαῖρα στρέφεται· πόλοι δὲ τῆς σφαίρας εἰσὶ τὰ πέρατα τοῦ ἄξονος K || 9 στρέφηται KP : στρέφεται ABCDF || 10 πάντα om. K.

---

diamètre fixe autour duquel la sphère tourne ; les pôles de la sphère sont les extrémités de l'axe ». Ces définitions, utiles et d'ailleurs parfaitement correctes, sont peut-être un commentaire tardif aux premières lignes de la première proposition. Pour la première de ces définitions, cf. Euclide, *Éléments*, XI, déf. 15.

5. La mention de la « vitesse uniforme » est inutile à l'énoncé de cette proposition. Mais Autolycos fait sans doute volontairement, dès le début, référence implicite au mouvement de la sphère céleste en fonction duquel il énonce toutes ses propositions. La sphère qu'il considère est toujours une sphère tournant autour d'un axe fixe dont les extrémités sont les pôles de la sphère ; les cercles parallèles qu'il considère n'y sont jamais que ceux dont les plans sont perpendiculaires à l'axe et qui ont mêmes pôles que la sphère.

qui ne sont pas sur l'axe décrivent des cercles parallèles qui ont mêmes pôles[1] que la sphère et qui sont perpendiculaires à l'axe.

Soit une sphère ayant pour axe la droite[2] AB et pour pôles les points A et B. Supposons qu'elle tourne à vitesse uniforme autour de son axe AB. Je dis que tous les points situés à la surface de la sphère et qui ne sont pas sur l'axe décrivent des cercles parallèles qui ont mêmes pôles que la sphère et qui sont perpendiculaires à l'axe.

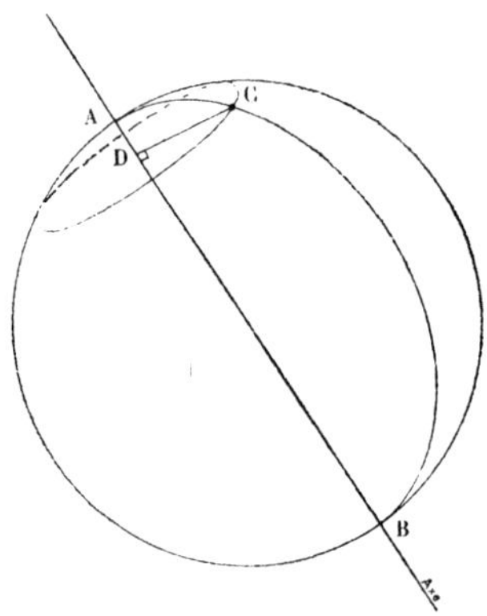

Prenons un point quelconque C à la surface de la sphère. De C, abaissons sur la droite AB la perpendiculaire CD. Étendons le plan qui passe par les pôles A et B et par la perpendiculaire CD : il aura comme section un cercle. Prenons-en la moitié, le demi-cercle ACB.

1. Théodose de Bithynie (*Sphériques*, I, définition 5) définit le pôle d'un cercle situé sur une sphère comme « le point à la surface de la sphère d'où toutes les droites qui tombent sur la circonférence de ce cercle sont égales entre elles ». Un peu plus loin (*Sphériques*, II, 2), il démontre que « sur la sphère, les cercles qui ont les mêmes pôles sont des cercles parallèles ». Cette définition et ce théorème sont rappelés dans les scolies commentant la démonstration d'Autolycos.

2. Le terme grec εὐθεῖα désigne aussi bien une droite illimitée qu'un segment de droite. Par souci de simplicité et par fidélité aux usages du grec, je traduirai toujours ce terme par « droite ».

ἔστιν ἐπὶ τοῦ ἄξονος κύκλους γράψει παραλλήλους τοὺς αὐτοὺς πόλους ἔχοντας τῇ σφαίρᾳ, καὶ ἔτι ὀρθοὺς πρὸς τὸν ἄξονα.

Ἔστω σφαῖρα ἧς ἄξων ἔστω ἡ ΑΒ εὐθεῖα, πόλοι δὲ αὐτῆς τὰ Α Β σημεῖα, καὶ στρεφέσθω ὁμαλῶς περὶ τὸν ἑαυτῆς ἄξονα τὸν ΑΒ. Λέγω ὅτι πάντα τὰ ἐπὶ τῆς ἐπιφανείας τῆς σφαίρας σημεῖα ὅσα μὴ ἔστιν ἐπὶ τοῦ ἄξονος κύκλους γράψει παραλλήλους τοὺς αὐτοὺς πόλους ἔχοντας τῇ σφαίρᾳ, καὶ ἔτι ὀρθοὺς πρὸς τὸν ἄξονα.

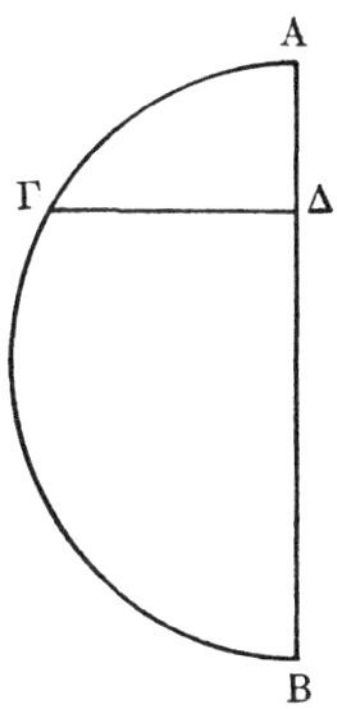

Εἰλήφθω γάρ τι σημεῖον ἐπὶ τῆς ἐπιφανείας τῆς σφαίρας, τὸ Γ. Καὶ ἤχθω ἀπὸ τοῦ Γ ἐπὶ τὴν ΑΒ εὐθεῖαν κάθετος ἡ ΓΔ. Καὶ ἐκβεβλήσθω τὸ διὰ τῶν πόλων τῶν Α Β καὶ τῆς ΓΔ ἐπίπεδον· ποιήσει δὴ τομὴν κύκλου. Ἔστω αὐτοῦ ἡμικύκλιον τὸ ΑΓΒ. Ἐὰν δὴ μενούσης τῆς ΑΒ

12 πόλων τῶν om. K || καὶ τῆς om. K || 13 δὴ om. K || post τομὴν hab. μέγιστον K || 14 ΑΓΒ : ΑΒ F.

Si, la droite AB restant immobile, le demi-cercle tourne et revient à sa position initiale[1], la droite CD elle aussi tournera avec lui, demeurant durant toute la rotation du demi-cercle ACB perpendiculaire à la droite AB ; elle décrira sur la sphère un cercle dont le centre sera le point D et le rayon la droite CD, perpendiculaire à l'axe AB [puisque CD reste toujours perpendiculaire à AB]. Il est évident[2] que les points A et B seront les pôles du cercle ainsi décrit puisque, à partir du centre de la sphère, une perpendiculaire AB a été menée et prolongée jusqu'à la surface de la sphère.

Un raisonnement analogue permettra de montrer que tous les points situés à la surface de la sphère et qui ne sont pas sur l'axe décrivent des cercles qui sont perpendiculaires à l'axe AB et qui ont mêmes pôles que la sphère. Or les cercles qui, sur une sphère, ont les mêmes pôles sont des cercles parallèles[3].

Donc tous les points situés à la surface de la sphère et qui ne sont pas sur l'axe décrivent des cercles parallèles qui ont mêmes pôles que la sphère et qui sont perpendiculaires à l'axe.

II

Si une sphère tourne à vitesse uniforme autour de son axe, tous les points situés à la surface de la sphère décrivent en des temps égaux des arcs semblables sur les cercles parallèles sur lesquels ils se déplacent.

Soit une sphère qui tourne à vitesse uniforme autour de son axe AB ; soient les points A et B les pôles de la

1. Ce membre de phrase est pratiquement identique dans son libellé à celui servant à définir la sphère chez Euclide (*Éléments*, XI, def. 14).

2. Il arrive assez souvent dans ce genre de textes qu'un φανερόν (« c'est évident ») tienne lieu de démonstration. En fait ici le raisonnement fait appel à une construction différente, mais le résultat est juste.

3. Référence à un théorème déjà habituel en Sphérique (cf. Théodose, *Sphériques*, II, 2, cité plus haut).

εὐθείας περιενεχθὲν τὸ ἡμικύκλιον εἰς τὸ αὐτὸ πάλιν ἀποκατασταθῇ ὅθεν ἤρξατο φέρεσθαι, συμπεριενεχθήσεται αὐτῷ καὶ ἡ ΓΔ εὐθεῖα κατὰ πᾶσαν μετακίνησιν τοῦ ΑΓΒ ἡμικυκλίου διαμένουσα τῇ ΑΒ εὐθείᾳ πρὸς ὀρθάς, καὶ γράψει κύκλον ἐν τῇ σφαίρᾳ οὗ κέντρον ἔσται τὸ Δ σημεῖον, ἡ δὲ ἐκ τοῦ κέντρου ἡ ΓΔ πρὸς ὀρθὰς οὖσα τῷ ΑΒ ἄξονι [διὰ τὸ καὶ τὴν ΓΔ ἀεὶ διαμένειν τῇ ΑΒ πρὸς ὀρθάς]. Καὶ φανερὸν ὅτι τὰ Α Β σημεῖα πόλοι ἔσονται τοῦ γραφέντος κύκλου, ἐπειδήπερ ἀπὸ τοῦ κέντρου τῆς σφαίρας κάθετος ἧκται καὶ ἐκβέβληται ἡ ΑΒ ἕως τῆς ἐπιφανείας τῆς σφαίρας.

Ὁμοίως δὴ δείξομεν ὅτι καὶ πάντα τὰ ἐπὶ τῆς ἐπιφανείας τῆς σφαίρας σημεῖα, ὅσα μὴ ἔστιν ἐπὶ τοῦ ἄξονος, κύκλους γράψει πρὸς ὀρθὰς τῷ ΑΒ ἄξονι τοὺς αὐτοὺς πόλους ἔχοντας τῇ σφαίρᾳ. Οἱ δὲ περὶ τοὺς αὐτοὺς πόλους ὄντες ἐν σφαίρᾳ κύκλοι παράλληλοί εἰσι.

Πάντα ἄρα τὰ ἐπὶ τῆς ἐπιφανείας τῆς σφαίρας σημεῖα, ὅσα μὴ ἔστιν ἐπὶ τοῦ ἄξονος, κύκλους γράψει παραλλήλους τοὺς αὐτοὺς πόλους ἔχοντας τῇ σφαίρᾳ, καὶ ἔτι ὀρθοὺς πρὸς τὸν ἄξονα.

Β

Ἐὰν σφαῖρα στρέφηται ὁμαλῶς περὶ τὸν ἑαυτῆς ἄξονα, πάντα τὰ ἐπὶ τῆς ἐπιφανείας τῆς σφαίρας σημεῖα ἐν τῷ ἴσῳ χρόνῳ τὰς ὁμοίας περιφερείας διεξέρχεται τῶν παραλλήλων κύκλων καθ' ὧν φέρεται.

Σφαῖρα γὰρ στρεφέσθω ὁμαλῶς περὶ τὸν ἑαυτῆς ἄξονα τὸν ΑΒ, πόλοι δὲ τῆς σφαίρας ἔστωσαν τὰ Α Β σημεῖα,

3 ΑΓΒ : ΑΒΓ K || 6 οὖσα om. A || 7 διὰ τὸ — ὀρθάς del. Hult. Mog. || 10 post σφαίρας hab. ἐπ' αὐτὸν K || 13 τῆς σφαίρας om. K || 14 post ὀρθὰς hab. ὄντας K || 15 πόλους pr. om. C.

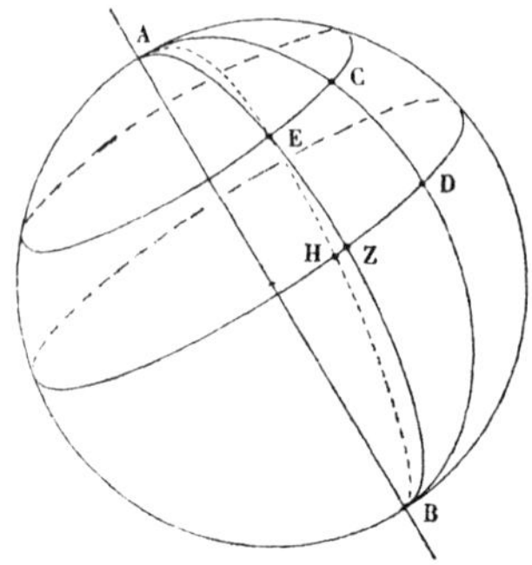

sphère ; prenons à la surface de la sphère des points quelconques C et D. Je dis que les points C et D décrivent en des temps égaux des arcs semblables sur les cercles parallèles sur lesquels ils se déplacent.

Soient les cercles parallèles CE et DZ[1] sur lesquels se déplacent les points C et D. Étendons le plan qui passe par la droite AB et par le point C ; il aura comme section sur la sphère un cercle[2]. Prenons-en la moitié, le demi-cercle ACB. Ou bien il passera aussi par le point D, ou bien il n'y passera pas.

1) Supposons d'abord qu'il y passe. Soit donc le demi-cercle ACDB. Supposons que, durant la rotation de la sphère, le demi-cercle ACDB tourne et vienne prendre la position AEZB. Si, sur une sphère, CE et DZ sont des cercles parallèles et ACDB et AEZB des grands cercles qui passent par leurs pôles, l'arc CE est semblable

1. Les cercles sont désignés d'ordinaire par trois lettres au moins. Mais comme il s'agit ici de cercles parallèles de la sphère, l'indication d'un seul point suffirait à en préciser la position. De même un cercle quelconque de la sphère est parfaitement défini avec deux points seulement.

2. La scolie fournit en référence le premier théorème des *Sphériques* de Théodose : « Lorsqu'une surface sphérique est coupée par un plan, la ligne déterminée à la surface de la sphère est une circonférence de cercle » (I, 1). Dans tout le traité d'Autolycos, le mot grec κύκλος est couramment employé pour désigner la circonférence du cercle.

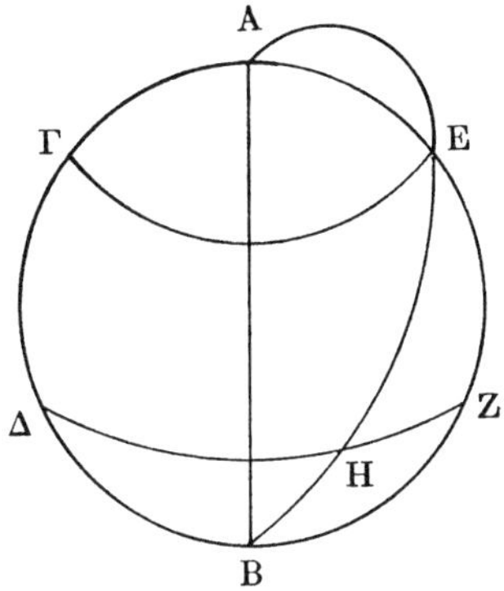

καὶ εἰλήφθω τινὰ σημεῖα ἐπὶ τῆς ἐπιφανείας τῆς σφαίρας τὰ Γ Δ. Λέγω ὅτι τὰ Γ Δ σημεῖα ἐν τῷ ἴσῳ χρόνῳ τὰς ὁμοίας περιφερείας διεξέρχεται τῶν παραλλήλων κύκλων καθ' ὧν φέρεται.

Ἔστωσαν γὰρ παράλληλοι κύκλοι καθ' ὧν φέρεται τὰ Γ Δ σημεῖα οἱ ΓΕ ΔΖ, καὶ ἐκβεβλήσθω τὸ διὰ τῆς ΑΒ καὶ τοῦ Γ ἐπίπεδον · ποιήσει δὴ τομὴν ἐν τῇ σφαίρᾳ κύκλον. Ἔστω δὲ αὐτοῦ ἡμικύκλιον τὸ ΑΓΒ. Ἤτοι δὴ ἐλεύσεται καὶ διὰ τοῦ Δ ἢ οὔ.

Ἐρχέσθω πρότερον καὶ ἔστω τὸ ΑΓΔΒ, καὶ ἐν τῇ περιφορᾷ τῆς σφαίρας μετακεκινήσθω τὸ ΑΓΔΒ ἡμικύκλιον καὶ ἐχέτω θέσιν ὡς τὴν ΑΕΖΒ. Ἐπεὶ ἐν σφαίρᾳ παράλληλοι κύκλοι εἰσὶν οἱ ΓΕ ΔΖ καὶ διὰ τῶν πόλων αὐτῶν μέγιστοι κύκλοι γεγραμμένοι εἰσὶν οἱ ΑΓΔΒ ΑΕΖΒ, ὁμοία ἄρα ἐστὶν ἡ ΓΕ περιφέρεια τῇ ΔΖ περιφερείᾳ. Λέγω οὖν ὅτι ἐν ἴσῳ

5 ἔστωσαν — φέρεται om. P rest. al. m. || 6-7 ΑΒ καὶ τοῦ Γ : ΑΒΓ Α || 7 post τοῦ Γ hab. σημείου Κ || ποιήσει : ποιήσῃ Α.

à l'arc DZ[1]. Je dis que, dans le même temps, le point C vient en E et le point D en Z.

Supposons que cela ne soit pas. Admettons[2] qu'en des temps égaux le point C vienne en E et le point D en H. Au cours de la rotation de la sphère, chaque fois que C viendra en E et D en H, le demi-cercle ACDB se trouvera dans la position AEHB. Puisque les deux cercles AEZB et AEHB sont des grands cercles, le segment de droite AE[3] est un diamètre de la sphère[4]; mais le segment AB l'est aussi ; ce qui est absurde. Donc il n'est pas possible que, en des temps égaux, le point C vienne en E et le point D en H.

Un raisonnement analogue permettra de montrer que le point D ne peut venir qu'en Z.

2) Supposons que le demi-cercle ACB passe non par le point D mais par le point F, comme dans la seconde figure[5].

Soit DFZ le cercle parallèle sur lequel se déplace le point D. Posons l'arc DH semblable à l'arc CE ; mais l'arc CE est semblable à l'arc FZ ; donc l'arc DH lui aussi est semblable à l'arc FZ. Or ils sont sur le même cercle : l'arc DH est donc égal à l'arc FZ. Donc en des temps égaux D vient en H et F en Z. Or en des temps égaux

1. La scolie cite en référence le théorème de Théodose : « Si l'on a des cercles parallèles sur une sphère et si l'on décrit, par leurs pôles, des grands cercles, les arcs des cercles parallèles situés entre les grands cercles sont semblables et les arcs des grands cercles situés entre les cercles parallèles sont égaux » (II, 10).

2. Formule consacrée pour introduire le raisonnement par l'absurde. Cf. Archimède, Ἐπιπέδων ἰσορροπιῶν, I, 8, 9, 11, 13, etc.

3. Le grec, qui ne dispose pas d'un terme particulier pour désigner le segment de droite, utilise ici la périphrase : « la droite qui joint le point A au point E ».

4. La scolie fait référence au théorème : « Dans une sphère, les grands cercles se coupent en deux parties égales » (Théodose, *Sphériques*, I, 11). L'intersection des deux cercles est alors un diamètre commun à ces deux cercles.

5. La présence des figures explique le libellé parfois fort elliptique des démonstrations.

χρόνῳ τὸ Γ σημεῖον ἐπὶ τὸ Ε παραγίγνεται καὶ τὸ Δ ἐπὶ τὸ Ζ.

Μὴ γάρ, ἀλλ' εἰ δυνατόν, ἐν ἴσῳ χρόνῳ τὸ μὲν Γ σημεῖον ἐπὶ τὸ Ε σημεῖον παραγιγνέσθω, τὸ δὲ Δ ἐπὶ τὸ Η. Στρεφομένης ἄρα τῆς σφαίρας, ὅταν τὸ Γ ἐπὶ τὸ Ε παραγένηται καὶ τὸ Δ ἐπὶ τὸ Η, καὶ τὸ ΑΓΔΒ ἡμικύκλιον θέσιν ἕξει ὡς τὴν ΑΕΗΒ. Καὶ ἐπεὶ μέγιστός ἐστιν ἑκάτερος τῶν ΑΕΖΒ ΑΕΗΒ κύκλων, ἡ ἄρα ἀπὸ τοῦ Α ἐπὶ τὸ Ε ἐπιζευγνυμένη εὐθεῖα διάμετρός ἐστι τῆς σφαίρας · ἀλλὰ καὶ ἡ ΑΒ, ὅπερ ἄτοπον. Οὐκ ἄρα ἐν ἴσῳ χρόνῳ τὸ Γ σημεῖον ἐπὶ τὸ Ε παραγίγνεται καὶ τὸ Δ ἐπὶ τὸ Η.

Ὁμοίως δὴ δείξομεν ὅτι οὐδὲ ἐπ' ἄλλο τι πλὴν ἐπὶ τὸ Ζ σημεῖον.

Μὴ ἐρχέσθω δὴ τὸ ἡμικύκλιον τὸ διὰ τῶν Α Γ Β διὰ τοῦ Δ, ἀλλὰ διὰ τοῦ Θ, ὡς ἔχει ἐπὶ τῆς δευτέρας καταγραφῆς. Καὶ ἔστω παράλληλος κύκλος καθ' οὗ φέρεται τὸ Δ σημεῖον ὁ ΔΘΖ, καὶ κείσθω τῇ ΓΕ ὁμοία ἡ ΔΗ · ἀλλ' ἡ ΓΕ περιφέρεια τῇ ΘΖ περιφερείᾳ ἐστὶν ὁμοία · καὶ ἡ ΔΗ ἄρα τῇ ΘΖ ἐστὶν ὁμοία. Καὶ εἰσὶν τοῦ αὐτοῦ κύκλου · ἴση ἄρα ἐστὶν ἡ ΔΗ περιφέρεια τῇ ΘΖ περιφερείᾳ. Ἐν ἴσῳ ἄρα χρόνῳ τὸ Δ ἐπὶ τὸ Η παραγίγνεται καὶ τὸ Θ ἐπὶ τὸ Ζ. Ἐν ἴσῳ δὲ χρόνῳ τὸ Θ ἐπὶ τὸ Ζ παραγίγνεται καὶ τὸ Γ ἐπὶ

1-3 τὸ Γ σημεῖον — ἴσῳ χρόνῳ om. D rest. al. m. || 18 περιφερείᾳ om. K || 18-19 περιφερείᾳ — τῇ ΘΖ om. C || 22 ἴσῳ A : ὅσῳ cett.

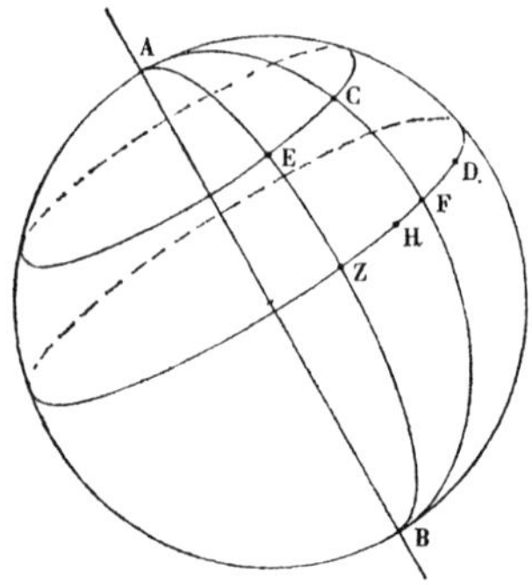

F vient en Z et C en E. Donc en des temps égaux C vient en E et D en H[1].

III

Si une sphère tourne à vitesse uniforme autour de son axe, les arcs décrits en des temps égaux par des points quelconques sur les cercles parallèles sur lesquels ils se déplacent sont semblables[2].

Soit une sphère ayant pour axe AB et pour pôles les points A et B. Prenons des points quelconques C et D à la surface de la sphère. Soient CE et DZ les cercles parallèles sur lesquels se déplacent les points C et D.

1. L'édition de J. Mogenet introduit ici une seconde démonstration, reconstituée d'après les versions arabe, latine et hébraïque qui toutes présentent pour cette proposition les deux démonstrations, mettant en second lieu celle qui est seule conservée dans les manuscrits grecs.

2. Le libellé de ce théorème que le scoliaste appelle « réciproque du précédent » est décevant. Après le théorème précédent : à temps égaux, arcs semblables, on attendrait effectivement la réciproque : à arcs semblables, temps égaux. Or le théorème et la démonstration présentent en conclusion, comme le théorème et la démonstration précédents, la similitude des arcs, ce qui semble donc faire double emploi. Faut-il voir dans la proposition III une simple répétition de la proposition II, pour laquelle ont existé (est-ce du temps d'Autolycos ? C'est peu probable) deux démonstrations différentes ?

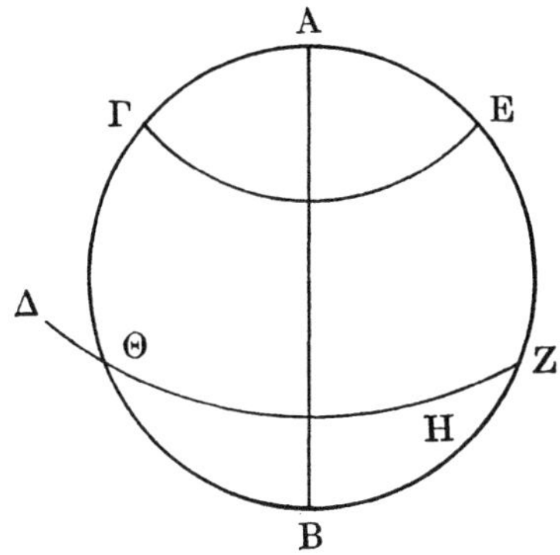

τὸ Ε. Ἐν ἴσῳ ἄρα χρόνῳ τὸ Γ ἐπὶ τὸ Ε παραγίγνεται καὶ τὸ Δ ἐπὶ τὸ Η.

Γ

Ἐὰν σφαῖρα στρέφηται ὁμαλῶς περὶ τὸν ἑαυτῆς ἄξονα, ἃς ἐν ἴσῳ χρόνῳ περιφερείας διεξέρχεται σημεῖά τινα τῶν παραλλήλων κύκλων καθ' ὧν φέρεται, αὗται ὅμοιαί εἰσιν.

Ἔστω σφαῖρα ἧς ἄξων ὁ ΑΒ, πόλοι δὲ τὰ Α Β σημεῖα, καὶ εἰλήφθω τινὰ σημεῖα ἐπὶ τῆς ἐπιφανείας τῆς σφαίρας τὰ Γ Δ, καὶ ἔστωσαν παράλληλοι κύκλοι καθ' ὧν φέρεται τὰ Γ Δ σημεῖα οἱ ΓΕ ΔΖ, καὶ ἐν ἴσῳ χρόνῳ τὸ Γ σημεῖον

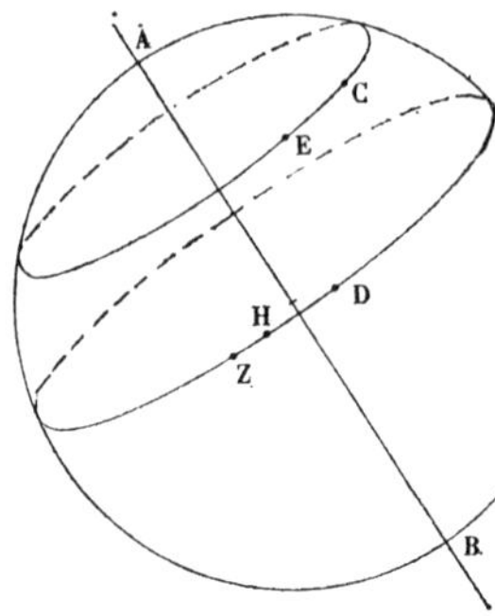

Supposons que, en des temps égaux, le point C décrive l'arc CE et le point D l'arc DZ. Je dis que l'arc CE est semblable à l'arc DZ.

Supposons que l'arc CE soit semblable non à l'arc DZ mais à l'arc DH. En des temps égaux donc le point C décrit l'arc CE et le point D l'arc DH. Mais il se trouve aussi que, en des temps égaux, C décrit l'arc CE et D l'arc DZ. Donc en des temps égaux le point D décrit l'arc DZ et le même point D l'arc DH. Or ces arcs sont sur le même cercle : donc l'arc DH est égal à l'arc DZ, le plus petit au plus grand, ce qui est impossible. C'est donc que l'arc CE n'est pas semblable à l'arc DH.

Un raisonnement analogue permettra de montrer que cet arc n'est semblable qu'à l'arc DZ.

Donc l'arc CE est semblable à l'arc DZ.

IV

Si sur une sphère un grand cercle immobile perpendiculaire à l'axe sépare l'hémisphère visible de l'hémisphère invisible[1], durant la rotation de la sphère autour

1. Après les trois premières propositions qui semblaient ne concerner que la géométrie de la sphère en général (la référence à la sphère céleste étant seulement suggérée par la rotation « à vitesse uniforme »), Autolycos, par l'introduction de l'horizon, « grand cercle immobile qui sépare (ὁρίζων) l'hémisphère visible de l'hémisphère invisible », s'oriente plus franchement vers l'étude

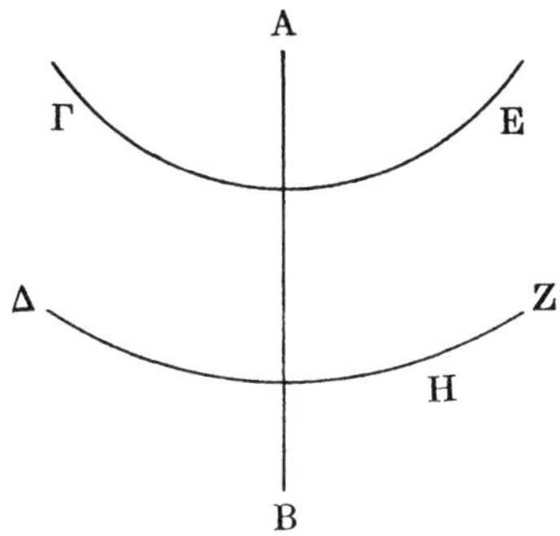

τὴν ΓΕ περιφέρειαν διαπορευέσθω καὶ τὸ Δ σημεῖον τὴν ΔΖ περιφέρειαν. Λέγω ὅτι ὁμοία ἐστὶν ἡ ΓΕ περιφέρεια τῇ ΔΖ περιφερείᾳ.

Εἰ γὰρ μὴ ἔστιν ὁμοία ἡ ΓΕ περιφέρεια τῇ ΔΖ, ἔστω ὁμοία ἡ ΓΕ τῇ ΔΗ. Ἐν ἴσῳ ἄρα χρόνῳ τὸ Γ σημεῖον τὴν ΓΕ περιφέρειαν διαπορεύεται καὶ τὸ Δ τὴν ΔΗ. Ἀλλὰ καὶ ἐν ἴσῳ χρόνῳ τὸ Γ τὴν ΓΕ διαπορεύεται καὶ τὸ Δ τὴν ΔΖ. Ἐν ἴσῳ ἄρα χρόνῳ τὸ Δ τὴν ΔΖ διαπορεύεται καὶ τὸ Δ τὴν ΔΗ. Καὶ εἰσὶν τοῦ αὐτοῦ κύκλου· ἴση ἄρα ἐστὶν ἡ ΔΗ τῇ ΔΖ, ἡ ἐλάσσων τῇ μείζονι, ὅπερ ἐστὶν ἀδύνατον. Οὐκ ἄρα ὁμοία ἐστὶν ἡ ΓΕ τῇ ΔΗ.

Ὁμοίως δὴ δείξομεν ὅτι οὐδὲ ἄλλῃ τινὶ πλὴν τῇ ΔΖ.

Ὁμοία ἄρα ἐστὶν ἡ ΓΕ περιφέρεια τῇ ΔΖ.

Δ

Ἐὰν ἐν σφαίρᾳ μένων μέγιστος κύκλος πρὸς ὀρθὰς ὢν τῷ ἄξονι ὁρίζῃ τό τε ἀφανὲς καὶ τὸ φανερὸν ἡμισφαίριον τῆς σφαίρας, στρεφομένης τῆς σφαίρας περὶ τὸν ἑαυτῆς ἄξονα

9 τὸ Δ om. D rest. al. m. || 11-13 τῇ ΔΗ — ἡ ΓΕ om. D rest. al. m. || 13 post ΔΖ hab. περιφερείᾳ K || 16 φανερὸν : ἀφανὲς K.

de son axe, aucun des points situés à la surface de la sphère ne se lèvera ni ne se couchera[1]. Les points situés dans l'hémisphère visible sont toujours visibles ; ceux situés dans l'hémisphère invisible sont toujours invisibles.

Soit sur une sphère un grand cercle immobile AB, perpendiculaire à l'axe. Supposons qu'il sépare la partie visible de la sphère de sa partie invisible. Je dis que, durant la rotation de la sphère autour de son axe, aucun des points situés à la surface de la sphère ne se lèvera ni ne se couchera.

Prenons un point quelconque C à la surface de la sphère. Soit CD le cercle parallèle sur lequel se déplace le point C. Le cercle CD est donc perpendiculaire à l'axe. Mais le cercle AB l'est aussi. Donc le cercle CD est parallèle au cercle AB. Si le point C se lève et se couche, c'est donc que le cercle CD coupe l'horizon[2] AB, ce qui est absurde étant donné qu'il lui est parallèle. Il n'est donc pas possible que le point C se lève et se couche.

de la sphère céleste tournant autour de son axe, mais pouvant prendre diverses positions par rapport à l'horizon. Comme l'on savait fort bien que la hauteur du pôle au-dessus de l'horizon était égale à la latitude du lieu d'observation, l'on pouvait facilement étudier les propriétés de certaines « sphères locales ». Ici la position de l'horizon perpendiculaire à l'axe correspond à la sphère locale pour les latitudes + ou — 90° (pôles terrestres) ; « l'univers y tourne de manière assez semblable aux pierres meulières », dit de façon plus imagée Cléomède (*De motu circulari*, I, 7). L'horizon est alors confondu avec l'équateur et avec le cercle toujours visible (cf. Géminos, *Introduction aux Phénomènes*, V, 34).

1. Par l'expression « se lève et se couche », Autolycos désigne le passage au-dessus ou au-dessous de l'horizon et fait implicitement référence aux levers et aux couchers des étoiles. Mais, se plaçant ici du strict point de vue du mouvement sidéral, il élimine dans un premier temps l'intervention du soleil qui cache ou laisse voir ce mouvement de la sphère céleste. Dans son traité *Sur les levers et les couchers héliaques* en revanche, il tiendra compte également du mouvement du soleil.

2. Dans le libellé des propositions, Autolycos emploie généralement la périphrase : « le cercle qui sépare (ὁρίζων) la partie

οὐδὲν τῶν ἐπὶ τῆς ἐπιφανείας τῆς σφαίρας σημείων οὔτε δύσεται οὔτε ἀνατελεῖ, ἀλλὰ τὰ μὲν ἐν τῷ φανερῷ ἡμισφαιρίῳ ἀεί ἐστι φανερά, τὰ δὲ ἐν τῷ ἀφανεῖ ἀεί ἐστιν ἀφανῆ.

Ἐν γὰρ σφαίρᾳ μένων κύκλος ὁ ΑΒ πρὸς ὀρθὰς ὢν τῷ ἄξονι ὁριζέτω τό τε φανερὸν τῆς σφαίρας καὶ τὸ ἀφανές. Λέγω ὅτι στρεφομένης τῆς σφαίρας περὶ τὸν ἑαυτῆς ἄξονα οὐδὲν τῶν ἐπὶ τῆς ἐπιφανείας τῆς σφαίρας σημείων οὔτε δύσεται οὔτε ἀνατελεῖ.

Εἰλήφθω γάρ τι σημεῖον ἐπὶ τῆς ἐπιφανείας τῆς σφαίρας τὸ Γ, καὶ ἔστω παράλληλος κύκλος καθ' οὗ φέρεται τὸ Γ σημεῖον ὁ ΓΔ. Ὁ ΓΔ ἄρα κύκλος πρὸς ὀρθάς ἐστιν τῷ ἄξονι· ἀλλὰ καὶ ὁ ΑΒ· παράλληλος ἄρα ἐστὶν ὁ ΓΔ κύκλος τῷ ΑΒ κύκλῳ. Εἰ ἄρα τὸ Γ σημεῖον δύσεται ἢ ἀνατελεῖ, συμβαλεῖ ὁ ΓΔ κύκλος τῷ ΑΒ ὁρίζοντι, ὅπερ ἐστὶν ἄτοπον· ἔστιν γὰρ αὐτῷ παράλληλος. Οὐκ ἄρα τὸ Γ σημεῖον δύσεται ἢ ἀνατελεῖ.

1 τῶν : τὸν F || 7 ἐπὶ τῆς om. C || 14-16 συμβαλεῖ — ἀνατελεῖ om. D rest. al. m. || 15 ἔστιν : ἔστω D al. m.

---

visible de la sphère de sa partie invisible ». A d'autres moments, pour faire plus vite, il utilise simplement, comme ici, le mot « horizon » qui marque bien la référence à la sphère céleste. Géminos (*op. cit.* V, 54) définit l'horizon comme « le cercle qui sépare pour nous la part visible de l'univers de la part invisible ; il coupe en deux la sphère de l'univers de sorte qu'il y a un hémisphère au-dessus de la terre et un hémisphère au-dessous ».

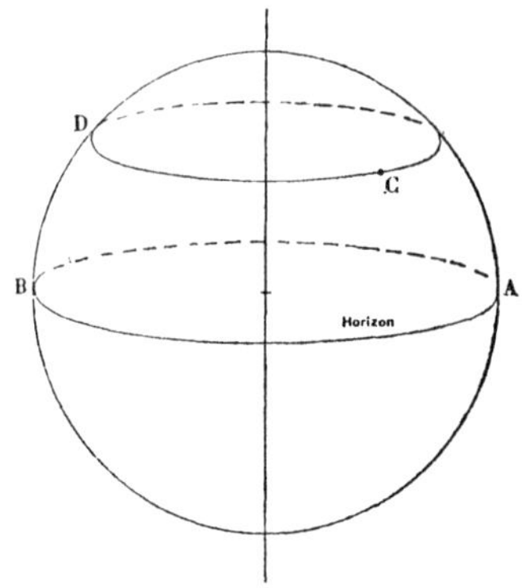

Un raisonnement analogue permettra de montrer qu'aucun des points situés à la surface de la sphère ne se lèvera ni ne se couchera. Les points situés dans la partie visible sont toujours dans la partie visible ; ceux situés dans la partie invisible sont toujours dans la partie invisible[1].

V

Si un grand cercle immobile passant par les pôles de la sphère sépare la partie visible de la partie invisible[2], tous les points situés à la surface de la

1. Théodose de Bithynie, appliquant cette proposition aux lieux géographiques, dit : « Pour l'habitant du pôle nord, un hémisphère de l'univers, toujours le même, reste toujours visible ; un hémisphère de l'univers, toujours le même, reste toujours invisible. Pour lui, aucune étoile ne se couchera ni ne se lèvera ; les étoiles situées dans l'hémisphère visible sont toujours visibles ; celles situées dans l'hémisphère invisible sont toujours invisibles » (*Les Lieux Géographiques*, I).

2. Autolycos étudie ici la seconde position extrême, la sphère

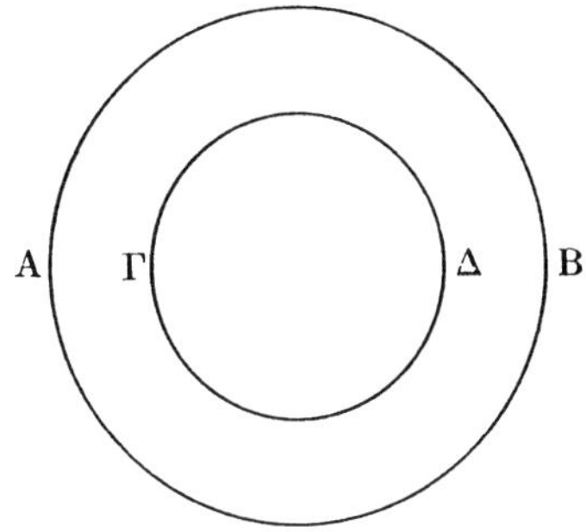

Ὁμοίως δὴ δείξομεν ὅτι καὶ πάντα τὰ ἐπὶ τῆς ἐπιφανείας τῆς σφαίρας σημεῖα οὔτε δύσεται οὔτε ἀνατελεῖ, ἀλλὰ τὰ μὲν ἐν τῷ φανερῷ διὰ παντός ἐστιν ἐν τῷ φανερῷ, τὰ δὲ ἐν τῷ ἀφανεῖ διὰ παντός ἐστιν ἐν τῷ ἀφανεῖ.

Ε

Ἐὰν διὰ τῶν πόλων τῆς σφαίρας κύκλος μένων ὁρίζῃ τό τε φανερὸν καὶ τὸ ἀφανές, πάντα τὰ ἐπὶ τῆς ἐπιφανείας τῆς σφαίρας σημεῖα στρεφομένης αὐτῆς καὶ δύσεται καὶ ἀνατε-

locale correspondant à la latitude 0° (équateur terrestre) ; c'est la position que les Grecs désignaient souvent par l'expression « sphère droite ». Cf. Géminos (*op. cit.* VI, 23) qui parle de la « région limite, située au midi par rapport à nous, nommée équateur terrestre, où les pôles sont dans l'horizon et où la sphère céleste est droite ; tous les parallèles décrits par le soleil dans la révolution diurne sont coupés par moitié par l'horizon, ce qui explique la parfaite égalité des jours ».

sphère, quand elle tourne, se couchent et se lèvent. Ils passeront le même temps au-dessus et au-dessous de l'horizon.

Supposons que le cercle immobile ABC passant par les pôles de la sphère sépare la partie visible de la sphère de sa partie invisible. Je dis que, lorsque la sphère tourne, à chaque rotation, tous les points situés à la surface de la sphère se couchent et se lèvent.

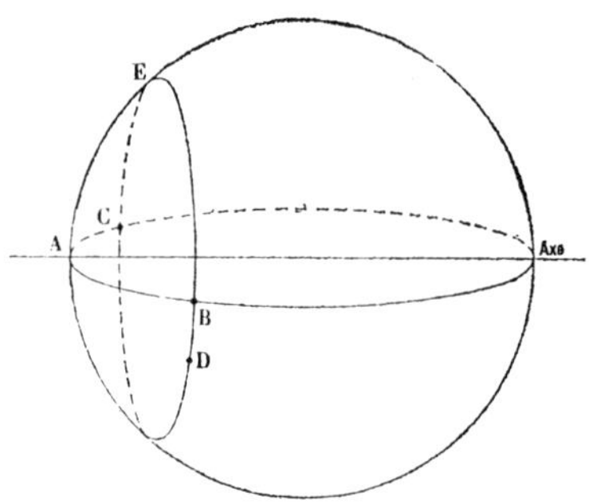

Soit un point quelconque D à la surface de la sphère, et soit BDCE le cercle parallèle sur lequel se déplace le point D. Au cours de la rotation de la sphère, le point D, arrivé en C, se lève et, arrivé en B, se couche. Or puisque le cercle ABC coupe le cercle BDCE en passant par ses pôles, il le coupera en deux parties égales[1] ; chacun des arcs BEC et BDC vaut donc un

1. La scolie fait référence à Théodose, *Sphériques*, I, 15 : « Lorsque sur une sphère un grand cercle coupe un cercle quelconque de la sphère en passant par ses pôles, il le coupe en deux parties égales et à angles droits ». Ce théorème, considéré par Autolycos comme bien connu et parfaitement démontré, est d'usage constant dans la suite du traité.

λεῖ, καὶ τὸν ἴσον χρόνον ὑπέρ τε τὸν ὁρίζοντα ἐνεχθήσεται καὶ ὑπὸ τὸν ὁρίζοντα.

Ὁ γὰρ διὰ τῶν πόλων τῆς σφαίρας κύκλος μένων ὁ ΑΒΓ ὁριζέτω τό τε φανερὸν τῆς σφαίρας καὶ τὸ ἀφανές. Λέγω ὅτι στρεφομένης τῆς σφαίρας ἐν τῇ περιφορᾷ πάντα τὰ ἐπὶ τῆς ἐπιφανείας τῆς σφαίρας σημεῖα καὶ δύνει καὶ ἀνατέλλει.

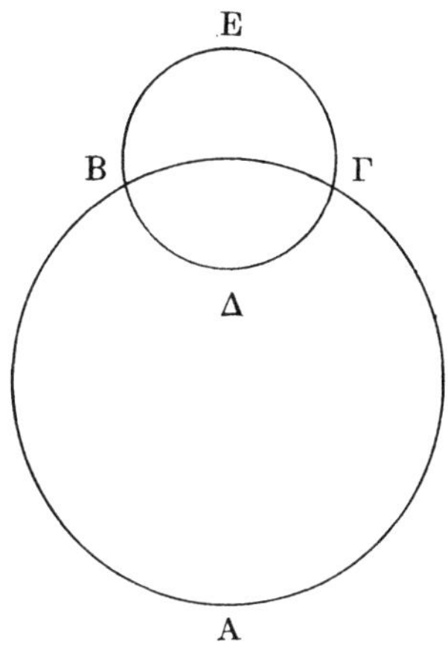

Ἔστω γάρ τι σημεῖον ἐπὶ τῆς ἐπιφανείας τῆς σφαίρας τὸ Δ καὶ ἔστω παράλληλος κύκλος καθ' οὗ φέρεται τὸ Δ σημεῖον ὁ ΒΔΓΕ· ἐν τῇ ἄρα περιφορᾷ τῆς σφαίρας τὸ Δ σημεῖον, ὅταν μὲν κατὰ τὸ Γ γένηται ἀνατέλλει, ὅταν δὲ κατὰ τὸ Β δύνει. Καὶ ἐπεὶ ὁ ΑΒΓ κύκλος τὸν ΒΔΓΕ κύκλον διὰ τῶν πόλων τέμνει, δίχα τε αὐτὸν τεμεῖ· ἡμικύκλιον ἄρα ἐστὶν ἑκάτερον τῶν ΒΕΓ ΒΔΓ. Τὸ Δ ἄρα

1 ἐνεχθήσεται om. D rest. al. m. || 3 ὁ γὰρ διὰ A : διὰ γὰρ BCFKP ἔστω διὰ γὰρ D || 6 σημεῖα BCDKP : σημεῖον F om. A || 11 post μὲν hab. γὰρ K || 12 τὸ om. D || δύνει : δύνῃ K || ΒΔΓΕ K : ΒΓΔΕ cett. || 13 δίχα τε : καὶ δίχα K.

demi-cercle. Donc le point D se couchera et se lèvera toujours aux mêmes points du cercle ABC ; il passera le même temps au-dessus de l'horizon et au-dessous.

Un raisonnement analogue permettra de montrer que tous les points situés à la surface de la sphère se coucheront et se lèveront, et qu'ils passeront le même temps au-dessus de l'horizon et au-dessous[1].

VI

Si sur une sphère un grand cercle immobile oblique sur l'axe, sépare la partie visible de la sphère de sa partie invisible[2], il sera tangent à deux cercles parallèles égaux : l'un, situé du côté du pôle visible, sera toujours visible et l'autre, situé du côté du pôle invisible, sera toujours invisible[3].

Soit sur une sphère un grand cercle immobile ABC, oblique sur l'axe, qui sépare la partie visible de la sphère de sa partie invisible. Je dis que le cercle ABC sera tangent à deux cercles parallèles égaux : l'un, situé du côté du pôle visible, sera toujours visible et l'autre, situé du côté du pôle invisible, sera toujours invisible.

1. Cf. la traduction concrète par Théodose de Bithynie : « Pour l'habitant de l'équateur, toutes les étoiles se coucheront et se lèveront ; à chaque rotation, elles passeront le même temps au-dessus et au-dessous de l'horizon » (*Les Lieux géographiques*, II).

2. Ceci indique une position quelconque de la sphère locale, valable pour toutes les latitudes comprises entre les latitudes extrêmes examinées dans les deux propositions précédentes. Quand l'inclinaison de l'axe sur l'horizon change, la dimension des cercles tangents à l'horizon varie.

3. Ces cercles tangents à l'horizon et perpendiculaires à l'axe, qui limitent la calotte des étoiles circumpolaires pour une latitude donnée, ont reçu des Grecs le nom de cercles arctiques (ou antarctiques) : « Le cercle arctique est le plus grand des cercles toujours visibles, tangent à l'horizon en un point et situé tout entier au-dessus de la terre ; les étoiles qu'il contient ne se lèvent ni ne se couchent ; durant toute la nuit on les voit tourner autour du pôle. Ce cercle dans notre monde habité est décrit par le pied

σημεῖον αἰεὶ κατὰ τὰ αὐτὰ σημεῖα τοῦ ΑΒΓ κύκλου καὶ δύσεται καὶ ἀνατελεῖ, καὶ τὸν ἴσον χρόνον ὑπὲρ τὸν ὁρίζοντα ἐνεχθήσεται καὶ ὑπὸ τὸν ὁρίζοντα.

Ὁμοίως δὴ δείξομεν ὅτι καὶ πάντα τὰ ἐπὶ τῆς ἐπιφανείας τῆς σφαίρας σημεῖα καὶ δύσεται καὶ ἀνατελεῖ, καὶ τὸν ἴσον χρόνον ὑπέρ τε τὸν ὁρίζοντα ἐνεχθήσεται καὶ ὑπὸ τὸν ὁρίζοντα.

ϛ

Ἐὰν ἐν σφαίρᾳ μέγιστος κύκλος μένων ὁρίζῃ τό τε φανερὸν τῆς σφαίρας καὶ τὸ ἀφανὲς λοξὸς ὢν πρὸς τὸν ἄξονα, ἐφάψεται δύο κύκλων ἴσων τε καὶ παραλλήλων ἀλλήλοις, καὶ τούτων ὁ μὲν πρὸς τῷ φανερῷ πόλῳ αἰεὶ ἔσται φανερός, ὁ δὲ πρὸς τῷ ἀφανεῖ αἰεὶ ἀφανής.

Ἐν γὰρ σφαίρᾳ μένων μέγιστος κύκλος ὁ ΑΒΓ λοξὸς ὢν πρὸς τὸν ἄξονα ὁριζέτω τό τε φανερὸν τῆς σφαίρας καὶ τὸ ἀφανές. Λέγω ὅτι ὁ ΑΒΓ κύκλος ἐφάψεται δύο κύκλων ἴσων τε καὶ παραλλήλων ἀλλήλοις, καὶ τούτων ὁ μὲν πρὸς τῷ φανερῷ πόλῳ αἰεὶ ἔσται φανερός, ὁ δὲ πρὸς τῷ ἀφανεῖ αἰεὶ ἔσται ἀφανής.

1 τὰ om. K ‖ 2 post ὑπὲρ hab. τε K ‖ 3 ἐνεχθήσεται καὶ ὑπὸ τὸν ὁρίζοντα om. D rest. al. m. ‖ 9 ἐν om. B.

de devant de la grande Ourse (τῆς μεγάλης Ἄρκτου)... Le cercle antarctique est égal et parallèle au cercle arctique, tangent à l'horizon en un point et tout entier situé sous terre ; les étoiles qu'il contient nous sont totalement invisibles » (Géminos, *op. cit.* V, 2-3 et 9).

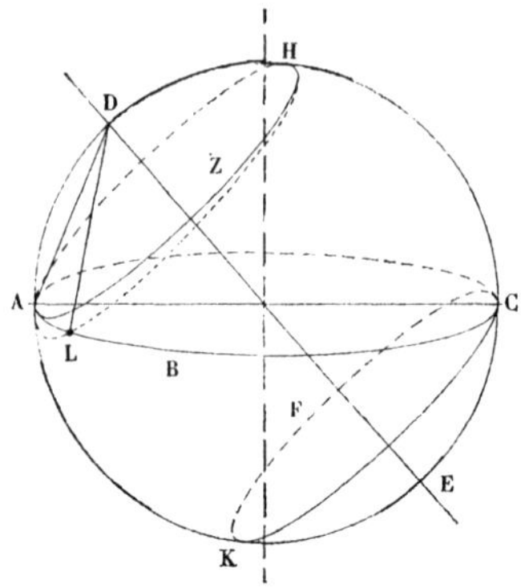

Soit D le pôle visible de la sphère. Traçons par le point D et par les pôles du cercle ABC le grand cercle ADE[1]. Construisons un arc CE[2] égal à l'arc AD. Avec D pour pôle et DA[3] pour rayon, traçons le cercle AZH ; avec E pour pôle et EC pour rayon, traçons le cercle CFK. Il est évident que le cercle AZH est égal et parallèle au cercle CFK et que, de plus, le cercle ABC est tangent aux cercles AZH et CFK.

Je dis également que le cercle AZH est toujours visible et que le cercle CFK est toujours invisible.

En effet, si le cercle AZH n'était pas toujours visible, durant la rotation de la sphère, le cercle AZH couperait l'horizon ABC. Supposons qu'il le coupe au point L et joignons DA, DL et AC. Or, lorsque dans une sphère un grand cercle ADC coupe un cercle quelconque de la sphère, ABC, en passant par ses pôles, il le coupe en deux parties égales et à angles droits[4] : donc AC est

1. Les pôles de l'horizon ABC sont le zénith et le nadir. Le grand cercle ADE serait donc le méridien du lieu d'observation.

2. E est donc, par construction, le pôle invisible.

3. Les manuscrits portent ici AD, ce qui semble une erreur assez ancienne. Les rayons des cercles sont normalement orientés du centre vers la circonférence, comme à la ligne suivante ; d'où la modification apportée, qui le sera tout au long de cette démonstration. A noter que les segments DA et EC sont désignés par le terme grec διάστημα, distance.

4. La scolie fait référence à Théodose, *Sphériques*, I, 15 (cité *supra*, p. 51, n. 1).

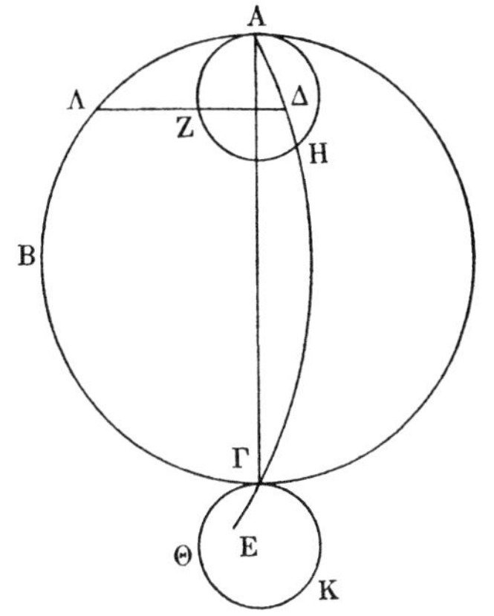

Ἔστω γὰρ ὁ πόλος τῆς σφαίρας ὁ φανερὸς ὁ Δ, καὶ διὰ τοῦ Δ καὶ τῶν τοῦ ΑΒΓ κύκλου πόλων μέγιστος κύκλος γεγράφθω ὁ ΑΔΕ, καὶ κείσθω τῇ ΑΔ περιφερείᾳ ἴση ἡ ΓΕ καὶ πόλῳ τῷ Δ, διαστήματι δὲ τῷ ΔΑ, κύκλος γεγράφθω ὁ ΑΖΗ, πόλῳ δὲ τῷ Ε, διαστήματι δὲ τῷ ΕΓ, κύκλος γεγράφθω ὁ ΓΘΚ. Φανερὸν δὴ ὅτι ὁ ΑΖΗ κύκλος τῷ ΓΘΚ κύκλῳ ἴσος τε καὶ παράλληλός ἐστιν καὶ ἔτι ὁ ΑΒΓ κύκλος τῶν ΑΖΗ ΓΘΚ κύκλων ἐφάπτεται.

Λέγω δὴ ὅτι καὶ ὁ μὲν ΑΖΗ κύκλος αἰεί ἐστι φανερός, ὁ δὲ ΓΘΚ αἰεί ἐστιν ἀφανής.

Εἰ γὰρ μὴ ἔστιν ὁ ΑΖΗ κύκλος αἰεὶ φανερός, ἐν τῇ περιφορᾷ τῆς σφαίρας ὁ ΑΖΗ κύκλος συμβαλεῖ τῷ ΑΒΓ ὁρίζοντι. Συμβαλλέτω κατὰ τὸ Λ σημεῖον καὶ ἐπεζεύχθωσαν αἱ ΔΑ ΔΛ ΑΓ. Ἐπεὶ ἐν σφαίρᾳ μέγιστος κύκλος ὁ ΑΔΓ κύκλον τινὰ τῶν ἐν τῇ σφαίρᾳ τὸν ΑΒΓ διὰ τῶν πόλων

1 ὁ πόλος : ὁ φανερὸς πόλος K ‖ ὁ φανερὸς om. K ‖ 2 κύκλου om. AK ‖ 4 τῷ Δ om. D rest. al. m. ‖ ΔΑ ego : ΑΔ codd. ‖ 5 ΑΖΗ : ΑΗΖ B ‖ Ε : Ζ D ‖ 6 ΓΘΚ pr. : ΓΚΘ C ‖ ΓΘΚ alt. PK : ΓΘ cett. ‖ 8 ΓΘΚ : ΓΚΘ C ‖ 10 δὲ om. B ‖ ἀφανής ἐστιν transp. B ‖ 13 συμβαλλέτω : -βαλέτω K ‖ 14 ΔΑ ego : ΑΔ codd. ‖ ΑΓ : ΛΓ K ‖ ἐπεὶ : καὶ ἐπεὶ K.

un diamètre du cercle ABC et le cercle ADC est perpendiculaire au cercle ABC. Ainsi sur le diamètre AC d'un cercle ABC est construit un segment de cercle ADC qui lui est perpendiculaire ; de plus l'arc de ce segment de cercle est coupé en deux parties inégales par le point D, la plus petite étant DA (ceci est évident) ; donc la droite DA est la plus petite de toutes les droites qui tombent du point D sur le cercle ABC[1]. La droite DA est donc plus petite que la droite DL ; mais elle lui est aussi égale puisque le point D est le pôle du cercle AZH : ce qui est absurde. Donc, durant la rotation de la sphère, le cercle AZH ne se couchera pas[2].

De même, un raisonnement analogue permettra de montrer que le cercle CFK ne se lèvera pas.

Le cercle AZH est donc toujours visible et le cercle CFK toujours invisible.

VII

Si, sur une sphère, le cercle qui sépare la partie visible de la sphère de sa partie invisible est oblique sur l'axe, les cercles perpendiculaires à l'axe qui coupent l'horizon se lèvent et se couchent toujours aux mêmes

1. La scolie cite en référence Théodose de Bithynie, *Sphériques*, III, 1 : « Si sur le diamètre d'un cercle on construit un segment de cercle perpendiculaire qui ne soit pas plus grand que le demi-cercle, et si l'on divise en parties inégales l'arc du segment ainsi érigé, la droite qui sous-tend le plus petit arc est la plus petite de toutes les droites qui tombent du même point sur la circonférence du cercle, et la droite qui sous-tend le plus grand arc sera la plus grande ».

2. En fait il faudrait plutôt dire : « Aucun des points du cercle AZH ne passera sous l'horizon ». C'est par commodité de langage, et parce que le sens était clair pour tout le monde, qu'Autolycos use de ces expressions elliptiques comme « le cercle se couche ou se lève », alors que ce sont tous les points du cercle successivement qui, dans la rotation de la sphère, peuvent franchir l'horizon soit en montant soit en descendant.

τέμνει, δίχα τε αὐτὸν τεμεῖ καὶ πρὸς ὀρθάς· διάμετρος ἄρα ἐστὶν ἡ ΑΓ τοῦ ΑΒΓ κύκλου καὶ ὁ ΑΔΓ κύκλος ὀρθός ἐστι πρὸς τὸν ΑΒΓ κύκλον. Κύκλου δή τινος τοῦ ΑΒΓ ἐπὶ διαμέτρου τῆς ΑΓ τμῆμα κύκλου ὀρθὸν ἐφέστηκεν τὸ ΑΔΓ, καὶ ἡ τοῦ ἐφεστῶτος τμήματος περιφέρεια εἰς ἄνισα τέμνεται κατὰ τὸ Δ, καὶ ἔστιν ἐλάσσων ἡ ΔΑ, τοῦτο γὰρ φανερόν· ἡ ἄρα ΔΑ εὐθεῖα ἐλαχίστη ἐστὶ πασῶν τῶν ἀπὸ τοῦ Δ πρὸς τὸν ΑΒΓ κύκλον προσπιπτουσῶν εὐθειῶν. Ὥστε ἐλάσσων ἐστὶν ἡ ΔΑ εὐθεῖα τῆς ΔΛ εὐθείας· ἀλλὰ καὶ ἴση, πόλος γάρ ἐστιν τὸ Δ σημεῖον τοῦ ΑΖΗ κύκλου, ὅπερ ἄτοπον. Ἐν ἄρα τῇ περιφορᾷ τῆς σφαίρας ὁ ΑΖΗ κύκλος οὐ δύσεται.

Ὁμοίως δὴ δείξομεν ὅτι οὐδὲ ὁ ΓΘΚ ἀνατελεῖ.

Ὁ μὲν ΑΖΗ ἄρα κύκλος αἰεί ἐστιν φανερός, ὁ δὲ ΓΘΚ αἰεί ἐστιν ἀφανής.

Z

Ἐὰν ὁ ὁρίζων ἐν τῇ σφαίρᾳ κύκλος τό τε φανερὸν τῆς σφαίρας καὶ τὸ ἀφανὲς λοξὸς ᾖ πρὸς τὸν ἄξονα, οἱ τῷ ἄξονι πρὸς ὀρθὰς ὄντες κύκλοι καὶ τέμνοντες τὸν ὁρίζοντα κατὰ τὰ αὐτὰ σημεῖα αἰεὶ τοῦ ὁρίζοντος τάς τε ἀνατολὰς

2-3 καὶ ὁ ΑΔΓ — κύκλον om. B rest. al. m. || 6 post τέμνεται hab. καὶ A || 6, 7 et 9 ΔΑ ego : ΑΔ codd. || 11 post ἄτοπον hab. ἔσται K || 13 ἀνατελεῖ : - τελλεῖ (sic) P || 17 ὁ om. D || 17-18 τῆς σφαίρας transp. post ἀφανὲς B.

points de l'horizon[1]. De plus ils seront tous pareillement inclinés sur l'horizon[2].

Soit sur une sphère un cercle ABDC qui sépare la partie visible de la sphère de sa partie invisible. Supposons-le oblique sur l'axe. Soient des cercles AB et CD perpendiculaires à l'axe. Je dis que les cercles AB et CD se lèvent et se couchent toujours aux mêmes points de l'horizon. Ils se lèvent aux points D et B ; ils se couchent aux points A et C.

Supposons que cela ne soit pas. Admettons que le cercle AB se lève en un point E différent et se couche en A. Soit le point Z le pôle des cercles parallèles[3]. Par le point Z et par les pôles du cercle ABDC décrivons un grand cercle HZF[4] et joignons HF, HZ, ZE et ZB. Lorsque sur une sphère un grand cercle HZF coupe un cercle quelconque de la sphère ABDC en passant par ses pôles, il le coupe en deux parties égales et à angles droits[5]. Donc HF est un diamètre du cercle ABDC et le cercle HZF est perpendiculaire au cercle ABDC. Or si, sur un diamètre HF d'un cercle quelconque ABDC,

1. Le libellé de cet énoncé est lui aussi assez elliptique. Autolycos veut indiquer en effet que tous les points de chaque cercle parallèle qui coupe l'horizon (ce qui exclut, pour chaque position de l'horizon, les cercles parallèles situés entre le pôle visible et le cercle toujours visible, ou entre le pôle invisible et le cercle toujours invisible) se lèvent et se couchent toujours aux mêmes points de l'horizon ; en d'autres termes quand la sphère tourne, les points d'intersection de ces cercles avec l'horizon sont toujours les mêmes. Appliquant explicitement cette proposition à la sphère céleste, Euclide dit (*Phénomènes*, III) : « Toute étoile fixe qui se lève et se couche se lève et se couche aux mêmes points de l'horizon ».

2. En fait tous les cercles parallèles de la sphère sont pareillement inclinés sur le grand cercle oblique qu'est l'horizon. Mais Autolycos ne considère ici que ceux qui le coupent effectivement.

3. Le pôle des cercles parallèles est aussi le pôle de la sphère ; c'est l'une des extrémités de l'axe autour duquel la sphère tourne.

4. Ce grand cercle qui passe par le pôle de la sphère et par les pôles de l'horizon (zénith et nadir) est le méridien du lieu d'observation.

5. Cf. Théodose, *Sphériques*, I, 15 (cité *supra* p. 51, n. 1).

καὶ τὰς δύσεις ποιοῦνται· ἔτι δὲ καὶ ὁμοίως ἔσονται κεκλιμένοι πρὸς τὸν ὁρίζοντα.

Ἔστω ἐν σφαίρᾳ κύκλος ὁρίζων τό τε φανερὸν τῆς σφαίρας καὶ τὸ ἀφανὲς ὁ ΑΒΔΓ λοξὸς ὢν πρὸς τὸν ἄξονα, οἱ δὲ τῷ ἄξονι πρὸς ὀρθὰς ὄντες κύκλοι ἔστωσαν οἱ ΑΒ ΓΔ. Λέγω ὅτι οἱ ΑΒ ΓΔ κύκλοι κατὰ τὰ αὐτὰ σημεῖα αἰεὶ τοῦ ὁρίζοντος τάς τε ἀνατολὰς καὶ τὰς δύσεις ποιοῦνται, καὶ διὰ μὲν τῶν Δ Β σημείων τὰς ἀνατολὰς ποιοῦνται, διὰ δὲ τῶν Α Γ τὰς δύσεις.

Μὴ γάρ, ἀλλ' εἰ δυνατόν, ποιείσθω ὁ ΑΒ κύκλος δι' ἄλλου τινὸς σημείου τὴν ἀνατολὴν τοῦ Ε, διὰ δὲ τοῦ Α τὴν δύσιν, καὶ ἔστω ὁ πόλος τῶν παραλλήλων κύκλων τὸ Ζ σημεῖον, καὶ διὰ τοῦ Ζ καὶ τῶν τοῦ ΑΒΔΓ κύκλου πόλων μέγιστος κύκλος γεγράφθω ὁ ΗΖΘ, καὶ ἐπεζεύχθωσαν αἱ ΗΘ ΗΖ ΖΕ ΖΒ. Ἐπεὶ ἐν σφαίρᾳ μέγιστος κύκλος ὁ ΗΖΘ κύκλον τινὰ τῶν ἐν τῇ σφαίρᾳ τὸν ΑΒΔΓ διὰ τῶν πόλων τέμνει, δίχα τε αὐτὸν τεμεῖ καὶ πρὸς ὀρθάς. Διάμετρος ἄρα ἐστὶν ἡ ΗΘ τοῦ ΑΒΔΓ κύκλου καὶ ὁ ΗΖΘ κύκλος ὀρθός ἐστι πρὸς τὸν ΑΒΔΓ κύκλον. Κύκλου δή τινος τοῦ ΑΒΔΓ ἐπὶ διαμέτρου τῆς ΗΘ τμῆμα κύκλου ὀρθὸν

3-4 τῆς σφαίρας post ἀφανὲς transp. K || 4 ΑΒΔΓ Hult. : ΑΗΒΔΓ ABCDK ΑΗΒΔ FP || 5 post κύκλοι hab. καὶ τέμνοντες τὸν ὁρίζοντα K || 6 τὰ om. C || 13, 16, 18, 19, 20 ΑΒΔΓ Hult. : ΑΒΓΔ codd. || 15 ἐπεὶ : καὶ ἐπεὶ K abhinc non notatum || 16 τὸν : τὸ F || 19 κύκλον om. K.

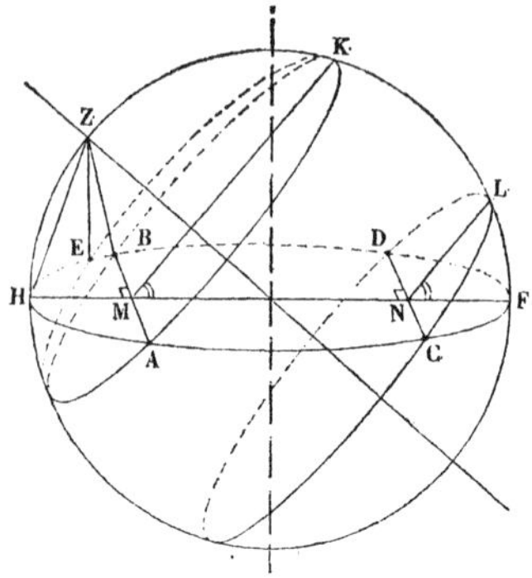

on construit un segment de cercle HZF qui lui soit perpendiculaire et si l'arc du segment ainsi construit HZF est coupé en deux parties inégales par le point Z avec l'arc ZH inférieur à la moitié du segment, la droite ZH est la plus courte de toutes les droites qui tombent du point Z sur le cercle ABDC[1]. Corollairement une droite proche de ZH est plus courte qu'une droite qui en est plus éloignée. Donc la droite ZE est plus courte que la droite ZB. Mais elle lui est aussi égale[2] : ce qui est absurde. Donc il n'est pas possible que le cercle AB se lève ailleurs qu'au point B et se couche ailleurs qu'au point A.

Un raisonnement analogue permettra de montrer également que le cercle CD se lèvera au point D et se couchera au point C.

Ainsi les cercles AB et CD se lèvent toujours et se couchent toujours aux mêmes points de l'horizon.

Je dis également qu'ils sont pareillement inclinés sur l'horizon ABDC.

1. Cf. Théodose, *Sphériques*, III, 1 (déjà cité *supra*, p. 54, n. 1).
2. Puisque A et E appartiennent au même cercle parallèle qui a Z pour pôle.

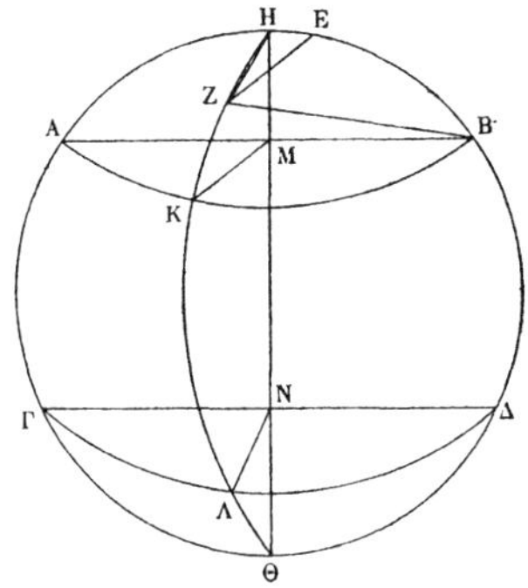

ἐφέστηκεν τὸ ΗΖΘ, καὶ ἡ τοῦ ἐφεστῶτος τμήματος τοῦ ΗΖΘ περιφέρεια εἰς ἄνισα τέτμηται κατὰ τὸ Ζ σημεῖον, καὶ ἔστιν ἐλάσσων ἡ ΖΗ περιφέρεια ἢ ἡμίσεια· ἡ ΖΗ ἄρα εὐθεῖα ἐλαχίστη ἐστὶν πασῶν τῶν ἀπὸ τοῦ Ζ σημείου πρὸς τὸν ΑΒΔΓ κύκλον προσπιπτουσῶν εὐθειῶν. Καὶ ἡ ἔγγιον ἄρα τῆς ΖΗ τῆς ἀπώτερον ἐλάσσων ἐστίν. Ἐλάσσων ἄρα ἐστὶν ἡ ΖΕ τῆς ΖΒ· ἀλλὰ καὶ ἴση, ὅπερ ἐστὶν ἄτοπον. Οὐκ ἄρα ὁ ΑΒ κύκλος δι' ἄλλου τινὸς σημείου ἢ διὰ τοῦ Β τὴν ἀνατολὴν ποιήσεται, διὰ δὲ τοῦ Α τὴν δύσιν.

Ὁμοίως δὴ δείξομεν ὅτι καὶ ὁ ΓΔ κύκλος διὰ μὲν τοῦ Δ τὴν ἀνατολὴν ποιήσεται, διὰ δὲ τοῦ Γ τὴν δύσιν.

Ὥστε οἱ ΑΒ ΓΔ κύκλοι αἰεὶ κατὰ τὰ αὐτὰ σημεῖα τοῦ ὁρίζοντος τάς τε ἀνατολὰς καὶ τὰς δύσεις ποιοῦνται.

Λέγω δὴ ὅτι καὶ ὁμοίως εἰσὶ κεκλιμένοι πρὸς τὸν ΑΒΔΓ ὁρίζοντα.

2 τέτμηται : τέμνεται K ‖ 3 ΖΗ alt. : ΗΖ B ‖ 4 σημείου : σημείων D ‖ 5 et 14 ΑΒΔΓ Hult. : ΑΒΓΔ codd. ‖ 6 τῆς ἀπώτερον A : τῆς ἀπότερον K om. BCDFP ‖ ἐστὶν om. K ‖ 7-9 οὐκ ἄρα — δύσιν : ὥστε δὴ ὁ ΑΒ κύκλος οὐ δι' ἄλλου σημείου ἤτοι τοῦ Ε τὴν ἀνατολὴν ποιήσεται διὰ δὲ τοῦ Β, τὴν δὲ δύσιν διὰ τοῦ Α σημείου K ‖ 14 post κεκλιμένοι hab. οἱ ΑΒ ΓΔ κύκλοι K.

Joignons en effet AB, CD, KM et LN. Du moment que le cercle HZF coupe les cercles AB, CD et ABDC en passant par leurs pôles, il les coupera à angles droits[1]. Donc le cercle HZF est perpendiculaire à chacun des cercles AB, CD et ABDC. De même les deux cercles AB et ABDC sont perpendiculaires au cercle HZF. Donc la section commune aux cercles AB et CDBA, soit AB, est perpendiculaire au cercle HZF[2]. Par conséquent AB est perpendiculaire à toutes les droites qui sont en contact avec elle dans le plan HZKF. Or sont en contact avec AB les deux droites HF et KM situées dans le plan HZF. Donc AB est perpendiculaire à chacune des deux droites HF et KM ; aussi l'angle KMF mesure-t-il l'inclinaison du cercle AB sur le cercle ABDC[3]. Pour les mêmes raisons, l'angle LNF mesure l'inclinaison du cercle CD sur le cercle ABDC.

Or lorsque deux plans parallèles AB et CD sont coupés par un plan quelconque HZF, leurs sections communes, ici les droites KM et LN, sont parallèles[4]. Aussi l'angle KMN est-il égal à l'angle LNF. Or l'angle KMF mesure l'inclinaison du cercle AB sur le cercle ABDC et l'angle LNF l'inclinaison du cercle CD sur le cercle ABDC. Donc les cercles AB et CD sont pareillement inclinés sur le cercle ABDC[5].

1. Cf. *supra*, p. 51, n. 1.

2. La scolie fait référence à Euclide, *Éléments*, XI, 19 : « Si deux plans qui se coupent mutuellement sont perpendiculaires sur un plan, leur commune section sera aussi perpendiculaire sur ce plan » (trad. F. Peyrard, Paris, 1809).

3. La scolie cite la définition suivante : « L'inclinaison d'un plan sur un autre plan est l'angle aigu formé par les perpendiculaires à la section commune abaissées sur un même point dans chacun des deux plans » (cf. Euclide, *Éléments* XI, *def.* 6).

4. La scolie fait référence à Euclide, *Éléments*, XI, 16 : « Si deux plans parallèles sont coupés par un plan quelconque, leurs sections communes sont parallèles ».

5. Cf. Théodose, *Sphériques*, I, déf. 6 : « Un plan est dit incliné sur un plan d'une manière semblable à un autre sur un autre lorsque les droites menées à angle droit sur la section commune des plans, aux mêmes points dans chacun des plans, comprennent des angles égaux ».

Ἐπεζεύχθωσαν γὰρ αἱ ΑΒ ΓΔ ΚΜ ΛΝ· ἐπεὶ ὁ ΗΖΘ κύκλος τοὺς ΑΒ ΓΔ ΑΒΔΓ κύκλους διὰ τῶν πόλων τέμνει, καὶ πρὸς ὀρθὰς αὐτοὺς τεμεῖ. Ὁ ΗΖΘ ἄρα κύκλος ὀρθός ἐστι πρὸς ἕκαστον τῶν ΑΒ ΓΔ ΑΒΔΓ κύκλων. Ὥστε καὶ ἑκάτερος τῶν ΑΒ ΑΒΔΓ κύκλων ὀρθός ἐστιν πρὸς τὸν ΗΖΘ. Καὶ ἡ κοινὴ ἄρα τομὴ ἡ τῶν ΑΒ ΓΔΒΑ ἡ ΑΒ ὀρθή ἐστι πρὸς τὸν ΗΖΘ κύκλον. Καὶ πρὸς πάσας ἄρα τὰς ἁπτομένας αὐτῆς ἐν τῷ ΗΖΚΘ ἐπιπέδῳ ὀρθή ἐστιν ἡ ΑΒ. Ἅπτεται δὲ τῆς ΑΒ ἑκατέρα τῶν ΗΘ ΚΜ οὖσα ἐν τῷ τοῦ ΗΖΘ κύκλου ἐπιπέδῳ. Ἡ ΑΒ ἄρα πρὸς ἑκατέραν τῶν ΗΘ ΚΜ ὀρθή ἐστιν· ὥστε ἡ ὑπὸ τῶν ΚΜΘ γωνία ἡ κλίσις ἐστὶν ἐν ᾗ κέκλιται ὁ ΑΒ κύκλος πρὸς τὸν ΑΒΔΓ κύκλον. Διὰ τὰ αὐτὰ δὴ καὶ ἡ ὑπὸ τῶν ΛΝΘ γωνία ἐστὶν ἡ κλίσις ἐν ᾗ κέκλιται ὁ ΓΔ κύκλος πρὸς τὸν ΑΒΔΓ.

Καὶ ἐπεὶ δύο ἐπίπεδα παράλληλα τὰ ΑΒ ΓΔ ὑπό τινος ἐπιπέδου τοῦ ΗΖΘ τέμνεται, αἱ κοιναὶ ἄρα αὐτῶν τομαὶ αἱ ΚΜ ΛΝ εὐθεῖαι παράλληλοί εἰσιν· ὥστε ἴση ἐστὶν ἡ ὑπὸ τῶν ΚΜΝ γωνία τῇ ὑπὸ τῶν ΛΝΘ γωνίᾳ. Καὶ ἔστιν ἡ μὲν ὑπὸ τῶν ΚΜΘ γωνία ἡ κλίσις ἣν κέκλιται ὁ ΑΒ κύκλος πρὸς τὸν ΑΒΔΓ κύκλον, ἡ δὲ ὑπὸ τῶν ΛΝΘ γωνία ἡ κλίσις ἣν κέκλιται ὁ ΓΔ κύκλος πρὸς τὸν ΑΒΔΓ κύκλον. Οἱ ΑΒ ΓΔ ἄρα κύκλοι ὁμοίως εἰσὶ κεκλιμένοι πρὸς τὸν ΑΒΔΓ κύκλον.

1-2 ὁ ΗΖΘ *κύκλος* ABCF[pc]KP : ὁ ΗΖΘ D ὁ *κύκλος* ὁ ΗΖΘ F[ac] || 2 ΑΒΔΓ A : ΑΓΔΒ DFB[pc] ΑΒΓΔ K om. BCP || 4 ΑΒΔΓ ABDFP : ΑΒΓΔ KC || 5 *καὶ* om. P || ἑκάτερος : ἕκαστος K || ΑΒ ΑΒΔΓ Hult. : ΑΒ ΓΔ A ΑΒ ΓΔ ΑΒΔΓ BDFP ΑΒ ΓΔ ΑΒ ΓΔ KC || *κύκλων* : *κύκλος* A || 6 post ἄρα hab. αὐτῶν A || 8 ΗΖΚΘ ACDFK : ΗΖΘ BP || 13-14 *κύκλον* — ΑΒΔΓ om. D rest. al. m. || 14 *κέκλιται* BCFP : *κέκλειται* A *κέκληται* K || ΑΒΔΓ Hult. : ΑΒΓΔ codd. ΑΒΓΔ *κύκλον* K || 15 ἐπίπεδα om. D rest. al. m. || ὑπὸ : ἐπὶ D || 19 ἣν : ἐν ᾗ K.

VIII

Les grands cercles qui sont tangents aux cercles parallèles auxquels l'horizon est tangent[1], quand la sphère tourne, viendront à coïncider avec l'horizon.

Soit sur une sphère l'horizon ABC. Soit LE le plus grand des cercles toujours invisibles et AD le plus grand des cercles toujours visibles, tous deux tangents à l'horizon. Traçons un grand cercle DBEC tangent à AD et à LE. Je dis que, quand la sphère tourne, le cercle DBEC viendra coïncider avec l'horizon ABC.

Traçons un cercle HZF parallèle à AD. Le demi-cercle DZCE ne coupe pas le demi-cercle AHBL[2]. Or si l'on a des cercles parallèles AD et ZHF et si l'on a tracé des grands cercles ABC et DBEC tangents à l'un d'eux, AD, et coupant l'autre, HZF, si de plus, entre les deux demi-cercles non concourants, se trouvent les arcs DKA, ZH et EL, l'arc DKA sera semblable à la fois à l'arc ZH et à l'arc EL[3]. Donc, dans le même temps, le point D

1. Les grands cercles de la sphère dont il est question sont entraînés par son mouvement tandis que l'horizon reste fixe. Les cercles parallèles tangents à l'horizon sont les cercles toujours visibles ou toujours invisibles. A noter que c'est la première fois que, dans l'énoncé d'une proposition, Autolycos parle de l'horizon sans employer la périphrase habituelle, « grand cercle fixe qui sépare la partie visible de la sphère de sa partie invisible ».

2. L'expression grecque, plus développée, est : « le demi-cercle partant de D dans le sens DZCE ne coupe pas le demi-cercle partant de A dans le sens AHBL ».

3. La scolie fait référence à un théorème de Théodose très souvent utilisé : « Si l'on a des cercles parallèles dans une sphère et si l'on décrit des grands cercles tangents à l'un de ces cercles et coupant les autres, les arcs des cercles parallèles situés entre les demi-cercles non concourants des grands cercles sont semblables tandis que les arcs des grands cercles situés entre les cercles parallèles sont égaux » (II, 13). Le *Paris. gr.* 2448 restitue indubitablement la bonne leçon en corrigeant LE des manuscrits en EL (mais sa correction n'est pas systématique). En effet comme la rotation de la sphère s'effectue dans le sens DKA, ZFH, le troisième arc semblable doit être désigné d'après le même sens

Η

Οἱ τῶν αὐτῶν ἐφαπτόμενοι μέγιστοι κύκλοι ὧν καὶ ὁ ὁρίζων ἅπτεται, στρεφομένης τῆς σφαίρας ἐφαρμόσουσιν ἐπὶ τὸν ὁρίζοντα.

Ἔστω ἐν σφαίρᾳ ὁρίζων ὁ ΑΒΓ, μέγιστος δὲ τῶν μὲν αἰεὶ ἀφανῶν ἔστω ὁ ΛΕ, τῶν δὲ αἰεὶ φανερῶν ἔστω ὁ ΑΔ, ὧν ἐφάπτεται ὁ ΑΒΓ ὁρίζων, καὶ γεγράφθω τις μέγιστος κύκλος ἐφαπτόμενος τῶν ΑΔ ΛΕ ὁ ΔΒΕΓ. Λέγω ὅτι στρεφομένης τῆς σφαίρας ὁ ΔΒΕΓ κύκλος ἐφαρμόσει ἐπὶ τὸν ΑΒΓ ὁρίζοντα.

Γεγράφθω γάρ τις τῷ ΑΔ παράλληλος κύκλος ὁ ΗΖΘ· ἀσύμπτωτον δή ἐστιν τὸ ἀπὸ τοῦ Δ ἡμικύκλιον ὡς ἐπὶ τὰ Δ Ζ Γ Ε μέρη τῷ ἀπὸ τοῦ Α ἡμικυκλίῳ ὡς ἐπὶ τὰ Α Η Β Λ μέρη. Ἐπεὶ οὖν παράλληλοί εἰσιν κύκλοι οἱ ΑΔ ΖΗΘ, καὶ γεγραμμένοι εἰσὶν κύκλοι μέγιστοι οἱ ΑΒΓ ΔΒΕΓ ἑνὸς μὲν αὐτῶν ἐφαπτόμενοι τοῦ ΑΔ, τὸν δὲ ΗΖΘ τέμνοντες, καὶ εἰσὶν μεταξὺ τῶν ἀσυμπτώτων ἡμικυκλίων αἱ ΔΚΑ ΖΗ ΕΛ περιφέρειαι, ὁμοία ἄρα ἐστὶν ἡ ΔΚΑ περιφέρεια τῇ ΖΗ καὶ τῇ ΕΛ περιφερείᾳ. Ἐν ἴσῳ ἄρα χρόνῳ τὸ Δ τὴν ΔΚΑ

3 ἅπτεται : ἐφάπτεται K ‖ ἐφαρμόσουσιν : -μόζουσιν K ‖ 5-6 τῶν μὲν — ΑΔ : τῶν μὲν ἀεὶ φανερῶν ἔστω ὁ ΑΔ, τῶν δὲ ἀεὶ ἀφανῶν ἔστω ὁ ΛΕ K ‖ 7 τις om. K ‖ 8 ὁ ΔΒΕΓ om. K ‖ 14 κύκλοι om. K ‖ 17 ΖΗ : ΔΖΗ K ‖ ΕΛ K : ΛΕ cett. ‖ 18 ΔΚΑ : ΔΑΚ B ‖ περιφέρεια τῇ ΖΗ : τῇ ΖΗ περιφερείᾳ K ‖ 19 ΕΛ K : ΛΕ cett.

---

de rotation, donc de E vers L. Les arcs compris entre les demi-cercles non concourants DZCE et AHBL doivent tous commencer sur le même demi-cercle, ici DZE, et se terminer sur le même demi-cercle, ici AHL (N.B. Le *Vatic. gr.* 204, conservant l'ordre LE, introduit ensuite des corrections erronées dans le développement).

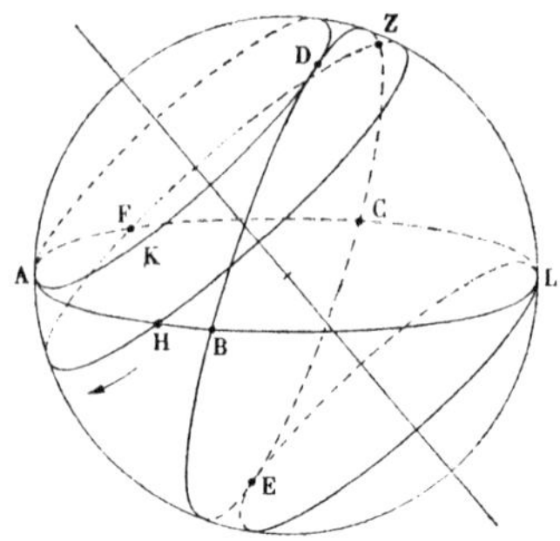

décrit l'arc DKA et arrive en A, le point Z décrit l'arc ZH et arrive en H, et le point E décrit l'arc EL et arrive en L. Ainsi, durant la rotation de la sphère, quand D sera parvenu en A, Z sera parvenu en H et E en L. L'arc DZE coïncidera alors avec AHL. Par conséquent tout le cercle DBEZ coïncidera avec tout le cercle ABC ; en effet s'il ne coïncidait pas avec lui, deux cercles se couperaient en plus de deux points : ce qui est absurde[1].

Donc, quand la sphère tourne, le cercle DBE viendra à coïncider avec le cercle ABC[2].

1. La scolie fait référence au « dixième des théorèmes relatifs au cercle » ; il faut entendre par là Euclide, *Éléments*, III, 10.

2. Cette proposition peut s'appliquer à l'écliptique, grand cercle oblique, dans le cas particulier où, pour la latitude 66°, les tropiques sont confondus avec les cercles arctiques. Théodose, dans *Les lieux géographiques*, prop. 3, se fonde sur elle pour montrer que : « Dans tout lieu pour lequel le point zenithal est à la même distance du pôle céleste que le tropique l'est de l'équateur, l'on verra au même instant six signes de zodiaque se lever et six signes se coucher ».

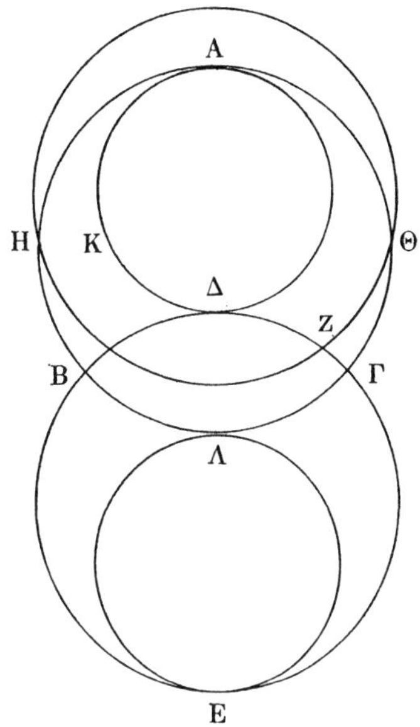

περιφέρειαν διελθὸν ἐπὶ τὸ Α παραγίγνεται, καὶ τὸ Ζ τὴν ΖΗ διελθὸν ἐπὶ τὸ Η παραγίγνεται, καὶ ἔτι τὸ Ε τὴν ΕΛ περιφέρειαν διελθὸν ἐπὶ τὸ Λ παραγίγνεται. Ὥστε ἐν τῇ περιφορᾷ τῆς σφαίρας, ὅταν τὸ Δ ἐπὶ τὸ Α παραγένηται, τότε καὶ τὸ Ζ ἐπὶ τὸ Η παρέσται καὶ τὸ Ε ἐπὶ τὸ Λ, καὶ ἐφαρμόσει ἡ ΔΖΕ περιφέρεια ἐπὶ τὴν ΑΗΛ. Ὥστε καὶ ὅλος ὁ ΔΒΕΓ κύκλος ἐφ' ὅλον τὸν ΑΒΓ κύκλον ἐφαρμόσει· εἰ γὰρ οὐκ ἐφαρμόσει, δύο κύκλοι τεμοῦσιν ἀλλήλους κατὰ πλείονα σημεῖα ἢ δύο, ὅπερ ἐστὶν ἄτοπον.

Στρεφομένης ἄρα τῆς σφαίρας ἐφαρμόσει ὁ ΔΒΕ κύκλος ἐπὶ τὸν ΑΒΓ κύκλον.

2 Ε : Λ A ‖ ΕΛ K : ΛΕ cett. ‖ 3 Λ : Ε A ‖ 5 τὸ Λ ἐπὶ τὸ Ε transp. A ‖ 6 τὴν : τῇ F ‖ 8 τεμοῦσιν : τέμνουσιν K ‖ 9 ἢ δύο K P[pc] : om. cett. ‖ 10 ΔΒΕ : ΔΒΕΓ K.

IX

Si, sur une sphère, un grand cercle oblique sur l'axe sépare la partie visible de la sphère de sa partie invisible, des points qui se lèvent ensemble, ceux qui sont plus proches du pôle visible se couchent plus tard ; des points qui se couchent ensemble, ceux qui sont plus proches du pôle visible se lèvent plus tôt.

Soit, sur une sphère, un grand cercle ABC, oblique sur l'axe, qui sépare la partie visible de la sphère de sa partie invisible. Prenons deux points C et E qui se lèvent ensemble ; soit C plus proche que E du pôle visible. Je dis que les points C et E ne se coucheront pas ensemble : C se couchera plus tard que E.

Soient CZF et EHK les cercles parallèles sur lesquels se déplacent les points C et E. Puisque l'horizon est oblique sur l'axe, il est également oblique sur les parallèles. Donc l'arc CZ est supérieur à l'arc semblable à l'arc EH[1]. Soit un arc CL semblable à l'arc EH. Dans le même temps C parvient donc en L et E en H. Or quand E parvient en H, E se couche, mais quand C parvient en L, C ne se couche pas encore [; il se trouve encore au-dessus de la terre[2]]. E se couche donc plus tôt que C. Et donc C se couche plus tard que E.

1. L'angle au centre qui intercepte l'arc CZ est plus grand que l'angle au centre qui intercepte l'arc EH. Des arcs sont semblables quand, situés sur des cercles de rayons différents, ils ont même angle au centre.

2. Ce membre de phrase étonne dans un traité qui se veut aussi purement théorique. C'est vraisemblablement une glose insérée très anciennement dans le texte et qu'il convient donc d'exponctuer. L'expression « au-dessus de la terre » était couramment employée pour signifier « au-dessus de l'horizon » (cf. Géminos, *op. cit. passim,* et par ex. VI, 19).

Θ

Ἐὰν ἐν σφαίρᾳ μέγιστος κύκλος λοξὸς ὢν πρὸς τὸν ἄξονα ὁρίζῃ τό τε φανερὸν τῆς σφαίρας καὶ τὸ ἀφανές, τῶν ἅμα ἀνατελλόντων σημείων τὰ πρὸς τῷ φανερῷ πόλῳ ὕστερον δύνει, τῶν δὲ ἅμα δυνόντων τὰ πρὸς τῷ φανερῷ πόλῳ πρότερον ἀνατέλλει.

Ἐν γὰρ σφαίρᾳ μέγιστος κύκλος ὁ ΑΒΓ λοξὸς ὢν πρὸς τὸν ἄξονα ὁριζέτω τό τε φανερὸν τῆς σφαίρας καὶ τὸ ἀφανές, καὶ εἰλήφθω δύο σημεῖα τὰ Γ Ε ὁμόσε ἀνατέλλοντα, καὶ ἔστω ἔγγιον τοῦ φανεροῦ πόλου τὸ Γ ἤπερ τὸ Ε. Λέγω ὅτι τὰ Γ Ε σημεῖα οὐχ ὁμόσε δύσεται, ἀλλ' ὕστερον δύσεται τὸ Γ τοῦ Ε.

Ἔστωσαν γὰρ παράλληλοι κύκλοι καθ' ὧν φέρεται τὰ Γ Ε σημεῖα οἱ ΓΖΘ ΕΗΚ. Ἐπεὶ ὁ ΑΒΓ ὁρίζων λοξός ἐστιν πρὸς τὸν ἄξονα, καὶ πρὸς τοὺς παραλλήλους λοξός ἐστιν · ἡ ΓΖ ἄρα περιφέρεια τῆς ΕΗ περιφερείας μείζων ἐστὶν ἢ ὁμοία. Ἔστω τῇ ΕΗ ὁμοία ἡ ΓΛ. Ἐν ἴσῳ ἄρα χρόνῳ τὸ Γ ἐπὶ τὸ Λ παραγίγνεται καὶ τὸ Ε ἐπὶ τὸ Η. Ἀλλ' ὅταν μὲν τὸ Ε ἐπὶ τὸ Η παραγένηται, δύνει τὸ Ε, ὅταν δὲ τὸ Γ ἐπὶ τὸ Λ παραγένηται, οὐδέπω δύνει τὸ Γ [ἀλλ' ἔτι ὑπὲρ γῆν ἐστιν]. Πρότερον ἄρα δύνει τὸ Ε τοῦ Γ. Ὥστε ὕστερον δύνει τὸ Γ τοῦ Ε.

9 ἀνατέλλοντα : -τέλοντα B || 16 περιφέρεια ἄρα transp. C || 19-20 δύνει τὸ Ε — παραγένηται om. P rest. al. m. || 21 ἀλλ' — ἐστιν deleui.

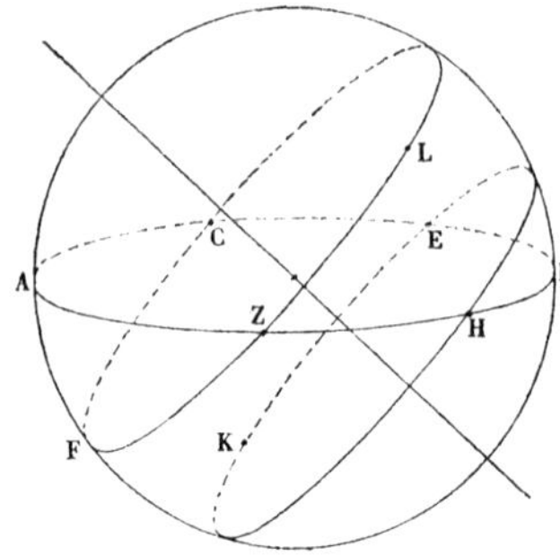

Supposons maintenant que les points[1] Z et H se couchent en même temps. Je dis qu'ils ne se lèvent pas ensemble : Z se lève plus tôt que H.

En effet, si l'arc CZ est supérieur à l'arc semblable à EH, son complément[2], l'arc ZFC, est plus petit que l'arc semblable au complément de EH, HKE. Soit l'arc ZFC semblable à l'arc HK. Si l'arc ZFC est semblable à l'arc HK, quand la sphère tourne, Z arrive en C au moment où H arrive en K. Or H arrive en K avant d'arriver en E. Donc Z arrive en C avant que H n'arrive en E. Or quand Z arrive en C, Z se lève ; quand H arrive en E, H se lève. Donc Z se lève plus tôt que H[3].

1. Les manuscrits portent ici ἄστρα, à tort semble-t-il. Il y a là soit l'addition ancienne d'un copiste, Autolycos n'ayant pas jugé bon de préciser le substantif σημεῖα qui allait de soi, soit la substitution d'une note explicative au σημεῖα originel. Si tout au long de ce traité, Autolycos pense à la sphère céleste, à ses cercles caractéristiques, cercles parallèles décrits par les étoiles, grands cercles obliques (le zodiaque mobile, l'horizon immobile) ou grands cercles passant par les pôles (méridiens), il se garde volontairement de toute référence explicite. D'où la substitution que je propose.

2. Le terme grec utilisé est λοιπή et désigne le reste de la circonférence, une fois ôté l'arc indiqué.

3. L'application aux levers et couchers simultanés d'étoiles est faite par Géminos, *op. cit.*, XIV, 4-5 : « Tel étant le mouvement des étoiles fixes, on constate que les étoiles qui se lèvent ensemble ne se couchent pas toutes ensemble. Parmi les étoiles qui se lèvent ensemble, les plus méridionales se couchent les premières, du fait que les sections situées au-dessus de la terre sont pour elles

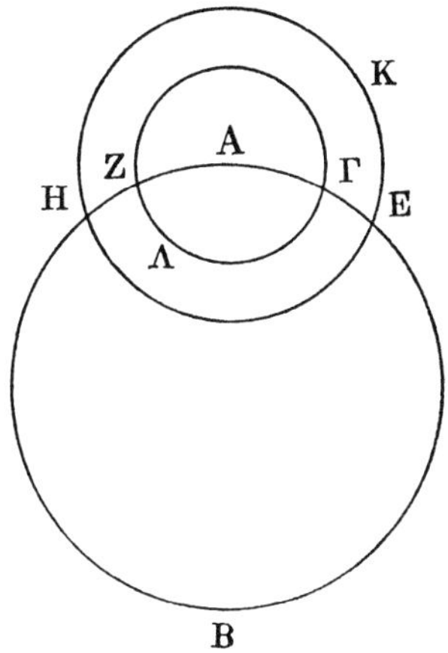

Πάλιν δὲ δυνέτω τὰ Ζ Η σημεῖα ὁμόσε. Λέγω ὅτι οὐχ ἅμα ἀνατέλλει, ἀλλὰ πρότερον τὸ Ζ τοῦ Η.

Ἐπεὶ γὰρ ἡ ΓΖ περιφέρεια τῆς ΕΗ περιφερείας μείζων ἐστὶν ἢ ὁμοία, λοιπὴ ἄρα ἡ ΖΘΓ λοιπῆς τῆς ΗΚΕ ἐλάσσων ἐστὶν ἢ ὁμοία. Ἔστω ἡ ΖΘΓ ὁμοία τῇ ΗΚ. Ἐπεὶ ὁμοία ἐστὶν ἡ ΖΘΓ περιφέρεια τῇ ΗΚ περιφερείᾳ, στρεφομένης ἄρα τῆς σφαίρας ἅμα τὸ Ζ ἐπὶ τὸ Γ παραγίγνεται καὶ τὸ Η ἐπὶ τὸ Κ. Πρότερον δὲ τὸ Η ἐπὶ τὸ Κ παραγίγνεται ἤπερ ἐπὶ τὸ Ε. Πρότερον ἄρα καὶ τὸ Ζ ἐπὶ τὸ Γ παραγίγνεται ἤπερ τὸ Η ἐπὶ τὸ Ε. Ἀλλ' ὅταν μὲν τὸ Ζ ἐπὶ τὸ Γ παραγένηται, ἀνατέλλει τὸ Ζ, ὅταν δὲ τὸ Η ἐπὶ τὸ Ε παραγένηται, ἀνατέλλει τὸ Η. Πρότερον ἄρα ἀνατέλλει τὸ Ζ τοῦ Η.

1 σημεῖα ego : ἄστρα codd. || 4 ΗΚΕ : ΚΕ F ΗΔΕ K || 5 ΗΚ : ΗΔΚ K || 11 παραγένηται : -γίγνηται K.

---

plus petites. Pareillement les étoiles qui se couchent ensemble ne se lèvent pas ensemble : les plus septentrionales se lèvent les premières, du fait que les sections situées au-dessous de la terre sont pour elles plus petites ».

X

Si, sur une sphère, un grand cercle oblique sur l'axe sépare la partie visible de la sphère de sa partie invisible, tout cercle passant par les pôles de la sphère, à chaque rotation de la sphère, sera deux fois perpendiculaire à l'horizon.

Soit sur une sphère un grand cercle ABC qui sépare la partie visible de la sphère de sa partie invisible et supposons-le oblique sur l'axe. Soit AZE le plus grand des cercles toujours visibles. Soit D le pôle visible de la sphère. Je dis que, à chaque rotation de la sphère, le cercle BDC sera deux fois perpendiculaire à l'horizon ABC.

Traçons par les points A et D un grand cercle ADF. Il passera aussi par les pôles du cercle ABC et sera perpendiculaire à ce cercle[1]. Or, puisque deux cercles ZDH et ADE coupent le cercle AZH en passant par ses pôles, l'arc ZA est égal à l'arc HE[2]. Donc dans le même temps le point Z décrira l'arc ZA et le point H l'arc HE. Par conséquent, durant la rotation de la sphère, lorsque Z aura décrit l'arc ZA et sera parvenu en A et que H aura décrit l'arc HE et sera parvenu en E, l'arc ZDH coïncidera avec l'arc ADE. Et donc tout le cercle BDC coïncidera avec tout le cercle ADF. Or le cercle ADF est perpendiculaire au cercle ABC.

1. La scolie fait référence à Théodose, *Sphériques*, II, 5 : « Si sur une sphère deux cercles sont tangents, le grand cercle décrit par les pôles de l'un des cercles et par le point de tangence passera aussi par les pôles de l'autre cercle ».

2. En effet « lorsque sur une sphère un grand cercle coupe un des cercles de la sphère en passant par ses pôles, il le coupe en deux parties égales et à angles droits » (Théodose, *Sphériques*, I, 15). Donc les deux cercles ZDH et ADE sont perpendiculaires au cercle AZEH et le coupent en deux parties égales. HZ et AE sont donc des diamètres du cercle AZEH ; les angles opposés par le sommet sont égaux et interceptent des arcs égaux. Donc l'arc ZA est égal à l'arc HE ; l'arc AH est égal à l'arc EZ.

I

Ἐὰν ἐν σφαίρᾳ μέγιστος κύκλος λοξὸς ὢν πρὸς τὸν ἄξονα ὁρίζῃ τό τε φανερὸν τῆς σφαίρας καὶ τὸ ἀφανές, ὁ διὰ τῶν πόλων τῆς σφαίρας κύκλος ἐν μιᾷ περιφορᾷ τῆς σφαίρας δὶς ἔσται ὀρθὸς πρὸς τὸν ὁρίζοντα.

Ἐν γὰρ σφαίρᾳ μέγιστος κύκλος ὁ ΑΒΓ ὁριζέτω τό τε φανερὸν τῆς σφαίρας καὶ τὸ ἀφανὲς λοξὸς ὢν πρὸς τὸν ἄξονα, καὶ ἔστω μέγιστος τῶν αἰεὶ φανερῶν ὁ ΑΖΕ κύκλος, ὁ δὲ φανερὸς πόλος τῆς σφαίρας ἔστω ὁ Δ, ὁ δὲ διὰ τῶν πόλων τῆς σφαίρας κύκλος ἔστω ὁ ΒΔΓ. Λέγω ὅτι ἐν μιᾷ περιφορᾷ τῆς σφαίρας ὁ ΒΔΓ κύκλος δὶς ἔσται ὀρθὸς πρὸς τὸν ΑΒΓ ὁρίζοντα.

Γεγράφθω γὰρ διὰ τῶν Α Δ σημείων μέγιστος κύκλος ὁ ΑΔΘ · ἥξει δὴ καὶ διὰ τῶν τοῦ ΑΒΓ πόλων καὶ ἔσται ὀρθὸς πρὸς αὐτόν. Καὶ ἐπεὶ ἑκατέρα τῶν ΖΔΗ ΑΔΕ τὸν ΑΖΗ κύκλον διὰ τῶν πόλων τέμνει, ἴση ἄρα ἐστὶν ἡ ΖΑ περιφέρεια τῇ ΗΕ περιφερείᾳ. Ἐν ἴσῳ ἄρα χρόνῳ τὸ Ζ σημεῖον τὴν ΖΑ περιφέρειαν διελεύσεται καὶ τὸ Η τὴν ΗΕ. Στρεφομένης ἄρα τῆς σφαίρας ὅταν τὸ Ζ τὴν ΖΑ περιφέρειαν διελθὸν ἐπὶ τὸ Α παραγένηται καὶ τὸ Η τὴν ΗΕ διελθὸν ἐπὶ τὸ Ε παραγένηται, ἡ ΖΔΗ περιφέρεια ἐφαρμόσει ἐπὶ τὴν ΑΔΕ περιφέρειαν. Ὥστε καὶ ὅλος ὁ ΒΔΓ κύκλος ἐφ' ὅλον τὸν ΑΔΘ κύκλον ἐφαρμόσει. Ἀλλ' ὁ ΑΔΘ κύκλος ὀρθός

10 ἔστω κύκλος transp. P || 15 ἑκατέρα ABC : ἑκάτερος DF KP || ΖΔΗ : ΖΔ F || 17 ΗΕ ego : ΕΗ codd. || 20-21 καὶ τὸ Η — παραγένηται om. P rest. mg. || 21 post παραγένηται hab. ὁ ΒΓΘ θέσιν ἕξει τὴν ΑΔΕ · τὰ γὰρ Η Δ σημεῖα ἐφαρμόσει ἐπὶ τὰ Α Ε καὶ Α.

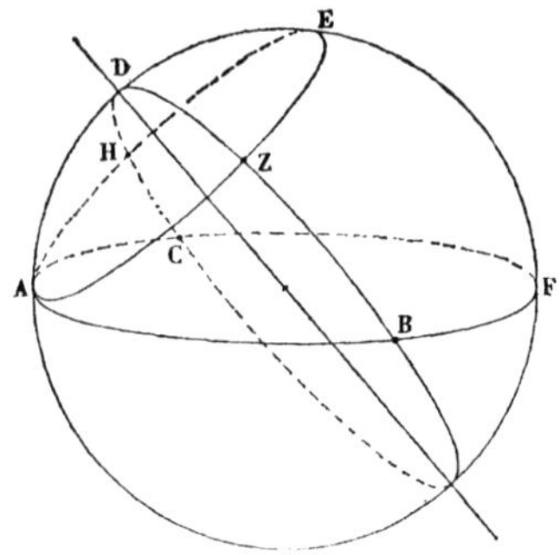

Donc le cercle BDC est aussi perpendiculaire au cercle ABC.

Si la sphère continue à tourner, lorsque le point H, parti du point E, aura décrit l'arc EZA et sera parvenu en A, le point Z, parti du point A, aura décrit l'arc AHE et sera parvenu en E ; l'arc ZDH coïncidera alors avec l'arc ADE. Et donc tout le cercle BDC coïncidera avec tout le cercle ADF. Or le cercle ADF est perpendiculaire au cercle ABC. Donc le cercle BDC est aussi perpendiculaire au cercle ABC.

[De même lorsque H, parti de A, aura décrit l'arc AH et sera parvenu en H, Z aussi, parti de E, sera venu en Z et le cercle BDC reprendra sa position initiale ; aussi ne sera-t-il perpendiculaire à l'horizon que deux fois[1].]

Donc, à chaque rotation de la sphère, tout cercle passant par les pôles de la sphère sera deux fois perpendiculaire à l'horizon[2].

1. Ce paragraphe qui ramène la sphère à sa position initiale ne se trouve pas dans les manuscrits anciens. Sans doute est-ce une addition tardive qui complète la démonstration.

2. Cf. Euclide, *Phénomènes*, II : « En une révolution sidérale, tout cercle qui passe par les pôles de la sphère sera deux fois perpendiculaire sur l'horizon ».

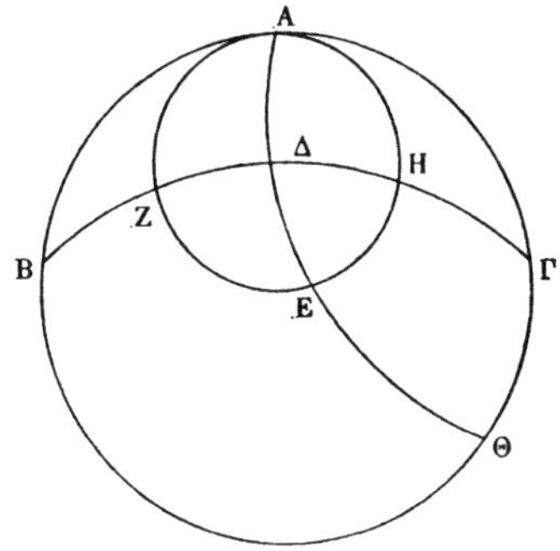

ἐστιν πρὸς τὸν ΑΒΓ κύκλον. Καὶ ὁ ΒΔΓ ἄρα κύκλος ὀρθός ἐστιν πρὸς τὸν ΑΒΓ κύκλον.

Πάλιν δὴ στρεφομένης τῆς σφαίρας ὅταν τὸ Η σημεῖον ἀρξάμενον ἀπὸ τοῦ Ε σημείου τὴν ΕΖΑ περιφέρειαν διελθὸν ἐπὶ τὸ Α παραγένηται, τότε καὶ τὸ Ζ σημεῖον ἀρξάμενον ἀπὸ τοῦ Α σημείου τὴν ΑΗΕ περιφέρειαν διελθὸν ἐπὶ τὸ Ε παρέσται· καὶ ἐφαρμόσει ἡ ΖΔΗ περιφέρεια ἐπὶ τὴν ΑΔΕ περιφέρειαν. Ὥστε καὶ ὅλος ὁ ΒΔΓ κύκλος ἐφ' ὅλον τὸν ΑΔΘ κύκλον ἐφαρμόσει. Ὁ δὲ ΑΔΘ κύκλος ὀρθός ἐστιν πρὸς τὸν ΑΒΓ κύκλον. Καὶ ὁ ΒΔΓ ἄρα κύκλος ὀρθός ἐστιν πρὸς τὸν ΑΒΓ κύκλον.

[Πάλιν δὴ ὅταν τὸ Η ἀρξάμενον ἀπὸ τοῦ Α τὴν ΑΗ διελθὸν ἐπὶ τὸ Η παραγένηται, καὶ τὸ Ζ ἀρξάμενον ἀπὸ τοῦ Ε ἐπὶ τὸ Ζ παρέσται, καὶ ὁ ΒΔΓ κύκλος θέσιν ἕξει ἣν εἶχεν ἐξ ἀρχῆς· ὥστε οὐκ ὀρθὸς πρὸς τὸν ὁρίζοντα πλέον ἢ β' ἔσται].

Ἐν μιᾷ ἄρα περιφορᾷ τῆς σφαίρας ὁ διὰ τῶν πόλων τῆς σφαίρας κύκλος δὶς ἔσται ὀρθὸς πρὸς τὸν ὁρίζοντα.

1-2 καὶ ὁ — κύκλον om. BC || 5 σημεῖον om. K || 7 ἐφαρμόσει transp. post περιφέρεια K || ΖΔΗ : ΖΔ A || 10 ὁ δὲ : ἀλλ' ὁ K 10-11 καὶ ὁ ΒΔΓ — κύκλον om. P rest. mg. || 12-16 πάλιν — ἔσται FKPmg : non hab. ABCD del. Mog. || 16 β' FPmg : δεύτερον K δὶς Mog. || 18 κύκλος om. C.

XI

Si, sur une sphère, un grand cercle oblique sur l'axe sépare la partie visible de la sphère de sa partie invisible et si un autre grand cercle oblique est tangent à des cercles parallèles plus grands que ceux auxquels l'horizon est tangent[1], ce cercle oblique se lèvera et se couchera sur tout l'arc d'horizon compris entre les cercles parallèles auxquels il est tangent[2].

Soit sur une sphère un grand cercle ABC oblique sur l'axe et qui sépare la partie visible de la sphère de sa partie invisible. Supposons-le tangent à un cercle de la sphère, AD[3]. Supposons un autre grand cercle oblique CZ tangent à des cercles ZB et CH plus grands que ceux auxquels le cercle ABC est tangent. Soit ZH le côté du levant et BC le côté du couchant. Je dis que le cercle ZC se lèvera toujours sur l'arc ZH et qu'il se couchera toujours sur l'arc BC[4].

Prenons des points quelconques F et K sur l'arc ZC. Soient LFM et NKV les cercles parallèles sur lesquels

1. Ce qui est implicite, c'est que le premier cercle « qui sépare la partie visible de la sphère de sa partie invisible » est un cercle fixe, tandis que le second cercle oblique mentionné est, lui, entraîné par le mouvement de la sphère.

2. Ce théorème qu'Autolycos énonce ici sous une forme très générale peut s'appliquer à l'écliptique, tangent aux deux tropiques, cercles parallèles égaux. Ces tropiques sont plus grands que le cercle toujours visible pour toutes les latitudes comprises entre — 66° et +66° (pour adopter les chiffres ronds habituels en astronomie grecque).

3. Dans ce contexte, « un cercle de la sphère » désigne toujours l'un des cercles parallèles.

4. La formulation, ici comme dans l'énoncé de la proposition, est fort elliptique. Du fait que le cercle est oblique sur l'axe, le lever de tous ses points successifs ne se fait pas au même point de l'horizon ; chaque point du cercle oblique est sur un cercle parallèle différent, donc se lève en un point différent de l'horizon ; mais ces points de l'horizon sur lesquels s'effectue le lever de tel ou tel point du cercle oblique ne dépassent pas les limites de l'arc d'horizon compris entre les deux parallèles extrêmes.

ΙΑ

Ἐὰν ἐν σφαίρᾳ μέγιστος κύκλος λοξὸς ὢν πρὸς τὸν ἄξονα ὁρίζῃ τό τε φανερὸν τῆς σφαίρας καὶ τὸ ἀφανές, ἄλλος δέ τις λοξὸς μέγιστος κύκλος μειζόνων ἅπτηται ἢ ὧν ὁ ὁρίζων ἅπτεται, κατὰ πᾶσαν τὴν τοῦ ὁρίζοντος περιφέρειαν τὴν μεταξὺ τῶν παραλλήλων κύκλων ὧν ἐφάπτεται τάς τε ἀνατολὰς καὶ τὰς δύσεις ποιεῖται.

Ἐν γὰρ σφαίρᾳ μέγιστος κύκλος ὁ ΑΒΓ λοξὸς ὢν πρὸς τὸν ἄξονα ὁριζέτω τό τε φανερὸν τῆς σφαίρας καὶ τὸ ἀφανές, καὶ ἐφαπτέσθω τινὸς κύκλου τῶν ἐν τῇ σφαίρᾳ τοῦ ΑΔ, ἄλλος δέ τις λοξὸς μέγιστος κύκλος ὁ ΓΖ μειζόνων ἁπτέσθω τῶν ΖΒ ΗΓ ἢ ὧν ὁ ΑΒΓ κύκλος ἐφάπτεται, καὶ ἔστω ἀνατολικὰ μὲν μέρη τὰ ΖΗ, δυτικὰ δὲ τὰ ΒΓ. Λέγω ὅτι ὁ ΖΓ κύκλος αἰεὶ διὰ μὲν τῆς ΖΗ περιφερείας ἀνατελεῖ, διὰ δὲ τῆς ΒΓ δύσεται.

Εἰλήφθω γάρ τινα σημεῖα ἐπὶ τῆς ΖΓ περιφερείας τυχόντα τὰ Θ Κ, καὶ ἔστωσαν παράλληλοι κύκλοι καθ' ὧν φέρεται τὰ Θ Κ σημεῖα οἱ ΛΘΜ ΝΚΞ. Ἐπεὶ τὸ Ζ σημεῖον αἰεὶ διὰ

4 μέγιστος om. B. || 6 ὧν ἐφάπτεται om. A || 12 ΗΓ ego : ΓΗ codd. || 14 ΖΓ : ΓΖ K || 15 ἀνατελεῖ Hult. : -τέλλει codd. || τῆς om. B || 18 ΛΘΜ ΝΚΞ : ΛΘ ΜΝ ΚΞ F.

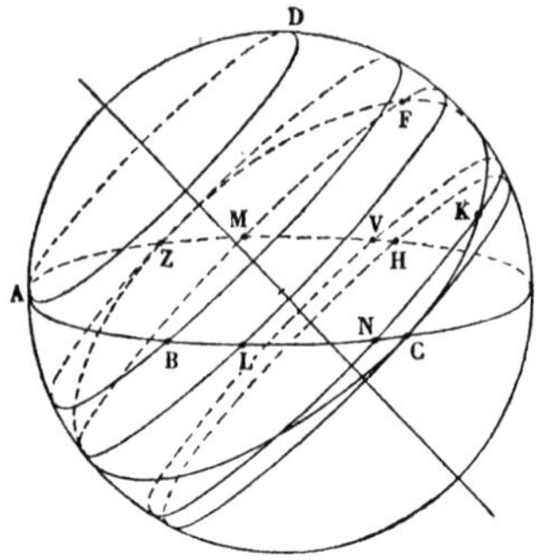

se déplacent les points F et K. Si toujours Z se lève en Z et se couche en B et si toujours F se lève en M et se couche en L, toujours l'arc ZF se lève sur l'arc ZM et se couche sur l'arc BL. Pour les mêmes raisons, l'arc FK lui aussi se lève sur l'arc MV et se couche sur l'arc LN ; et de même l'arc KC se lève sur l'arc VH et se couche sur l'arc NC. Donc tout le demi-cercle ZC se lève toujours sur l'arc ZH et se couche toujours sur l'arc BC.

Un raisonnement analogue permettra de montrer qu'il en est de même pour le demi-cercle opposé.

Ainsi le cercle ZC en entier se lève et se couche toujours sur tout l'arc d'horizon compris entre les cercles parallèles[1].

XII

Si, sur une sphère, un cercle immobile coupe toujours en deux parties égales l'un quelconque des cercles mobiles de la sphère et si aucun des deux n'est perpendiculaire à l'axe ni ne passe par les pôles de la sphère, les deux cercles seront des grands cercles.

1. Cf. Euclide, *Phénomènes*, VII : « Le cercle du zodiaque balaie, en se levant et en se couchant, toute la portion d'horizon comprise entre les tropiques, pourvu que le plus grand des cercles toujours visibles soit inférieur au tropique ».

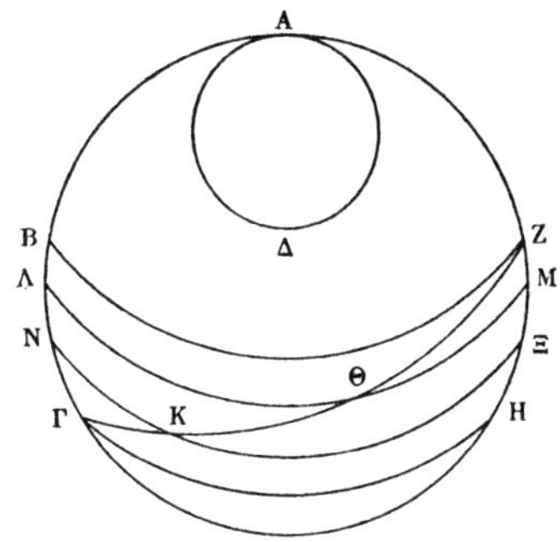

μὲν τοῦ Ζ ἀνατέλλει διὰ δὲ τοῦ Β δύνει, τὸ δὲ Θ αἰεὶ διὰ μὲν τοῦ Μ ἀνατέλλει διὰ δὲ τοῦ Λ δύνει, ἡ ΖΘ ἄρα περιφέρεια αἰεὶ διὰ μὲν τῆς ΖΜ ἀνατέλλει διὰ δὲ τῆς ΒΛ δύνει. Διὰ τὰ αὐτὰ δὴ καὶ ἡ ΘΚ περιφέρεια διὰ μὲν τῆς ΜΞ ἀνατέλλει διὰ δὲ τῆς ΛΝ δύνει, ἡ δὲ ΚΓ διὰ μὲν τῆς ΞΗ ἀνατέλλει διὰ δὲ τῆς ΝΓ δύνει. Ὅλον ἄρα τὸ ΖΓ ἡμικύκλιον αἰεὶ διὰ μὲν τῆς ΖΗ περιφερείας ἀνατέλλει διὰ δὲ τῆς ΒΓ δύνει.

Ὁμοίως δὴ δείξομεν ὅτι καὶ τὸ ἕτερον ἡμικύκλιον.

Ὥστε ὅλος ὁ ΖΓ κύκλος αἰεὶ κατὰ πᾶσαν τὴν τοῦ ὁρίζοντος περιφέρειαν τὴν μεταξὺ τῶν παραλλήλων κύκλων τάς τε ἀνατολὰς καὶ τὰς δύσεις ποιεῖται.

ΙΒ

Ἐὰν ἐν σφαίρᾳ μένων κύκλος φερόμενόν τινα κύκλον τῶν ἐν τῇ σφαίρᾳ αἰεὶ δίχα τέμνῃ, μηδέτερος δὲ αὐτῶν μήτε πρὸς ὀρθὰς ᾖ τῷ ἄξονι μήτε διὰ τῶν πόλων τῆς σφαίρας, ἑκάτερος αὐτῶν μέγιστος ἔσται.

2 ΖΘ : ΞΘ F ‖ 5-6 διὰ δὲ — ἀνατέλλει om. B rest. mg. ‖ 5 ΛΝ : ΛΗ FBmg. ‖ ΚΓ : ΓΚ K ‖ 6 ΖΓ : ΖΚΓ K ‖ 12 τὰς om. K.

Soit sur une sphère un cercle immobile ABC. Supposons qu'il coupe l'un quelconque des cercles mobiles de la sphère, CDB, toujours en deux parties égales et que ni l'un ni l'autre ne soit perpendiculaire à l'axe ni ne passe par les pôles de la sphère. Je dis que les deux cercles ACB et CDB sont des grands cercles.

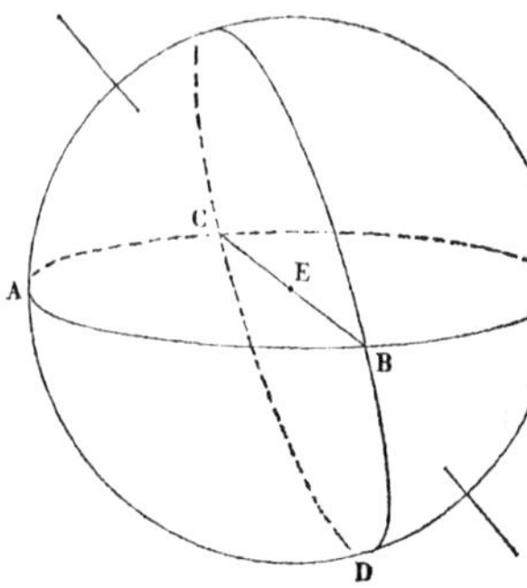

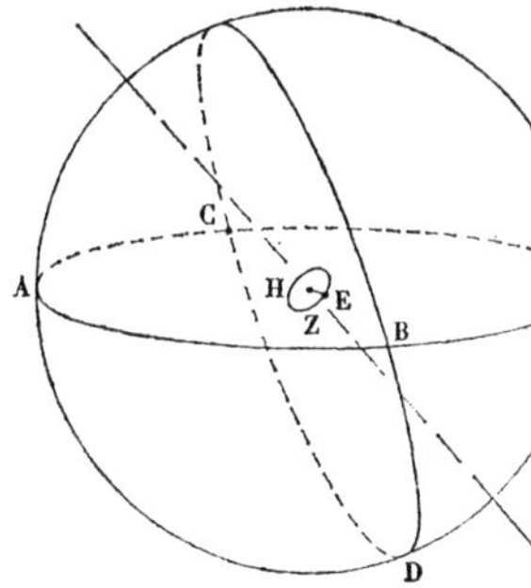

Soit BC la section commune aux deux cercles. BC est donc un diamètre du cercle CDB. Supposons que BC soit coupé en deux parties égales par le point E : le point E est donc le centre du cercle CDB. Il est clair de plus que le point E reste toujours dans le plan du cercle ABC durant toute la rotation de la sphère. Je dis alors que le point E est sur l'axe.

En effet s'il n'est pas sur l'axe, quand la sphère tournera, le point E décrira un cercle perpendiculaire à l'axe. Supposons que ce soit EZH. Du moment que le point E reste toujours dans le plan du cercle ABC et décrit le cercle EZH, ce cercle EZH reste toujours dans le plan du cercle ABC. Or le cercle EZH est perpendi-

Ἔστω ἐν σφαίρᾳ μένων κύκλος ὁ ΑΒΓ, φερόμενον δέ τινα τῶν ἐν τῇ σφαίρᾳ κύκλων τὸν ΓΔΒ αἰεὶ δίχα τεμνέτω, μηδέτερος δὲ αὐτῶν μήτε πρὸς ὀρθὰς ἔστω τῷ ἄξονι μήτε διὰ τῶν πόλων τῆς σφαίρας. Λέγω ὅτι ἑκάτερος τῶν ΑΓΒ ΓΔΒ κύκλων μέγιστός ἐστιν.

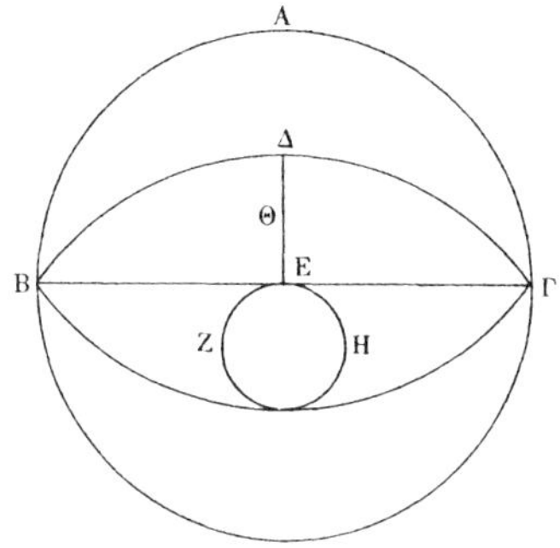

Ἔστω γὰρ αὐτῶν κοινὴ τομὴ ἡ ΒΓ · ἡ ΒΓ ἄρα διάμετρός ἐστι τοῦ ΓΔΒ κύκλου. Τετμήσθω ἡ ΒΓ δίχα κατὰ τὸ Ε σημεῖον · τὸ Ε ἄρα σημεῖον κέντρον ἐστὶ τοῦ ΓΔΒ κύκλου. Καὶ φανερὸν ὅτι τὸ Ε σημεῖον αἰεί ἐστιν ἐν τῷ τοῦ ΑΒΓ κύκλου ἐπιπέδῳ καὶ κατὰ πᾶσαν περιφορὰν τῆς σφαίρας. Λέγω δὴ ὅτι τὸ Ε σημεῖον ἐπὶ τοῦ ἄξονός ἐστιν.

Εἰ γὰρ μὴ ἔστιν ἐπὶ τοῦ ἄξονος, στρεφομένης ἄρα τῆς σφαίρας, τὸ Ε σημεῖον γράψει κύκλον πρὸς ὀρθὰς τῷ ἄξονι. Γραφέτω τὸν ΕΖΗ. Ἐπεὶ τὸ Ε σημεῖον αἰεὶ ἐν τῷ τοῦ ΑΒΓ κύκλου ἐπιπέδῳ ἐστὶν καὶ φέρεται κατὰ κύκλου τοῦ ΕΖΗ, ὁ ΕΖΗ ἄρα κύκλος αἰεί ἐστιν ἐν τῷ τοῦ ΑΒΓ κύκλου ἐπιπέδῳ. Καὶ ἔστιν ὁ ΕΖΗ κύκλος ὀρθὸς πρὸς τὸν

1 ἔστω ἐν : ἐν γὰρ K || ΑΒΓ : ΑΓΒ K || δέ om. K || 2 τῶν — κύκλων : κύκλον K || 8 post κύκλου hab. τετμήσθω D || 9 αἰεί : κεντρὸν D || 15 post κατὰ hab. τοῦ C || 16 ἄρα post κύκλος transp. B || 17 καὶ ἔστιν : ἔστι δὲ K.

culaire à l'axe ; donc le cercle ABC aussi est perpendiculaire à l'axe, ce qui est contraire à l'hypothèse. Donc il n'est pas possible que le point E ne soit pas sur l'axe. Il est donc sur l'axe.

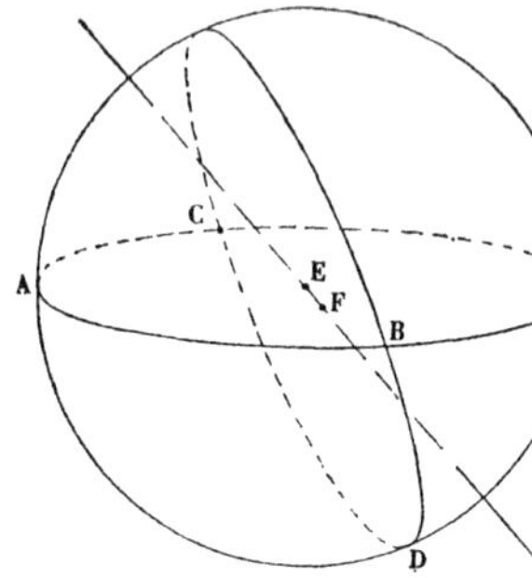

Je dis également que le point E est le centre de la sphère.

Supposons que cela ne soit pas. Admettons pour centre de la sphère le point F et joignons FE. La droite FE est donc l'axe de la sphère puisque les deux points F et E sont sur l'axe. Or lorsque sur une sphère on a un cercle CDB et que, par le centre F de la sphère et par le centre du cercle CDB, on trace une droite FE, FE est perpendiculaire au cercle CDB[1]. Donc le cercle CDB est lui aussi perpendiculaire à FE. Or FE est l'axe. Le cercle CDB est donc perpendiculaire à l'axe, ce qui est contraire à l'hypothèse. Ainsi donc, il n'est pas possible que le point F soit le centre de la sphère.

Un raisonnement analogue permettra de montrer qu'aucun autre point ne peut l'être, sauf E. Le point E est donc le centre de la sphère.

Or il se trouve dans le plan de chacun des deux cercles ABC et CDB. Donc les deux cercles ABC et CDB sont des grands cercles.

1. La scolie fait ici référence au théorème de Théodose, *Sphériques*, I, 7 : « Si l'on a un cercle dans une sphère et si l'on trace une droite par le centre de la sphère et par le centre de ce cercle, cette droite est perpendiculaire au cercle ».

ἄξονα · καὶ ὁ ΑΒΓ ἄρα κύκλος ὀρθός ἐστι πρὸς τὸν ἄξονα, ὅπερ οὐχ ὑπόκειται. Οὐκ ἄρα τὸ Ε σημεῖον οὐκ ἔστιν ἐπὶ τοῦ ἄξονος. Ἐπὶ τοῦ ἄξονος ἄρα ἐστίν.

Λέγω δὴ ὅτι κέντρον ἐστὶ τῆς σφαίρας τὸ Ε σημεῖον. Μὴ γάρ, ἀλλ' εἰ δυνατόν, ἔστω κέντρον τῆς σφαίρας τὸ Θ σημεῖον καὶ ἐπεζεύχθω ἡ ΘΕ. Ἄξων ἄρα ἐστὶ τῆς σφαίρας ἡ ΘΕ εὐθεῖα, ἑκάτερον γὰρ τῶν Θ Ε σημείων ἐπὶ τοῦ ἄξονός ἐστιν. Καὶ ἐπεὶ ἐν σφαίρᾳ κύκλος ἐστὶν ὁ ΓΔΒ, ἀπὸ δὲ τοῦ κέντρου τῆς σφαίρας τοῦ Θ ἐπὶ τὸ κέντρον τοῦ ΓΔΒ κύκλου ἐπέζευκται εὐθεῖα ἡ ΘΕ, ἡ ΘΕ ἄρα ὀρθή ἐστι πρὸς τὸν ΓΔΒ κύκλον. Ὥστε καὶ ὁ ΓΔΒ κύκλος ὀρθός ἐστι πρὸς τὴν ΘΕ. Καὶ ἔστιν ἡ ΘΕ ἄξων. Ὁ ΓΔΒ ἄρα κύκλος ὀρθός ἐστι πρὸς τὸν ἄξονα, ὅπερ οὐχ ὑπόκειται. Οὐκ ἄρα τὸ Θ σημεῖον κέντρον ἐστὶ τῆς σφαίρας.

Ὁμοίως δὴ δείξομεν ὅτι οὐδὲ ἄλλο τι πλὴν τοῦ Ε. Τὸ Ε ἄρα σημεῖον κέντρον ἐστὶ τῆς σφαίρας.

Καὶ ἔστιν ἐν ἑκατέρῳ τῶν ΑΒΓ ΓΔΒ κύκλων. Μέγιστος ἄρα ἐστὶν ἑκάτερος τῶν ΑΒΓ ΓΔΒ κύκλων.

4 post ὅτι hab. καὶ K || 6 ἐπεζεύχθω : ἐπιζεύχθω F || 11 ΓΔΒ pr. : ΒΔΓ K || 12 τὴν : τὸν BK || καὶ ἔστιν — ἄξων : ἄξονα K || 17 ἐν om. C || ΓΔΒ om. C.

LES LEVERS ET COUCHERS HÉLIAQUES

LIVRE I

Pour les étoiles fixes il existe deux sortes de levers et de couchers héliaques[1] : les uns sont vrais les autres apparents[2].

Dans la catégorie des vrais, il y a lever du matin lorsque, au moment où le soleil se lève, une étoile se lève aussi ; il y a coucher du matin lorsque, au moment où le soleil se lève, une étoile se couche. Il y a lever du soir lorsque, au moment où le soleil se couche, une étoile se lève ; il y a coucher du soir lorsque, au moment où le soleil se couche une étoile se couche aussi.

1. Le terme employé ici pour désigner le lever est ἐπιτολή alors que dans la *Sphère en mouvement* Autolycos parlait toujours de ἀνατολή. C'est que dans la *Sphère en mouvement*, il était question uniquement du mouvement diurne, considéré en dehors du soleil, et donc du lever quotidien des étoiles (ἀνατολή) qui peut avoir lieu la nuit (auquel cas on le voit) ou le jour (auquel cas il est invisible). Dans le présent traité en revanche, il est question du lever héliaque des étoiles (ἐπιτολή) dont la définition est donnée dans les phrases suivantes du texte. Géminos (*Introduction aux Phénomènes*, XIII, 1-4) indique nettement la différence entre les deux sortes de levers et de couchers : « L'univers qui tourne d'est en ouest en un jour et une nuit revient à son point de départ d'un lever (ἀνατολή) à l'autre. Dans la révolution diurne, toutes les étoiles chaque jour se lèvent et se couchent. Le lever quotidien (ἀνατολή) est l'apparition (φάσις) qui a lieu chaque jour au-dessus de l'horizon ; le coucher, la disparition (κρύψις) qui a lieu chaque jour sous l'horizon. C'est dans un autre

ΠΕΡΙ ΕΠΙΤΟΛΩΝ ΚΑΙ ΔΥΣΕΩΝ

Βιβλίον πρῶτον

Τῶν ἀπλανῶν ἄστρων αἱ ἐπιτολαί τε καὶ δύσεις αἱ μὲν λέγονται ἀληθιναί, αἱ δὲ φαινόμεναι.

Τῶν δὲ ἀληθινῶν ἑῴα μέν ἐστιν ἐπιτολή, ὅταν ἅμα τῷ ἡλίῳ ἀνατέλλοντι ἄστρον τι συνανατέλλῃ · ἑῴα δὲ δύσις, ὅταν ἅμα τῷ ἡλίῳ ἀνατέλλοντι ἄστρον τι δύνῃ. Ἑσπερία δὲ ἐπιτολή, ὅταν ἅμα τῷ ἡλίῳ δύνοντι ἄστρον τι ἀνατέλλῃ · ἑσπερία δὲ δύσις, ὅταν ἅμα τῷ ἡλίῳ δύνοντι ἄστρον τι συνδύνῃ.

6 ἄστρον τι om. B || συνανατέλλῃ : -τέλλει DP || 8 ἐπιτολή ego : ἀνατολή codd. || 8-9 ὅταν — δύσις om. P rest. al. m. || 8 τῷ ἡλίῳ δύνοντι edd. : τοῦ ἡλίου δύνοντος codd. || ἀνατέλλῃ : -τέλλει DP al. m. || 9 δύνοντι om. P || 10 συνδύνῃ : -δύνει P.

---

sens que l'on emploie les termes de lever (ἐπιτολή) et de coucher héliaques : certaines gens pourtant, par ignorance, les croient utilisés dans le même sens. Or il y a une grande différence entre lever quotidien (ἀνατολή) et lever héliaque (ἐπιτολή). Le lever quotidien est celui que je viens de définir ; le lever héliaque est l'apparition d'une étoile dans l'horizon, compte tenu de la distance au soleil. Même chose pour les couchers : en un sens, c'est la disparition (κρύψις) quotidienne sous l'horizon ; en un autre, la disparition à l'horizon concomitante à celle du soleil ». Mais pour le coucher, il n'y a qu'un seul terme pour les deux.

2. La distinction entre les levers vrais et les levers apparents, entre les couchers vrais et les couchers apparents est classique. Cf. Géminos, *op. cit.* XIII, 5, 11, 15-18.

Dans la catégorie des apparents, il y a lever du matin lorsque, avant que le soleil ne se lève, on voit[1] pour la première fois une étoile se lever ; il y a coucher du matin lorsque, avant que le soleil ne se lève, on voit pour la première fois une étoile se coucher. Il y a lever du soir lorsque, après le coucher du soleil, on voit pour la dernière fois une étoile se lever ; il y a coucher du soir lorsque, après le coucher du soleil, on voit pour la dernière fois une étoile se coucher[2].

I

Pour toute étoile fixe, les levers et couchers apparents du matin sont postérieurs aux levers et couchers vrais ; les levers et couchers apparents du soir sont antérieurs aux levers et couchers vrais[3].

Soit l'horizon céleste[4] ABCD. Donnons au cercle

1. Le terme grec φανῇ reprend le φαινομενη traduit par « apparent ». Les traités intitulés Φαινόμενα, *Phénomènes*, étudient non pas la réalité, qui serait du domaine de la Physique, mais les apparences, « ce que l'on voit », et qui est du domaine de l'Astronomie.

2. Géminos, donnant des levers et couchers du matin et du soir, vrais et apparents, des définitions analogues (*op. cit.* XIII, 5-9, 11-18), précise que « dans les textes officiels, ce sont les levers héliaques apparents que l'on indique ; les levers vrais en effet sont invisibles et ne peuvent être perçus, tandis que l'on peut indiquer et observer les levers apparents » (*op. cit.* XIII, 10). Tout au long de la traduction, les termes de « lever ou coucher du matin ou du soir » désignent les levers et couchers héliaques.

3. Géminos dit de même : « Pour les levers et couchers héliaques du matin, les vrais arrivent d'abord, les apparents ensuite ; pour les levers et couchers héliaques du soir, les apparents arrivent d'abord, les vrais ensuite » (*op. cit.* XIII, 19).

4. Dans ce traité, Autolycos utilise sans périphrase le terme

Τῶν δὲ φαινομένων ἑῴα μέν ἐστιν ἐπιτολή, ὅταν πρὶν τὸν ἥλιον ἀνατεῖλαι ἄστρον τι πρώτως φανῇ ἀνατέλλον · ἑῴα δὲ δύσις, ὅταν πρὶν τὸν ἥλιον ἀνατεῖλαι ἄστρον τι πρώτως φανῇ δῦνον. Ἑσπερία δὲ ἐπιτολή, ὅταν μετὰ τὸ τὸν ἥλιον δῦναι ἄστρον τι ἐσχάτως φανῇ ἀνατέλλον · ἑσπερία δὲ δύσις, ὅταν μετὰ τὸ τὸν ἥλιον δῦναι ἄστρον τι ἐσχάτως φανῇ δῦνον.

Α

Ἑκάστου τῶν ἀπλανῶν ἄστρων αἱ ἑῷαι ἐπιτολαί τε καὶ δύσεις αἱ φαινόμεναι ὕστεραί εἰσιν τῶν ἀληθινῶν, αἱ δὲ ἑσπέριοι ἐπιτολαί τε καὶ δύσεις αἱ φαινόμεναι πρότεραί εἰσι τῶν ἀληθινῶν.

Ἔστω ἐν κόσμῳ ὁρίζων κύκλος ὁ ΑΒΓΔ, ὁ δὲ τοῦ ἡλίου

2 et 5 ἀνατέλλον : -τέλλων P || 4 et 7 δῦνον : δύνων P || 10 αἱ pr. om. P || 11 ἑσπέριοι : -ριαι P || αἱ om. P.

---

d'« horizon céleste ». Géminos définit ainsi l'horizon : « C'est le cercle qui sépare pour nous la part de l'univers visible de la part invisible ; il coupe en deux la sphère de l'univers de sorte qu'il y a un hémisphère au-dessus de la terre et un hémisphère au-dessous. Il y a deux horizons : l'horizon sensible et l'horizon théorique. L'horizon sensible est celui que décrit notre regard, aussi loin que peut porter la vue ; son diamètre ne dépasse guère deux mille stades. L'horizon théorique est celui qui atteint jusqu'à la sphère des fixes et qui coupe en deux l'univers entier » (*op. cit.*, V, 54-57).

du soleil[1] la position AECZ[2]. Soit le levant du côté de D, le couchant du côté de B et soit le demi-cercle AEC au-dessous de l'horizon[3]. Supposons que, lorsque le soleil se lève en A, une étoile fixe D se lève. C'est pour l'étoile D le lever vrai du matin. Je dis que le lever apparent de l'étoile D est postérieur à son lever vrai.

Quand le soleil se lève en A, on ne voit pas l'étoile D se lever ; quand le soleil décrit l'arc de cercle CZA[4], on ne voit pas non plus l'étoile D se lever[, comme on le démontrera plus loin[5]]. Ce n'est qu'après quelques jours que l'on verra l'étoile D se lever, quand le soleil aura décrit un arc de cercle suffisant pour que l'étoile D

1. Le cercle du soleil est ce que nous appelons l'écliptique (ce terme n'a été utilisé en grec que tardivement) et que les Grecs appelaient le cercle médian des signes ou même tout simplement le zodiaque. En première approximation, le soleil est censé accomplir un double mouvement : un mouvement quotidien qui le fait tourner d'est en ouest en accord avec la sphère céleste en décrivant approximativement un cercle parallèle de la sphère, un mouvement annuel qui lui est propre et le fait décrire en un an d'ouest en est un grand cercle oblique (cercle du soleil ou écliptique) dont il parcourt approximativement un degré par jour. Telles étaient les hypothèses communément acceptées.

2. La position du zodiaque (dont l'inclinaison sur l'équateur de la sphère céleste est approximativement 24°) sur l'horizon est relative à une latitude géographique donnée ; elle fixe la sphère locale. Les quatre lettres qui définissent le zodiaque montrent que A et C sont les points d'intersection avec l'horizon. La position de E sera indiquée plus loin tandis que celle de Z ne sera pas fixée. Pour nommer le zodiaque, Autolycos place en général les lettres dans le sens du mouvement annuel sur l'écliptique, inverse du mouvement de rotation de la sphère.

3. Dans le texte grec est employée ici l'expression classique ὑπὸ γῆν, au-dessous de la terre. Dans le traité précédent, j'ai

κύκλος θέσιν ἐχέτω ὡς τὴν ΑΕΓΖ, καὶ ἔστω ἀνατολικὰ μὲν μέρη τὰ πρὸς τῷ Δ, δυτικὰ δὲ τὰ πρὸς τῷ Β, καὶ ἔστω ὑπὸ γῆν τὸ ΑΕΓ ἡμικύκλιον, καὶ τοῦ ἡλίου ἀνατέλλοντος κατὰ τὸ Α ἄστρον τι τῶν ἀπλανῶν συνανατελλέτω τὸ Δ. Τοῦ ἄρα Δ ἄστρου ἡ ἀληθινή ἐστιν ἑῴα ἐπιτολή. Λέγω ὅτι ἡ φαινομένη ἐπιτολὴ τοῦ Δ ἄστρου ὑστέρα ἐστὶν τῆς ἀληθινῆς.

Τοῦ μὲν οὖν ἡλίου ἀνατέλλοντος κατὰ τὸ Α, τὸ Δ ἄστρον οὐ φαίνεται ἀνατέλλον, οὐδὲ μὴν τοῦ ἡλίου τὴν ΓΖΑ περιφέρειαν διαπορευομένου τὸ Δ ἄστρον φαίνεται ἀνατέλλον[, ὡς δειχθήσεται ὕστερον]. Μετὰ ἄρα τινὰς ἡμέρας τὸ Δ ἄστρον φανήσεται ἀνατέλλον, τοῦ ἡλίου διελθόντος τηλικαύτην περιφέρειαν ὥστε τὸ Δ ἄστρον

5 ἡ pr. om. P || 6 ἐπιτολή ego : ἀνατολή codd. || 10 ὡς — ὕστερον deleui.

---

exponctué une expression analogue qui s'y trouvait isolée (cf. *Sphère en mouvement*, IX, p. 60, n. 2). Ici au contraire elle se trouve à sa place. La terre étant considérée comme un point, centre de la sphère céleste (cf. Euclide, *Phénomènes*, I), qui est aussi le lieu d'observation, ce qui est « sous terre » est sous l'horizon du lieu considéré ; d'où la traduction adoptée, qui sera maintenue tout au long du traité.

4. Le soleil qui dans son mouvement quotidien va du levant (côté AD) au couchant (côté BC) comme le fait toute étoile fixe, décrit au contraire son propre cercle en un an dans le sens inverse CZAEHC.

5. Ceci renvoie à une annexe placée dans les manuscrits à la fin de cette démonstration et annoncée par le titre τὸ εἰρημένον. Le renvoi et l'annexe, qu'il faut attribuer à mon sens à l'insertion dans le texte d'une note marginale trop longue pour trouver place en cours de démonstration et par ailleurs parfaitement inutile, doivent être exponctués, me semble-t-il.

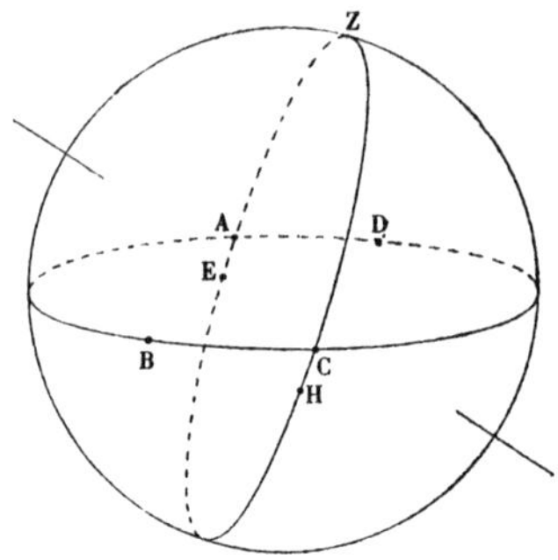

se dégage des rayons du soleil[1]. Supposons qu'on la voie se lever pour la première fois quand le soleil se trouve vers E[2]. Donc, quand le soleil se trouve vers E, c'est pour l'étoile D le lever apparent du matin. Or le soleil arrive en A avant d'arriver en E. Lorsqu'il est arrivé en A, c'est pour l'étoile D le lever vrai du matin ; lorsqu'il est arrivé en E, le lever apparent du matin. Donc le lever apparent est postérieur au lever vrai.

De même[3] supposons que, lorsque le soleil se lève

1. Géminos décrit de façon plus empirique ce même phénomène : « Il y a lever héliaque vrai du matin quand une étoile qui se trouve réellement sur l'horizon au moment où le soleil se lève, se lève en même temps que lui : ce lever héliaque est invisible du fait de l'éclat du soleil. Le jour suivant, le soleil, qui se déplace dans le sens inverse du monde, progresse vers les signes qui suivent : l'étoile se lève en avance sur le soleil, proportionnellement à la distance parcourue en un jour par le soleil en direction des signes qui suivent. On ne peut cependant pas encore voir le lever de l'étoile, car elle se trouve toujours dans la lumière du soleil. De même le jour suivant, le soleil se déplace en direction des signes qui suivent, et l'étoile se lève d'autant avant le soleil que celui-ci a reculé dans les deux jours. Les jours suivants, l'étoile se lève toujours de plus en plus nettement avant le soleil, jusqu'au moment où elle le précède suffisamment pour qu'on puisse voir se lever l'étoile, dégagée des rayons du soleil : on dit alors que cette étoile a fait son lever apparent du matin » (*op. cit.* XIII, 6-9).

2. Autolycos ne donne pour le moment aucune évaluation pour l'arc AE. Sa démonstration reste qualitative. A noter

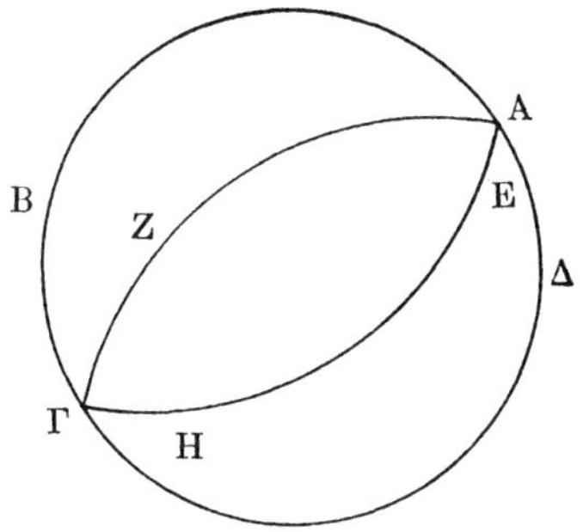

ἐκφεύγειν τὰς τοῦ ἡλίου αὐγάς. Φαινέσθω οὖν πρώτως τοῦ ἡλίου ὄντος πρὸς τῷ Ε. Τοῦ ἄρα ἡλίου ὄντος πρὸς τῷ Ε, τοῦ Δ ἄστρου ἐστὶν ἡ φαινομένη ἑῴα ἐπιτολή. Καὶ ἐπεὶ ὁ ἥλιος πρότερον ἐπὶ τὸ Α παραγίγνεται ἤπερ ἐπὶ τὸ Ε, ἀλλ' ὅταν μὲν ἐπὶ τὸ Α παραγένηται, τοῦ Δ ἄστρου ἐστὶν ⟨ἡ⟩ ἑῴα ἀληθινὴ ἐπιτολή, ὅταν δὲ ἐπὶ τὸ Ε, ἡ ἑῴα φαινομένη ἐπιτολή, ἡ ἄρα φαινομένη ὕστερόν ἐστι τῆς ἀληθινῆς.

Πάλιν δὴ τοῦ ἡλίου ἀνατέλλοντος κατὰ τὸ Α, ἄστρον τι

2 τῷ alt. : τὸ P ‖ 3 ἐπιτολή ego : ἀνατολή codd. ‖ 4 ἤπερ : εἴπερ P ‖ 5 A : πρώτων F ‖ 6 ἡ add. Hult. ‖ ἀληθινὴ ἐπιτολή ADF : ἀνατολὴ ἀληθινή B ἀνατολή P (add. ἀληθινή al. m.).

---

qu'ici Autolycos emploie la préposition πρός (vers) devant E ; en effet E étant sur l'écliptique, le soleil est vu sur l'écliptique, cercle de la sphère céleste, alors que le cercle sur lequel se déplace le soleil est considéré comme ayant un rayon très inférieur à celui de la sphère céleste. De plus, quand le soleil se trouve en E, il se lève en un point, autre que A, qui se trouve à l'intersection de l'horizon et du cercle parallèle passant par E. Dans tout ceci Autolycos use de larges approximations.

3. Autolycos répète quatre fois la même démonstration, ce dont il s'était dispensé à l'occasion dans le traité précédent en employant l'expression : « Un raisonnement analogue permettra de montrer que... » (cf. *La Sphère en mouvement*, XI).

en A, une étoile fixe B se couche. C'est pour l'étoile B le coucher vrai du matin. Je dis que le coucher apparent du matin est postérieur au coucher vrai.

Quand le soleil se lève en A, on ne voit pas l'étoile B se coucher ; quand le soleil décrit l'arc de cercle CZA, on ne voit pas non plus l'étoile B se coucher. Ce n'est qu'après quelques jours que l'on verra l'étoile B se coucher, quand le soleil aura décrit un arc assez grand pour que l'étoile B se dégage des rayons du soleil. Supposons que l'étoile B se dégage des rayons du soleil pour la première fois quand le soleil se trouve vers E. Donc, quand le soleil se trouve vers E, c'est pour l'étoile B le coucher apparent du matin. Or le soleil arrive en A avant d'arriver en E. Lorsqu'il est arrivé en A, c'est pour l'étoile B le coucher vrai du matin ; lorsqu'il est arrivé en E, le coucher apparent du matin. Donc le coucher apparent est postérieur au coucher vrai.

De même supposons que, lorsque le soleil se couche en C, une étoile fixe D se lève. C'est pour l'étoile D le lever vrai du soir. Je dis que le lever apparent est antérieur au lever vrai.

Quand le soleil se couche en C, on ne voit pas l'étoile D se lever ; quand le soleil parcourt le demi-cercle CZA, on ne voit pas non plus l'étoile D se lever. C'est donc avant que le soleil ne soit arrivé en C que l'on verra l'étoile D se lever. Supposons qu'on la voie se lever pour la dernière fois quand le soleil se trouve vers H. Donc lorsque le soleil est vers H, c'est pour l'étoile D

τῶν ἀπλανῶν δυνέτω τὸ Β. Τοῦ ἄρα Β ἄστρου ἡ ἀληθινὴ ἑῴα ἐστὶ δύσις. Λέγω δὴ ὅτι ἡ φαινομένη ὕστερόν ἐστι τῆς ἀληθινῆς.

Τοῦ μὲν οὖν ἡλίου ἀνατέλλοντος κατὰ τὸ Α, τὸ Β ἄστρον οὐ φαίνεται δῦνον, οὐδὲ μὴν τοῦ ἡλίου τὴν ΓΖΑ περιφέρειαν διαπορευομένου, τὸ Β ἄστρον φαίνεται δῦνον. Μετὰ ἄρα τινὰς ἡμέρας τὸ Β ἄστρον φανήσεται δῦνον, τοῦ ἡλίου διελθόντος τηλικαύτην περιφέρειαν ὥστε τὸ Β ἐκφεύγειν τὰς τοῦ ἡλίου αὐγάς. Ἐκφευγέτω οὖν τὸ Β ἄστρον τὰς τοῦ ἡλίου αὐγὰς πρώτως τοῦ ἡλίου ὄντος πρὸς τῷ Ε. Τοῦ ἄρα ἡλίου ὄντος πρὸς τῷ Ε, τοῦ Β ἄστρου ἐστὶν ἡ ἑῴα φαινομένη δύσις. Καὶ ἐπεὶ πρότερον ὁ ἥλιος ἐπὶ τὸ Α παραγίγνεται ἤπερ ἐπὶ τὸ Ε, ἀλλ' ὅταν μὲν ἐπὶ τὸ Α παραγένηται, τοῦ Β ἄστρου ἐστὶν ἡ ἀληθινὴ ἑῴα δύσις, ὅταν δὲ ἐπὶ τὸ Ε, ἡ φαινομένη, ἡ ἄρα φαινομένη ὕστερόν ἐστι τῆς ἀληθινῆς.

Πάλιν δὴ τοῦ ἡλίου δύνοντος κατὰ τὸ Γ, ἄστρον τι τῶν ἀπλανῶν ἀνατελλέτω τὸ Δ. Τοῦ ἄρα Δ ἄστρου ἐστὶν ἡ ἑσπερία ἀληθινὴ ἐπιτολή. Λέγω δὴ ὅτι ἡ φαινομένη πρότερόν ἐστι τῆς ἀληθινῆς.

Τοῦ μὲν οὖν ἡλίου δύνοντος κατὰ τὸ Γ, τὸ Δ ἄστρον οὐ φαίνεται ἀνατέλλον, οὔτε μὴν τοῦ ἡλίου μεταπεπτωκότος εἰς τὸ ΓΖΑ ἡμικύκλιον, τὸ Δ ἄστρον φαίνεται ἀνατέλλον. Πρὶν ἄρα τὸν ἥλιον ἐπὶ τὸ Γ παραγενέσθαι, τὸ Δ ἄστρον φανήσεται ἀνατέλλον. Φαινέσθω οὖν ἐσχάτως τοῦ ἡλίου ὄντος πρὸς τῷ Η. Τοῦ ἄρα ἡλίου ὄντος πρὸς τῷ Η, τοῦ Δ

1 τοῦ Β ἄρα transp. D ‖ 2 ὕστερον iter. ADF ‖ 4 οὖν om. D ‖ 5 δῦνον : δύνων P ‖ 8 τηλικαύτην : τοιαύτην B ‖ 9 ἐκφεύγειν : -φεύγει A ‖ 11 τῷ (bis) : τὸ P ‖ 12 ἑῴα post φαινομένη transp. F ‖ 13 ἤπερ : εἴπερ P ‖ 13-14 ἀλλ' ὅταν — παραγένηται om. D rest. al. m. ‖ 17 ἄστρον : ἄστρων A ‖ 18 Δ pr. : A A ‖ 19 ἐπιτολή ego : ἀνατολή codd. ‖ 26 τοῦ ἄρα — τῷ Η om. D.

le lever apparent du soir. Or le soleil arrive en H avant d'arriver en C. Quand il est arrivé en H, c'est pour l'étoile D le lever apparent du soir ; quand il est arrivé en C, le lever vrai. Donc le lever apparent est antérieur au lever vrai.

De même supposons que, lorsque le soleil se couche en C, une étoile fixe B se couche. C'est pour l'étoile B le coucher vrai du soir. Je dis que le coucher apparent est antérieur au coucher vrai.

Quand le soleil se couche en C, on ne voit pas l'étoile B se coucher ; quand le soleil décrit le demi-cercle CZA, on ne voit pas non plus l'étoile B se coucher. C'est donc avant que le soleil ne soit arrivé en C que l'on verra l'étoile B se coucher. Supposons qu'on la voie se coucher pour la dernière fois quand le soleil se trouve vers H. Donc lorsque le soleil se trouve vers H, c'est pour l'étoile B le coucher apparent du soir. Or le soleil arrive en H avant d'arriver en C. Quand il est arrivé en H, c'est pour l'étoile B le coucher apparent du soir ; quand il est arrivé en C, le coucher vrai. Donc le coucher apparent est antérieur au coucher vrai.

[*Annexe*[1] :

Soient les mêmes hypothèses. Je dis que, lorsque le soleil décrit l'arc CZA, on ne voit pas l'étoile D se lever.

Supposons que le soleil se lève vers H[2]. Comme H

1. Cette « annexe » (traduction proposée pour le τὸ εἰρημένον : « ce qui a été promis » ou « convenu ») démontre comme annoncé que « lorsque le soleil décrit l'arc CZA, on ne voit pas l'étoile D se lever ».

2. L'expression est beaucoup moins précise que dans la démonstration précédente. Ici H doit se trouver sur le demi-cercle CZA de l'écliptique (ce point H est donc différent du point H utilisé dans la démonstration précédente, qui se trouvait dans l'hémisphère invisible). Le libellé, s'il était aussi rigoureux que dans la démonstration précédente, devrait être : « Supposons que le soleil, étant en H, se lève » ; le soleil en effet se lève au point d'intersection du cercle parallèle qui porte H et de l'horizon, du côté du levant. L'expression suivante : « Comme H se lève

ἄστρου ἐστὶν ἡ φαινομένη ἑσπερία ἐπιτολή. Καὶ ἐπεὶ πρότερον ὁ ἥλιος ἐπὶ τὸ Η παραγίγνεται ἤπερ ἐπὶ τὸ Γ, ἀλλ' ὅταν μὲν ἐπὶ τὸ Η παραγένηται, τοῦ Δ ἄστρου ἐστὶν ἡ ἑσπερία φαινομένη ἐπιτολή, ὅταν δὲ ἐπὶ τὸ Γ, ἡ ἀληθινή, ἡ ἄρα φαινομένη πρότερόν ἐστι τῆς ἀληθινῆς.

Πάλιν δὴ τοῦ ἡλίου δύνοντος κατὰ τὸ Γ, ἄστρον τι τῶν ἀπλανῶν δυνέτω τὸ Β. Τοῦ ἄρα Β ἄστρου ἐστὶν ἡ ἑσπερία ἀληθινὴ δύσις. Λέγω ὅτι ἡ φαινομένη πρότερόν ἐστι τῆς ἀληθινῆς.

Τοῦ μὲν οὖν ἡλίου δύνοντος κατὰ τὸ Γ, τὸ Β ἄστρον οὐ φαίνεται δῦνον, οὐδὲ μὴν τοῦ ἡλίου μεταπεπτωκότος εἰς τὸ ΓΖΑ ἡμικύκλιον, τὸ Β ἄστρον φαίνεται δῦνον. Πρὶν ἄρα τὸν ἥλιον ἐπὶ τὸ Γ παραγενέσθαι, τὸ Β ἄστρον φανήσεται δῦνον. Φαινέσθω ἐσχάτως τοῦ ἡλίου ὄντος πρὸς τῷ Η· τοῦ ἄρα ἡλίου ὄντος πρὸς τῷ Η, τοῦ Β ἄστρου ἐστὶν ἡ ἑσπερία φαινομένη δύσις. Καὶ ἐπεὶ πρότερον ὁ ἥλιος ἐπὶ τὸ Η παραγίγνεται ἤπερ ἐπὶ τὸ Γ, ἀλλ' ὅταν μὲν ἐπὶ τὸ Η παραγένηται, τοῦ Β ἄστρου ἐστὶν ἡ ἑσπερία φαινομένη δύσις, ὅταν δὲ ἐπὶ τὸ Γ, ἡ ἀληθινή, ἡ ἄρα φαινομένη προτέρα ἐστὶν τῆς ἀληθινῆς.

[Τὸ εἰρημένον.

Ἔστω τὰ αὐτά. Λέγω ὅτι οὐδὲ τὴν ΓΖΑ περιφέρειαν διαπορευομένου τοῦ ἡλίου, φανήσεται τὸ Δ ἄστρον ἀνατέλλον. Ἀνατελλέτω γὰρ ὁ ἥλιος κατὰ τὸ Η. Καὶ ἐπεὶ

1 ἐπιτολή ego : ἀνατολή codd. || 2 et 17 ἤπερ : εἴπερ P abhinc non notatum || 4 ἑσπερία post φαινομένη B || 6 ἄστρον : ἄστρων P || 15 τῷ : τὸ A || 17 H alt. : Γ B[ac] || 21-p. 74, 4 τὸ εἰρημένον — ἀνατέλλον deleui || 21 τὸ εἰρημένον om. FP || 22 ΓΖΑ : ΖΓΑ A.

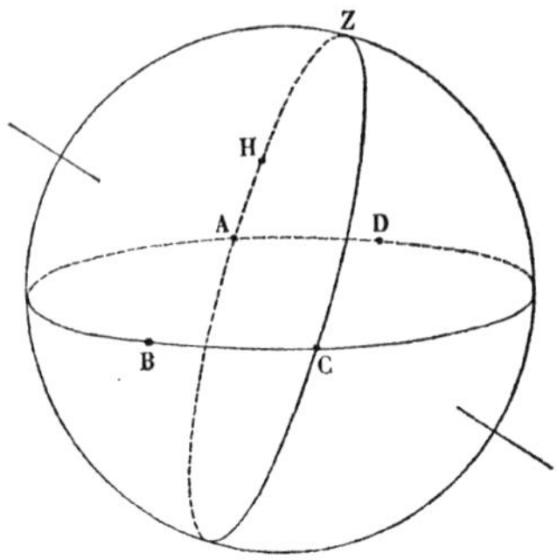

se lève avant A et que A se lève en même temps que D, H se lève avant D. On ne verra donc pas D se lever. Par conséquent, lorsque le soleil décrit l'arc CZA, on ne voit pas D se lever.]

II

Pour toute étoile fixe, le lever de l'étoile est visible chaque nuit depuis le lever apparent du matin jusqu'au lever apparent du soir et à aucune autre époque ; la période pendant laquelle le lever de l'étoile est visible est inférieure à une demi-année.

Soit l'horizon céleste ABCD ; donnons au cercle du soleil la position AECZ. Supposons qu'au moment où le soleil se lève en A une étoile fixe D[1] se lève aussi.

avant A » est de même fort inexacte ; dans la démonstration précédente, Autolycos disait avec plus de rigueur : « Or le soleil arrive en H avant d'arriver en C » (puisque pour lui H était dans l'hémisphère invisible). Autant de raisons pour penser que cette « annexe » ne remonte pas à Autolycos ; c'est en tout cas une addition ancienne que portent tous les manuscrits.

N. B. : Dans tout ce traité, Autolycos parle du mouvement diurne et du mouvement annuel du soleil sans prendre la peine de préciser duquel il s'agit.

1. J'adopte ici la correction d'Hultsch qui rétablit la concordance avec les expressions utilisées dans la démonstration précédente et dans la démonstration suivante.

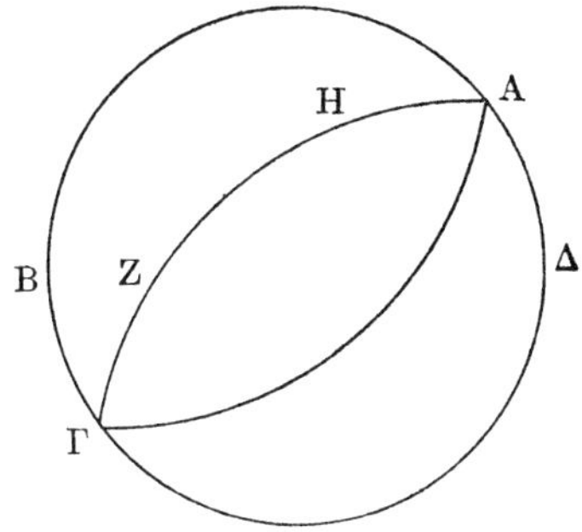

τὸ Η πρότερον ἀνατέλλει ἤπερ τὸ Α, τὸ δὲ Α τῷ Δ συνανατέλλει, πρότερον ἄρα τὸ Η ἀνατέλλει ἤπερ τὸ Δ. Τὸ Δ ἄρα οὐ φανήσεται. Ὥστε, ὅταν τὴν ΓΖΑ περιφέρειαν διαπορεύηται ὁ ἥλιος, οὐ φαίνεται τὸ Δ ἀνατέλλον.]

Β

Ἕκαστον τῶν ἀπλανῶν ἄστρων ἀπὸ ἑῴας φαινομένης ἐπιτολῆς ἑκάστης νυκτὸς ὁρᾶται ἀνατέλλον μέχρι τῆς ἑσπερίας φαινομένης ἐπιτολῆς, ἐν ἄλλῳ δὲ χρόνῳ οὐθενί, καὶ ἔστιν ὁ χρόνος ἐν ᾧ ὁρᾶται τὸ ἄστρον ἀνατέλλον ἐλάσσων ἡμίσους ἐνιαυτοῦ.

Ἔστω ἐν κόσμῳ ὁρίζων κύκλος ὁ ΑΒΓΔ, ὁ δὲ τοῦ ἡλίου κύκλος θέσιν ἐχέτω ὡς τὴν ΑΕΓΖ, καὶ τοῦ ἡλίου ἀνατέλλοντος κατὰ τὸ Α, ἄστρον τι τῶν ἀπλανῶν συνανατελλέτω τὸ Δ. Τοῦ ἄρα Δ ἄστρου ἐστὶν ἡ ἑῴα ἀληθινὴ

6 ἄστρων Hult. : ἀστέρων codd. || φαινομένης : φαινόμενον A || 7 et 9 ἀνατέλλον ego : ἐπιτέλλον codd. || 8 ἑσπερίας : ἑσπερίου B || ἐπιτολῆς : ἀνατολῆς B || 13-14 post συνανατελλέτω hab. κατὰ cod. : del. Hult.

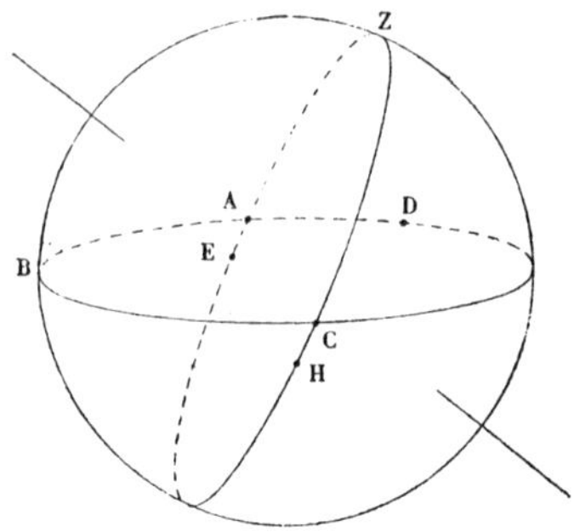

C'est pour l'étoile D le lever vrai du matin. Or les levers apparents sont postérieurs aux levers vrais. Soit donc pour l'étoile D le lever apparent du matin quand le soleil se trouve vers E. Supposons de même qu'au moment où l'étoile D se lève, le soleil se couche en C. C'est pour l'étoile D le lever vrai du soir. Or les levers apparents sont antérieurs aux levers vrais. Soit donc pour l'étoile D le [dernier[1]] lever apparent du soir quand le soleil se trouve vers H

Quand le soleil décrit les arcs AE et HC, on ne voit pas l'étoile D se lever ; quand le soleil décrit l'arc CZA, on ne verra pas non plus l'étoile D se lever. C'est donc seulement quand le soleil décrit l'arc EH que l'on voit l'étoile D se lever.

La période pendant laquelle le soleil décrit l'arc EH est inférieure à une demi-année ; en effet l'arc EH est inférieur à un demi-cercle[2].

1. Le ἐσχάτη est superflu puisqu'il est contenu dans la définition même du lever apparent du soir.

2. Le soleil décrit l'écliptique, grand cercle oblique de la sphère, en un an. Ce grand cercle étant divisé en deux parties égales par l'horizon, le soleil, dans l'hypothèse implicite qu'il se déplace sur l'écliptique à vitesse uniforme, met une demi-année à parcourir la moitié de l'écliptique.

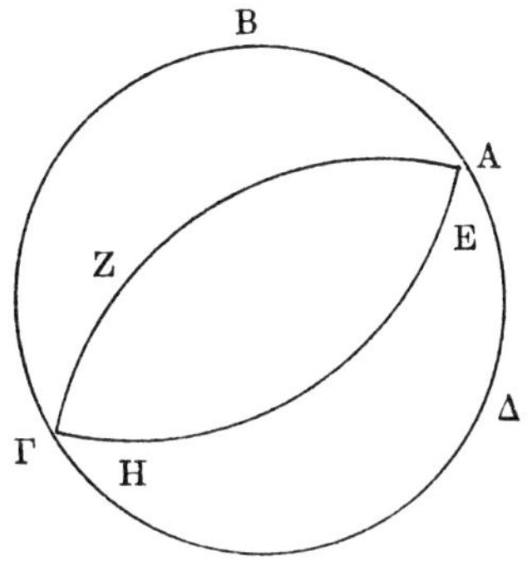

ἐπιτολή. Ὕστεραι δέ εἰσιν αἱ φαινόμεναι τῶν ἀληθινῶν. Ἔστω δὴ τοῦ Δ ἄστρου ἡ φαινομένη ἑῴα ἐπιτολὴ τοῦ ἡλίου ὄντος πρὸς τῷ Ε.

Ὑποκείσθω δὴ πάλιν τοῦ Δ ἀνατέλλοντος ὁ ἥλιος δύνων κατὰ τὸ Γ. Τοῦ ἄρα Δ ἄστρου ἐστὶν ἡ ἑσπερία ἀληθινὴ ἐπιτολή. Πρότεραι δέ εἰσιν αἱ φαινόμεναι τῶν ἀληθινῶν. Ἔστω οὖν τοῦ Δ ἄστρου ἡ ἑσπερία φαινομένη [ἐσχάτη] ἐπιτολή, τοῦ ἡλίου ὄντος πρὸς τῷ Η.

Τοῦ μὲν οὖν ἡλίου διαπορευομένου τὰς ΑΕ ΗΓ περιφερείας, οὐ φαίνεται τὸ Δ ἄστρον ἀνατέλλον, οὐδὲ μὴν τοῦ ἡλίου τὴν ΓΖΑ περιφέρειαν διαπορευομένου, φανήσεται τὸ Δ ἄστρον ἀνατέλλον. Μόνην ἄρα τὴν ΕΗ διαπορευομένου τοῦ ἡλίου, φαίνεται τὸ Δ ἄστρον ἀνατέλλον.

Καὶ ἔστιν ὁ χρόνος ἐν ᾧ ὁ ἥλιος τὴν ΕΗ περιφέρειαν διαπορεύεται ἐλάσσων ἡμίσους ἐνιαυτοῦ· ἐλάσσων γάρ ἐστιν ἡ ΕΗ περιφέρεια ἡμικυκλίου.

2 Δ Hult. : A codd. || 6 ἀληθινὴ : ἀνατολὴ D || 7 ἑσπερία post φαινομένη transp. B || 8 ἐσχάτη deleui || 9 οὖν om. D || 10-12 Δ ἄστρον — φανήσεται τὸ Δ om. P rest. al. m. || 10 Δ Hult.: A codd. || 10 et 12 ἀνατέλλον ego : ἐπιτέλλον codd.

III

Pour toute étoile fixe, le coucher de l'étoile est visible chaque nuit depuis le coucher apparent du matin jusqu'au coucher apparent du soir et à aucune autre époque ; la période pendant laquelle le coucher de l'étoile est visible est inférieure à une demi-année[1].

Soient l'horizon céleste ABCD et le zodiaque[2] AECZ ; et soit le demi-cercle AEC au-dessous de l'horizon. Supposons qu'au moment où le soleil se lève en A, une étoile fixe B se couche. C'est pour l'étoile B le coucher vrai du matin. Or les couchers apparents sont postérieurs aux couchers vrais. Soit donc pour l'étoile B le [premier[3]] coucher apparent du matin quand le soleil se trouve vers E.

Supposons de même que, lorsque l'étoile B se couche, le soleil se couche en C. C'est pour l'étoile B le coucher vrai du soir. Or les couchers apparents sont antérieurs aux couchers vrais. Soit donc pour l'étoile B le dernier coucher apparent quand le soleil se trouve vers H.

Quand le soleil décrit les arcs AE et HC, on ne voit pas l'étoile B se coucher ; quand le soleil décrit l'arc CZA, on ne voit pas non plus l'étoile B se coucher. C'est donc

1. La proposition III est la symétrique de la proposition II ; elle traite du coucher, alors que la précédente traitait du lever des étoiles.

2. Ici Autolycos utilise le terme « zodiaque » au lieu de « cercle du soleil ». Normalement le zodiaque ou cercle des douze signes « est composé de trois cercles parallèles : deux d'entre eux définissent la largeur du cercle zodiacal ; le troisième est appelé cercle médian des signes... La largeur du cercle zodiacal est de douze degrés ; on appelle oblique le cercle zodiacal parce qu'il coupe les cercles parallèles » (Géminos, V, 51 et 53). L'emploi du terme « zodiaque » est assez flottant : ou bien c'est la bande de 12° de largeur, ou bien le cercle médian des signes.

3. Ce terme est inutile puisqu'il est contenu dans la définition même du coucher héliaque.

Γ

Ἕκαστον τῶν ἀπλανῶν ἄστρων ἀπὸ ἑῴας φαινομένης δύσεως ἑκάστης νυκτὸς ὁρᾶται δῦνον μέχρι τῆς ἑσπερίας φαινομένης δύσεως, ἐν ἄλλῳ δὲ χρόνῳ οὐθενί, καὶ ἔστιν ὁ χρόνος ἐν ᾧ τὸ ἄστρον ὁρᾶται δῦνον ἐλάσσων ἡμίσους ἐνιαυτοῦ.

Ἔστω ἐν κόσμῳ ὁρίζων ὁ ΑΒΓΔ, ζῳδιακὸς δὲ ὁ ΑΕΓΖ, καὶ ἔστω ὑπὸ γῆν τὸ ΑΕΓ ἡμικύκλιον, καὶ τοῦ ἡλίου ἀνατέλλοντος κατὰ τὸ Α, ἄστρον τι τῶν ἀπλανῶν δυνέτω τὸ Β. Τοῦ ἄρα Β ἄστρου ἐστὶν ἀληθινὴ ἑῴα δύσις. Ὕστεραι δέ εἰσιν αἱ φαινόμεναι τῶν ἀληθινῶν. Ἔστω οὖν τοῦ Β ἄστρου ἡ φαινομένη [πρώτως] ἑῴα δύσις, τοῦ ἡλίου ὄντος πρὸς τῷ Ε.

Πάλιν δὴ τοῦ Β ἄστρου δύνοντος, ὑποκείσθω ὁ ἥλιος δύνων κατὰ τὸ Γ. Τοῦ Β ἄρα ἄστρου ἐστὶν ἡ ἑσπερία ἀληθινὴ δύσις. Πρότεραι δέ εἰσιν αἱ φαινόμεναι τῶν ἀληθινῶν. Ἔστω οὖν τοῦ Β ἄστρου ἡ φαινομένη ἐσχάτη ἑσπερία δύσις, τοῦ ἡλίου ὄντος πρὸς τῷ Η.

Τοῦ μὲν οὖν ἡλίου τὰς ΑΕ ΗΓ περιφερείας διαπορευομένου οὐ φαίνεται τὸ Β ἄστρον δῦνον, οὐδὲ μὴν τοῦ ἡλίου τὴν ΓΖΑ περιφέρειαν διαπορευομένου τὸ Β ἄστρον φαίνεται

5 ἐλάσσων P : ἔλασσον cett. || 10 post ἐστὶν hab. ἡ D || 12 πρώτως deleui || 17 ἄστρου om. P || 20 οὐ om. A.

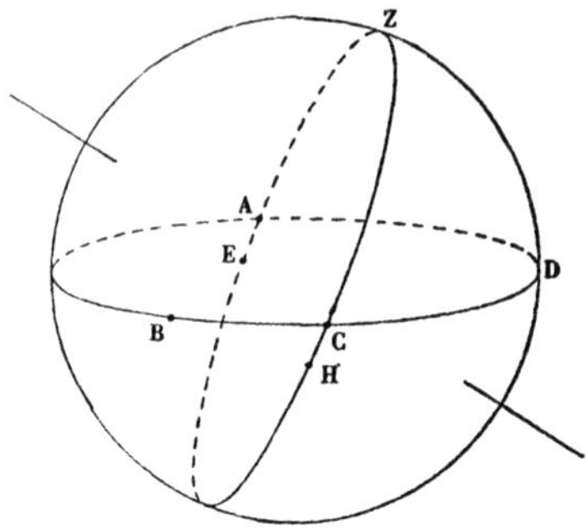

seulement quand le soleil décrit l'arc EH que l'on verra l'étoile B se coucher.

La période pendant laquelle le soleil décrit l'arc EH est inférieure à une demi-année.

IV

Parmi les étoiles fixes, toutes celles qui se trouvent sur le cercle du zodiaque font leur coucher apparent du matin une demi-année après leur lever apparent du matin ; celles qui sont au nord le font au bout de plus de temps ; celles qui sont au sud, au bout de moins de temps.

Soit l'horizon ABCD ; donnons au cercle du soleil la position AECZ et soit le demi-cercle AEC au-dessous de l'horizon. Supposons qu'au moment où le soleil se lève en A, se lèvent avec lui des étoiles fixes B, A, D, A étant sur le zodiaque, B au nord et D au sud. Je dis que pour l'étoile A le coucher apparent du matin se produit une demi-année après le lever apparent du

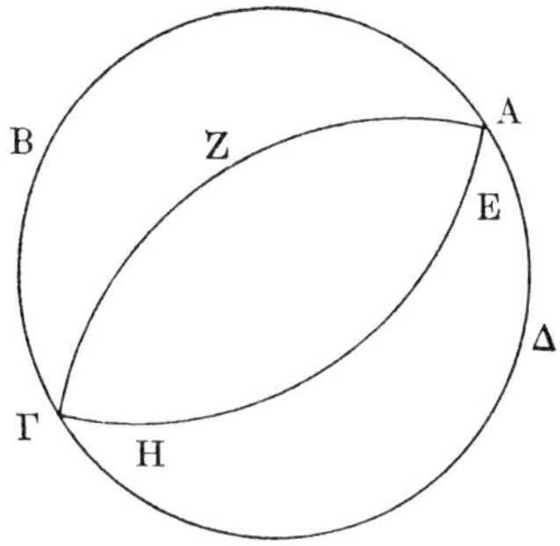

δῦνον. Μόνην ἄρα τὴν ΕΗ περιφέρειαν τοῦ ἡλίου διαπορευομένου, τὸ Β ἄστρον φανήσεται δῦνον.

Καὶ ἔστιν ὁ χρόνος ἐν ᾧ ὁ ἥλιος τὴν ΕΗ περιφέρειαν διαπορεύεται ἐλάσσων ἡμίσους ἐνιαυτοῦ.

Δ

Τῶν ἀπλανῶν ἄστρων ὅσα μέν ἐστιν ἐπὶ τοῦ ζῳδιακοῦ κύκλου ἀπὸ ἑῴας φαινομένης ἐπιτολῆς ἑῴαν φαινομένην δύσιν ποιεῖται διὰ ἡμίσους ἐνιαυτοῦ, τὰ δὲ πρὸς ἄρκτους διὰ πλείονος, τὰ δὲ πρὸς μεσημβρίαν δι' ἐλάσσονος.

Ἔστω ἐν κόσμῳ ὁρίζων κύκλος ὁ ΑΒΓΔ, ὁ δὲ τοῦ ἡλίου κύκλος θέσιν ἐχέτω ὡς τὴν ΑΕΓΖ, καὶ ἔστω ὑπὸ γῆν τὸ ΑΕΓ ἡμικύκλιον, καὶ τοῦ ἡλίου ἀνατέλλοντος κατὰ τὸ Α, ἄστρα τινὰ τῶν ἀπλανῶν συνανατελλέτω τὰ Β Α Δ, τὸ μὲν Α ἐπὶ τοῦ ζῳδιακοῦ, τὸ δὲ Β πρὸς ἄρκτους, τὸ δὲ Δ πρὸς μεσημβρίαν. Λέγω ὅτι τῷ μὲν Α ἄστρῳ ἀπὸ ἑῴας φαινομένης ἐπιτολῆς ἑῴα φαινομένη δύσις γίνεται διὰ

2 φανήσεται ADF : φαίνεται PB || 6 ἄστρων P Hult. : ἀστέρων cett. || 7 ἐπιτολῆς : ἀνατολῆς B || 13 τὸ : τοῦ D || 15 τῷ ... ἄστρῳ : τὸ ... ἄστρον BP corr. al. m. || 16 ἐπιτολῆς : ἀνατολῆς B.

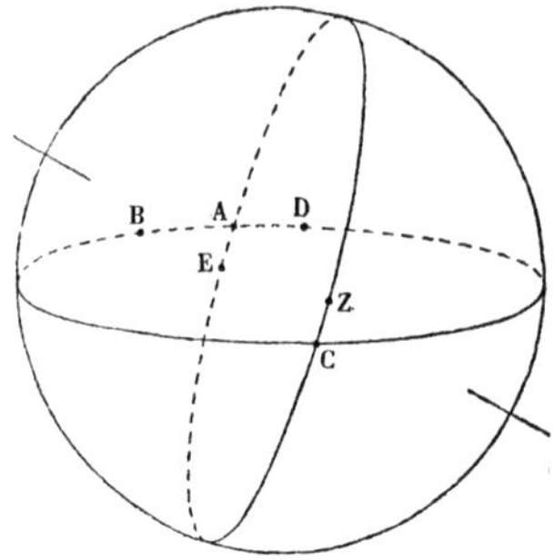

matin, pour l'étoile B au bout de plus de temps, pour l'étoile D au bout de moins de temps.

Puisque, au moment où le soleil se lève en A, des étoiles fixes B, A, D, se lèvent avec lui, c'est pour les étoiles B, A, D le lever vrai du matin. Or les levers apparents sont postérieurs aux levers vrais. Soit donc pour les étoiles B, A, D le lever apparent du matin quand le soleil se trouve vers E. De plus, puisque les étoiles situées sur le cercle du zodiaque et diamétralement opposées se lèvent et se couchent en opposition[1], lorsque l'étoile A se couche, l'étoile C qui lui est diamétralement opposée se lève : le demi-cercle AEC sera alors au-dessus de l'horizon et le demi-cercle CZA au-dessous. Et donc lorsque l'étoile A se couche, que l'étoile C se lève et que le soleil se trouve vers C[2], ce sera pour l'étoile A le coucher vrai du matin. Or les couchers apparents sont postérieurs aux couchers vrais. Soit donc pour l'étoile A le coucher apparent du matin quand le soleil se trouve vers Z. Or [comme on a observé que les étoiles mettent le même temps à se

1. Cf. Euclide, *Phénomènes*, VI : « Quand des étoiles situées sur le cercle du zodiaque sont diamétralement opposées, elles se lèvent et se couchent en opposition ».

2. Le texte grec est douteux ici. Hultsch propose de supprimer ἀνατέλλει καὶ que portent les manuscrits, solution que j'adopte. Mogenet qui conserve ces mots, suppose une lacune juste avant eux.

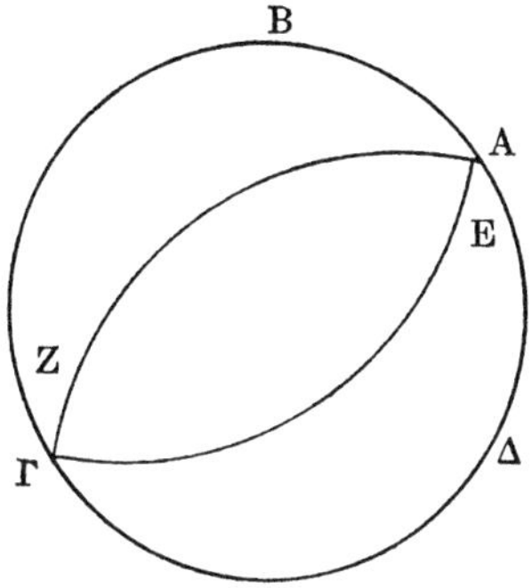

ἡμίσους ἐνιαυτοῦ, τῷ δὲ Β διὰ πλείονος, τῷ δὲ Δ δι' ἐλάσσονος.

Ἐπεὶ γὰρ τῷ ἡλίῳ ἀνατέλλοντι κατὰ τὸ Α ἄστρα τινὰ τῶν ἀπλανῶν συνανατέλλει τὰ Β Α Δ, τῶν ἄρα Β Α Δ ἄστρων εἰσὶν αἱ ἑῷαι ἀληθιναὶ ἐπιτολαί. Ὕστερον δέ εἰσιν αἱ φαινόμεναι τῶν ἀληθινῶν. Ἔστωσαν οὖν τῶν Β Α Δ ἄστρων αἱ φαινόμεναι ἑῷαι ἐπιτολαὶ τοῦ ἡλίου ὄντος πρὸς τῷ Ε. Καὶ ἐπεὶ τὰ ἐπὶ τοῦ τῶν ζῳδίων κύκλου ἄστρα τὰ κατὰ διάμετρον ὄντα κατὰ συζυγίαν ἀνατέλλει τε καὶ δύνει, τοῦ ἄρα Α δύνοντος τὸ κατὰ διάμετρον αὐτῷ τὸ Γ ἀνατέλλει, καὶ ἔσται τὸ μὲν ΑΕΓ ἡμικύκλιον ὑπὲρ γῆν, τὸ δὲ ΑΖΓ ὑπὸ γῆν. Καὶ τοίνυν ὅταν τὸ Α δύνῃ καὶ τὸ Γ ἀνατέλλῃ καὶ ὁ ἥλιος πρὸς τῷ Γ γένηται, ἔσται τοῦ Α ἄστρου ἡ ἀληθινὴ ἑῴα δύσις. Ὕστεραι δέ εἰσιν αἱ φαινόμεναι τῶν ἀληθινῶν. Ἔστω οὖν τοῦ Α ἄστρου ἡ φαινομένη ἑῴα δύσις τοῦ ἡλίου ὄντος πρὸς τῷ Ζ · [καὶ ἐπεὶ τετήρηται τὰ ἄστρα ἐν ἴσῳ χρόνῳ ἐκφεύγοντα τὰς τοῦ ἡλίου αὐγάς,]

1 τῷ (bis) Hult. : τὸ codd. || 3 τὸ : τὰ B || 4 τὰ : τὸ D || 5 et 7 ἑῷαι P Hult. : ἑῷοι cett. || 5 ἐπιτολαί : ἀνατολαί P || 8 τοῦ om. D || 10 τὸ pr. om. P || 13 ἀνατέλλῃ : -τέλλει A || πρὸς τῷ Γ om. P || post γένηται del. ἀνατέλλει καὶ Hult. : lac. susp. Mog. || 15 A : πρώτου F || 16 τῷ : τὸ P || 16-17 καὶ ἐπεὶ — αὐγάς deleui.

dégager des rayons du soleil[1],] l'arc AE est égal à l'arc CZ. Ajoutons[2] l'arc commun CE. L'arc total AEC est égal à l'arc total ECZ. Or AEC est un demi-cercle ; ECZ aussi est donc un demi-cercle. Le soleil décrit le demi-cercle ECZ en une demi-année, puisque c'est le temps qu'il met pour décrire AEC.

Donc pour l'étoile A le coucher apparent du matin se fait une demi-année après le lever apparent du matin.

[Si les étoiles B, A, D se lèvent ensemble, B se couche plus tard que A, D se couche plus tôt que A[3]. Voilà ce qui prouve que pour l'étoile B le coucher se fait au bout de plus de temps, pour l'étoile D au bout de moins de temps.

Soient l'horizon céleste ABCD et le zodiaque AECZ. Supposons que certaines étoiles B, A, D se lèvent en même temps, B étant au nord, A sur le zodiaque et D au sud.]

Je dis aussi que l'étoile B fait son coucher apparent du matin plus d'une demi-année après son lever apparent du matin [et que l'étoile D le fait moins d'une demi-année après[4]].

Soient les cercles parallèles BH et AF qui portent les étoiles B et A. Si B se couche plus tard que A, lorsque A se trouve vers le couchant, B sera au-dessus de l'horizon. Or quand A se couche, C se lève et le cercle du zodiaque

1. Cette intervention de l'observation n'est nullement à sa place dans ce traité qui est géométrique dans son expression, même si les hypothèses sur lesquelles il se fonde sont des simplifications de l'observation (dans l'étude géométrique de la sphère céleste, toutes les étoiles sont supposées avoir le même éclat, contrairement à ce que l'on observe). Il est vraisemblable que cette indication est une glose insérée par erreur dans le texte.

2. Par comparaison avec le reste de la démonstration, je supplée ici le verbe προσκείσθω (cf. *infra*, p. 80.11 et 81.13).

3. Cf. *La sphère en mouvement*, IX. Tout ce paragraphe, qui fait double emploi avec la démonstration qui suit, semble une glose marginale insérée par erreur dans le texte à une date assez

ἴση ἄρα ἐστὶν ἡ ΑΕ περιφέρεια τῇ ΓΖ περιφερείᾳ· κοινὴ δὲ ⟨προσκείσθω⟩ ἡ ΓΕ. Ὅλη ἄρα ἡ ΑΕΓ ὅλῃ τῇ ΕΓΖ ἐστὶν ἴση. Ἡμικύκλιον δέ ἐστιν τὸ ΑΕΓ· ἡμικύκλιον ἄρα ἐστὶ καὶ τὸ ΕΓΖ. Καὶ διαπορεύεται ὁ ἥλιος τὸ ΕΓΖ ἡμικύκλιον ἐν ἡμίσει ἐνιαυτοῦ, ἐπειδήπερ καὶ τὸ ΑΕΓ.

Τῷ ἄρα ⟨Α⟩ ἄστρῳ ἀπὸ ἑῴας φαινομένης ἐπιτολῆς ἑῴα δύσις γίγνεται φαινομένη διὰ ἡμίσους ἐνιαυτοῦ.

[Καὶ ἐπεὶ τὰ Β Α Δ ἄστρα ἅμα ἀνατέλλει, τὸ μὲν Β τοῦ Α ὕστερον δύνει, τὸ δὲ Δ τοῦ Α πρότερον δύνει. Διὰ δὴ τοῦτο φανερὸν ὅτι τῷ μὲν Β διὰ πλείονος, τῷ δὲ Δ δι' ἐλάσσονος.

Ἔστω ὁρίζων κύκλος ὁ ΑΒΓΔ, ζῳδιακὸς δὲ ὁ ΑΕΓΖ, καὶ ἀνατελλέτω τινὰ ἅμα ἄστρα τὰ Β Α Δ, ὧν τὸ μὲν Β πρὸς ἄρκτους, τὸ δὲ Α ἐπὶ τοῦ ζῳδιακοῦ, τὸ δὲ Δ πρὸς μεσημβρίαν.]

Λέγω ⟨δὴ⟩ ὅτι τὸ Β ἄστρον ἀπὸ ἑῴας φαινομένης ἐπιτολῆς ἑῴαν φαινομένην ποιεῖται δύσιν διὰ πλείονος ἡμίσους ἐνιαυτοῦ[, τὸ δὲ Δ δι' ἐλάττονος].

Ἔστωσαν καθ' ὧν φέρεται τὰ Β Α παράλληλοι κύκλοι οἱ ΒΗ ΑΘ. Καὶ ἐπεὶ τὸ Β τοῦ Α ὕστερον δύνει, τοῦ Α ἄρα πρὸς τῇ δύσει ὄντος, τὸ Β ὑπὲρ γῆν ἔσται. Ἀλλὰ τοῦ Α δύνοντος, τὸ Γ ἀνατέλλει καὶ ὁ τῶν ζῳδίων κύκλος θέσιν

1 κοινὴ : κοιν A || 2 προσκείσθω addidi || ΕΓΖ : ΑΓΖ D || ἐστὶν post ἴση transp. B || 3 ΑΕΓ : ΑΕΖ F || 6 Α add. Hult. || ἐπιτολῆς : ἀνατολῆς B || 8-15 καὶ ἐπεὶ — μεσημβρίαν deleui || 8 Β Α Δ : Δ Α Β B || 10 τῷ alt. : τὸ P || 12 ΑΕΓΖ AB : ΑΕΓ DFP || 16 δὴ addidi || 18 τὸ δὲ — ἐλάττονος deleui.

ancienne, et qui interrompt fâcheusement le cours de la démonstration principale.

4. Cette seconde partie de la proposition, qui fait double emploi avec la proposition de la troisième démonstration, me paraît se trouver là par erreur ; je crois donc utile de rétablir la cohérence de l'énoncé en supprimant ce membre de phrase, inutile ici.

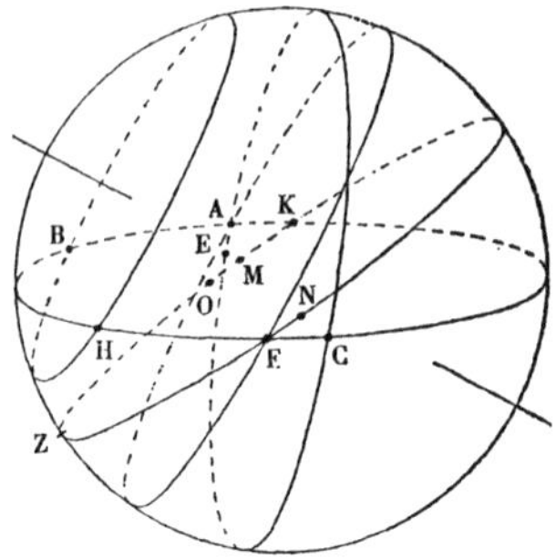

sera dans la position ZKNF, le demi-cercle AEC sera en FNK et se trouvera au-dessus de l'horizon ; l'arc AE sera en FN. Or quand C se lève, B est au-dessus de l'horizon. Donc l'étoile[1] qui se lève en même temps que B se couche est située sur l'arc KZF. Soit M cette étoile. Quand le soleil est vers M, c'est pour l'étoile B le coucher vrai du matin. Or les couchers apparents sont postérieurs aux couchers vrais. Donc quand le soleil aura décrit un arc suffisant pour que l'étoile B se dégage des rayons du soleil, ce sera pour l'étoile B le coucher apparent du matin. Supposons que le soleil ait à décrire l'arc MO. FN est donc égal à OM. Mais OK est supérieur à FN. Ajoutons l'arc commun KN : l'arc OKN est plus grand que l'arc KNF. Or l'arc KNF vaut un demi-cercle; l'arc NKO est donc plus grand qu'un demi-cercle.

Donc l'étoile B fait son coucher apparent du matin plus d'une demi-année après son lever apparent du matin.

Je dis aussi que l'étoile D fait son coucher apparent du matin moins d'une demi-année après son lever apparent du matin.

1. Cette étoile est prise implicitement par Autolycos sur le zodiaque.

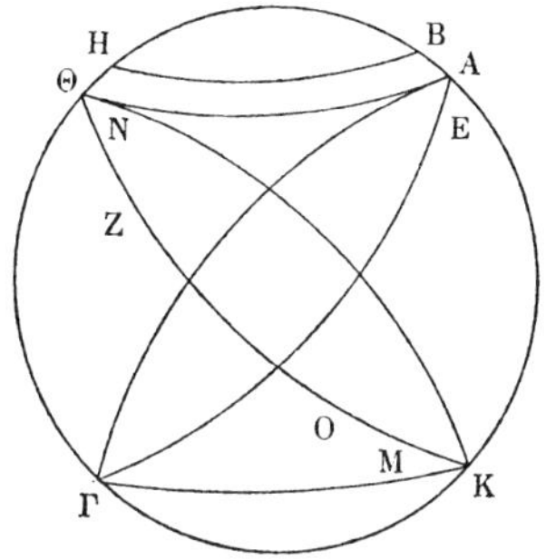

ἕξει ὡς τὴν ΖΚΝΘ, τὸ δὲ ΑΕΓ ἡμικύκλιον ἔσται τὸ ΘΝΚ καὶ ἔσται ὑπὲρ γῆν, ἡ δὲ ΑΕ περιφέρεια ἔσται ἡ ΘΝ. Τοῦ Γ ἄρα ἀνατέλλοντος τὸ Β ὑπὲρ γῆν ἐστιν. Τὸ ἄρα συνανατέλλον ἄστρον τῷ Β δύνοντι ἐπὶ τῆς ΚΖΘ ἐστὶ περιφερείας. Ἔστω τὸ Μ. Τοῦ ἄρα ἡλίου ὄντος πρὸς τῷ Μ, τοῦ Β ἄστρου ἐστὶν ἡ ἑῴα ἀληθινὴ δύσις. Ὕστεραι δέ εἰσιν αἱ φαινόμεναι τῶν ἀληθινῶν. Διελθόντος ἄρα τοῦ ἡλίου περιφέρειάν τινα ὥστε τὸ Β ἐκφεύγειν τὰς τοῦ ἡλίου αὐγάς, ἔσται τοῦ Β ἑῴα φαινομένη δύσις. Διερχέσθω τὴν ΜΟ. Ἴση ἄρα ἐστὶν ἡ ΘΝ τῇ ΟΜ. Μείζων ἄρα ἐστὶν ἡ ΟΚ τῆς ΘΝ. Κοινὴ προσκείσθω ἡ ΚΝ· μείζων ἄρα ἡ ΟΚΝ τῆς ΚΝΘ. Ἡμικυκλίου δὲ ἡ ΘΝΚ· μείζων ἄρα ἡμικυκλίου ἡ ΝΚΟ.

Τὸ Β ἄρα ἀπὸ ἑῴας φαινομένης ἐπιτολῆς ἑῴαν φαινομένην δύσιν ποιεῖται διὰ πλείονος ἡμίσους ἐνιαυτοῦ.

Λέγω δὴ ὅτι τὸ Δ ἄστρον ἀπὸ ἑῴας φαινομένης ἐπιτολῆς ἑῴαν φαινομένην δύσιν ποιεῖται δι' ἐλάττονος ἡμίσους ἐνιαυτοῦ.

9 ἑῴα post φαινομένη transp. D ‖ ΜΟ : ΜΘ D ‖ 10 ἐστὶν om. D ‖ ΟΚ : ΘΚ B ‖ ΘΝ : ΟΝ A ‖ 11 ΚΝΘ : ΚΝΟ A ‖ 12 ΘΝΚ DFP : ΚΝΘ B ΚΘΝ A ‖ ἡ alt. : τῆς D ‖ ΝΚΟ : ΝΚ A ΝΚΣ F ‖ 15 post ὅτι hab. καὶ A.

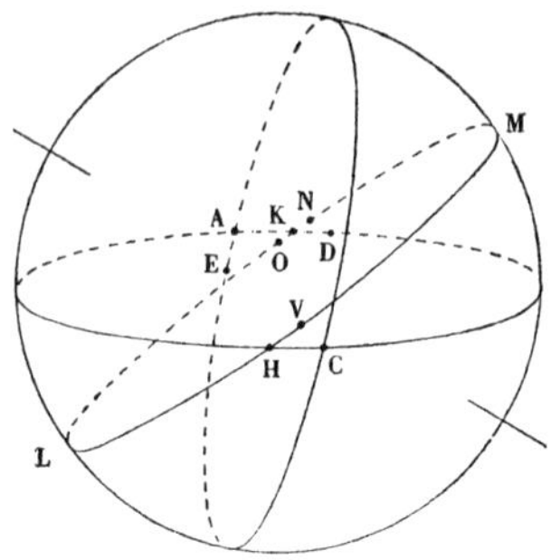

Puisque D se couche avant A, lorsque A se couche, D est au-dessous de l'horizon. Or quand A se couche, C se lève et le cercle du zodiaque sera dans la position HLKM ; l'arc AE sera dans la position HV. Donc quand C se lève, D est au-dessous de l'horizon et l'étoile[1] qui se lève quand D se couche se trouve sur l'arc HMK. Soit N cette étoile. Quand le soleil se trouve vers N et se lève, D se couche : ce sera pour l'étoile D le coucher vrai du matin. Or le coucher vrai est antérieur au coucher apparent. Donc quand le soleil aura parcouru un arc suffisant pour que D se dégage des rayons du soleil, ce sera pour D le coucher apparent du matin. Supposons que le soleil ait à décrire l'arc NKO[2]. Puisque OKN est égal à HV, l'arc OK est inférieur à l'arc HV. Ajoutons l'arc commun KV : l'arc total VKO est inférieur à l'arc total HVK. Or HVK est un demi-cercle ; donc VKO est inférieur à un demi-cercle. Le soleil décrit donc l'arc VKO en moins d'une demi-année.

1. Cette étoile est prise implicitement par Autolycos sur le zodiaque.

2. Le cas de figure correspond à une étoile D très proche du zodiaque et au sud de celui-ci : N sera d'autant plus proche de K que D le sera de A.

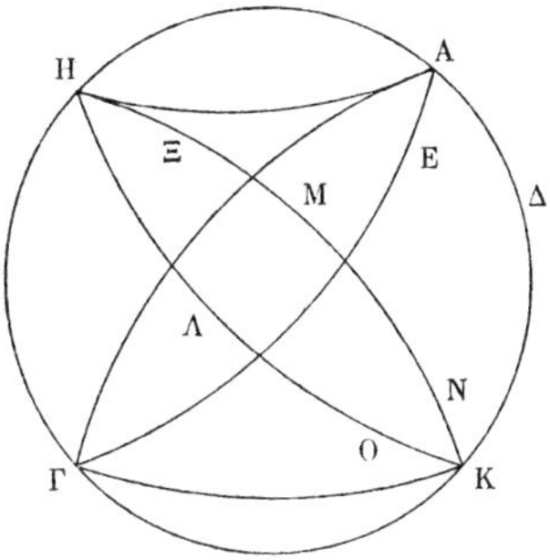

Ἐπεὶ γὰρ τὸ Δ τοῦ Α πρότερον δύνει, τοῦ ἄρα Α δύνοντος τὸ Δ ὑπὸ γῆν ἐστιν. Ἀλλὰ τοῦ Α δύνοντος τὸ Γ ἀνατέλλει καὶ ὁ τῶν ζῳδίων κύκλος θέσιν ἕξει ὡς τὴν ΗΛΚΜ, ἡ δὲ ΑΕ περιφέρεια θέσιν ὡς τὴν ΗΞ. Τοῦ Γ ἄρα ἀνατέλλοντος τὸ Δ ὑπὸ γῆν ἐστιν· τὸ ἄρα συνανατέλλον ἄστρον τοῦ Δ δύνοντος ἐπὶ τῆς ΗΜΚ περιφερείας ἐστίν. Ἔστω τὸ Ν. Τοῦ ἄρα ἡλίου ὄντος πρὸς τῷ Ν καὶ ἀνατέλλοντος τὸ Δ δύνει, καὶ ἔσται τοῦ Δ ἄστρου ἑῴα ἀληθινὴ δύσις. Προτέρα δέ ἐστιν ἡ ἀληθινὴ τῆς φαινομένης. Διελθόντος ἄρα τοῦ ἡλίου περιφέρειάν τινα ὥστε τὸ Δ ἐκφεύγειν τὰς τοῦ ἡλίου αὐγάς, ἔσται τοῦ Δ ἡ ἑῴα φαινομένη δύσις. Διερχέσθω τὴν ΝΚΟ. Καὶ ἐπεὶ ἴση ἐστὶν ἡ ΟΚΝ τῇ ΗΞ, ἐλάσσων ἐστὶν ἡ ΟΚ τῆς ΗΞ. Κοινὴ δὲ προσκείσθω ἡ ΚΞ· ὅλη ἄρα ἡ ΞΚΟ ὅλης τῆς ΗΞΚ ἐλάσσων ἐστίν. Ἡμικύκλιον δὲ ἡ ΗΞΚ· ἡ ΞΚΟ ἄρα ἐλάσσων ἐστὶν ἡμικυκλίου. Τὴν ΞΚΟ ἄρα περιφέρειαν διαπορεύεται ὁ ἥλιος ἐν ἐλάσσονι χρόνῳ ἡμίσους ἐνιαυτοῦ.

3 ΗΛΚΜ Hult. : ΗΛΚΜΗ AF ΗΛΚΜΝ BDP ‖ 4 post θέσιν hab. ἕξει P ‖ ΗΞ : ΗΖ F ‖ 7 τῷ : τὸ B ‖ καὶ ἀνατέλλοντος del. Hult. ‖ 12 ΝΚΟ : ΝΚΘ D ‖ 13 ἐλάσσων ἐστὶν : ἔλασσον F ‖ 14-15 ἡμικύκλιον — ἡμικυκλίου : ἡμικύκλιον AF καὶ ἔστιν ἡ ΚΞΗ ἡμικύκλιον P ‖ 15 ἐλάσσων edd. : ἔλασσον BD ‖ ἡμικυκλίου edd. : ἡμικύκλιον BD.

Par conséquent l'étoile D fait son coucher apparent du matin moins d'une demi-année après son lever apparent du matin.

V

Parmi les étoiles fixes, toutes celles qui se trouvent sur le cercle du zodiaque font leur coucher apparent du soir une demi-année après leur lever apparent du soir ; celles qui sont au nord le font au bout de plus de temps ; celles qui sont au sud au bout de moins de temps[1].

Soit l'horizon céleste ABCD ; donnons au cercle du soleil la position AECZ et soit le demi-cercle AEC au-dessous de l'horizon. Supposons qu'au moment où le soleil se couche en C, se lèvent des étoiles fixes B, A, D, avec A sur le zodiaque, B au nord et D au sud. Je dis que, pour l'étoile A, le coucher apparent du soir se produit une demi-année après le lever apparent du soir, pour l'étoile B au bout de plus de temps, pour l'étoile D au bout de moins de temps.

Puisque, au moment où le soleil se couche en C, des étoiles fixes B, A, D se lèvent, c'est pour les étoiles B, A, D le lever vrai du soir. Or le lever apparent est antérieur au lever vrai. Soit donc pour les étoiles B, A, D le lever apparent du soir quand le soleil se trouve vers E. De même puisque les étoiles situées sur le zodiaque et diamétralement opposées se lèvent et se couchent en opposition, lorsque l'étoile C se lève, l'étoile A qui lui est diamétralement opposée se couche. Donc quand C se lève, le soleil, s'il est vers A, se couchera ; l'étoile A se couchera en même temps que le soleil, et ce sera pour l'étoile A le coucher vrai du

1. Cette proposition est symétrique de la précédente, mais relative au coucher du soir. Aussi Autolycos se contente-t-il d'amorcer la démonstration, le lecteur pouvant se reporter à la démonstration précédente (cf. le διὰ τὰ αὐτὰ de l'avant-dernière phrase).

Ὥστε τὸ Δ ἀπὸ ἑῴας φαινομένης ἐπιτολῆς ἑῴαν φαινομένην ποιεῖται δύσιν δι᾽ ἐλάττονος χρόνου ἡμίσους ἐνιαυτοῦ.

Ε

Τῶν ἀπλανῶν ἄστρων ὅσα μέν ἐστιν ἐπὶ τοῦ τῶν ζῳδίων κύκλου ἀπὸ ἑσπερίας φαινομένης ἐπιτολῆς ἑσπερίαν φαινομένην δύσιν ποιεῖται διὰ ἡμίσους ἐνιαυτοῦ, τὰ δὲ πρὸς ἄρκτους διὰ πλείονος, τὰ δὲ πρὸς μεσημβρίαν δι᾽ ἐλάττονος.

Ἔστω ἐν κόσμῳ ὁρίζων κύκλος ὁ ΑΒΓΔ, ὁ δὲ τοῦ ἡλίου κύκλος θέσιν ἐχέτω ὡς τὴν ΑΕΓΖ, καὶ ἔστω ὑπὸ γῆν τὸ ΑΕΓ ἡμικύκλιον, καὶ τοῦ ἡλίου δύνοντος κατὰ τὸ Γ, ἄστρα τινὰ τῶν ἀπλανῶν ἀνατελλέτω τὰ Β Α Δ, τὸ μὲν Α ἐπὶ τοῦ ζῳδιακοῦ, τὸ δὲ Β πρὸς ἄρκτους, τὸ δὲ Δ πρὸς μεσημβρίαν. Λέγω ὅτι τῷ μὲν Α ἄστρῳ ἀπὸ ἑσπερίας φαινομένης ἐπιτολῆς ἑσπερία φαινομένη δύσις γίγνεται διὰ ἡμίσους ἐνιαυτοῦ, τῷ δὲ Β διὰ πλείονος, τῷ δὲ Δ δι᾽ ἐλάττονος.

Ἐπεὶ γὰρ τοῦ ἡλίου δύνοντος κατὰ τὸ Γ, ἄστρα τινὰ τῶν ἀπλανῶν ἀνατέλλει τὰ Β Α Δ, τῶν ἄρα Β Δ Α ἄστρων ἐστὶν ἡ ἑσπερία ἀληθινὴ ἐπιτολή. Προτέρα δέ ἐστιν ἡ φαινομένη τῆς ἀληθινῆς. Ἔστωσαν οὖν τῶν Β Α Δ ἑσπέριοι φαινόμεναι ἐπιτολαὶ τοῦ ἡλίου ὄντος πρὸς τῷ Ε. Πάλιν ἐπεὶ τὰ ἐπὶ τοῦ τῶν ζῳδίων κύκλου ἄστρα κατὰ διάμετρον ὄντα κατὰ συζυγίαν ἀνατέλλει τε καὶ δύνει, τοῦ Γ ἄρα ἀνατέλλοντος τὸ κατὰ διάμετρον αὐτῷ τὸ Α δύνει. Ὥστε τοῦ Γ ἀνατέλλοντος, ὁ ἥλιος ὢν πρὸς τῷ Α δύσεται· καὶ συνδύσεται τῷ ἡλίῳ τὸ Α ἄστρον καὶ ἔσται τοῦ Α ἄστρου

8 ἄρκτους Hult. : ταῖς ἄρκτοις codd. || 12 Γ : τρίτον F || 13 Β Α Δ : Α Β Δ B || 19 Β Δ Α ABF : Β Α Δ Α D Β Α Δ P || 21 ἑσπέριοι : ἑσπέριαι P || 23 ἐπεὶ BDP : ἐπὶ AF || τοῦ τῶν ζῳδίων : τούτων ζῴδια A || 27 συνδύσεται : δύσεται D.

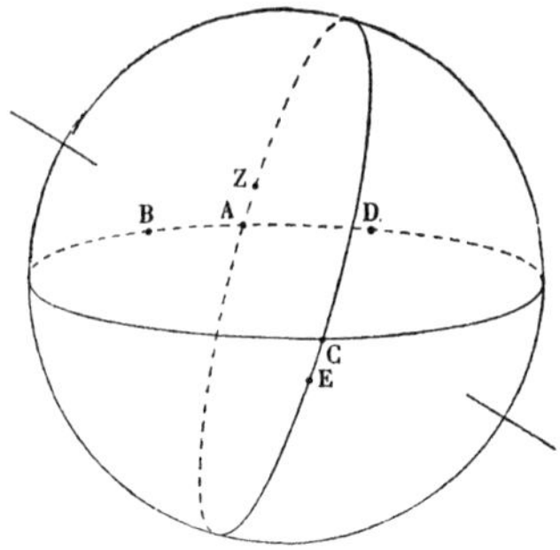

soir. Or le coucher apparent est antérieur au coucher vrai. Soit donc le coucher apparent du soir de l'étoile A quand le soleil se trouve vers Z. L'arc CE est égal à l'arc AZ.

Pour les mêmes raisons donc, pour l'étoile A, le coucher apparent du soir se produira une demi-année après le lever apparent du soir.

Il est évident également que pour l'étoile B, il se produira au bout de plus de temps ; pour l'étoile D, au bout de moins de temps.

VI

Toute étoile fixe qui se lève et se couche[1] se lève en même temps que le soleil au bout d'une année à très peu près, faisant alors son lever vrai du matin[2]. Il en est de même pour son coucher.

Soit l'horizon céleste ABCD ; donnons au cercle du soleil la position AECZ. Supposons qu'au moment

1. C'est-à-dire toute étoile fixe située entre le cercle toujours visible et le cercle toujours invisible. Pour la latitude de Rhodes (36° N), ce théorème concernerait toutes les étoiles situées à plus de 36° du pôle visible ou du pôle invisible.

2. Cf. Géminos, *op. cit.* XIII, 20 : « D'un lever du matin au prochain lever du matin, d'un lever du soir au prochain lever du soir, et généralement d'une phase quelconque à la prochaine phase, il y a pour toutes les étoiles une année d'intervalle, car le soleil met une année à parcourir le cercle du zodiaque et à revenir dans les mêmes étoiles ».

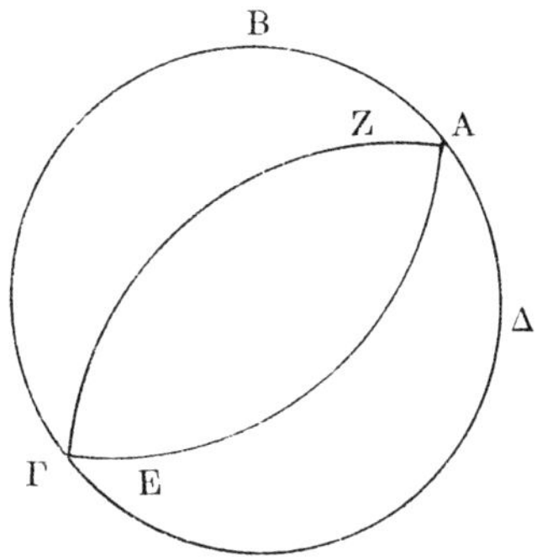

ἡ ἑσπερία ἀληθινὴ δύσις. Προτέρα δέ ἐστιν ἡ φαινομένη τῆς ἀληθινῆς. Ἔστω οὖν τοῦ Α ἡ φαινομένη ἑσπερία δύσις τοῦ ἡλίου ὄντος πρὸς τῷ Ζ. Ἴση ἄρα ἐστὶν ἡ ΓΕ περιφέρεια τῇ ΑΖ περιφερείᾳ.

Καὶ ἔσται κατὰ τὰ αὐτὰ τῷ Α ἄστρῳ ἀπὸ ἑσπερίας φαινομένης ἐπιτολῆς ἑσπερία φαινομένη δύσις διὰ ἡμίσους ἐνιαυτοῦ.

Καὶ φανερὸν ὅτι τῷ μὲν Β διὰ πλείονος, τῷ δὲ Δ δι' ἐλάττονος.

ϛ

Ἕκαστον τῶν ἀπλανῶν ἄστρων τῶν ἀνατολὰς καὶ δύσεις ποιουμένων συνανατέλλει τῷ ἡλίῳ δι' ἐνιαυτοῦ ἔγγιστα τὴν ἀληθινὴν ἑῴαν ἐπιτολὴν ποιούμενον, ὁμοίως δὲ καὶ συνδύνει.

Ἔστω ἐν κόσμῳ ὁρίζων ὁ ΑΒΓΔ, ὁ δὲ τοῦ ἡλίου κύκλος θέσιν ἐχέτω ὡς τὴν ΑΕΓΖ, καὶ τοῦ ἡλίου ἀνατέλλοντος

11-14 ἕκαστον — συνδύνει om. P rest. al. m. || 15 post ὁρίζων hab. κύκλος P.

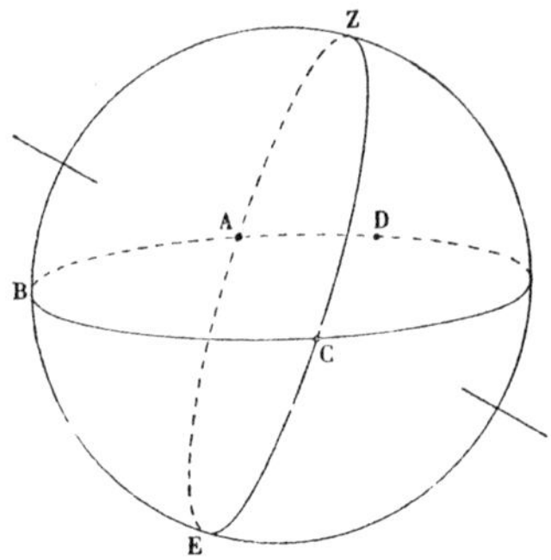

où le soleil se lève en A, une étoile fixe D se lève. C'est donc pour l'étoile D le lever vrai du matin. Je dis que l'étoile D se lève en même temps que le soleil au bout d'un an à très peu près.

Si le soleil, après s'être levé en A, décrivait le cercle AECZ en un nombre entier de révolutions[1], il est clair que D se lèverait en même temps que le soleil au bout d'une année. Puisqu'il s'en faut d'une fraction de révolution qu'il n'y ait un nombre entier de révolutions, il peut se produire une légère différence qui empêchera l'étoile D de se lever exactement avec le soleil. [Car c'est un fait d'observation que toute étoile fixe se dégage des rayons du soleil au bout de quinze révolutions[2].] [Une année solaire comprend en effet un nombre

1. Le déplacement annuel du soleil sur l'écliptique mesure l'année solaire, temps que met le soleil pour revenir à son point de départ sur l'écliptique. On savait depuis longtemps en Grèce que l'année solaire valait approximativement 365 1/4 jours ; Méton et Euctémon, d'un siècle antérieurs à Autolycos, l'avaient portée à 365 5/19 jours pour les besoins de leur période de 19 ans (cf. Géminos, *op. cit.* VIII, 27-28 et 50-51). En tout état de cause donc, l'année solaire ne comporte pas un nombre exact de révolutions.

2. Cette indication, parfaitement inutile à cette place, interrompt fâcheusement le cours du raisonnement. Il est vraisemblable que c'est une glose (malencontreusement insérée dans le texte à date très ancienne), inspirée par les propres déclarations

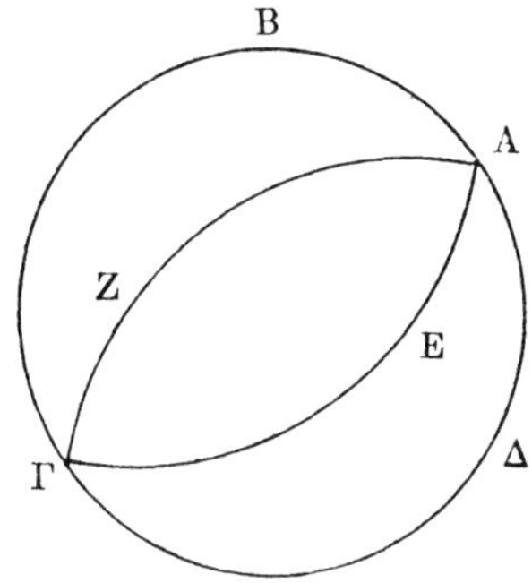

κατὰ τὸ **Α** ἄστρον τι τῶν ἀπλανῶν συνανατελλέτω τὸ **Δ**. Τοῦ ἄρα **Δ** ἄστρου ἐστὶν ἡ ἀληθινὴ ἑῴα ἐπιτολή. Λέγω δὴ ὅτι τὸ **Δ** ἄστρον δι' ἐνιαυτοῦ ἔγγιστα συνανατέλλει τῷ ἡλίῳ.

Εἰ μὲν οὖν ὁ ἥλιος ἀνατείλας κατὰ τὸ **Α** ἐν ὅλαις περιφοραῖς τὸν **ΑΕΓΖ** κύκλον διαπορεύεται, δῆλον ὡς τὸ **Δ** ἄστρον συνανατέλλει τῷ ἡλίῳ δι' ἐνιαυτοῦ. Ἐπεὶ δὲ ἐλλείπει ἐφ' ὅλαις περιφοραῖς καὶ μόριόν τι περιφορᾶς, μικρά τις ἂν γένοιτο παραλλαγὴ τοῦ μὴ οὐχὶ τὸ **Δ** ἄστρον συνανατεῖλαι τῷ ἡλίῳ. [Τετήρηται γὰρ ἕκαστον τῶν ἀπλανῶν ἄστρων διὰ δεκαπέντε περιφορῶν ἐκφεῦγον τοῦ ἡλίου τὰς αὐγάς.] [Ὁ δὲ ἐνιαυτὸς γίγνεται τῷ ἡλίῳ ἐξ

2 ἄστρου om. B || ἐπιτολή om. B || 5 τὸ : τὰ B || 7-8 ἐλλείπει : ἐκλείπει P || 8 ἐφ' : ἐν D || 10-12 τετήρηται — αὐγάς deleui || 11 ἐκφεῦγον : ἐκφεύγων P || 12-p. 85, 1 ὁ δὲ — τετάρτου deleui.

d'Autolycos au livre II ; il y « admet pour hypothèse que les étoiles se dégagent des rayons du soleil quand le soleil est à un demi-signe de zodiaque au-dessous de l'horizon » (II, 1) ; comme on admet également que le soleil parcourt à peu près un signe de zodiaque en un mois de trente jours ou un degré de zodiaque en un jour, la teneur de l'indication est juste.

entier de révolutions plus un quart de révolution[1].] Donc à très peu près le lever vrai du matin pour l'étoile D se produira au bout d'une année.

Par conséquent toute étoile fixe qui se lève et se couche se lève en même temps que le soleil au bout d'une année à très peu près, faisant alors son lever vrai du matin.

On démontrera de la même façon qu'elle se couche en même temps que lui au bout de la même période.

VII

Toute étoile fixe fait son lever vrai du soir une demi-année à très peu près après son lever vrai du matin, et son coucher vrai du matin une demi-année à très peu près après son coucher vrai du soir[2].

Soit l'horizon céleste ABCD ; donnons au cercle du soleil la position AECZ. Supposons qu'au moment où le soleil se lève en A une étoile D se lève. C'est donc pour l'étoile D le lever vrai du matin. Je dis que pour l'étoile D le lever vrai du soir se produit une demi-année à très peu près après le lever vrai du matin.

Si le soleil décrit l'arc AEC dans un nombre entier de jours, il est évident qu'il se couchera en C au bout d'une demi-année et que ce sera pour l'étoile D le lever vrai du soir. S'il ne décrit pas l'arc AEC dans un nombre entier de jours[3], il se produira une légère différence qui empêchera le soleil de se coucher en même temps que l'étoile D.

1. Cette phrase paraît également à exponctuer. Autolycos qui dans tout ce livre I s'en tient strictement à des indications qualitatives n'a sans doute pas pris parti lui-même sur la valeur exacte de l'année solaire, se contentant de rappeler (ce qu'il a fait dans la phrase précédente) qu'elle n'était pas mesurée par un nombre entier de jours. La mention de « un quart de révolution » en particulier paraît le fait d'un commentateur.

2. Géminos (*op. cit.* XIII, 21) indique que « le lever du matin arrive six mois après le lever du soir pour les étoiles situées sur le zodiaque, et de même le coucher du matin six mois après le coucher du soir ». Il restreint donc l'application de cette propo-

ὅλων περιφορῶν καὶ τετάρτου.] Ἔγγιστα ἄρα ἔσται ἡ τοῦ ⟨Δ⟩ ἄστρου ἑῴα ἀληθινὴ ἐπιτολὴ δι' ἐνιαυτοῦ.

Ὥστε ἕκαστον τῶν ἀπλανῶν ἄστρων τῶν ἐπιτολάς τε καὶ δύσεις ποιουμένων συνανατέλλει τῷ ἡλίῳ δι' ἐνιαυτοῦ ἔγγιστα τὴν ἀληθινὴν ἑῴαν ἐπιτολὴν ποιούμενον.

Ὁμοίως δὲ δειχθήσεται ὅτι καὶ συνδύνει.

Z

Ἕκαστον τῶν ἀπλανῶν ἄστρων ἀπὸ ἑῴας ἀληθινῆς ἐπιτολῆς ἑσπερίαν ἀληθινὴν ἐπιτολὴν ποιεῖται διὰ ἡμίσους ἐνιαυτοῦ ἔγγιστα, καὶ ἀπὸ ἑσπερίας ἀληθινῆς δύσεως ἑῴαν ἀληθινὴν δύσιν.

Ἔστω ἐν κόσμῳ ὁρίζων ὁ ΑΒΓΔ, ὁ δὲ τοῦ ἡλίου κύκλος θέσιν ἐχέτω ὡς τὴν ΑΕΓΖ, καὶ τοῦ ἡλίου ἀνατέλλοντος κατὰ τὸ Α, ἄστρον τι τῶν ἀπλανῶν ἀνατελλέτω τὸ Δ. Τῷ ἄρα Δ ἄστρῳ ἀληθινή ἐστιν ἑῴα ἐπιτολή. Λέγω ὅτι τοῦ Δ ἄστρου ἀπὸ ἑῴας ἀληθινῆς ἐπιτολῆς ἑσπερία ἀληθινὴ ἐπιτολὴ γίγνεται διὰ ἡμίσους ἐνιαυτοῦ ἔγγιστα.

Εἰ μὲν οὖν ὁ ἥλιος τὴν ΑΕΓ περιφέρειαν διέρχεται ἐν ὅλαις ἡμέραις, δῆλον ὡς δύσεται κατὰ τὸ Γ καὶ ἔσται τοῦ Δ ἄστρου ἡ ἑσπερία ἀληθινὴ ἐπιτολὴ διὰ ἡμίσους ἐνιαυτοῦ. Εἰ δὲ μὴ διέρχεται τὴν ΑΕΓ περιφέρειαν ἐν ὅλαις ἡμέραις, μικρά τις ἂν γένοιτο παραλλαγὴ τοῦ μὴ οὐχὶ συνδῦναι τὸν ἥλιον τῷ Δ ἄστρῳ.

2 Δ add. Hult. ‖ 14 τῷ : τὸ Α ‖ 21 post ὅλαις hab. ταῖς P.

sition aux étoiles situées sur le zodiaque ; mais il traite de levers et couchers apparents, alors qu'Autolycos se place ici dans la perspective de levers et couchers vrais.

3. C'est l'explication du « à très peu près » ; la différence n'excédera pas un jour.

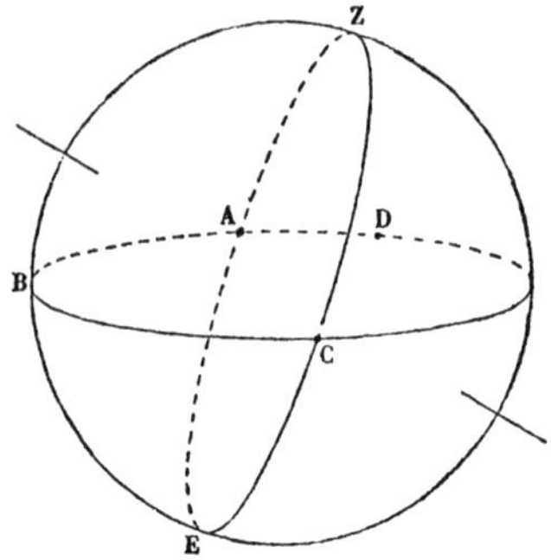

Par conséquent pour l'étoile D le lever vrai du soir se produit une demi-année à très peu près après le lever vrai du matin.

Nous démontrerons de la même façon que le coucher vrai du matin se produit une demi-année après le coucher vrai du soir.

VIII

Les étoiles situées sur le cercle du zodiaque, entre leur dernière apparition[1] du soir et leur première apparition du matin, restent invisibles un certain nombre de jours [et de nuits[2]].

1. Autolycos utilise ici le terme de φάσις, apparition, alors que jusqu'à présent il était question des levers et des couchers, quotidiens ou héliaques. Ce qui l'intéresse dans les trois théorèmes VIII, IX et X, c'est la visibilité ou la non-visibilité des étoiles durant la nuit. Le terme de φάσις est utilisé par Géminos, XIII, 2, pour définir le lever quotidien d'une étoile, « apparition qui se produit chaque jour quand elle monte au-dessus de l'horizon ». Ptolémée, dans la *Syntaxe Mathématique*, utilise ce terme dans le sens de lever héliaque.

2. La mention « de jours et de nuits » est incohérente : si le jour est le nychthémère, il est inutile d'ajouter les nuits ; si le jour est l'espace de temps où le soleil est au-dessus de l'horizon, les étoiles sont toutes invisibles durant le jour. Il faut donc supprimer « et de nuits », addition malencontreuse d'un copiste, et s'en tenir à un libellé semblable à celui de l'énoncé de la proposition suivante. Le « certain nombre de jours » est fonction

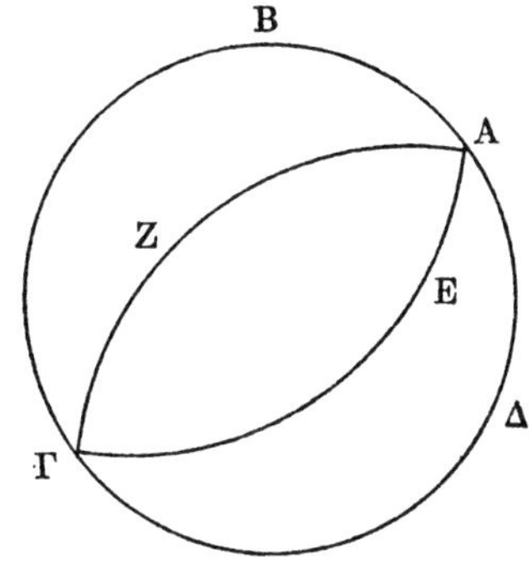

Ὥστε τῷ Δ ἄστρῳ ἀπὸ ἑῴας ἀληθινῆς ἐπιτολῆς ἑσπερία ἀληθινὴ γίγνεται ἐπιτολὴ διὰ ἡμίσους ἐνιαυτοῦ ἔγγιστα.

Ὁμοίως δὴ δείξομεν ὅτι καὶ ἀπὸ ἑσπερίας ἀληθινῆς δύσεως ἑῴαν ἀληθινὴν δύσιν ποιεῖται διὰ ἡμίσους ἐνιαυτοῦ.

Η

Ὅσα τῶν ἄστρων ἐστὶν ἐπὶ τοῦ τῶν ζῳδίων κύκλου, ἐκεῖνα μετὰ τὴν ἐσχάτην ἑσπερίαν φάσιν τὴν ἑῴαν πρώτην φάσιν ποιεῖται ἀφανισθέντα ἡμέρας τινὰς [καὶ νύκτας].

2 ἐπιτολή B : ἀνατολή cett. || ἡμίσους BP : -σεος D -σεως AF || 3 δή BDF : δεῖ A δὲ P || καὶ om. P rest. al. m. || 4 ἡμίσους Hult. : -σεος BDF -σεως AP || 6 ἐστὶν : εἰσὶν D || 7 ἐσχάτην A : om. cett. || 8 καὶ νύκτας deleui.

---

de la durée du crépuscule astronomique. Eudoxe de Cnide avait déjà remarqué que, comme le dit Aratos (*Phénomènes*, 554-558) :

« toutes les nuits
Six douzièmes du zodiaque se couchent,
Autant se lèvent ; chaque nuit dure le temps
Qu'il faut à une moitié du cercle, dès la nuit tombante,
Pour s'élever dans le ciel. »

Toutes les nuits donc, on voit défiler le cercle du zodiaque, excepté la partie qui est cachée par l'éclat du soleil lorsque celui-ci est déjà couché mais que la nuit n'est pas encore complète.

Soit l'horizon céleste ABCD ; donnons au cercle du soleil la position AEC. Supposons que le soleil se déplace dans le sens C, E, A. Soit aussi une étoile fixe E située sur le cercle du zodiaque. Admettons que l'étoile E soit pour la première fois enveloppée par les rayons du soleil quand le soleil se trouve vers Z et qu'elle se dégage pour la première fois des rayons du soleil quand le soleil se trouve vers H[; c'est-à-dire soit pour l'étoile E la dernière apparition du soir quand le soleil se trouve vers Z et la première apparition du matin quand le soleil se trouve vers H[1]]. Je dis que, tant que le soleil décrit l'arc ZH, l'étoile E n'est pas visible.

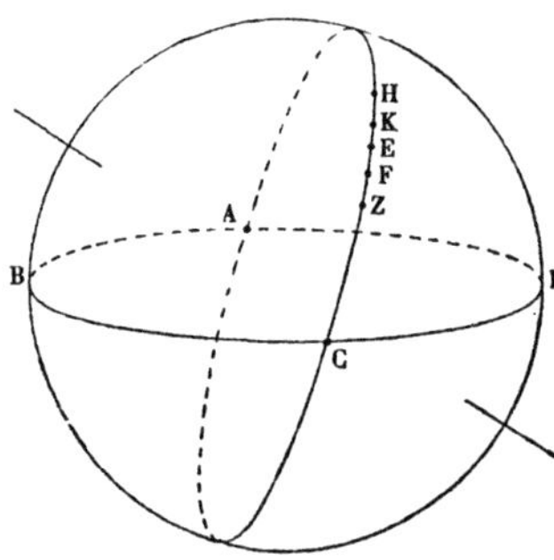

Soit le soleil vers F. Quand le soleil est vers F, on ne voit pas l'étoile E se lever ; car le point F [c'est-à-dire ici le soleil[2],] se lève avant elle. Mais on ne la verra pas non plus se coucher, parce que, pour l'étoile E, la dernière apparition du soir se produit quand le soleil est vers Z. Donc, quand le soleil est vers F, l'étoile E n'est pas visible.

1. J. Mogenet dans son édition exponctue cette phrase qui, évidemment, a tout l'air d'une note explicative marginale insérée dans le texte. Pourtant le libellé, qui reprend exactement celui de l'énoncé, parlerait en faveur de son authenticité.

2. Cette explication, exponctuée par J. Mogenet dans son édition, est probablement une glose postérieure.

Ἔστω ἐν κόσμῳ ὁρίζων ὁ ΑΒΓΔ, ὁ δὲ τοῦ ἡλίου κύκλος θέσιν ἐχέτω ὡς τὴν ΑΕΓ, καὶ ὁ ἥλιος πορευέσθω ὡς ἐπὶ τὰ Γ Ε Α μέρη, ἄστρον δέ τι τῶν ἀπλανῶν ἐπὶ τοῦ τῶν ζῳδίων κύκλου ἔστω τὸ Ε. Καὶ τὸ Ε ἄστρον πρώτως μὲν περικαταλαμβανέσθω ὑπὸ τῶν τοῦ ἡλίου αὐγῶν τοῦ ἡλίου ὄντος πρὸς τῷ Ζ, πρώτως δὲ ἐκφευγέτω τὰς τοῦ ἡλίου αὐγὰς τοῦ ἡλίου ὄντος πρὸς τῷ Η[· τουτέστιν ἔστω τοῦ Ε ἄστρου ἡ μὲν ἐσχάτη ἑσπερία φάσις τοῦ ἡλίου ὄντος πρὸς τῷ Ζ, ἡ δὲ ἑῴα πρώτη φάσις τοῦ ἡλίου ὄντος πρὸς τῷ Η]. Λέγω ὅτι τοῦ ἡλίου διαπορευομένου τὴν ΖΗ περιφέρειαν, τὸ Ε ἄστρον οὐ φαίνεται.

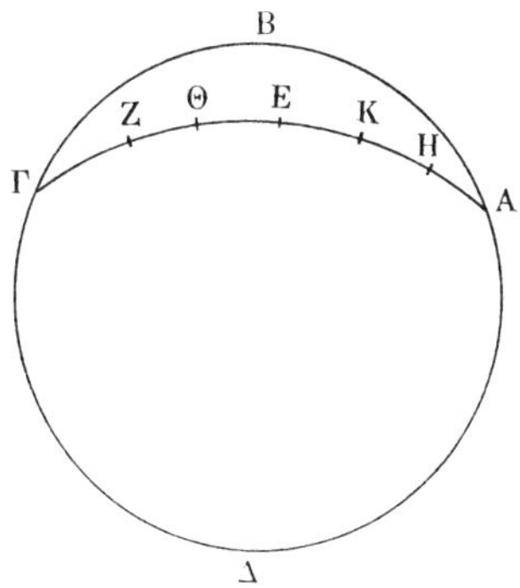

Ἔστω γὰρ ὁ ἥλιος πρὸς τῷ Θ. Τοῦ ἄρα ἡλίου ὄντος πρὸς τῷ Θ, τὸ Ε ἄστρον οὐ φαίνεται ἀνατέλλον· προανατέλλει γὰρ αὐτοῦ τὸ Θ [τουτέστιν ὁ ἥλιος]. Ἀλλ' οὐδὲ δῦνον ὁραθήσεται, ἐπειδήπερ τοῦ Ε ἄστρου ἐστὶν ἡ ἐσχάτη ἑσπερία φάσις τοῦ ἡλίου ὄντος πρὸς τῷ Ζ. Τοῦ ἄρα ἡλίου ὄντος πρὸς τῷ Θ, τὸ Ε ἄστρον οὐ φαίνεται.

4 πρώτως ego : ἐσχάτως codd. || 6, 7, 8, 9, 12 τῷ : τὸ P. || 7-9 τουτέστιν — τῷ Η del. Mog. || 14 τουτέστιν ὁ ἥλιος del. Mog. || δῦνον Hult. : δύνων codd.

Nous démontrerons de la même façon que, lorsque le soleil décrit l'arc ZE, l'étoile E n'est pas non plus visible.

Je dis aussi que l'étoile E n'est pas non plus visible quand le soleil décrit l'arc EH.

Soit le soleil vers K. Quand le soleil est vers K, on ne voit pas l'étoile E se coucher, car E se couche avant K[, c'est-à-dire avant le soleil[1]]. Mais on ne la voit pas non plus se lever, puisque pour l'étoile E la première apparition du matin se produit quand le soleil est vers H. Donc quand le soleil est vers K, l'étoile E n'est pas visible.

Nous démontrerons de la même façon que, tant que le soleil décrit l'arc EH, l'étoile n'est pas non plus visible.

Or on a démontré qu'elle n'est pas non plus visible quand il décrit l'arc ZE. Donc, durant tout le temps que le soleil décrit l'arc ZEH[2], l'étoile E n'est pas visible.

IX

Les étoiles situées au sud de celles qui se trouvent sur le cercle du zodiaque, entre leur dernière apparition du soir et leur première apparition du matin, restent invisibles un plus grand nombre de jours que les étoiles situées sur le cercle du zodiaque.

Soient ABC l'horizon céleste et ADE le plus grand des cercles toujours visibles. Donnons au cercle du soleil la position BZC, et soit une étoile fixe H située au sud du cercle du zodiaque. Je dis que l'étoile H, entre sa dernière apparition du soir et sa première apparition du matin, reste invisible un plus grand nombre de jours que les étoiles situées sur le zodiaque.

1. Cf. *supra*, p. 87, n. 2.

2. L'arc ZEH vaut le double de l'arc que doit décrire le soleil pour que le lever vrai d'une étoile devienne lever apparent. D'après les hypothèses qui seront formulées au livre II, 1, cet arc vaut donc un signe de zodiaque.

Ὁμοίως δὴ δείξομεν ὅτι οὐδὲ τοῦ ἡλίου τὴν ΖΕ περιφέρειαν διαπορευομένου, τὸ Ε ἄστρον οὐ φαίνεται.

Λέγω δὴ ὅτι οὐδὲ τὴν ΕΗ.

Ἔστω γὰρ πάλιν πρὸς τῷ Κ ὁ ἥλιος. Τοῦ ἄρα ἡλίου ὄντος πρὸς τῷ Κ, τὸ Ε ἄστρον οὐ φαίνεται δῦνον· προδύνει γὰρ τὸ Ε τοῦ Κ [τουτέστιν τοῦ ἡλίου]. Οὐδὲ μὴν ἀνατέλλον ὁρᾶται, ἐπειδήπερ τοῦ Ε ἄστρου ἐστὶν ἡ ἑῴα πρώτη φάσις τοῦ ἡλίου ὄντος πρὸς τῷ Η. Τοῦ ἄρα ἡλίου ὄντος πρὸς τῷ Κ, τὸ Ε ἄστρον οὐ φαίνεται.

Ὁμοίως δὴ δείξομεν ὅτι οὐδὲ τοῦ ἡλίου τὴν ΕΗ διαπορευομένου, τὸ Ε ἄστρον φαίνεται.

Ἐδείχθη δὲ ὅτι οὐδὲ τὴν ΖΕ. Ὅλην ἄρα τοῦ ἡλίου τὴν ΖΕΗ περιφέρειαν διαπορευομένου, τὸ Ε ἄστρον οὐ φαίνεται.

Θ

Τὰ πρὸς μεσημβρίαν ἄστρα μᾶλλον τῶν ἐπὶ τοῦ τῶν ζῳδίων κύκλου ἀπὸ ἐσχάτης ἑσπερίας φάσεως ἑῴαν φάσιν ποιεῖται πρώτην πλέονας ἡμέρας ἀφανισθέντα ἤπερ τὰ ἐπὶ τοῦ τῶν ζῳδίων κύκλου.

Ἔστω ἐν κόσμῳ ὁρίζων ὁ ΑΒΓ, μέγιστος δὲ τῶν ἀεὶ φανερῶν ὁ ΑΔΕ, ὁ δὲ τοῦ ἡλίου κύκλος θέσιν ἐχέτω ὡς τὴν ΒΖΓ, ἄστρον δὲ τῶν ἀπλανῶν ἔστω τὸ Η μᾶλλον τοῦ τῶν ζῳδίων κύκλου πρὸς μεσημβρίαν. Λέγω ὅτι τὸ Η ἄστρον ἀπὸ ἑσπερίας ἐσχάτης φάσεως ἑῴαν πρώτην φάσιν ποιεῖται ἀφανισθὲν πλέονας ἡμέρας ἤπερ τὰ ἐπὶ τοῦ τῶν ζῳδίων κύκλου.

5 δῦνον : δύνων P || 6 τουτέστιν τοῦ ἡλίου del. Mog. || ἀνατέλλον : -τέλλων P || 10 post ΕΗ hab. περιφέρειαν P || 11 post ἄστρον hab. οὐ P || 13 τὸ : τοῦ P || 16 φάσιν post ποιεῖται transp. B || 24 πλέονας : πλείονας B.

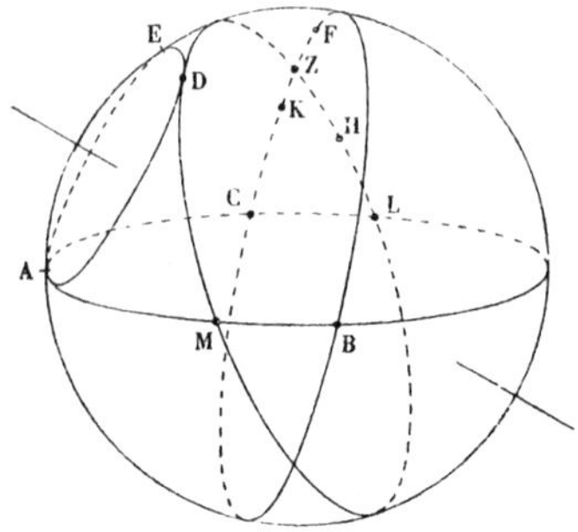

Faisons passer par H un grand cercle LHDM tangent au cercle ADE de telle sorte que le demi-cercle ayant son origine en D dans le sens DH ne rencontre pas le demi-cercle qui a son origine en A dans le sens AMB[1]. Soit une étoile Z située sur le cercle du zodiaque ; supposons que l'étoile Z soit pour la première fois enveloppée par les rayons du soleil quand le soleil se trouve vers F et qu'elle se dégage pour la première fois des rayons du soleil quand le soleil se trouve vers K. Tant que le soleil décrit l'arc FK, l'étoile Z n'est pas visible. Si les étoiles Z et H se couchent en même temps — en effet le demi-cercle qui a son origine en D dans le sens DH ne rencontre pas le demi-cercle qui a son origine en A dans le sens AB[2] —, les étoiles Z et H tomberont en même temps dans les rayons du soleil. L'étoile Z fait sa dernière apparition du soir quand le soleil se trouve vers F ; l'étoile H fait donc aussi sa dernière apparition du soir quand le soleil se trouve vers F.

1. Cette disposition des arcs est nécessaire au raisonnement puisque par la suite Autolycos considérera une étoile, Z, qui se couche en même temps que H.

2. La scolie explique : « en effet si nous considérons les cercles parallèles passant par Z et H, les arcs qui ont leur origine en Z et en H en direction de l'arc AMB, étant situés entre les demi-cercles non concourants, seront semblables ; c'est pourquoi Z et H se coucheront en même temps, car des arcs semblables sont parcourus en des temps égaux ». Le libellé du texte est très elliptique.

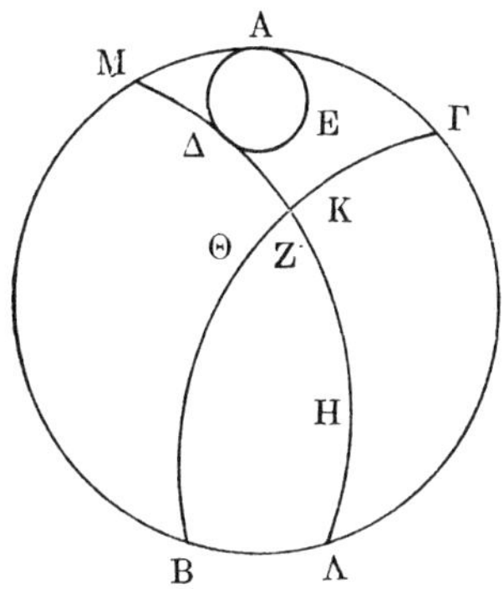

Γεγράφθω γὰρ διὰ τοῦ Η μέγιστος κύκλος ἐφαπτόμενος τοῦ ΑΔΕ ὁ ΛΗΔΜ, ὥστε ἀσύμπτωτον εἶναι τὸ ἀπὸ τοῦ Δ ἡμικύκλιον ὡς ἐπὶ τὰ Δ Η μέρη τῷ ἀπὸ τοῦ Α ἡμικυκλίῳ ὡς ἐπὶ τὰ Α Μ Β μέρη. Ἄστρον δέ τι ἐπὶ τοῦ τῶν ζῳδίων κύκλου ἔστω τὸ Ζ, καὶ τὸ Ζ ἄστρον πρώτως μὲν περικαταλαμβανέσθω ὑπὸ τῶν τοῦ ἡλίου αὐγῶν τοῦ ἡλίου ὄντος πρὸς τῷ Θ, ἐκφευγέτω δὲ τὰς τοῦ ἡλίου αὐγὰς πρώτως τοῦ ἡλίου ὄντος πρὸς τῷ Κ. Τοῦ ἄρα ἡλίου διαπορευομένου τὴν ΘΚ περιφέρειαν, τὸ Ζ ἄστρον οὐ φαίνεται. Καὶ ἐπεὶ τὰ Ζ Η ἄστρα ὁμοῦ δύνει, ἀσύμπτωτον γάρ ἐστιν τὸ ἀπὸ τοῦ Δ ἡμικύκλιον ὡς ἐπὶ τὰ Δ Η μέρη τῷ ἀπὸ τοῦ Α ἡμικυκλίῳ ὡς ἐπὶ τὰ Α Β μέρη, τὰ Ζ Η ἄρα ἅμα ἐμπίπτει εἰς τὰς τοῦ ἡλίου αὐγάς. Καὶ ἔστι τοῦ Ζ ἄστρου ἡ ἐσχάτη ἑσπερία φάσις τοῦ ἡλίου ὄντος πρὸς τῷ Θ· καὶ τοῦ Η ἄρα ἄστρου ἐσχάτη ἑσπερία φάσις ἐστὶν τοῦ ἡλίου ὄντος πρὸς τῷ Θ.

4 ὡς om. D || 5 πρώτως ego : ἐσχάτως codd. || 8 πρὸς τῷ Κ ABP : πρὸς τῷ διὰ τὸ Θ Κ DF || 11 ὡς om. D || μέρη om. P rest. al. m. || 13 ἡ om. P rest. al. m. || 14-16 καὶ τοῦ — τῷ Θ om. P rest. al. m. || 15 post ἐσχάτη hab. ἡ A.

De même si les étoiles Z et H se couchent en même temps mais ne se lèvent pas en même temps, Z se levant avant H[1], il est clair que l'étoile Z se dégage la première des rayons du soleil. L'étoile Z fait sa première apparition du matin quand le soleil se trouve vers K. Donc quand le soleil est vers K, l'étoile H ne se dégage pas encore des rayons du soleil.

Donc l'étoile H, entre sa dernière apparition du soir et sa première apparition du matin, reste invisible un plus grand nombre de jours que les étoiles situées sur le cercle du zodiaque.

X

Parmi les étoiles fixes qui se lèvent et se couchent, certaines, situées au nord du cercle du zodiaque, sont visibles toutes les nuits.

Soient ABC l'horizon céleste ; ADE le plus grand des cercles toujours visibles ; BZC le zodiaque. Soient, le soleil étant vers Z, des étoiles H et F situées de telle sorte que l'étoile H se dégage pour la première fois des rayons du soleil et que l'étoile F en soit enveloppée pour la première fois[2][, c'est-à-dire de telle sorte que ce soit pour l'étoile H le lever apparent du matin et pour l'étoile F le coucher apparent du soir]. Traçons par H et par F les deux grands cercles LHKE et MFKD[3], tangents au cercle ADE, de manière que le demi-cercle

1. La scolie fait référence à *La sphère en mouvement*, IX. Cf. *supra*, p. 60.

2. Ce libellé, qui réclame un temps de réflexion pour être compris, s'éclaire nettement par l'explication qui suit.

3. Par construction (cf. la figure p. 92), L et M sont sur l'écliptique.

Πάλιν ἐπεὶ τὰ Ζ Η ὁμοῦ δύνει καὶ οὐχ ὁμοῦ ἀνατέλλει ἀλλὰ πρότερον τὸ Ζ τοῦ Η, δῆλον ὡς καὶ πρότερον ἐκφεύγει τὰς τοῦ ἡλίου αὐγὰς τὸ Ζ. Καὶ ἔστι τοῦ Ζ ἄστρου ἡ ἑῴα πρώτη φάσις τοῦ ἡλίου ὄντος πρὸς τῷ Κ. Τοῦ ἄρα ἡλίου ὄντος πρὸς τῷ Κ, τὸ Η ἄστρον οὔπω ἐκφεύγει τὰς τοῦ ἡλίου αὐγάς.

Τὸ Η ἄρα ἄστρον ἀπὸ ἐσχάτης ἑσπερίας φάσεως ἑῴαν πρώτην φάσιν ποιεῖται πλείονας ἡμέρας ἀφανισθὲν ἤπερ τὰ ἐπὶ τοῦ τῶν ζῳδίων κύκλου.

I

Τῶν ἀπλανῶν ἄστρων τῶν ἀνατολάς τε καὶ δύσεις ποιουμένων τῶν πρὸς ἄρκτους ὄντων μᾶλλον τοῦ τῶν ζῳδίων κύκλου τινὰ ἑκάστης νυκτὸς ὁρᾶται.

Ἔστω ἐν κόσμῳ ὁρίζων ὁ ΑΒΓ, μέγιστος δὲ τῶν ἀεὶ φανερῶν ὁ ΑΔΕ, ζῳδιακὸς δὲ ὁ ΒΖΓ, καὶ τοῦ ἡλίου ὄντος πρὸς τῷ Ζ, ἄστρα τινὰ ἔστω τὰ Η Θ ὥστε τὸ μὲν Η ἐκφεύγειν τὰς τοῦ ἡλίου αὐγὰς πρώτως, τὸ δὲ Θ περικαταλαμβάνεσθαι πρώτως[, τουτέστιν ἵν' ᾖ τοῦ μὲν Η ἡ ἑῴα φαινομένη ἐπιτολή, τοῦ δὲ Θ ἡ ἑσπερία φαινομένη δύσις]. Καὶ διὰ τῶν Η Θ μέγιστοι κύκλοι γεγράφθωσαν ἐφαπτόμενοι τοῦ ΑΔΕ κύκλου οἱ ΛΗΚΕ ΜΘΚΔ, ὥστε τὸ μὲν ΕΗΛ ἡμικύκλιον

7 ἄρα om. P rest. al. m. || 8 πλείονας : πλέονας B || ἤπερ : εἴπερ P || 9 τὰ : τοὺς B || 15 ΒΖΓ : ΖΒΓ B || 18 πρώτως ego : ἐσχάτως codd. || 18-19 τουτέστιν — δύσις del. Mog.

EHL[1] ne coupe pas le demi-cercle qui a son origine en A dans le sens AC et que le demi-cercle DFM ne coupe pas le demi-cercle qui a son origine en A dans le sens AB[, c'est-à-dire de manière que le demi-cercle HE soit tangent vers l'est et le demi-cercle FD vers l'ouest]. Soit une étoile K[2] située au nord. Je dis que l'étoile K est visible chaque nuit.

Construisons en effet un arc LN égal à ZH et un arc MV égal à ZF. L'arc MV sera aussi égal à LN puisque ZF est égal à ZH [on a en effet posé comme hypothèse que les étoiles mettent un temps égal à se dégager des rayons du soleil[3]]. Or l'étoile H est diamétralement opposée à l'étoile L ; l'étoile H fait son lever apparent du matin quand le soleil est vers Z ; l'étoile H fera donc son lever apparent du soir quand le soleil sera vers N puisque l'arc ZH est égal à l'arc LN[4]. Le temps pendant lequel le soleil décrit l'arc ZCN sera le temps que mettra l'étoile H pour aller de son lever apparent du matin à son lever apparent du soir.

De même, comme F est diamétralement opposée à M, que l'arc ZF est égal à MV et que, pour l'étoile F, le coucher apparent du soir se produit quand le soleil

1. « Le demi-cercle EHL » et plus loin « le demi-cercle DFM » sont des expressions elliptiques signifiant « le demi-cercle d'origine E sur l'arc EHL » et « le demi-cercle d'origine D sur l'arc DFM ». Autolycos applique ici le théorème des *Sphériques* déjà bien connu, et que transmet Théodose de Bithynie (*Sphériques,* II, 13) : « Si l'on a des cercles parallèles dans une sphère et si l'on décrit des grands cercles tangents à l'un de ces cercles et coupant les autres, les arcs des cercles parallèles situés entre les demi-cercles non concourants des grands cercles sont semblables, tandis que les arcs des grands cercles situés entre les cercles parallèles sont égaux ».

2. Par construction, l'étoile K est à l'intersection des deux grands cercles LHKE et MFKD, tangents au cercle arctique ADE. Ce n'est donc pas une étoile quelconque, d'autant que FH vaut un signe de zodiaque. La figure est construite et la démonstration faite sur un cas particulier. Rappelons de plus que toutes les étoiles situées sur le demi-cercle HKE se lèvent ensemble ; celles situées sur le demi-cercle FKD se couchent ensemble (cf. *sphère en mouvement,* VIII).

ἀσύμπτωτον εἶναι τῷ ἀπὸ τοῦ Α ἡμικυκλίῳ ὡς ἐπὶ τὰ Γ μέρη, τὸ δὲ ΔΘΜ τῷ ἀπὸ τοῦ Α ἡμικυκλίῳ ὡς ἐπὶ τὰ Β μέρη [τουτέστιν τὸ μὲν ΗΕ ἡμικύκλιον ἐφαρμόζειν ἐπὶ τὴν ἀνατολήν, τὸ δὲ ΘΔ ἐπὶ τὴν δύσιν]. Ἄστρον δέ τι πρὸς ἄρκτον ἔστω τὸ Κ. Λέγω δὴ ὅτι τὸ Κ ἄστρον ἑκάστης νυκτὸς ὁρᾶται.

Κείσθω γὰρ τῇ ΖΗ ἴση ἡ ΛΝ, τῇ δὲ ΖΘ ἴση ἡ ΜΞ. Ἔσται δὴ καὶ ἡ ΜΞ τῇ ΛΝ ἴση, ἐπεὶ καὶ ἡ ΖΘ τῇ ΖΗ [διὰ τὸ ὑποκεῖσθαι τὰ ἄστρα ἐν ἴσῳ χρόνῳ ἐκφεύγειν τὰς τοῦ ἡλίου αὐγάς]. Καὶ ἐπεὶ κατὰ διάμετρόν ἐστι τὸ Η τῷ Λ καὶ ἔστι τοῦ Η ἄστρου ἡ ἑῴα φαινομένη ἐπιτολὴ τοῦ ἡλίου ὄντος πρὸς τῷ Ζ, ἔσται ἄρα τοῦ Η ἄστρου ἡ ἑσπερία φαινομένη ἐπιτολὴ τοῦ ἡλίου ὄντος πρὸς τῷ Ν διὰ τὸ ἴσην εἶναι τὴν ΖΗ περιφέρειαν τῇ ΛΝ περιφερείᾳ. Καὶ ἔσται ὁ χρόνος ἐν ᾧ ὁ ἥλιος τὴν ΖΓΝ περιφέρειαν διαπορεύεται τῷ Η ἄστρῳ ἀπὸ ἑῴας φαινομένης ἐπιτολῆς ἐπὶ τὴν ἑσπερίαν φαινομένην ἐπιτολήν.

Πάλιν ἐπεὶ τὸ Θ τῷ Μ κατὰ διάμετρόν ἐστιν καὶ ἔστιν ἴση ἡ ΖΘ περιφέρεια τῇ ΜΞ περιφερείᾳ καὶ ἔστι τοῦ Θ ἄστρου ἡ ἑσπερία φαινομένη δύσις τοῦ ἡλίου ὄντος πρὸς

3-4 τουτέστιν — δύσιν del. Mog. || 8 ΖΘ : ΘΖ D || 8-10 διὰ τὸ — αὐγάς del. Mog. || 13 Ν : Κ D[ac] || τὸ om. P rest. al. m.

3. Cette explication est exponctuée dans l'édition de J. Mogenet, avec raison d'ailleurs puisque dans les démonstrations précédentes on usait couramment de la même hypothèse. Elle est pourtant beaucoup plus dans l'esprit du traité d'Autolycos (appel à l'hypothèse, cf. livre II, 1) que dans l'esprit des explications analogues faisant appel à l'observation dans certaines démonstrations précédentes (Prop. IV et VI).

4. L'édition de J. Mogenet exponctue cette explication qui fait double emploi avec ce qui est dit quelques lignes plus haut. Il se pourrait pourtant que la répétition ait été voulue par Autolycos.

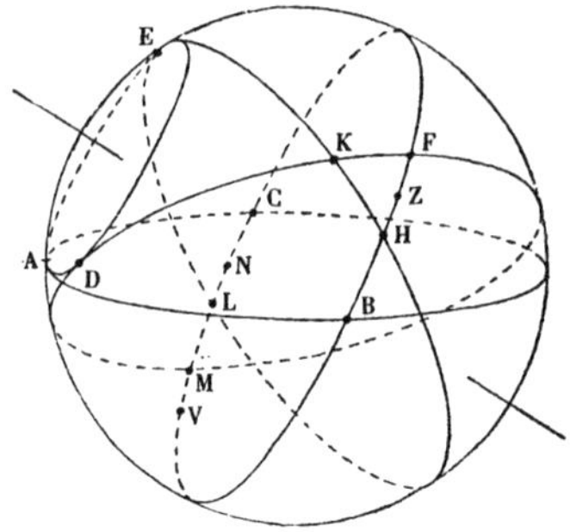

est vers Z, l'étoile F fera son coucher apparent du matin quand le soleil sera vers V. Le temps pendant lequel le soleil décrit l'arc VBZ sera le temps que mettra l'étoile F pour aller de son coucher apparent du matin à son coucher apparent du soir.

Or comme on a démontré[1] qu'on voit toute étoile fixe se lever depuis son lever apparent du matin jusqu'à son lever apparent du soir, on voit l'étoile H se lever toutes les nuits pendant tout le temps que le soleil décrit l'arc ZCN. Mais l'étoile H se lève en même temps que l'étoile K ; on verra donc l'étoile K se lever toutes les nuits pendant tout le temps que le soleil décrit l'arc ZCN.

De même puisqu'on voit une étoile fixe quelconque se coucher toutes les nuits depuis son coucher apparent du matin jusqu'à son coucher apparent du soir[2],

1. Cf. *Levers et couchers héliaques*, I, 2.
2. Cf. *Levers et couchers héliaques*, I, 3.

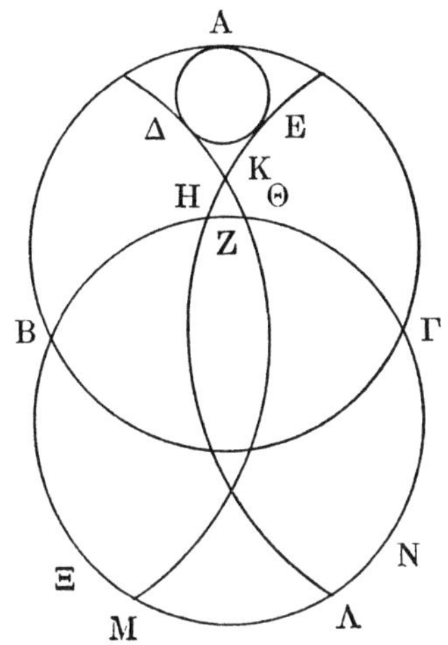

τῷ Ζ, ἔσται ἄρα τοῦ ἡλίου ὄντος πρὸς τῷ Ξ τοῦ Θ ἄστρου ἡ ἑῴα φαινομένη δύσις. Καὶ ἔσται ὁ χρόνος ἐν ᾧ ὁ ἥλιος τὴν ΞΒΖ περιφέρειαν διαπορεύεται τῷ Θ ἄστρῳ ἀπὸ ἑῴας φαινομένης δύσεως ἐπὶ τὴν ἑσπερίαν φαινομένην δύσιν.

Ἀλλ' ἐπεὶ δέδεικται ὅτι ἕκαστον τῶν ἀπλανῶν ἄστρων ἀπὸ ἑῴας φαινομένης ἐπιτολῆς ἑκάστης νυκτὸς ὁρᾶται ἀνατέλλον ἕως τῆς ἑσπερίας φαινομένης ἐπιτολῆς, τὸ Η ἄρα ἄστρον ἑκάστης νυκτὸς ὁρᾶται ἀνατέλλον τοῦ ἡλίου διαπορευομένου τὴν ΖΓΝ περιφέρειαν. Τὸ δὲ Η τῷ Κ συνανατέλλει· τὸ Κ ἄρα ὁραθήσεται ἑκάστης νυκτὸς ἀνατέλλον τοῦ ἡλίου τὴν ΖΓΝ περιφέρειαν διαπορευομένου.

Πάλιν ἐπεὶ ἕκαστον τῶν ἀπλανῶν ἄστρων ἀπὸ ἑῴας φαινομένης δύσεως ἑκάστης νυκτὸς ὁρᾶται δῦνον ἕως τῆς ἑσπερίας φαινομένης δύσεως, τοῦ ἄρα ἡλίου διαπορευομέ-

7 ἀνατέλλον BDF : -τέλλων AP || ἕως : ἑῴας F || 8 et 11 ἀνατέλλον : -τέλλων P || 13 δῦνον : δύνων P.

pendant tout le temps que le soleil décrira l'arc VBZ, on verra l'étoile F se coucher. Or l'étoile F se couche en même temps que l'étoile K. On verra donc l'étoile K se coucher toutes les nuits pendant tout le temps que le soleil décrit l'arc VBZ.

Donc on verra l'étoile K se coucher chaque nuit pendant que le soleil décrira l'arc VBZ et se lever chaque nuit pendant que le soleil décrira l'arc ZCN.

De plus il est évident[1] [que l'on verra l'étoile K soit se coucher soit se lever pendant tout le temps que le soleil décrira l'arc VBZCN : cela a été démontré. Je dis aussi] que, pendant tout le temps que le soleil décrira l'arc NMV, l'étoile K sera visible chaque nuit.

[Supposons que l'arc BH soit égal à l'arc CF. L'arc CL est égal lui aussi à l'arc BM, et donc CN est égal à BV. Les arcs BV et CN sont supérieurs respectivement aux arcs HZ et ZF. Or dès que le soleil descend au-dessous de l'horizon d'un arc supérieur à ces derniers, les étoiles se dégagent des rayons du soleil ; par conséquent, lorsque le soleil, avec le zodiaque dans cette position-là, décrit l'arc NMV, toutes les étoiles qui sont sur l'arc BZC sont visibles ; et donc K sera visible.]

Donc l'étoile K sera visible toutes les nuits[2].

1. Telle que les manuscrits la présentent, la démonstration serait en deux parties :

a on voit K soit se lever soit se coucher pendant que le soleil décrit l'arc VBZCN ;

b on voit K durant toute la nuit pendant que le soleil décrit l'arc NMV.

Mais la démonstration présentée à l'appui du *b*, qui nécessite le recours à une figure différente, semble une addition postérieure, d'autant que ce point *b* est évident. En admettant donc que le texte de la démonstration primitive a été altéré vers la fin pour y adjoindre une démonstration qui paraissait manquer, il semble possible de reconstituer ainsi la démarche d'Autolycos :

a on voit K se coucher pendant que le soleil décrit l'arc VBZ,

b on voit K se lever pendant que le soleil décrit l'arc ZCN,

c on voit K toute la nuit pendant que le soleil décrit l'arc NMV.

Les points *a* et *b* font l'objet de démonstration ; le point *c* est évident. Il est probable qu'un commentateur a voulu essayer

νου τὴν ΞΒΖ περιφέρειαν φανήσεται τὸ Θ ἄστρον δῦνον. Τὸ δὲ Θ ἄστρον τῷ Κ συνδύνει. Καὶ τὸ Κ ἄρα φανήσεται δῦνον τοῦ ἡλίου διαπορευομένου τὴν ΞΒΖ περιφέρειαν.

Φανήσεται ἄρα τὸ Κ ἄστρον ἑκάστης νυκτὸς δῦνον μέν, ὅταν τὴν ΞΒΖ περιφέρειαν διαπορεύηται ὁ ἥλιος, ἀνατέλλον δέ, ὅταν τὴν ΖΓΝ περιφέρειαν.

Καὶ φανερὸν ὅτι [τὸ Κ ἄστρον καὶ δῦνον καὶ ἀνατέλλον φανήσεται τοῦ ἡλίου τὴν ΞΒΖΓΝ περιφέρειαν διαπορευομένου · δέδεικται γὰρ τοῦτο. Λέγω δὴ ὅτι] τοῦ ἡλίου διαπορευομένου καὶ τὴν ΝΜΞ περιφέρειαν, τὸ Κ ἄστρον ἑκάστης νυκτὸς ὁραθήσεται.

[Ὑποκείσθω γὰρ ὥστε ἴσην εἶναι τὴν ΒΗ τῇ ΓΘ. Ἴση ἄρα καὶ ἡ ΓΛ τῇ ΒΜ · ὥστε καὶ ἡ ΓΝ τῇ ΒΞ ἴση ἐστίν. Καὶ ἔστιν ἑκατέρα τῶν ΒΞ ΓΝ μείζων ἑκατέρας τῶν ΗΖ ΖΘ. Τὰς δὲ μείζους περιφερείας ἀπέχοντος τοῦ ἡλίου ὑπὸ τὸν ὁρίζοντα, ἐκφεύγει τὰ ἄστρα τὰς τοῦ ἡλίου αὐγάς, ὥστε τοῦ ἡλίου, ὡς νῦν ἔχει ὁ τῶν ζῳδίων κύκλος θέσεως, διαπορευομένου τὴν ΝΜΞ περιφέρειαν, πάντα τὰ ἄστρα φαίνεται τὰ ἐπὶ τῆς ΒΖΓ περιφερείας · καὶ τὸ Κ ἄρα φανήσεται.]

Τὸ ἄρα Κ ἑκάστης νυκτὸς ὁραθήσεται.

1, 3, 4 δῦνον : δύνων P || 4 μέν om. P rest. al. m. || 5 περιφέρειαν om. D || ἀνατέλλον BDF : -τέλλων AP || 7-9 τὸ Κ — δὴ ὅτι deleui || 9 δέδεικται γὰρ τοῦτο del. Mog. || 12-20 Ὑποκείσθω — φανήσεται deleui || 12 ὥστε del. Hult.

---

une démonstration du point *c* qui, de note marginale, s'est glissée malencontreusement dans le texte, provoquant des réactions en chaîne (addition du dernier paragraphe, puis intrusion d'une annonce de la démonstration entraînant modification dans la présentation générale de ce passage).

2. Conclusion valable seulement pour « certaines » étoiles dont la position est parfaitement caractérisée pour un lieu d'observation donné.

[Que les arcs BV et CN soient supérieurs respectivement aux arcs HZ et ZF, c'est évident[1]. En effet les arcs HZ et ZF valent chacun la moitié d'un signe de zodiaque (nous avons utilisé cette proposition dans les *Lieux géographiques*) ; l'arc HF vaut donc un signe de zodiaque, de même que l'arc LM ; donc l'arc NMV vaut deux signes. Les arcs restants HV et FN valent chacun deux signes et demi[2] ; les arcs BV et CN valent chacun deux signes. Donc les arcs BV et CN sont respectivement plus grands que les arcs HZ et ZF.]

XI

On ne verra aucune des étoiles situées sur le zodiaque ni aucune des étoiles situées au nord de ce cercle décrire en entier l'hémisphère visible[3]. Mais pour les étoiles situées au sud, assez loin du zodiaque, il est possible de les voir décrire en entier l'hémisphère visible.

Soient ABCD l'horizon céleste, DBE le zodiaque. Soient A, D, C des étoiles situées au levant, D étant sur le cercle du zodiaque, A au nord et C au sud. Je dis que l'on ne verra pas l'étoile D décrire dans son entier l'hémisphère visible, ni non plus l'étoile A, mais qu'il est possible de voir certaines étoiles situées au sud, comme l'étoile C, décrire dans son entier l'hémisphère visible.

1. Ce paragraphe est visiblement une note explicative de l'une des phrases précédentes, celle qui est reprise ici textuellement. Cette note a été insérée par erreur dans le texte, comme le suggère la place même où elle se trouve ; les indications qu'elle contient, notamment sur la valeur des arcs HZ et ZF, tiennent compte des hypothèses utilisées tout au long du livre II. Or dans le livre I, Autolycos se borne à une évaluation qualitative. La mention anachronique du traité sur *Les lieux géographiques* de Théodose de Bithynie est rejetée par les deux éditeurs précédents.

2. L'arc BHFC est un demi-cercle, il vaut donc six signes ; si l'on ôte l'arc HF qui vaut un signe, il reste cinq signes pour la somme des deux arcs égaux BH et FC. De même BVNC vaut

[Ὅτι δὲ ἑκατέρα τῶν ΒΞ ΓΝ ἑκατέρας τῶν ΝΖ ΖΘ μείζων ἐστί, φανερόν. Ἑκατέρα γὰρ τῶν ΗΖ ΖΘ ἀνὰ ἥμισύ ἐστιν ζῳδίου· τούτῳ γὰρ ἐχρησάμεθα καὶ ἐν τῷ περὶ οἰκήσεων· ἡ ΗΘ ἄρα ζῳδίου ἐστίν, ὥστε καὶ ἡ ΛΜ· ἡ ἄρα ΝΜΞ δύο ζῳδίων ἐστί. Λοιπὴ ἄρα ἑκατέρα τῶν ΗΞ ΘΝ ἀνὰ τεσσάρων ἡμίσους ζῳδίων ἐστίν· ὧν ἑκατέρα τῶν ΒΗ ΘΓ ἀνὰ δύο ἥμισυ ζῳδίων ἐστίν· λοιπὴ ἄρα ἑκατέρα τῶν ΒΞ ΓΝ ἀνὰ δύο ζῳδίων ἐστίν. Ὥστε ἑκατέρα τῶν ΒΞ ΓΝ ἑκατέρας τῶν ΗΖ ΖΘ μείζων ἐστίν.]

ΙΑ

Οὐθὲν τῶν ἐπὶ τοῦ τῶν ζῳδίων κύκλου ἄστρων ὀφθήσεται φερόμενον ὅλον τὸ φανερὸν ἡμισφαίριον οὐδὲ τῶν βορειοτέρων· ὅσα δὲ πρὸς μεσημβρίαν οὐ παντάπασι πλησίον ἐστὶ τοῦ τῶν ζῳδίων κύκλου, ἐνδέχεται ὀφθῆναι φερόμενα ὅλον τὸ φανερὸν ἡμισφαίριον.

Ἔστω ἐν κόσμῳ ὁρίζων ὁ ΑΒΓΔ, ζῳδιακὸς δὲ ὁ ΔΒΕ, ἄστρα δέ τινα πρὸς ἀνατολὰς τὰ Α Δ Γ, τὸ μὲν Δ ἐπὶ τοῦ τῶν ζῳδίων κύκλου, τὸ δὲ Α πρὸς ἄρκτους, τὸ δὲ Γ πρὸς μεσημβρίαν. Λέγω ὅτι οὔτε τὸ Δ ὀφθήσεται φερόμενον ὅλον τὸ φανερὸν ἡμισφαίριον, οὔτε τὸ Α, τινὰ δὲ τῶν πρὸς μεσημβρίαν ὡς τὸ Γ ἐνδέχεται ὀφθῆναι φερόμενα ὅλον τὸ φανερὸν ἡμισφαίριον.

1-9 ὅτι — ἐστίν deleui || 3 τούτῳ — οἰκήσεων del. edd. || 5-7 ΘΝ ΒΞ om. P rest. al. m. || 7-8 λοιπὴ — ἐστίν om. D || 16 ΔΒΕ : ΒΔΕ DP.

---

six signes ; l'arc VMLN vaut deux signes ; il reste quatre signes pour la somme des deux arcs égaux BV et CN.

3. Autolycos s'intéresse maintenant à la trajectoire décrite au-dessus de l'horizon par les étoiles au cours de leur mouvement diurne. L'étrangeté du sujet et certaines disparités de style (l'emploi de ἐνδέχεται, les lettres utilisées pour désigner le zodiaque) rendent suspecte cette proposition qu'il faudrait peut-être rejeter en entier.

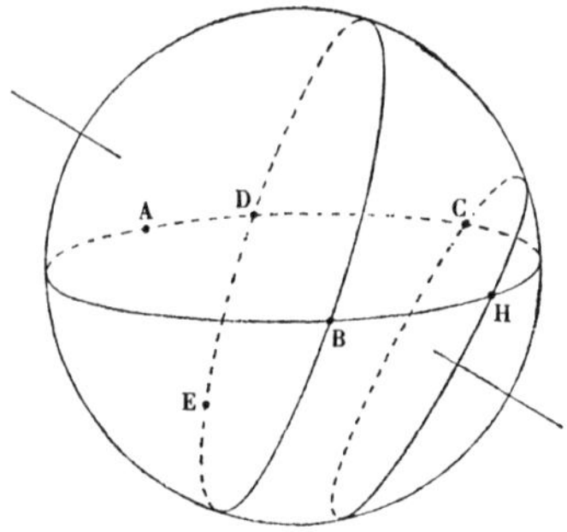

Soit le demi-cercle DEB sous l'horizon. Supposons que l'on voie les étoiles A, D, C se lever, le soleil étant vers E. Puisque les étoiles situées sur le zodiaque et diamétralement opposées se lèvent et se couchent en opposition, quand l'étoile D se couche, l'étoile B qui lui est diamétralement opposée se lève et le demi-cercle DEB est dans la partie située au-dessus de l'horizon. C'est donc de jour que se couche l'étoile D. L'on ne verra donc pas l'étoile D décrire tout l'hémisphère visible.

Puisque A et D se lèvent en même temps mais que A est au nord, A se couche plus tard que D[1]. Or c'est de jour que D se couche. Donc A se couchera aussi de jour. Par conséquent l'on ne verra pas A décrire dans son entier l'hémisphère visible.

De même puisque C et D se lèvent en même temps, D se couche plus tard que C. Par conséquent il est possible de trouver des étoiles situées suffisamment au sud pour qu'on puisse les voir décrire en entier l'hémisphère visible.

[Il est en effet possible[2] de tracer un cercle CH avec

1. Cf. *Sphère en mouvement*, IX.

2. Ce commentaire à la conclusion précédente : « il est possible », est certainement une note explicative, insérée par erreur à la fin de la démonstration. Celle-ci en effet vient de se terminer très classiquement par le rappel de l'énoncé. C'est donc une glose ajoutée à une démonstration elle-même douteuse.

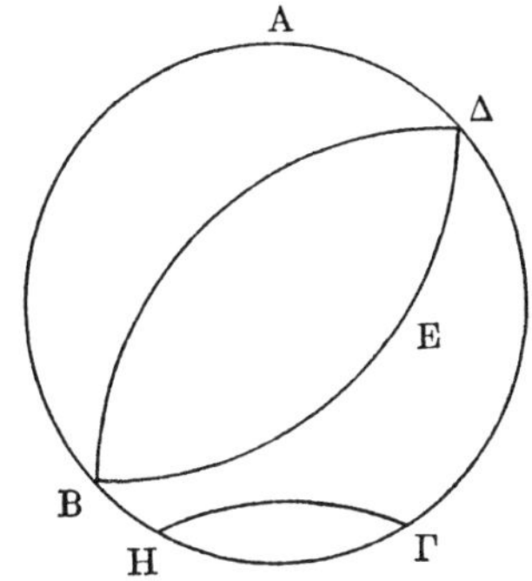

Ἔστω γὰρ ὑπὸ γῆν τὸ ΔΕΒ ἡμικύκλιον καὶ φαινέσθω τὰ Α Δ Γ ἀνατέλλοντα τοῦ ἡλίου ὄντος πρὸς τῷ Ε. Ἐπεὶ οὖν τὰ ἐπὶ τοῦ ζῳδιακοῦ ἄστρα κατὰ διάμετρον ὄντα κατὰ συζυγίαν ἀνατέλλει καὶ δύνει, τοῦ ἄρα Δ δύνοντος τὸ κατὰ διάμετρον αὐτῷ τὸ Β ἀνατέλλει καὶ τὸ ΔΕΒ ἡμικύκλιον ἐν τῷ ὑπὲρ γῆν ἔσται. Ἡμέρας ἄρα δύνει τὸ Δ ἄστρον. Οὐκ ἄρα τὸ Δ ἄστρον ὀφθήσεται φερόμενον ὅλον τὸ φανερὸν ἡμισφαίριον.

Καὶ ἐπεὶ τὰ Α Δ ὁμοῦ ἀνατέλλει καὶ ἔστι τὸ Α πρὸς ἄρκτους, ὕστερον ἄρα δύνει τὸ Α τοῦ Δ. Ἡμέρας δὲ δύνει τὸ Δ. Καὶ τὸ Α ἄρα ἡμέρας δύσεται. Ὥστε τὸ Α οὐκ ὀφθήσεται φερόμενον ὅλον τὸ φανερὸν ἡμισφαίριον.

Πάλιν ἐπεὶ τὰ Γ Δ ὁμοῦ ἀνατέλλει, τὸ Δ ἄρα τοῦ Γ ὕστερον δύνει. Ὥστε ἐνδέχεταί τινα ἄστρα πρὸς μεσημβρίαν ληφθῆναι ὥστε φανῆναι αὐτὰ φερόμενα ὅλον τὸ φανερὸν ἡμισφαίριον.

[Καὶ γὰρ ἐνδέχεταί τινα κύκλον γραφῆναι ὡς τὸν ΓΗ,

1 ΔΕΒ : δὲ B F ‖ τὰ : τὸ B ‖ 4 Δ om. F ‖ 6 ἄρα om. D ‖ 7 post ἄρα hab. χρόνος ἐστὶν ὅτε P ‖ 17-p. 96, 4 καὶ γὰρ — ἀνατέλλει deleui.

un arc CH au-dessus de l'horizon qui soit plus petit que l'arc semblable à un arc donné décrit par le soleil sur son cercle parallèle dans le temps que se lève l'arc de zodiaque ED.]

XII

Considérons des étoiles dont le coucher vrai du matin succède au lever vrai du matin après un intervalle inférieur à une demi-année. Pendant une période égale à la durée dont cet intervalle est inférieur à une demi-année, le soleil sera au-dessous de l'horizon quand l'étoile se lèvera et se couchera. Pendant une autre période égale à la précédente, le soleil ne sera pas au-dessous de l'horizon[1] quand l'étoile se lèvera et se couchera.

Soit l'horizon céleste ABCD ; donnons au cercle du zodiaque la position AECZ. Supposons qu'au moment où le soleil se lève en A une étoile D située au sud se lève. Pour l'étoile D, le coucher vrai du matin succédera au lever vrai du matin après un intervalle inférieur à une demi-année[2]. Je dis que, pendant une période égale à la durée dont cet intervalle est inférieur à une demi-année, le soleil sera au-dessous de l'horizon quand l'étoile D se lèvera et se couchera et que, pendant une autre période égale à la précédente, le soleil ne sera pas au-dessous de l'horizon quand l'étoile D se lèvera et se couchera.

1. Si, quand l'étoile se lève et se couche, le soleil se trouve dans l'hémisphère inférieur, on voit l'étoile se lever et se coucher ; réciproquement, si, quand l'étoile se lève et se couche, le soleil est dans l'hémisphère supérieur, le trajet de l'étoile au-dessus de l'horizon reste invisible. Cette proposition et la suivante, qui n'envisagent que les phénomènes vrais, sont purement théoriques puisqu'ils ne tiennent pas compte de la durée du crépuscule astronomique.

2. Cf. *Levers et couchers héliaques*, I, 4, mais où il est question des levers apparents ; comme, dans ce traité, il y a un rapport fixe entre les phénomènes vrais et les apparents, ce qui vaut pour les uns vaut pour les autres, à une rectification près.

καὶ τὴν ΓΗ ὑπὲρ γῆν αὐτοῦ οὖσαν περιφέρειαν ἐλάσσονα εἶναι ἢ ὁμοίαν τῆς δοθείσης περιφερείας τοῦ παραλλήλου καθ' οὗ φέρεται ὁ ἥλιος ἐν ᾧ ἡ ΕΔ περιφέρεια τοῦ ζῳδιακοῦ ἀνατέλλει.]

ΙΒ

Τῶν ἄστρων οἷς ἀπὸ τῆς ἑῴας ἀληθινῆς ἐπιτολῆς ἑῴα ἀληθινὴ δύσις γίνεται δι' ἐλάσσονος χρόνου ἡμίσους ἐνιαυτοῦ, ᾧ ἐλάσσων ἐστὶν ὁ χρόνος ἡμίσους ἐνιαυτοῦ, τοῦτον τὸν χρόνον τὸ ἄστρον καὶ δύσεται καὶ ἀνατελεῖ τοῦ ἡλίου ὄντος ἐν τῷ ὑπὸ γῆν, ἄλλον δὲ τούτῳ ἴσον χρόνον τὸ ἄστρον οὔτε δύσεται οὔτε ἀνατελεῖ τοῦ ἡλίου ὄντος ἐν τῷ ὑπὸ γῆν.

Ἔστω ἐν κόσμῳ ὁρίζων κύκλος ὁ ΑΒΓΔ, ὁ δὲ τοῦ ἡλίου κύκλος θέσιν ἐχέτω ὡς τὴν ΑΕΓΖ καί, τοῦ ἡλίου ἀνατέλλοντος κατὰ τὸ Α, ἄστρον τι πρὸς μεσημϐρίαν ἀνατελλέτω τὸ Δ. Τῷ ἄρα Δ ἄστρῳ ἡ ἀπὸ ἑῴας ἀληθινῆς ἐπιτολῆς ἑῴα ἀληθινὴ δύσις γίγνεται δι' ἐλάσσονος χρόνου ἡμίσους ἐνιαυτοῦ. Λέγω δὴ ὅτι ᾧ ἐλάσσων ἐστὶν ὁ χρόνος ἡμίσους ἐνιαυτοῦ, τοῦτον τὸν χρόνον τὸ Δ ἄστρον καὶ δύσεται καὶ ἀνατελεῖ τοῦ ἡλίου ὄντος ἐν τῷ ὑπὸ γῆν, ἄλλον δὲ τούτῳ ἴσον χρόνον τὸ Δ ἄστρον οὔτε δύσεται οὔτε ἀνατελεῖ τοῦ ἡλίου ὄντος ἐν τῷ ὑπὸ γῆν.

1 γῆν om. DP rest. al. m. || 3 post ἥλιος hab. ἥντινα περιφέρειαν διέρχεται ὁ ἥλιος A || 8 ᾧ ἐλάσσων — ἐνιαυτοῦ om. D || ὁ χρόνος post ἐνιαυτοῦ transp. B || 9 ἀνατελεῖ : -τέλλει P || 11 ἀνατελεῖ : -τέλλει P || 16-17 ἐπιτολῆς — ἀληθινὴ om. DP rest. al. m. || 17 post ἐλάσσονος hab. δὲ A || 18-19 λέγω — ἐνιαυτοῦ om. F || 18 ἐλάσσων ἐστὶν ὁ χρόνος post ἐνιαυτοῦ transp. B || 19 καὶ pr. om. P rest. al. m. || 20 ἀνατελεῖ : -τέλλει BP || τούτῳ om. P || 21 ἀνατελεῖ : -τέλλει P.

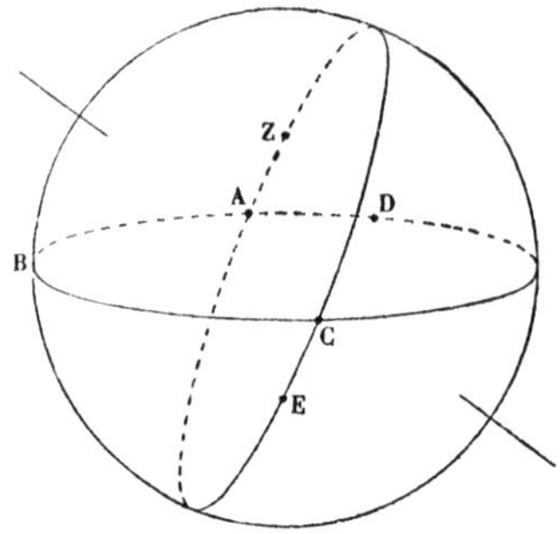

Soit pour l'étoile D le coucher vrai du matin quand le soleil est en E. Le temps que met le soleil pour parcourir l'arc AE est le temps qui s'écoule depuis le lever vrai du matin jusqu'au coucher vrai du matin de l'étoile D. Or la différence avec la demi-année est le temps que met le soleil pour décrire l'arc EC[1]. Or lorsque l'étoile D se lève en D, le zodiaque a toujours la même position ; le demi-cercle AEC sera donc situé au-dessous de l'horizon et le second demi-cercle CZA sera situé au-dessus de l'horizon. Donc quand l'étoile D se lève, si le soleil décrit l'arc AEC[2], il sera au-dessous de l'horizon pendant tout ce temps-là, et donc aussi pendant qu'il décrira l'arc EC. Donc quand le soleil

1. Il y a dans le grec CE. Mais, si l'on veut respecter le sens de marche du soleil sur l'écliptique, il faut renverser l'ordre des lettres, d'autant que, quelques lignes plus loin, il est bien dit que « le soleil décrit l'arc AEC ».

2. Le libellé de ce passage est obscurci du fait qu'il y a juxtaposition entre un mouvement quotidien, celui de l'étoile considérée, et un mouvement annuel, celui du déplacement du soleil sur l'écliptique. Le sens est : « pendant tout le temps que le soleil décrit l'arc AEC dans son mouvement annuel, il se trouve

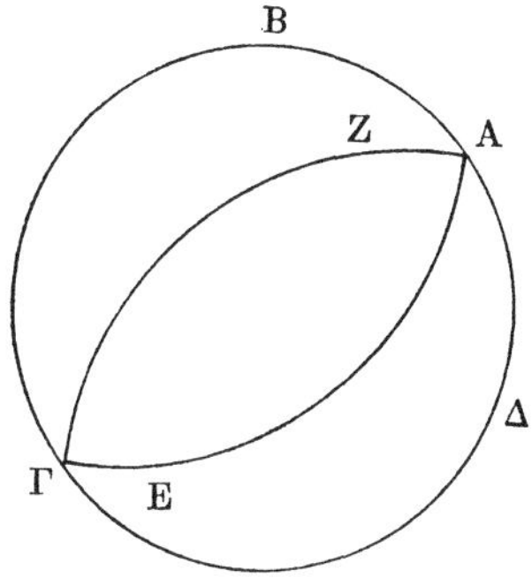

Ἔστω γὰρ τῷ Δ ἄστρῳ ἡ ἀληθινὴ ἑῴα δύσις τοῦ ἡλίου ὄντος πρὸς τῷ Ε. Ὁ ἄρα χρόνος ἐν ᾧ ὁ ἥλιος τὴν ΑΕ περιφέρειαν διαπορεύεται ἀπὸ ἑῴας ἀληθινῆς ἐπιτολῆς ἐστιν χρόνος μέχρις ἑῴας ἀληθινῆς δύσεως τοῦ Δ ἄστρου. Ὧι ἄρα ἐλάσσων ἐστὶν ὁ χρόνος ἡμίσους ἐνιαυτοῦ, ὁ χρόνος ἐστὶν ἐν ᾧ ὁ ἥλιος τὴν ΕΓ περιφέρειαν διαπορεύεται. Καὶ ἐπεὶ τοῦ Δ ἄστρου ἀνατέλλοντος κατὰ τὸ Δ αἰεὶ ὁ τῶν ζῳδίων κύκλος θέσιν ἔχει τὴν αὐτήν, καὶ ἔσται τὸ μὲν ΑΕΓ ἡμικύκλιον ἐν τῷ ὑπὸ γῆν, τὸ δὲ λοιπὸν ἐν τῷ ὑπὲρ γῆν τὸ ΓΖΑ. Καὶ τοίνυν, ὅταν τὸ Δ ἀνατέλλῃ καὶ ὁ ἥλιος τὴν ΑΕΓ περιφέρειαν διαπορεύηται, ἐν τῷ ὑπὸ γῆν αὐτὴν διελεύσεται· ὥστε καὶ τὴν ΕΓ. Τοῦ ἄρα ἡλίου

3 ἐπιτολῆς om. A. || 6 et 12 ΕΓ ego : ΓΕ codd. || 11 διαπορεύηται BD : -πορεύεται AFP.

---

au-dessous de l'horizon quand D se lève ». Le texte grec a dû être corrompu par un copiste qui a voulu l'abréger sans bien comprendre le raisonnement.

décrit l'arc EC, il est au-dessous de l'horizon quand l'étoile D se lève [: aussi ne la verra-t-on pas se lever[1]].

Construisons maintenant un arc AZ égal et opposé à l'arc EC. Puisque le coucher vrai du matin de l'étoile D se produit quand le soleil est en E, il est clair qu'au moment où l'étoile D se couche, le soleil étant en E se lève, et il est clair aussi que le demi-cercle ECZ est situé au-dessous de l'horizon, tandis que l'autre demi-cercle ZAE est situé au-dessus. Donc quand l'étoile D se couche, si le soleil décrit l'arc ECZ, il sera au-dessous de l'horizon pendant tout ce temps-là et donc aussi pendant qu'il décrira l'arc EC. Donc quand le soleil décrit l'arc EC, il est au-dessous de l'horizon quand l'étoile D se couche. Or, comme on vient de le démontrer, quand le soleil décrit l'arc EC, il est au-dessous de l'horizon quand l'étoile D se lève. Donc quand le soleil décrira l'arc EC, il sera au-dessous de l'horizon quand l'étoile D se lèvera et se couchera.

Je dis aussi que, quand le soleil décrit l'arc ZA [au-dessous de l'horizon], le soleil n'est pas au-dessous de l'horizon quand l'étoile D se lève et se couche[2].

Puisque, au moment où se lève l'étoile D, le demi-cercle AEC est situé au-dessous de l'horizon et le demi-cercle CZA au-dessus, quand l'étoile D se lève, si le soleil décrit l'arc CZA, il sera au-dessus de l'horizon pendant tout ce temps-là, et donc aussi pendant qu'il

1. Cette remarque que portent tous les manuscrits paraît incohérente (et donc à supprimer) : d'une part il n'est question dans cet énoncé et cette démonstration que des phénomènes vrais et non des phénomènes apparents ; d'autre part l'indication elle-même est erronée, car si le soleil est sous l'horizon quand D se lève, on doit la voir se lever sauf lorsque le soleil se trouve suffisamment proche de l'horizon pour voiler de son éclat les étoiles ; mais l'arc EC n'a pas été choisi dans ce but et peut donc être très supérieur à l'arc qui mesure le crépuscule astronomique.

2. Dans cet énoncé, il y a au moins un membre de phrase qui est de trop. Hultsch supprime le dernier membre ; mais comme il est la réplique exacte de l'énoncé du début, il semble préférable d'opérer la suppression dans le premier membre de phrase.

τὴν ΕΓ περιφέρειαν διαπορευομένου, τὸ Δ ἄστρον ἀνατέλλει ⟨τοῦ ἡλίου ὄντος⟩ ἐν τῷ ὑπὸ γῆν[, οὐ πάντως δὲ καὶ φανήσεται ἀνατέλλον].

Κείσθω δὴ τῇ ΕΓ περιφερείᾳ ἴση τε καὶ ἀπεναντίον ἡ ΑΖ. Καὶ ἐπεὶ τοῦ Δ ἄστρου ἐστὶν ἡ ἑῴα ἀληθινὴ δύσις τοῦ ἡλίου ὄντος πρὸς τῷ Ε, δῆλον ὡς τοῦ Δ δύνοντος ὁ ἥλιος ἀνατέλλει κατὰ τὸ Ε καὶ ἔτι τὸ μὲν ΕΓΖ ἡμικύκλιον ἐν τῷ ὑπὸ γῆν ἔσται, τὸ δὲ λοιπὸν ἐν τῷ ὑπὲρ γῆν τὸ ΖΑΕ. Καὶ τοίνυν, ὅταν τὸ Δ δύνῃ καὶ ὁ ἥλιος τὴν ΕΓΖ περιφέρειαν διαπορεύηται, ἐν τῷ ὑπὸ γῆν αὐτὴν διελεύσεται· ὥστε καὶ τὴν ΕΓ. Τοῦ ἄρα ἡλίου τὴν ΕΓ περιφέρειαν διαπορευομένου, τὸ Δ ἄστρον δύνει ⟨τοῦ ἡλίου ὄντος⟩ ἐν τῷ ὑπὸ γῆν. Ἐδείχθη δὲ καὶ τοῦ ἡλίου τὴν ΕΓ περιφέρειαν διαπορευομένου τὸ Δ ἄστρον ἀνατέλλον ⟨τοῦ ἡλίου ὄντος⟩ ἐν τῷ ὑπὸ γῆν. Τοῦ ἄρα ἡλίου τὴν ΕΓ περιφέρειαν διαπορευομένου, τὸ Δ ἄστρον καὶ δύσεται καὶ ἀνατελεῖ ⟨τοῦ ἡλίου ὄντος⟩ ἐν τῷ ὑπὸ γῆν.

Λέγω δὴ ὅτι τοῦ ἡλίου διαπορευομένου τὴν ΖΑ περιφέρειαν [ὑπὸ γῆν], τὸ Δ ἄστρον οὔτε δύνει οὔτε ἀνατέλλει τοῦ ἡλίου ὄντος ἐν τῷ ὑπὸ γῆν.

Ἐπεὶ γὰρ τοῦ Δ ἄστρου ἀνατέλλοντος, τὸ μὲν ΑΕΓ ἡμικύκλιον ἐν τῷ ὑπὸ γῆν ἐστιν, τὸ δὲ ΓΖΑ ἐν τῷ ὑπὲρ γῆν, καὶ τοίνυν, ὅταν τὸ Δ ἀνατέλλῃ καὶ ὁ ἥλιος τὴν ΓΖΑ περιφέρειαν διαπορεύηται, ἐν τῷ ὑπὲρ γῆν αὐτὴν διελεύ-

1 ΕΓ ego : ΓΕ codd. || 1-2 post ἀνατέλλει hab. μὲν codd. || 2, 12, 14, 16-17 τοῦ ἡλίου ὄντος addidi abhinc non notatum || 2, 12, 14-15, 17 ἐν τῷ ὑπὸ γῆν huc transposui : post διαπορευομένου hab. codd. || 2-3 οὐ — ἀνατέλλον deleui || 3 καὶ om. D || 4 δὴ om. D || 5 ἑῴα om. P rest. al. m. || 12 δύνει : δύνῃ A || 16 τὸ Δ ἄστρον post δύσεται transp. B || ἀνατελεῖ : -τέλλει BP || 19 ὑπὸ γῆν deleui || 20 τοῦ ἡλίου — γῆν del. Hult. || 23 ἀνατέλλῃ : -τέλλει DP || 24 περιφέρειαν om. D.

décrira l'arc ZA. Donc pendant que le soleil décrit l'arc ZA, il est au-dessus de l'horizon quand l'étoile D se lève.

De même, puisque, au moment où l'étoile D se couche, le demi-cercle ZAE est situé au-dessus de l'horizon et le demi-cercle ECZ au-dessous, quand l'étoile D se couche, si le soleil décrit l'arc ZAE, il sera au-dessus de l'horizon pendant tout ce temps-là, et donc aussi pendant qu'il décrira l'arc ZA[1]. Donc quand le soleil décrira l'arc ZA, il sera au-dessus de l'horizon quand l'étoile D se lèvera et se couchera. Par conséquent[2], pendant que le soleil décrira l'arc ZA, il ne sera pas sous l'horizon quand l'étoile D se lèvera et se couchera.

XIII

Considérons des étoiles dont le coucher vrai du matin succède au lever vrai du matin après un intervalle supérieur à une demi-année[3]. Pendant une période égale à la durée dont cet intervalle est supérieur à une demi-année, le soleil ne sera pas au-dessous de l'horizon quand l'étoile se lèvera et se couchera. Pendant une autre période égale à la précédente, le soleil sera au-dessous de l'horizon quand l'étoile se lèvera et se couchera.

Soit ABCD l'horizon céleste ; donnons au cercle

1. La démonstration est plus elliptique que la précédente. Est-ce volontairement qu'Autolycos supprime des chaînons du raisonnement, ou y a-t-il négligence de copiste ? Par symétrie avec le raisonnement précédent on attendrait, après « pendant qu'il décrira l'arc ZA », les étapes suivantes : « donc, pendant que le soleil décrit l'arc ZA, il est au-dessus de l'horizon quand l'étoile D se couche ; or, comme on vient de le démontrer, quand le soleil décrit l'arc ZA, il est au-dessus de l'horizon quand l'étoile D se lève. Donc quand le soleil décrira... ».

2. Cette inversion des termes, que le *Vatic. gr.* 203 omet, permet de retrouver l'énoncé de la proposition.

σεται· ὥστε καὶ τὴν ΖΑ. Τοῦ ἄρα ἡλίου τὴν ΖΑ περιφέρειαν διαπορευομένου, τὸ Δ ἄστρον ἀνατέλλει ⟨τοῦ ἡλίου ὄντος⟩ ἐν τῷ ὑπὲρ γῆν.

Πάλιν ἐπεὶ τοῦ Δ δύνοντος, τὸ μὲν ΖΑΕ ἡμικύκλιον ἐν τῷ ὑπὲρ γῆν ἐστιν, τὸ δὲ ΕΓΖ ἐν τῷ ὑπὸ γῆν, καὶ τοίνυν, ὅταν τὸ Δ δύνῃ καὶ ὁ ἥλιος τὴν ΖΑΕ περιφέρειαν διαπορεύηται, ἐν τῷ ὑπὲρ γῆν αὐτὴν διελεύσεται· ὥστε καὶ τὴν ΖΑ. Τοῦ ἄρα ἡλίου τὴν ΖΑ διαπορευομένου, τὸ Δ ἄστρον καὶ δύσεται καὶ ἀνατελεῖ ⟨τοῦ ἡλίου ὄντος⟩ ἐν τῷ ὑπὲρ γῆν. Ὥστε τοῦ ἡλίου τὴν ΖΑ περιφέρειαν διαπορευομένου, τὸ Δ ἄστρον οὔτε δύσεται οὔτε ἀνατελεῖ ⟨τοῦ ἡλίου ὄντος⟩ ἐν τῷ ὑπὸ γῆν.

ΙΓ

Τῶν ἄστρων οἷς ἀπὸ τῆς ἑῴας ἀληθινῆς ἐπιτολῆς ἑῴα ἀληθινὴ δύσις γίνεται διὰ πλείονος χρόνου ἡμίσους ἐνιαυτοῦ, ᾧ πλείων ἐστὶν ὁ χρόνος ἡμίσους ἐνιαυτοῦ, τοῦτον τὸν χρόνον τὸ ἄστρον οὔτε δύσεται οὔτε ἀνατελεῖ τοῦ ἡλίου ὄντος ἐν τῷ ὑπὸ γῆν, ἄλλον δὲ αὐτῷ ἴσον χρόνον καὶ δύσεται τὸ ἄστρον καὶ ἀνατελεῖ τοῦ ἡλίου ὄντος ἐν τῷ ὑπὸ γῆν.

Ἔστω ἐν κόσμῳ ὁρίζων ὁ ΑΒΓΔ, ὁ δὲ τοῦ ἡλίου κύκλος

6 δύνῃ : δύνει BP ‖ 8 τοῦ ἄρα — ΖΑ om. D rest. al. m. ‖ 9 ἀνατελεῖ : -τέλλει BP ‖ 10-12 ὥστε — γῆν om. D rest. al. m. ‖ 11, 17, 19 ἀνατελεῖ : -τέλλει P ‖ 12 ἐν τῷ ὑπὸ γῆν huc transposui : post διαπορευομένου hab. codd. ‖ 16 ἡμίσους : -σεως P.

3. Cette proposition est la symétrique de la précédente ; elle s'applique aux étoiles situées au nord du zodiaque, tandis que la précédente s'appliquait aux étoiles situées au sud du zodiaque.

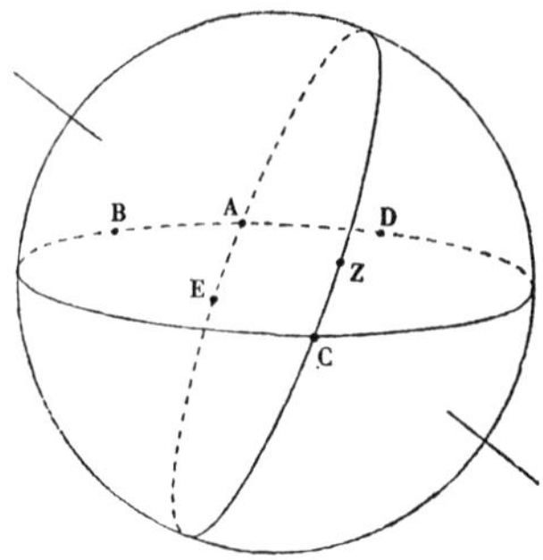

du soleil la position AECZ et soit au-dessous de l'horizon le demi-cercle AEC. Supposons qu'au moment où le soleil se lève en A, des étoiles fixes B, A, D[1] se lèvent, et soit l'étoile B au nord. L'étoile B a donc son coucher vrai du matin plus d'une demi-année après son lever vrai du matin[2]. Je dis que, pendant une période égale à la durée dont cet intervalle est supérieur à une demi-année, le soleil ne sera pas au-dessous de l'horizon quand l'étoile se couchera et se lèvera ; et que, pendant une autre période égale à la précédente, le soleil sera au-dessous de l'horizon quand l'étoile se couchera et se lèvera[3].

Soit pour l'étoile B le coucher vrai du matin quand le soleil, qui a décrit l'arc AECZ, se trouve en Z. Le temps qui excède la demi-année est celui que met le soleil à décrire l'arc CZ. Je dis que, quand le soleil

1. Cette indication est inutile ici ; elle annoncerait une démonstration en trois parties, l'une pour l'étoile A sur le zodiaque, la seconde pour l'étoile B au nord, la troisième pour l'étoile D au sud. Le dernier cas vient d'être examiné ; le premier n'a aucune raison de l'être. Sans doute faudrait-il rétablir une formule analogue à celle de la démonstration précédente, et attribuer le libellé des manuscrits à une erreur fort ancienne.

2. Cf. *Levers et couchers héliaques*, I, 4.

3. Donc pendant la première période considérée, on ne verra l'étoile ni se coucher ni se lever ; elle ne se lèvera et ne se couchera pas de nuit. Pendant la seconde période considérée, elle se couchera et se lèvera de nuit, au crépuscule astronomique près.

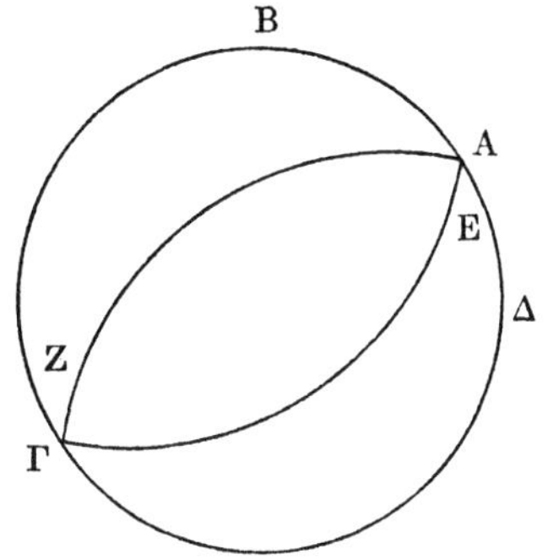

θέσιν ἐχέτω τὴν ΑΕΓΖ, ὑπὸ γῆν δὲ ἔστω τὸ ΑΕΓ ἡμικύκλιον. Καὶ τοῦ ἡλίου ἀνατέλλοντος κατὰ τὸ Α, ἄστρα τινὰ τῶν ἀπλανῶν ἀνατελλέτω τὰ Α Β Δ, καὶ ἔστω πρὸς ἄρκτους τὸ Β. Τῷ Β ἄρα ἄστρῳ ἡ ἀπὸ ἑῴας ἀληθινῆς ἐπιτολῆς ἑῴα ἀληθινὴ δύσις γίγνεται διὰ πλείονος χρόνου ἡμίσους ἐνιαυτοῦ. Λέγω δὴ ὅτι ᾧ πλείων ἐστὶν ὁ χρόνος ἡμίσους ἐνιαυτοῦ, τοῦτον τὸν χρόνον τὸ Β ἄστρον οὔτε δύσεται οὔτε ἀνατελεῖ τοῦ ἡλίου ὄντος ἐν τῷ ὑπὸ γῆν, ἄλλον δὲ τούτῳ ἴσον χρόνον τὸ Β ἄστρον καὶ δύσεται καὶ ἀνατελεῖ τοῦ ἡλίου ὄντος ἐν τῷ ὑπὸ γῆν.

Ἔστω γὰρ τοῦ Β ἄστρου ἡ ἑῴα ἀληθινὴ δύσις τοῦ ἡλίου διελθόντος τὴν ΑΕΓΖ περιφέρειαν καὶ ὄντος πρὸς τῷ Ζ. Ὧ ἄρα πλείων χρόνος ἐστὶν ἡμίσους ἐνιαυτοῦ, ὁ χρόνος ἐστὶν ἐν ᾧ ὁ ἥλιος τὴν ΓΖ περιφέρειαν διαπορεύεται.

6-7 λέγω — ἐνιαυτοῦ om. B || 8 et 9 ἀνατελεῖ : -τέλλει BP || 11 ἡ om. D rest. al. m. || 13-14 ἡμίσους — ἐστίν om. D.

décrira l'arc CZ, il ne sera pas au-dessous de l'horizon quand l'étoile B se lèvera et se couchera[1].

Puisque, au moment où l'étoile B se lève, l'arc AEC est situé au-dessous de l'horizon et l'arc CZA au-dessus, quand l'étoile B se lève, si le soleil décrit l'arc CZA, il sera au-dessus de l'horizon pendant tout ce temps-là, et donc aussi pendant qu'il décrira l'arc CZ. Donc, quand le soleil décrira l'arc CZ, il sera au-dessus de l'horizon quand l'étoile B se lèvera [, et on ne la verra pas se lever[2]].

Construisons maintenant un arc AE égal et opposé à l'arc CZ. Puisque, quand le soleil est vers Z, c'est pour l'étoile B le coucher vrai du matin, quand l'étoile B se couche, le soleil étant en Z se lève. Or quand Z se lève, E se couche : le demi-cercle ECZ sera alors au-dessus de l'horizon et le demi-cercle ZAE au-dessous. Donc, quand l'étoile B se couche, si le soleil décrit l'arc ECZ, il sera au-dessus de l'horizon pendant tout ce temps-là ; et donc aussi pendant qu'il décrira l'arc CZ. Donc quand le soleil décrit l'arc CZ, il est au-dessus de l'horizon quand l'étoile B se couche [, et on ne la voit pas se coucher]. Ainsi quand le soleil décrit l'arc CZ, il est au-dessus de l'horizon quand l'étoile B se couche et se lève. Par conséquent[3], quand le soleil décrit l'arc CZ, il ne sera pas au-dessous de l'horizon quand l'étoile B se couchera et se lèvera.

1. C'est le symétrique de la seconde partie de la démonstration précédente ; le libellé en est tout aussi elliptique.

2. Il est fort probable que ces indications sur les levers visibles ou non, implicites sans doute chez Autolycos, n'étaient absolument pas explicitées ; j'y vois l'annotation d'un lecteur ou d'un commentateur, entrée par erreur dans le texte. L'annotation était par ailleurs tout à fait correcte.

3. Cf. prop. XII, *supra*, p. 99 et n. 2.

Λέγω ὅτι, τοῦ ἡλίου τὴν ΓΖ διαπορευομένου, τὸ Β ἄστρον οὔτε δύσεται οὔτε ἀνατελεῖ ⟨τοῦ ἡλίου ὄντος⟩ ἐν τῷ ὑπὸ γῆν.

Ἐπεὶ γάρ, ὅτε τὸ Β ἀνατέλλει, τὸ μὲν ΑΕΓ ἐστὶν ἐν τῷ ὑπὸ γῆν, τὸ δὲ ΓΖΑ ἐν τῷ ὑπὲρ γῆν, καὶ τοίνυν, ὅταν τὸ Β ἀνατέλλῃ καὶ ὁ ἥλιος τὴν ΓΖΑ διαπορεύηται, ἐν τῷ ὑπὲρ γῆν αὐτὴν διελεύσεται· ὥστε καὶ τὴν ΓΖ. Τοῦ ἄρα ἡλίου τὴν ΓΖ διαπορευομένου, τὸ Β ἄστρον ἀνατελεῖ ⟨τοῦ ἡλίου ὄντος⟩ ἐν τῷ ὑπὲρ γῆν[, οὐ φανήσεται δὲ ἀνατέλλον].

Κείσθω δὴ τῇ ΓΖ ἴση τε καὶ ἀπεναντίον ἡ ΑΕ. Καὶ ἐπεὶ τοῦ Β ἄστρου ἐστὶν ἡ ἀληθινὴ ἑῴα δύσις τοῦ ἡλίου ὄντος πρὸς τῷ Ζ, τοῦ ἄρα Β δύνοντος ὁ ἥλιος ἀνατέλλει κατὰ τὸ Ζ. Ὅταν δὲ τὸ Ζ ἀνατέλλῃ, τὸ Ε δύνει· καὶ ἔσται τὸ μὲν ΕΓΖ ἡμικύκλιον ἐν τῷ ὑπὲρ γῆν, τὸ δὲ ΖΑΕ ἐν τῷ ὑπὸ γῆν. Καὶ τοίνυν, ὅταν τὸ Β δύνῃ καὶ ὁ ἥλιος τὴν ΕΓΖ διαπορεύηται, ἐν τῷ ὑπὲρ γῆν αὐτὴν διελεύσεται· ὥστε καὶ τὴν ΓΖ. Τοῦ ἄρα ἡλίου τὴν ΓΖ περιφέρειαν διαπορευομένου, δύνει [μὲν] τὸ Β ἄστρον ⟨τοῦ ἡλίου ὄντος⟩ ἐν τῷ ὑπὲρ γῆν [, οὐ φαίνεται δέ]. Τοῦ ἄρα ἡλίου τὴν ΓΖ περιφέρειαν διαπορευομένου, τὸ Β ἄστρον καὶ δύνει καὶ ἀνατέλλει ⟨τοῦ ἡλίου ὄντος⟩ ἐν τῷ ὑπὲρ γῆν. Ὥστε τοῦ ἡλίου τὴν ΓΖ περιφέρειαν διαπορευομένου, τὸ Β ἄστρον οὔτε δύσεται οὔτε ἀνατελεῖ ⟨τοῦ ἡλίου ὄντος⟩ ἐν τῷ ὑπὸ γῆν.

1 post ΓΖ hab. περιφέρειαν BP || 2 et 23 ἀνατελεῖ : -τέλλει BP || 2-3 et 23 ἐν τῷ ὑπὸ γῆν huc transposui : post διαπορευομένου hab. codd. || 4 Β Mog. : Α codd. || ΑΕΓ : Α Β || 5-6 ὅταν ... ἀνατέλλῃ : ὅτε ... ἀνατέλλει D || 6 et 13 ἀνατέλλῃ : -τέλλει P || 8 ΓΖ : ΖΓ Β || ἀνατελεῖ : -τέλλει P || post ἀνατελεῖ hab. μὲν codd. || 9, 18 et 21 ἐν τῷ ὑπὲρ γῆν huc transposui : post διαπορευομένου hab. codd. || 9 οὐ — ἀνατέλλον deleui || ἀνατέλλον : -τέλων P || 10 ἐπεὶ : ἐπὶ A || 15 δύνῃ : δύνει P || 16 post διελεύσεται hab. καὶ ABF || 18 μὲν deleui || 19 οὐ φαίνεται δέ deleui.

Je dis aussi que, quand le soleil décrira l'arc AE, il sera au-dessous de l'horizon quand l'étoile B se couchera et se lèvera.

Puisque, au moment où l'étoile B se lève, l'arc AEC est situé au-dessous de l'horizon et le demi-cercle CZA au-dessus, quand l'étoile B se lève, si le soleil décrit l'arc AEC, il sera au-dessous de l'horizon pendant tout ce temps-là ; et donc aussi pendant qu'il décrira l'arc AE.

De même puisque, au moment où l'étoile B se couche, l'arc ZAE est au-dessous de l'horizon et l'arc ZCE au-dessus, quand l'étoile B se couche, si le soleil décrit l'arc ZAE, il sera au-dessous de l'horizon pendant tout ce temps-là ; et donc aussi pendant qu'il décrira l'arc AE.

Donc[1], quand le soleil décrira l'arc AE, il sera au-dessous de l'horizon quand l'étoile B se couchera et se lèvera.

1. La démonstration est assez abrégée si on la compare à la première partie de la démonstration de la proposition XII. Ces deux derniers théorèmes paraissent eux aussi difficilement attribuables à Autolycos, d'une part étant donné leur caractère purement théorique (il s'agit pour la première fois d'une étude relative aux phénomènes vrais), d'autre part vu l'état défectueux du texte. Il se peut qu'ils aient été ajoutés après coup, « à la manière de », mais sans que l'imitation soit parfaite.

Λέγω δὴ ὅτι τοῦ ἡλίου τὴν ΑΕ περιφέρειαν διαπορευομένου, τὸ Β ἄστρον καὶ δύσεται καὶ ἀνατελεῖ ⟨τοῦ ἡλίου ὄντος⟩ ἐν τῷ ὑπὸ γῆν.

Ἐπεὶ γὰρ τοῦ Β ἀνατέλλοντος, τὸ μὲν ΑΕΓ ἡμικύκλιον ἐν τῷ ὑπὸ γῆν ἐστι, τὸ δὲ ΓΖΑ ἐν τῷ ὑπὲρ γῆν, καὶ τοίνυν, ὅταν τὸ Β ἀνατέλλῃ καὶ ὁ ἥλιος τὴν ΑΕΓ διαπορεύηται, ἐν τῷ ὑπὸ γῆν αὐτὴν διελεύσεται· ὥστε καὶ τὴν ΑΕ.

Πάλιν ἐπεὶ τοῦ Β δύνοντος, τὸ μὲν ΖΑΕ ἐστὶν ἐν τῷ ὑπὸ γῆν, τὸ δὲ ΖΓΕ ἐν τῷ ὑπὲρ γῆν, καὶ τοίνυν, ὅταν τὸ Β δύνῃ καὶ ὁ ἥλιος τὴν ΖΑΕ διαπορεύηται, ἐν τῷ ὑπὸ γῆν αὐτὴν διελεύσεται· ὥστε καὶ τὴν ΑΕ.

Τοῦ ἄρα ἡλίου τὴν ΑΕ περιφέρειαν διαπορευομένου, τὸ Β ἄστρον καὶ δύσεται καὶ ἀνατελεῖ ⟨τοῦ ἡλίου ὄντος⟩ ἐν τῷ ὑπὸ γῆν.

2 ἀνατελεῖ : -τέλλει P ‖ 3 et 13-14 ἐν τῷ ὑπὸ γῆν huc transposui : post διαπορευομένου hab. codd. ‖ 6 ἀνατέλλῃ : -τέλλει DP ‖ τὴν ΑΕΓ om. B ‖ 8 ἐπεὶ : ἐπὶ A ‖ ΖΑΕ : ΑΖΕ B ‖ 9 δύνῃ : δύνει P ‖ 13 ἀνατελεῖ : -τέλλει A -τελλεῖ P.

LIVRE II

I

Sur le zodiaque, on ne voit la dodécatémorie[1] dans laquelle se trouve le soleil ni se lever ni se coucher [; elle reste invisible[2]]. De même pour celle qui lui est diamétralement opposée, on ne l'observe ni se lever ni se coucher [; elle est visible la nuit entière au-dessus de l'horizon].

Soient le zodiaque AB, l'horizon CD. Supposons que le lever du soleil se fasse en D, son coucher en C. Supposons aussi que l'univers tourne du levant D au couchant C et que le soleil se déplace en direction opposée le long du zodiaque[3]. Prenons un arc DE valant un signe de zodiaque et divisons le en deux parties égales par le point Z. Je dis que l'on ne voit l'arc ED ni se lever ni se coucher, pas plus que l'arc qui lui est diamétralement opposé [que l'on voit

1. La dodécatémorie est la douzième partie du zodiaque. C'est l'équivalent géométrique du signe de zodiaque. « On peut prendre le terme signe (ζῴδιον) dans deux sens : c'est soit le douzième du cercle zodiacal, c'est-à-dire une certaine distance, limitée par des étoiles ou par des points, soit une figure formée d'étoiles, imaginée par analogie d'après la position des étoiles. Il en résulte que les douzièmes ou dodécatémories sont de dimensions égales » (Géminos, *op. cit.* I, 3-4) et valent 30 degrés ; un demi-signe vaut quinze degrés. Comme le terme de dodécatémorie ne se trouve employé que dans cette proposition et la suivante, il se peut qu'il y ait là une simple variante érudite au terme habituel de « signe », entrée dans le texte à date ancienne.

2. Le terme grec κρύψιν ἄγον est employé par Géminos (*op. cit.* XIII, 2) comme un simple équivalent de δυόμενον. Mais

ΒΙΒΛΙΟΝ ΔΕΥΤΕΡΟΝ

Α

Τοῦ ζῳδιακοῦ ἓν δωδεκατημόριον ἐν ᾧ ἐστιν ὁ ἥλιος οὔτε ἀνατέλλον οὔτε δυόμενον ὁρᾶται [ἀλλὰ κρύψιν ἄγον]. Ὁμοίως δὲ καὶ τὸ κατὰ διάμετρον αὐτῷ οὔτε δῦνον οὔτε ἀνατέλλον θεωρεῖται [ἀλλ' ὅλας τὰς νύκτας ὑπὲρ γῆς φαινόμενον].

Ἔστω ὁ τῶν ζῳδίων κύκλος ὁ ΑΒ, ὁρίζων δὲ ὁ ΓΔ, καὶ ἀνατολὴ μὲν τοῦ ἡλίου ἔστω ἐπὶ τοῦ Δ, δύσις δὲ ἐπὶ τοῦ Γ, καὶ ὁ κόσμος ἀπὸ τῆς Δ ἀνατολῆς ἐπὶ δύσιν τὴν Γ στρεφέσθω, ὁ δὲ ἥλιος εἰς τὰ ἐναντία τῷ ζῳδιακῷ κινείσθω, καὶ ἀπειλήφθω ζῳδίου περιφέρεια ἡ ΔΕ, καὶ τετμήσθω δίχα κατὰ τὸ Ζ. Λέγω ὅτι ἡ ΕΔ περιφέρεια οὔτε ἀνατέλλουσα οὔτε δύνουσα ὁρᾶται, οὐδὲ μὴν ἡ κατὰ διάμετρον

5 et 7 ἀνατέλλον ego : ἐπιτέλλον ABDF ἐπιτέλλων P || 5 ἀλλὰ κρύψιν ἄγον (ἄγων Γ) deleui || 6 δῦνον : δύνων P || 7-8 ἀλλ' — φαινόμενον deleui || 13 τετμήσθω : -μείσθω A || 15 ἡ : οἱ B.

---

dans les dernières propositions de ce livre, Autolycos utilise souvent cette expression pour indiquer la disparition de l'étoile pendant un certain nombre de nuits. L'indication donnée ici semble une glose insérée par erreur dans le texte ; il en est de même pour les indications du même genre au cours de la démonstration.

3. Ces hypothèses, clairement formulées ici, étaient implicites dans le livre I.

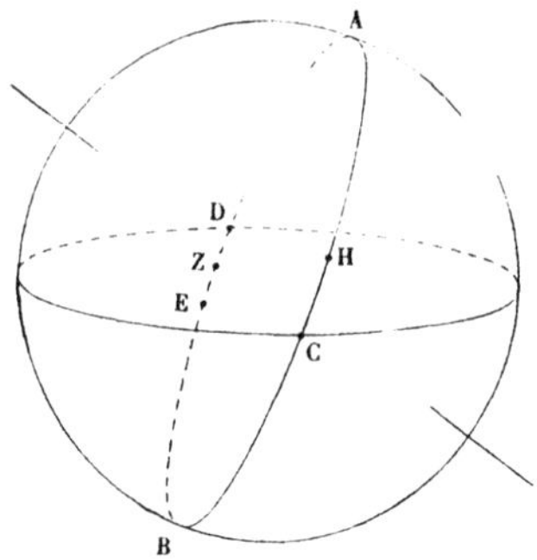

seulement décrire son trajet au-dessus de l'horizon quand le soleil est sous l'horizon].

Puisqu'il a été admis par hypothèse[1] que les étoiles se dégagent des rayons du soleil quand le soleil est à une distance d'un demi-signe de zodiaque au-dessous de l'horizon et puisque l'arc ZD est égal à un demi-signe de zodiaque, quand le soleil est en Z, l'étoile D fait son lever apparent du matin. Donc on ne voit pas l'arc ZD se lever [de nuit[2]]. Il est clair que l'on ne voit pas non plus l'arc ZE se lever. Donc c'est l'arc ED en entier que l'on ne voit pas se lever.

Pour les mêmes raisons, quand le soleil est en Z, on ne voit pas non plus l'arc entier ED se coucher ;

1. L'énoncé de cette hypothèse, fixant à un demi-signe de zodiaque (15°) la distance à l'horizon nécessaire pour que le soleil ne voile plus l'éclat des étoiles après son coucher ou avant son lever, est parfaitement à sa place ici ; le livre II l'utilise en permanence. Cette hypothèse est d'ailleurs simplificatrice à souhait : d'une part la distance au-dessous de l'horizon la plus couramment utilisée était 7/12 de signe soit 17° ½ (cf. Hipparque, *in* Strabon, *Géographie*, II, 5, 42) et il est vraisemblable que Autolycos l'a réduite à un demi-signe pour faciliter ses constructions géométriques ; d'autre part Autolycos compte cette distance à l'horizon sur le zodiaque, ce qui fait que la distance réelle au-dessous de l'horizon, qui devrait être prise sur une perpendiculaire à l'horizon, est bien inférieure à celle indiquée et varie au cours de l'année.

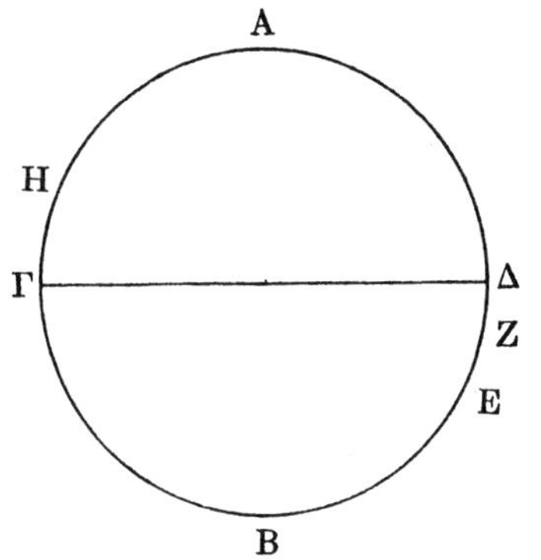

[ἀλλὰ μόνην τὴν ὑπὲρ γῆν φορὰν φανερὰν ποιουμένη τοῦ ἡλίου ὄντος ὑπὸ γῆν].

Ἐπεὶ γὰρ ὑπόκειται τὰς αὐγὰς ἐκφεύγειν τὰ ἄστρα τὰς τοῦ ἡλίου, ἐὰν τοῦ ὁρίζοντος ὑπὸ γῆν ἥμισυ ζῳδίου ἀπέχῃ ὁ ἥλιος, ἡμίσους δὲ ζῳδίου ἐστὶν ἡ ΖΔ περιφέρεια, τοῦ ἄρα ἡλίου ἐπὶ τοῦ Ζ ὄντος τὸ Δ ἄστρον ἑῴαν φαινομένην ἐπιτολὴν ποιεῖται. Ἡ ἄρα ΖΔ περιφέρεια [νυκτὸς] ἀνατέλλουσα οὐχ ὁρᾶται. Δῆλον δὲ ὅτι οὐδὲ ἡ ΖΕ ἀνατέλλουσα ὁρᾶται. Ὅλη ἄρα ἡ ΕΔ περιφέρεια ἀνατέλλουσα οὐχ ὁρᾶται.

Διὰ τὰ αὐτὰ δὴ οὐδὲ δύνουσα ὁρᾶται ὅλη ἡ ΕΔ περιφέρεια τοῦ ἡλίου ὄντος ἐπὶ τοῦ Ζ · ⟨ἡ ἄρα ΕΔ περιφέρεια⟩

1-2 ἀλλὰ — γῆν deleui || 1 φανερὰν om. B || 6 φαινομένην om. AB || 7 ἐπιτολὴν ego : ἀνατολὴν codd. || ποιεῖται : ποιῆται A || νυκτὸς deleui || 9-10 ὅλη — ὁρᾶται om. P rest. al. m. || 11 post ὅλη hab. ἄρα P || 12 ἡ ἄρα ΕΔ περιφέρεια addidi.

---

2. La mention « de nuit » paraît une addition étrangère. Quand le soleil est en Z, l'arc ZD se lève à l'aube et on ne le voit pas se lever. L'arc ZE, lui, se lève de jour.

<donc, quand le soleil est en Z, on ne voit l'arc ED> ni se lever ni se coucher[1].

On ne voit pas davantage se lever ni se coucher l'arc CH qui lui est diamétralement opposé. En effet quand l'arc ED se lève, l'arc CH qui lui est diamétralement opposé se couche, et quand ED se couche, l'arc diamétralement opposé se lève[2].

Donc on ne voit l'arc ED ni se lever ni se coucher, pas plus que l'arc diamétralement opposé [que l'on voit faire tout son trajet au-dessus de l'horizon].

II

Des douze signes du zodiaque, on voit le signe qui précède[3] celui dans lequel se trouve le soleil se lever le matin ; celui qui le suit se coucher le soir.

Soient le zodiaque AB, l'horizon CD. Définissons un arc ED égal à une dodécatémorie et supposons que le soleil se trouve au milieu de cet arc. Soient encore les dodécatémories DH précédant le soleil[4] et EF le suivant. Je dis qu'on voit l'arc DH se lever le matin[5] et l'arc EF se coucher le soir.

1. Il semble qu'il faille rétablir ici la conclusion complète de la première démonstration, avant de passer à la seconde.

2. Cf. Euclide, *Phénomènes,* XI : « Quand sur le zodiaque deux arcs de cercle sont égaux et opposés, pendant que l'un se lève l'autre se couche et pendant que l'un se couche l'autre se lève ».

3. Les expressions « signe qui mène (ou qui précède) » et « signe qui suit » sont courantes dans les textes astronomiques grecs, en particulier pour désigner la direction d'un mouvement (le soleil, dans son mouvement annuel, va « en direction des signes qui suivent »). Elles se rapportent au mouvement sidéral : mènent ou précèdent les étoiles qui apparaissent les premières sur l'horizon au lever.

4. Expression abrégée pour désigner la dodécatémorie précédant celle au milieu de laquelle se trouve le soleil.

5. Toute cette proposition est d'interprétation difficile, parce que le texte paraît avoir subi des altérations et que l'expression n'est pas claire. Il est visiblement question ici du lever quotidien, et non pas du lever héliaque (or les manuscrits portent ἐπιτέλλον

οὔτε ἀνατέλλουσα οὔτε δύνουσα ὁρᾶται ⟨τοῦ ἡλίου ὄντος ἐπὶ τοῦ Ζ.⟩

Οὐδὲ μὴν ἡ κατὰ διάμετρον αὐτῇ ἡ ΓΗ. Τῆς γὰρ ΕΔ περιφερείας ἀνατελλούσης ἡ κατὰ διάμετρον αὐτῇ ἡ ΓΗ δύνει, τῆς δὲ ΕΔ δυνούσης ἡ κατὰ διάμετρον ἀνατέλλει. Ἡ ἄρα ΕΔ περιφέρεια οὔτε ἀνατέλλουσα οὔτε δύνουσα ὁρᾶται, οὐδὲ μὴν ἡ κατὰ διάμετρον [ἀλλ' ὅλην τὴν ὑπὲρ γῆς φορὰν φανερὰν ποιουμένη].

Β

Τῶν δώδεκα ζῳδίων τὸ προηγούμενον τοῦ ἐν ᾧ ἐστιν ὁ ἥλιος ἀνατέλλον ἑῷον φαίνεται, τὸ δὲ ἑπόμενον ἑσπέριον δῦνον.

Ἔστω ὁ τῶν ζῳδίων κύκλος ὁ ΑΒ, ὁρίζων δὲ ὁ ΓΔ, καὶ δωδεκατημορίου περιφέρεια ἀφῃρήσθω ἡ ΕΔ, καὶ κατὰ μέσης αὐτῆς ἔστω ὁ ἥλιος, καὶ ἡγούμενον μὲν τοῦ ἡλίου ἔστω δωδεκατημόριον τὸ ΔΗ, ἀκολουθοῦν δὲ τὸ ΕΘ. Λέγω ὅτι ἡ μὲν ΔΗ περιφέρεια ἑῴαν ἀνατολὴν ποιεῖται, ἡ δὲ ΕΘ ἑσπερίαν δύσιν.

1 οὔτε ἀνατέλλουσα — ὁρᾶται FP : non hab. ABD || 1-2 τοῦ ἡλίου ὄντος ἐπὶ τοῦ Ζ addidi || 7-8 ἀλλ' — ποιουμένη deleui || 8 φανερὰν om. P rest. al. m. || 10 τοῦ om. D || 11 ἀνατέλλον ego : ἐπιτέλλον ABDF ἐπιτέλλων P || ἑπόμενον DP : ἐπιτέλλον AB ἐπιτέλλον ἑπόμενον F || 12 δῦνον : δύνων P.

---

dans l'énoncé mais ἀνατολή dans la démonstration) ; mais l'expression ἑῷον ou ἑσπέριον fait immanquablement penser au lever héliaque, d'où un certain flottement. Ce que veut indiquer Autolycos, c'est que, tandis que le signe dans lequel se trouve le soleil reste invisible, on voit le signe qui précède celui-là se lever, et on voit le signe qui le suit se coucher ; le premier phénomène se produit avant l'aube ; le second après la fin du crépuscule.

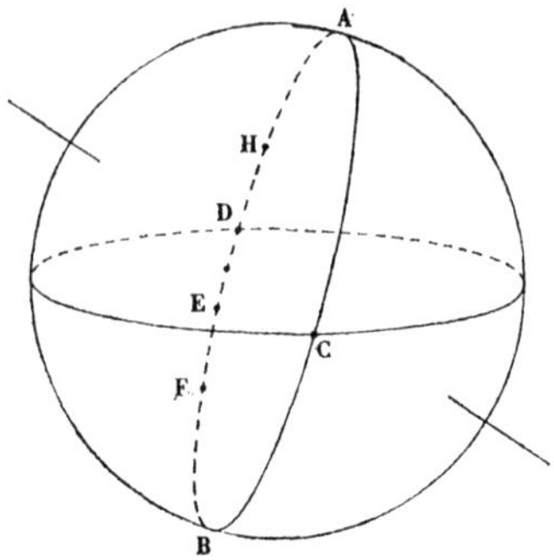

L'arc DH étant à une distance <du soleil> supérieure à un demi-signe, on le voit se lever ; il fait donc un lever visible le matin. Pour l'arc ED, on ne le voit pas se lever, et l'arc EF non plus [puisqu'il se lève de jour[1]]. Durant la révolution sidérale, l'arc DH fait un lever visible le matin; on ne voit pas l'arc DE se lever; quant à l'arc EF distant <du soleil> d'un arc supérieur à un demi-signe, on le voit se coucher.

Par conséquent, on voit l'arc EF se coucher le soir et l'arc DH se lever le matin.

III

Au cours d'une nuit, on peut observer onze signes du zodiaque : les six qui se sont déjà levés[2] et les cinq qui se lèvent.

Soient le zodiaque AB, l'horizon CD. Définissons un arc CE valant un signe et soit le soleil en son milieu

1. L'indication ἡμέρας (comme le νυκτός de la démonstration précédente) paraît à exclure comme n'étant pas dans le style général du traité ; le demi-signe de zodiaque précédent se lève aussi de jour.

2. Puisque le zodiaque est un grand cercle de la sphère, il est toujours coupé en deux parties égales par l'horizon, grand cercle de la sphère lui aussi. Donc on voit toujours six signes de zodiaque au-dessus de l'horizon.

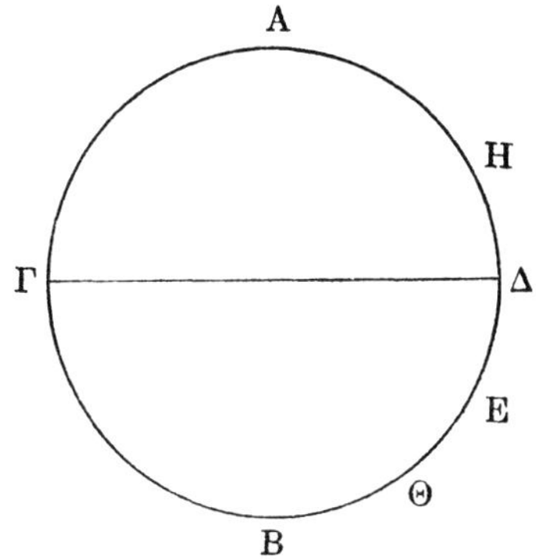

Ἡ μὲν γὰρ ΔΗ περιφέρεια ὑπὲρ ἥμισυ ζῳδίου περιφερείας ἀπέχουσα ⟨τοῦ ἡλίου⟩ ἀνατέλλουσα ὁρᾶται, ὥστε ἑῴαν ἀνατολὴν ποιεῖται. Ἡ δὲ ΔΕ οὐχ ὁρᾶται ἀνατέλλουσα, ἡ δὲ ΕΘ [ἡμέρας] ἀνατέλλουσα οὐχ ὁρᾶται. Στρεφομένου δὲ τοῦ κόσμου, ἡ μὲν ΔΗ περιφέρεια ἑῴαν ἀνατολὴν ποιεῖται, ἡ δὲ ΔΕ οὐχ ὁρᾶται ἀνατέλλουσα. Ἡ δὲ ΕΘ περιφέρεια ὑπὲρ ἥμισυ ζῳδίου περιφερείας ἀπέχουσα ⟨τοῦ ἡλίου⟩ φαίνεται δύνουσα.

Ὥστε ἑσπερίαν δύσιν ποιεῖται ἡ ΕΘ, ἡ δὲ ΔΗ ἑῴαν ἀνατολήν.

Γ

Ἐν τῷ τῆς νυκτὸς χρόνῳ ἕνδεκα ζῳδίων περιφέρεια θεωρεῖται, ἓξ μὲν τῶν προανατεταλκότων, πέντε δὲ τῶν ἀνατελλόντων.

Ἔστω τῶν ζῳδίων κύκλος ὁ ΑΒ, ὁρίζων δὲ ὁ ΓΔ, καὶ ἀφῃρήσθω ζῳδίου περιφέρεια ἡ ΓΕ, καὶ περὶ μέσην αὐτὴν

1-2 περιφερείας om. B || 2 τοῦ ἡλίου addidi || 4 ἡμέρας (ἡμέρα B) deleui || 7-8 τοῦ ἡλίου addidi || 16 αὐτὴν Pec Hult. : αὐγὴν codd.

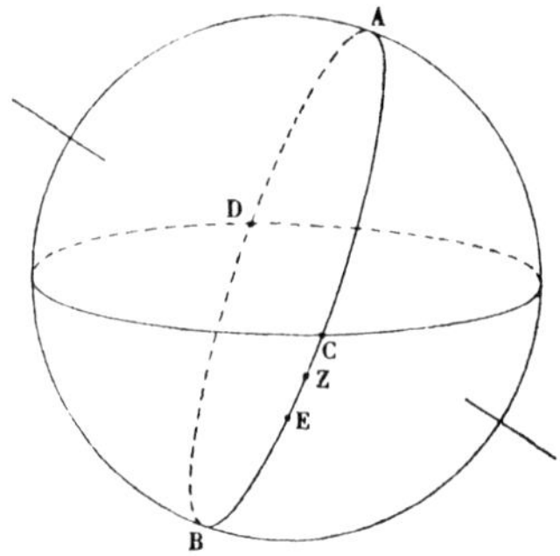

au point Z. Puisqu'il est admis par hypothèse que les étoiles se dégagent des rayons du soleil quand le soleil est en Z[1], il est clair que l'étoile C fait son coucher apparent du soir. Le demi-cercle CAD[2] vaut en tout six signes.

Mais comme des six autres signes situés sur le demi-cercle CBD, l'un, CE, est occupé par le soleil[3], les cinq signes qui restent sont des signes qui se lèvent[4].

Par conséquent[5] onze signes de zodiaque sont visibles.

1. Le mot grec τόπου est, semble-t-il, à exponctuer ici comme dans la démonstration suivante. Il pourrait pourtant faire référence au fait que le soleil, qui circule sur un cercle de rayon bien inférieur à celui de la sphère des fixes, ne paraît être dans le zodiaque que par l'illusion de nos sens.

2. L'arc CAD qui est à ce moment-là au-dessus de l'horizon est entièrement visible.

3. Et donc on ne le voit ni se lever ni se coucher.

4. Il faudrait dire plutôt : « qu'on verra se lever au cours de la nuit » pour être logique.

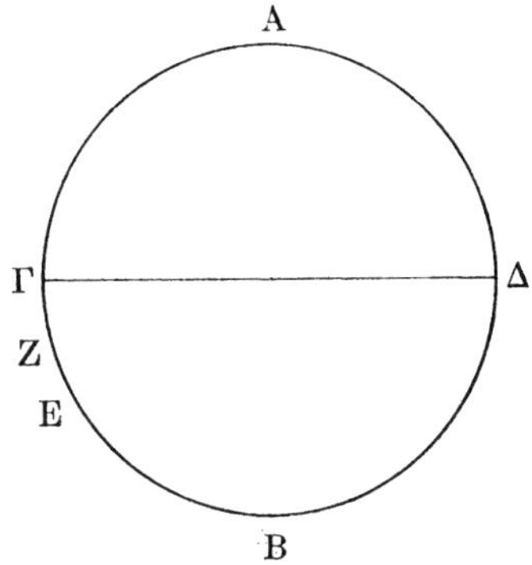

ἔστω ὁ ἥλιος ἐπὶ τοῦ Ζ. Ἐπεὶ οὖν ὑπόκειται τὰ ἄστρα ἐκφεύγειν τὰς τοῦ ἡλίου αὐγὰς τοῦ ἡλίου ὄντος ἐπὶ τοῦ Ζ [τόπου], δῆλον ὅτι τὸ Γ ἄστρον ἑσπερίαν φαινομένην δύσιν ποιεῖται. Ὥστε ὅλον τὸ ΓΑΔ ἡμικύκλιον ἓξ ζῳδίων ἐστί.

Λοιπῶν ἄρα ἓξ ζῳδίων ὑπαρχόντων ἐν τῷ ΓΒΔ ἡμικυκλίῳ καὶ ἑνὸς κατεχομένου τοῦ ΓΕ ὑπὸ τοῦ ἡλίου, τὰ λοιπὰ πέντε ἀνατέλλοντά ἐστιν.

Ὥστε ἕνδεκα ζῴδια φαίνεται.

3 τόπου deleui || φαινομένην om. A || 6 λοιπῶν Hult. : λοιπόν codd.

5. Le libellé de toute cette démonstration (qui mérite à peine ce nom) est peu rigoureux. Il faudrait ajouter dans cette conclusion ce qui est dit dans l'énoncé, que les onze signes sont visibles « chaque nuit » ou « au cours d'une nuit ».

IV

Toutes les étoiles fixes qui sont interceptées par le zodiaque[1] soit au nord soit au sud mettront cinq mois pour aller de leur lever du matin à leur lever du soir[2].

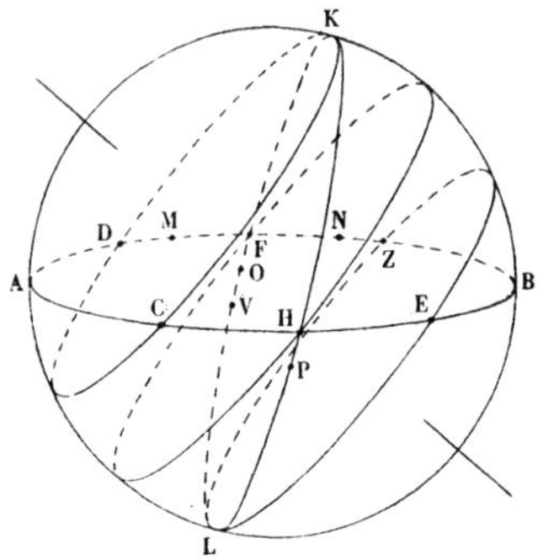

Soit le cercle AB qui sépare la partie visible de la partie invisible. Soient les tropiques CD et EZ, l'équateur HF, le cercle des signes KHLF et soient vers le levant trois étoiles M, F, N[3]. Je dis que les étoiles M, F, N mettent cinq mois pour aller de leur lever du matin à leur lever du soir.

1. L'expression « intercepté par le zodiaque », qui sera systématiquement utilisée dans les propositions VII à XVIII, est ici expliquée. Les étoiles fixes interceptées par le zodiaque sont celles dont les cercles parallèles coupent le zodiaque, en d'autres termes les étoiles comprises entre les deux tropiques (situés approximativement à 24 degrés au nord ou au sud de l'équateur).

2. Il s'agit bien sûr du lever apparent, celui qui est toujours signifié, sauf indication contraire.

3. La figure est construite sur un cas particulier : F et H sont les points d'intersection de l'équateur et du zodiaque ; de plus, F se trouve aussi sur l'horizon puisqu'une étoile s'y trouve au levant. Quant aux étoiles M et N, il n'est pas précisé où il faut les placer sur l'horizon. D'après l'énoncé et d'après la construction de la figure, qui comporte les tropiques, M devrait être entre

Δ

Τῶν ἀπλανῶν ἄστρων ὅσα ἀπολαμβάνεται ὑπὸ τοῦ ζῳδιακοῦ ἐπὶ τὰ πρὸς ἄρκτον ἢ ἐπὶ τὰ πρὸς μεσημβρίαν μέρη, ἐκεῖνα ἀπὸ τῆς ἑῴας ἐπιτολῆς ἐπὶ τὴν ἑσπερίαν ἐπιτολὴν παρέσται διὰ πενταμήνου.

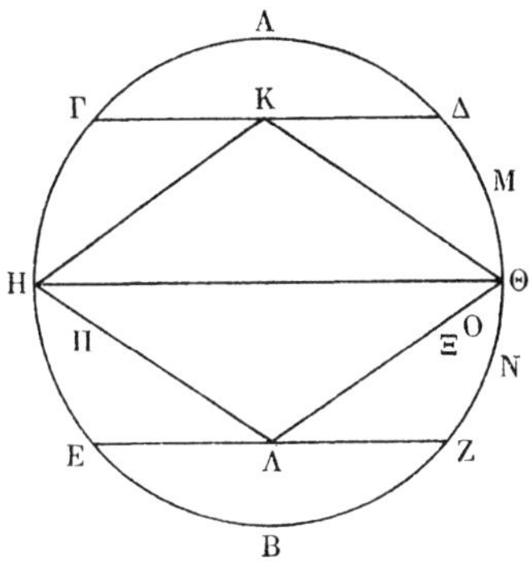

Ἔστω ὁρίζων τὸ φανερὸν καὶ τὸ ἀφανὲς ὁ ΑΒ, καὶ τροπικοὶ μὲν ἔστωσαν οἱ ΓΔ ΕΖ, ἰσημερινὸς δὲ ὁ ΗΘ, ὁ δὲ τῶν ζῳδίων κύκλος ὁ ΚΗΛΘ, καὶ ἔστω ἐπὶ τῆς ἀνατολῆς τρία ἄστρα τὰ Μ Θ Ν. Λέγω ὅτι τὰ Μ Θ Ν ἀπὸ ἑῴας ἐπιτολῆς ἑσπερίαν ἐπιτολὴν ποιεῖται διὰ πενταμήνου.

5 πενταμήνου : πεντάμηνον P || 7 ΗΘ : ΝΘ D || 10 ἐπιτολῆς ego : ἀνατολῆς codd. || ἐπιτολὴν ego : ἀνατολὴν codd.

---

l'équateur (mentionné ici pour la première fois) et le tropique nord, N entre l'équateur et le tropique sud ; mais cette disposition n'est nullement indispensable à la démonstration (si l'on peut l'appeler ainsi) qui suit.

Définissons un arc FV égal à un signe ; divisons-le en deux parties égales par le point O. Soit le soleil en O : les étoiles M, F, N feront alors leur lever du matin.

Supposons que le soleil dans son mouvement en sens inverse des signes décrive un arc valant cinq signes et qu'il se trouve en P. Le soleil décrira depuis O jusqu'à P un arc de cinq signes, depuis <P jusqu'à> H un arc d'un demi-signe. Or quand H se couche, les étoiles M, F, N <se lèvent. Par conséquent quand le soleil est en P, les étoiles M, F, N> après leur lever du matin font leur lever du soir[1].

V

Pour [l'observateur situé dans la zone boréale[2], pour] toute étoile fixe, il y a une année entre deux levers ou deux couchers du matin ou du soir.

Soient l'horizon AB, les tropiques CD et EZ, l'équateur HF, le zodiaque KHLF. Soit une étoile M au nord[3]. Je dis que l'étoile M, pour aller d'un lever du matin à son prochain lever du matin, mettra un an.

Prenons un arc FN égal à un demi-signe ; lorsque le soleil est arrivé en N, l'étoile F fait son lever du

1. Dans le cas particulier de la figure (où les nœuds sont sur l'horizon), il semble que l'intervalle de cinq mois entre lever du matin et lever du soir soit valable pour toutes les étoiles qui sont ensemble sur l'horizon au levant, et non pas seulement pour celles qui se trouvent entre les tropiques.

2. Ce membre de phrase, qui n'est absolument pas repris dans la démonstration, est certainement une note marginale qui, une fois encore, a été insérée par erreur dans le texte. Le libellé rappelle le traité des *Lieux géographiques* de Théodose de Bithynie, qui fait lui aussi partie de la *Petite Astronomie*. Le scoliaste commente : « Il appelle zone boréale le quart de

Ἀφῃρήσθω γὰρ ζῳδίου περιφέρεια ἡ ΘΞ, καὶ τετμήσθω δίχα κατὰ τὸ Ο, καὶ ἐπὶ τοῦ Ο ἔστω ὁ ἥλιος· νῦν μὲν δὴ ἑῴαν ἐπιτολὴν ποιήσεται τὰ Μ Θ Ν.

Ὁ δὴ ἥλιος εἰς τὰ ἐναντία τῶν ζῳδίων κινούμενος πέντε ζῳδίων περιφέρειαν κεκινήσθω καὶ ἔστω ἐπὶ τοῦ Π [τόπου]. Ἀπὸ μὲν ἄρα τοῦ Ο ἐπὶ τὸ Π ὁ ἥλιος κινηθήσεται πέντε ζῳδίων περιφέρειαν, ἀπὸ δὲ τοῦ ⟨Π ἐπὶ τὸ⟩ Η ἡμίσους ζῳδίου περιφέρειαν, καὶ δύνοντος τοῦ Η τὰ Μ Θ Ν ἄστρα ⟨ἀνατέλλει. Ὥστε τοῦ ἡλίου ἐπὶ τοῦ Π ὄντος, τὰ Μ Θ Ν ἄστρα⟩ ἀπὸ ἑῴας ἐπιτολῆς ἑσπερίαν ἐπιτολὴν ποιεῖται.

Ε

[Τοῖς οἰκοῦσι τὴν βόρειον ζώνην] Ἕκαστον τῶν ἀπλανῶν ἄστρων τάς τε ἐπιτολὰς καὶ τὰς δύσεις ἑσπερίας τε καὶ ἑῴας δι' ἐνιαυτοῦ ποιεῖται.

Ἔστω ὁρίζων μὲν ὁ ΑΒ, τροπικοὶ δὲ οἱ ΓΔ ΕΖ, ἰσημερινὸς δὲ ὁ ΗΘ, ὁ δὲ τῶν ζῳδίων κύκλος ὁ ΚΗΛΘ, καὶ ἄστρον τι βορειότερον ἔστω τὸ Μ. Λέγω ὅτι τὸ Μ ἄστρον ἀπὸ ἑῴας ἐπιτολῆς ἐπὶ ἑῴαν ἐπιτολὴν παρέσται δι' ἐνιαυτοῦ.

Ἀφῃρήσθω γὰρ ἥμισυ ζῳδίου ἡ ΘΝ, καὶ τοῦ ἡλίου ἐπὶ τοῦ Ν γενομένου τὸ Θ ἄστρον ἑῷον ἀνατελλέτω, καὶ

6 τόπου deleui || ἐπὶ τὸ Π ego : τόπου codd. || 7-8 ἀπὸ δὲ — περιφέρειαν om. D rest. al. m. || 7 Π ἐπὶ τὸ addidi || 9-10 ἀνατέλλει — ἄστρα addidi || 13 τοῖς — ζώνην deleui || 14 ἐπιτολὰς ego : ἀνατολὰς codd.

---

sphère qui va de l'équateur au pôle nord, c'est-à-dire notre monde habité, les sept *climats* ».

3. Au nord du zodiaque.

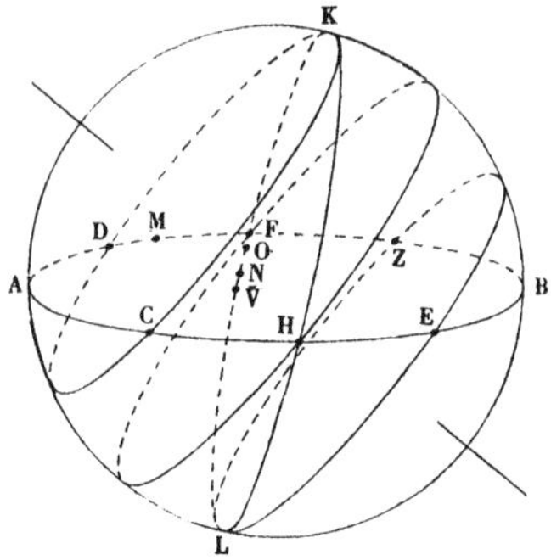

matin[1]. Prenons pour la nuit suivante un arc NV[2]. Soit l'arc OF égal à NV ; ajoutons leur l'arc commun NO ; la somme des deux arcs formant VO est égale à la somme des deux arcs formant NF. Or l'arc NF vaut un demi-signe. Donc l'arc VO vaut aussi un demi-signe. Puisque F se lève avant O[3] et que F et M se lèvent ensemble, M se lève avant O. Il en sera toujours de même jusqu'au moment où le soleil, ayant parcouru le cercle complet NLHKFN, sera revenu au point N. C'est pourquoi l'étoile M, pour aller d'un lever du matin à son prochain lever du matin, met un an.

Il en sera de même pour le lever du soir.

De même, si nous conservons les mêmes hypothèses, comme l'étoile M qui est au nord de F se lève en même temps qu'elle, elle ne se couchera certainement pas en même temps qu'elle. Se couchera avec M une des

1. Il s'agit du lever apparent. F est donc sur l'horizon en même temps qu'à l'intersection de l'équateur et du zodiaque. Autolycos, comme dans la proposition précédente, prend un cas très particulier, qui ne se produit que deux fois dans l'année. L'étoile M considérée se lève en même temps que F.

2. L'arc NV est l'arc décrit par le soleil sur l'écliptique en un nychthémère ; il vaut approximativement un degré.

3. Le texte grec porte ici et à la ligne suivante N qu'il faut modifier en O. En effet, que M, qui se lève avec F, se lève avant N est une évidence et ne réclamait pas de construire l'arc OV qu'Autolycos n'utilise pas pour montrer la progression journalière.

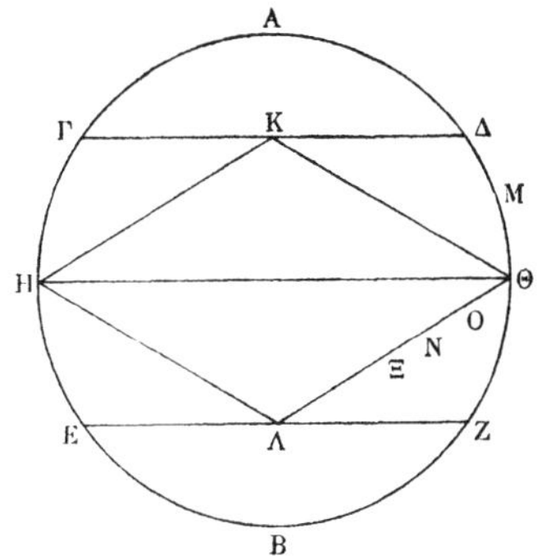

τῇ ἑξῆς νυκτὶ ἀφῃρήσθω περιφέρεια ἡ ΝΞ, καὶ τῇ ΝΞ ἔστω ἴση ἡ ΟΘ, καὶ κοινὴ προσειλήφθω ἡ ΝΟ· ὅλη ἄρα ἡ ΞΟ ὅλῃ τῇ ΝΘ ἴση ἐστίν. Ἡ δὲ ΝΘ ἡμίσους ἐστὶ ζῳδίου· καὶ ἡ ΞΟ ἄρα ἡμίσους ἐστὶ ζῳδίου περιφέρεια. Καὶ ἐπεὶ τοῦ Ο προανατέλλει τὸ Θ, τῷ δὲ Θ ἅμα ἐστὶν συνανατέλλον τὸ Μ, πρότερον ἄρα τὸ Μ τοῦ Ο ἀνατέλλει. Καὶ τοῦτο αἰεὶ ἔσται ἕως ἂν ὁ ἥλιος ἐκπεριελθὼν ὅλην τὴν ΝΛΗΚΘΝ περιφέρειαν ἀφίκηται ἐπὶ τὸ Ν. Ὥστε τὸ Μ ἄστρον ἀπὸ ἑῴας ἐπιτολῆς ἐπὶ ἑῴαν ἐπιτολὴν παρέσται δι' ἐνιαυτοῦ. Τὸ αὐτὸ δὲ ἔσται καὶ ἐπὶ τῆς ἑσπερίας ἐπιτολῆς.

Πάλιν τῶν αὐτῶν ὑποκειμένων, ἐπεὶ τὸ Μ ἄστρον τοῦ Θ βορειότερόν ἐστιν, ἅμα δὲ αὐτῷ συνανατέλλει, οὐχ ἅμα ἄρα αὐτῷ δύσεται. Συνδύσεται οὖν τῷ Μ τῶν ἑπομένων τι τῷ Θ.

2 προσειλήφθω P Hult. : προειλήφθω cett. ‖ ΝΟ : ΝΘ F ‖ 5 et 6 Ο ego : Ν codd. ‖ 5-6 συνανατέλλον : προανατέλλον B ‖ 9 ἐπιτολῆς ego : ἀνατολῆς codd. ‖ ἐπιτολὴν ego : ἀνατολὴν codd. ‖ 12 αὐτῶν om. P rest. al. m. ‖ ἐπεὶ : ἐπὶ P ‖ 14 post οὖν hab. τι A

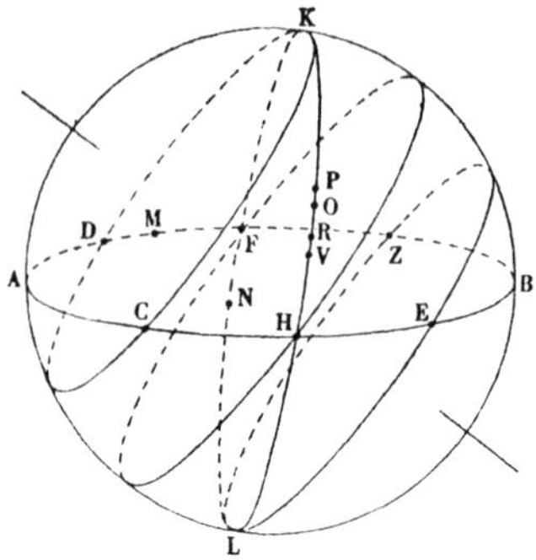

étoiles qui suivent F[1]. Supposons que ce soit N. Soit V diamétralement opposée à N. Définissons un arc VO égal à un demi-signe. Quand le soleil est arrivé en O, l'étoile V fait son lever du matin et l'étoile N, son coucher du matin : l'étoile M fera donc aussi son coucher du matin.

Supposons que dans l'intervalle d'un jour le soleil décrive l'arc OP et soit l'arc RV égal à OP. Ajoutons leur l'arc commun RO. L'arc VO est donc égal à la somme des deux arcs formant RP. Or l'arc VO est égal à un demi-signe. Donc l'arc RP est aussi égal à un demi-signe. Donc quand le soleil est en P, R fait son lever du matin. Or V se lève avant R ; quand V se lève, N se couche, et se couche avec elle l'étoile M. Donc quand le soleil est en P, l'étoile M se couche le matin[2]. Et il en sera toujours de même jusqu'à ce que le soleil, ayant décrit le cercle entier, soit revenu au point O au bout d'un an.

Il en sera de même pour le coucher du soir.

1. Cf. *La sphère en mouvement*, IX.

2. Cette phrase est imprécise. Puisque M fait son coucher du matin quand le soleil est en O, elle vient de se coucher quand le soleil, étant en P, se lève ; on la voit donc se coucher de plus en plus tôt. C'est en ce sens que l'on peut dire qu'elle se couche le matin quand le soleil est en P : on la voit se coucher puisqu'elle vient de le faire quelques minutes avant le début de l'aube, mais elle ne fait pas son coucher héliaque du matin qui a eu lieu la veille. A partir de là on la voit se coucher de plus en plus tôt.

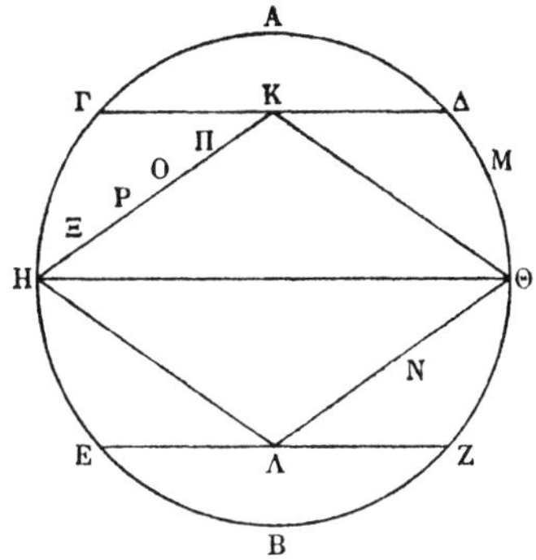

Συνδυνέτω τὸ Ν. Καὶ τῷ Ν ἔστω κατὰ διάμετρον τὸ Ξ, καὶ ἀφῃρήσθω ἥμισυ ζῳδίου περιφέρεια ἡ ΞΟ. Τοῦ ἄρα ἡλίου ἐπὶ τοῦ Ο γενομένου, τὸ Ξ ἄστρον ἑῷον ἀνατέλλει, τὸ δὲ Ν ἑῷον δύνει· καὶ τὸ Μ ἄρα ἑῷον δύνει.

Ἐν δὲ τῷ τῆς ἡμέρας χρόνῳ ὁ ἥλιος διερχέσθω περιφέρειαν τὴν ΟΠ, καὶ τῇ ΠΟ ἴση ἔστω ἡ ΡΞ. Κοινὴ προσειλήφθω ἡ ΡΟ. Ἡ ἄρα ΞΟ ὅλῃ τῇ ΡΠ ἴση ἐστίν. Ἡ δὲ ΞΟ ἡμίσους ζῳδίου περιφέρειά ἐστιν. Καὶ ἡ ΡΠ ἄρα ἡμίσους ζῳδίου περιφέρειά ἐστιν. Τοῦ ἄρα ἡλίου ἐπὶ τοῦ Π ὄντος τὸ Ρ ἑῷον ἐπιτέλλει. Καὶ προανατέλλει τὸ Ξ τοῦ Ρ, τοῦ δὲ Ξ ἀνατέλλοντος τὸ Ν [ἑῷον] δύνει, καὶ συνδύνει αὐτῷ τὸ Μ. Τὸ Μ ἄρα ἑῷον δύνει τοῦ ἡλίου ἐπὶ τοῦ Π ὄντος. Καὶ τοῦτο αἰεὶ ἔσται ἕως ἂν ὁ ἥλιος ἐκπεριελθὼν ὅλον τὸν κύκλον ἀφίκηται ἐπὶ τὸ Ο δι' ἐνιαυτοῦ.

Τὸ αὐτὸ δὲ ἔσται καὶ ἐπὶ τῆς ἑσπερίας δύσεως.

3 γενομένου : γινομένου F || 4 καὶ τὸ Μ — δύνει om. B || 6 ΡΞ : ΡΖ A || 7 ΡΟ · ἡ ἄρα : ΡΣ · ἴση ἄρα ἡ A || 7-8 ἡ δὲ — ἐστιν om. P rest. al. m. || 9-12 τὸ Ρ — ὄντος om. D rest. al. m. || 10 ἐπιτέλλει ego : ἀνατέλλει codd. || 11 ἑῷον deleui || 12 post δύνει hab. καὶ συνδύνει B || ἐπὶ τοῦ Π post ὄντος transp. B || 13 ἐκπεριελθὼν : -ελθὸν D || 14 τὸ : τῷ P.

VI

Toute étoile[1] située sur le zodiaque passe successivement du lever du matin au lever du soir, du lever du soir au coucher du matin, du coucher du matin au coucher du soir, du coucher du soir au lever du matin. Elle passe du coucher du soir au lever du matin au bout de trente jours pendant lesquels on ne la voit ni se lever ni se coucher. Elle passe du lever du matin au lever du soir au bout de cinq mois pendant lesquels on la voit se lever. Elle passe du lever du soir au coucher du matin au bout de trente jours pendant lesquels on ne la voit ni se lever ni se coucher[2]. Elle passe du coucher du matin au coucher du soir au bout de cinq mois pendant lesquels on la voit se coucher.

Soient le cercle AB qui sépare la partie visible de la sphère de sa partie invisible, et le zodiaque CD. Soit une étoile D au levant. Prenons un arc DE valant un demi-signe et, de même, des arcs ZC, CH et FD. Il est évident que, lorsque le soleil se trouve au point E, l'étoile D fait son lever du matin[3]. Soit l'arc EK que le soleil parcourt pendant la nuit[4]. Prenons un arc DL égal à EK. Soit LE l'arc commun. L'arc total DE est donc égal à l'arc total LK. Or l'arc DE vaut un demi-signe de zodiaque. Donc LK vaut aussi un demi-signe.

1. Autolycos qui, dans les propositions IV et V, avait utilisé l'expression « étoile fixe » s'en tient maintenant au terme « étoile ». Il est évident que dans tout ce traité il est toujours question des étoiles fixes, jamais des planètes.

2. Mais on la voit durant la nuit effectuer un trajet dans le ciel, alors qu'entre son coucher du soir et son lever du matin, elle reste totalement invisible la nuit.

3. Lever du matin signifie donc bien lever apparent du matin, le seul dont on tienne compte dans les actes officiels.

4. L'arc EK, parcouru sur l'écliptique par le soleil de son coucher à son prochain lever, vaudrait donc approximativement ½ degré, puisque le soleil parcourt en moyenne un degré par jour.

ϛ

Ἕκαστον τῶν ἐπὶ τοῦ ζῳδιακοῦ τεταγμένων ἄστρων ἀπὸ τῆς ἑῴας ἐπιτολῆς ἐπὶ τὴν ἑσπερίαν ἐπιτολὴν παραγίγνεται, ἀπὸ δὲ τῆς ἑσπερίας ἐπιτολῆς ἐπὶ τὴν ἑῴαν δύσιν παραγίγνεται, ἀπὸ δὲ τῆς ἑῴας δύσεως ἐπὶ τὴν ἑσπερίαν δύσιν, ἀπὸ δὲ τῆς ἑσπερίας δύσεως ἐπὶ τὴν ἑῴαν ἐπιτολήν. Καὶ ἀπὸ μὲν τῆς ἑσπερίας δύσεως ἐπὶ τὴν ἑῴαν ἐπιτολὴν δι' ἡμερῶν λ' καὶ τοῦτον τὸν χρόνον οὔτε ἀνατέλλον οὔτε δῦνον ὁρᾶται, ἀπὸ δὲ τῆς ἑῴας ἐπιτολῆς ἐπὶ τὴν ἑσπερίαν ἐπιτολὴν διὰ πέντε μηνῶν παραγίγνεται καὶ τοῦτον τὸν χρόνον ἀνατέλλον θεωρηθήσεται, ἀπὸ δὲ τῆς ἑσπερίας ἐπιτολῆς ἐπὶ τὴν ἑῴαν δύσιν παρέσται δι' ἡμερῶν λ' καὶ οὔτε ἀνατέλλον οὔτε δυόμενον φαίνεται, ἀπὸ δὲ τῆς ἑῴας δύσεως ἐπὶ τὴν ἑσπερίαν δύσιν διὰ πέντε μηνῶν παραγίγνεται καὶ τοῦτον τὸν χρόνον δυόμενον ὁρᾶται.

Ἔστω ὁρίζων ὁ ΑΒ τὸ φανερὸν καὶ τὸ ἀφανὲς τῆς σφαίρας, ζῳδιακὸς δὲ ὁ ΓΔ, καὶ ἄστρον τι ἔστω ἐπὶ τῆς ἀνατολῆς τὸ Δ, καὶ ἀπειλήφθω ἡμίσους ζῳδίου περιφέρεια ἡ ΔΕ, καὶ πάλιν ἡ ΖΓ καὶ ἡ ΓΗ καὶ ἡ ΘΔ. Φανερὸν δὴ ὅτι τοῦ ἡλίου ἐπὶ τοῦ Ε σημείου ὄντος, τὸ Δ ἄστρον ἑῴαν ἐπιτολὴν ποιεῖται. Ἔστω δὲ ἣν πορεύεται ὁ ἥλιος ἐν τῇ νυκτὶ περιφέρεια ἡ ΕΚ, καὶ τῇ ΕΚ ἴση ἀπειλήφθω ἡ ΔΛ, καὶ κοινὴ ἡ ΛΕ. Ὅλη ἄρα ἡ ΔΕ ὅλῃ τῇ ΛΚ ἴση ἐστίν. Ἡμίσους δὲ ζῳδίου ἐστὶν ἡ ΔΕ. Ἡμίσους ἄρα καὶ ἡ ΛΚ.

3 τὴν om. B ‖ 8 et 12 λ' : τριάκοντα P ‖ 8 et 11 ἀνατέλλον : -τέλλων P ‖ 9 δῦνον : δύνων P ‖ 20 ἐπὶ τοῦ Ε σημείου post ὄντος transp. P ‖ 21 ἐπιτολὴν : ἀνατολὴν B ‖ ἐν : ἐπὶ B.

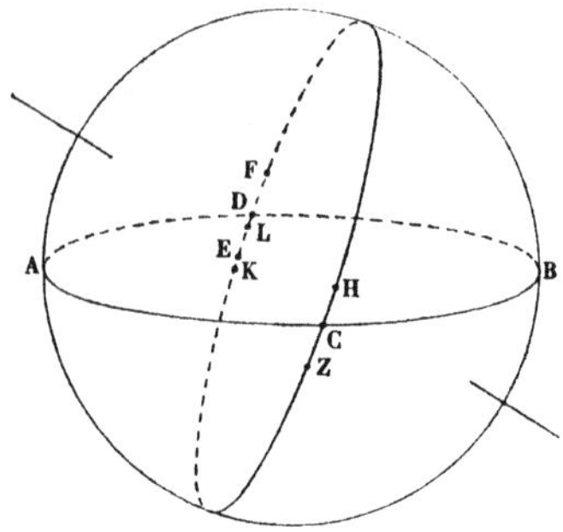

Donc quand le soleil se trouve en K, on voit l'étoile L faire son lever du matin : l'étoile D est déjà levée[1]. Les choses se produiront toujours ainsi jusqu'à ce que le soleil arrive au point Z. Une fois le soleil arrivé en Z et distant de l'horizon[2] de l'arc CZ valant un demi-signe, l'étoile D fait son lever du soir. Donc l'étoile D va de son lever du matin à son lever du soir en cinq mois. En effet l'arc EZ est égal à cinq signes et il est évident que le soleil parcourt cinq signes en cinq mois[3].

C'est de la même manière que l'on démontrera le reste de la proposition. A la suite en effet, lorsque le soleil a parcouru l'arc ZCH qui vaut un signe, il fait faire son coucher du matin à l'étoile D. Et il est évident que c'est au bout de trente jours environ[4].

1. Donc on voit l'étoile D se lever avant l'aube ; l'étoile D se levant de plus en plus tôt, on la voit effectuer un trajet de plus en plus grand au-dessus de l'horizon avant que le soleil n'éteigne son éclat.

2. Le grec ne précise pas « de l'horizon ». Est-ce oubli d'un copiste ? Sinon, Autolycos a-t-il pensé que la formulation était suffisamment claire du fait que C, dans l'arc CZ, était à l'intersection du zodiaque et de l'horizon du côté du couchant ?

3. Le soleil qui décrit le zodiaque en 365 1/4 jours décrit donc à peu près un degré en un jour, un signe en un mois de trente jours (cf. Géminos, *op. cit.* I, 7-8). Tous ces chiffres étaient d'ailleurs nettement perçus par les Grecs comme de simples approximations, fort utiles.

4. Autolycos avait ajouté, dans l'énoncé de la proposition, que pendant les trente jours en question, on ne voit l'étoile ni

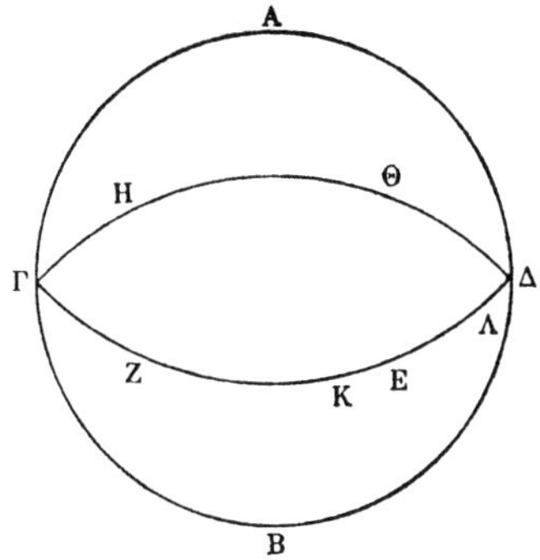

Τοῦ ἄρα ἡλίου ἐπὶ τοῦ Κ ὄντος, τὸ Λ ἄστρον ἐπιτελλόμενον ὁρᾶται ἑῷον · καὶ προανατέλλει αὐτοῦ τὸ Δ. Καὶ τοῦτο αἰεὶ ἔσται ἕως ἂν ὁ ἥλιος ἀφίκηται ἐπὶ τὸ Ζ σημεῖον. Καὶ γενομένου ἐπὶ τὸ Ζ καὶ ἀπέχοντος ἡμίσους ζῳδίου περιφέρειαν τὴν ΓΖ, τὸ Δ ἄστρον ἑσπερίαν ἐπιτολὴν ποιεῖται. Τὸ ἄρα Δ ἄστρον ἀπὸ ἑῴας ἐπιτολῆς ἐπὶ ἑσπερίαν ἐπιτολὴν παραγίγνεται διὰ πενταμήνου · πέντε γὰρ ζῳδίων ἐστὶν ἡ ΕΖ περιφέρεια καὶ φανερὸν ὅτι πέντε ζῴδια διὰ πενταμήνου διέρχεται.

Ὁμοίως δὴ δειχθήσεται καὶ τὰ λοιπὰ τὰ διὰ τῆς προτάσεως. Ἀκολούθως γὰρ τὴν ΖΓΗ περιφέρειαν διελθὼν ὁ ἥλιος ἑνὸς ζῳδίου οὖσαν τὴν ἑῴαν δύσιν ποιεῖται τῷ Δ ἄστρῳ. Καὶ φανερὸν ὡς διὰ ἡμερῶν λʹ.

3 ὁ om. AF ‖ 13 λʹ AD : τριάκοντα BFP.

se lever ni se coucher, ce qu'il ne rappelle pas dans la démonstration. Sans doute renvoie-t-il implicitement le lecteur aux propositions II et III du livre I : « Pour toute étoile fixe, le lever de l'étoile est visible chaque nuit depuis le lever apparent du matin jusqu'au lever apparent du soir et à aucune autre époque » et « Pour toute étoile fixe, le coucher de l'étoile est visible chaque nuit depuis le coucher apparent du matin jusqu'au coucher apparent du soir et à aucune autre époque ».

Également quand le soleil a parcouru l'arc HF qui vaut cinq signes, il fait faire son coucher du soir à l'étoile D, et cela, au bout de cinq mois.

De même quand le soleil a décrit l'arc FDE et qu'il est arrivé en E, il fait faire son lever du matin à l'étoile D, et cela, au bout de trente jours, puisqu'il décrit un arc d'un signe.

VII

Pour toutes les étoiles interceptées par le zodiaque au nord, le coucher du matin précède le lever du matin. Pour toutes celles qui sont interceptées par le zodiaque au sud, le lever du matin précède le coucher du matin[1].

Soient l'horizon AB, le zodiaque CD. Soient une étoile D située au levant et, plus au nord, une étoile H[2]. L'étoile D se lève donc en même temps que l'étoile H mais ne se couche pas en même temps qu'elle. H se couchera donc en même temps que l'une des étoiles qui suivent l'étoile D. Supposons qu'elle se couche en même temps que F et soit E l'étoile diamétralement opposée. Prenons l'arc DK et aussi l'arc EL valant chacun un demi-signe.

Puisque, le soleil étant en K, l'étoile D fait son lever du matin et que D se lève en même temps que H, lorsque le soleil est en K, H fait son lever du matin. De même puisque, le soleil étant vers L, E fait son lever du matin et que, lorsque E se lève, F [et H] se couche,

1. Si l'on se reporte à la proposition IV, les étoiles « interceptées par le zodiaque » en direction du nord ou du sud seraient les étoiles situées entre les tropiques et placées soit au nord soit au sud de l'écliptique. Par ailleurs le terme de προηγοῦνται (« précèdent ») est assez vague ; il est expliqué pourtant dans la démonstration : le coucher du matin précède le lever du matin lorsque l'intervalle entre coucher du matin et lever du matin est moindre que celui compris entre lever du matin et coucher du matin. En fait donc, on considère les phénomènes qui se produisent en un espace de temps inférieur à une demi-année : et c'est à partir de là que l'on dit que l'un précède et que l'autre suit.

Ἔτι δὲ τὴν ΗΘ διελθὼν πέντε ζῳδίων οὖσαν τὴν ἑσπερίαν δύσιν ποιεῖται τῷ Δ ἄστρῳ καὶ διὰ μηνῶν πέντε.

Πάλιν δὲ τὴν ΘΔΕ ὁ ἥλιος διερχόμενος καὶ ἐπὶ τὸ Ε παραγενόμενος τὴν ἑῴαν ἐπιτολὴν ποιεῖ τῷ Δ ἄστρῳ καὶ διὰ ἡμερῶν λʹ· ἑνὸς γὰρ ζῳδίου δίεισιν περιφέρειαν.

Z

Ὅσα ἀπολαμβάνεται ὑπὸ τοῦ ζῳδιακοῦ ἐπὶ τὰ πρὸς ἄρκτους, ἐκείνων αἱ ἑῷαι δύσεις τῶν ἑῴων ἐπιτολῶν προηγοῦνται, ὅσα δὲ ἀπολαμβάνεται ὑπὸ τοῦ ζῳδιακοῦ ἐπὶ τὰ πρὸς μεσημβρίαν, ἐκείνων αἱ ἑῷαι ἐπιτολαὶ τῶν ἑῴων δύσεων προηγοῦνται.

Ἔστω ὁρίζων ὁ ΑΒ, ὁ δὲ τῶν ζῳδίων κύκλος ὁ ΓΔ, καὶ ἄστρον τι ἐπὶ τῆς ἀνατολῆς ἔστω τὸ Δ, βορειότερον δὲ τὸ Η. Τὸ ἄρα Δ ἄστρον τῷ Η ἄστρῳ ἅμα μὲν ἀνατέλλει, οὐχ ἅμα δὲ δύνει. Ὥστε τῶν ἑπομένων τινὶ τῷ Δ ἄστρῳ τὸ Η συνδύσεται. Συνδυνέτω τῷ Θ, καὶ ἔστω τῷ Θ κατὰ διάμετρον τὸ Ε, καὶ ἀπειλήφθω ἡμίσους ζῳδίου περιφέρεια ἡ ΔΚ, καὶ ἔτι ἡ ΕΛ.

Καὶ ἐπεὶ τοῦ ἡλίου ἐπὶ τοῦ Κ ὄντος τὸ Δ ἑῷον ἐπιτέλλει, τῷ δὲ Δ ἅμα ἀνατέλλει τὸ Η, τοῦ ἄρα ἡλίου ἐπὶ τοῦ Κ ὄντος τὸ Η ἑῷον ἐπιτέλλει. Πάλιν ἐπεὶ τοῦ ἡλίου ἐπὶ τοῦ Λ [τόπου] ὄντος τὸ Ε ἑῷον ἐπιτέλλει, τοῦ δὲ Ε ἀνατέλλοντος

2 πέντε : E D || 4 ἐπιτολὴν ego : ἀνατολὴν codd. || 5 λʹ : τριάκοντα P || 9 ὑπὸ τοῦ ζῳδιακοῦ post μεσημβρίαν transp. B || 10 ἑῷαι : ἑῷοι A || 16 τῷ pr. AP : τὸ BDF || 19, 21, et 22 ἐπιτέλλει ego : ἀνατέλλει codd. || 21-22 πάλιν — ἐπιτέλλει om. D rest. al. m. || 22 τόπου deleui.

2. Dans la construction, Autolycos ne donne aucune précision et ne fait intervenir aucune restriction sur la situation de H « au nord ». La démonstration semble valable dans tous les cas, y compris dans celui des étoiles situées au nord du tropique.

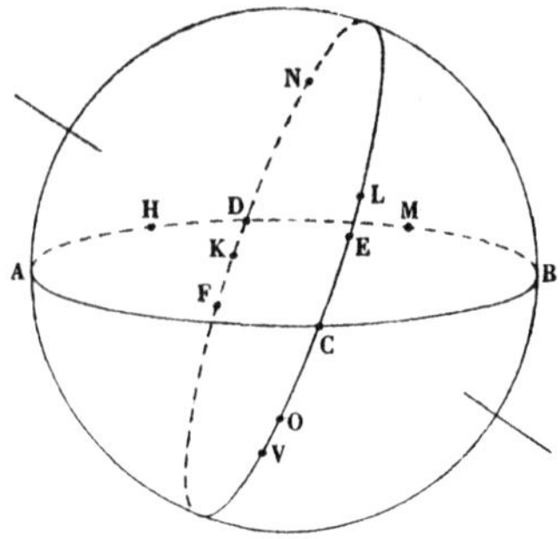

lorsque le soleil est en L, l'étoile H fait son coucher du matin, car H se couche en même temps que F. Mais lorsque le soleil est en K, l'étoile H fait son lever du matin. Par conséquent c'est lorsque le soleil a décrit l'arc KCEL que l'étoile H fait son coucher du matin. Or l'arc KCEL est plus grand que l'arc LDK et L précède[1] K. Donc H passe plus de temps pour aller de son lever du matin à son coucher du matin que pour aller de son coucher du matin à son lever du matin.

De même soit une étoile M au levant mais au sud. Puisque l'étoile M qui se lève en même temps que l'étoile D se couche la première, M se couchera en même temps que l'une des étoiles qui précèdent D. Supposons qu'elle se couche en même temps que l'étoile N et soit V diamétralement opposé à N. Prenons un arc VO valant un demi-signe. Puisque, le soleil étant en K, D fait son lever du matin, M aussi fait son lever du matin. De même puisque, le soleil étant en O, V fait son lever du matin et N son coucher du matin et que, lorsque N se couche, M se couche aussi, lorsque le

1. Ce terme est abondamment glosé par les scolies. Une étoile en précède une autre quand elle se lève avant l'autre sur le demi-cercle qui les porte toutes les deux. Ici, si l'on considère le demi-cercle ELNDKF, dans le mouvement diurne, E se lève d'abord suivi de L, N, D, K et F ; donc L précède bien K.

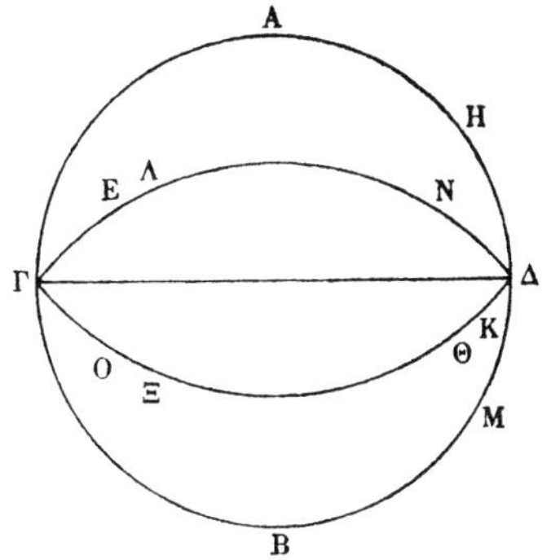

τὸ Θ δύνει [καὶ τὸ Η], τοῦ ἄρα ἡλίου ἐπὶ τοῦ Λ ὄντος τὸ Η ἑῷον δύνει· συνδύνει γὰρ τὸ Η τῷ Θ. Ἀλλὰ καὶ ἐπὶ τοῦ Κ ὄντος ἑῷον ἐπιτέλλει. Ὥστε ἐν ᾧ ὁ ἥλιος τὴν ΚΓΕΛ περιφέρειαν δίεισιν, τὸ Η ἄστρον ἑῷον δύνει. Καὶ ἔστι μείζων ἡ ΚΓΕΛ περιφέρεια τῆς ΛΔΚ περιφερείας καὶ προηγεῖται τὸ Λ τοῦ Κ. Ἀπὸ ἄρα ἑῴας ἐπιτολῆς ἐπὶ ἑῴαν δύσιν παραγίγνεται ὕστερον καὶ ἀπὸ ἑῴας δύσεως ἐπὶ ἑῴαν ἐπιτολὴν πρότερον.

Πάλιν ἔστω ἐπὶ τῆς ἀνατολῆς νοτιώτερον τὸ Μ ἄστρον· καὶ ἐπεὶ τὸ Μ ἄστρον τῷ μὲν Δ ἄστρῳ ἅμα ἀνατέλλον πρότερον δύνει, τῶν προηγουμένων τινὶ αὐτοῦ τὸ Μ συνδύσεται. Συνδυνέτω τῷ Ν καὶ ἔστω τῷ Ν κατὰ διάμετρον τὸ Ξ, καὶ ἀπειλήφθω ἡμίσους ζῳδίου περιφέρεια ἡ ΞΟ. Καὶ ἐπεὶ τοῦ ἡλίου ἐπὶ τοῦ Κ ὄντος τὸ Δ ἑῷον ἐπιτέλλει, καὶ τὸ Μ ἑῷον ἐπιτέλλει. Πάλιν ἐπεὶ τοῦ ἡλίου ὄντος ἐπὶ τοῦ Ο, τὸ μὲν Ξ ἑῷον ἐπιτέλλει, τὸ δὲ Ν δύνει, τοῦ δὲ Ν

1 καὶ τὸ Η deleui || 2 καὶ om. P rest. al. m. || 4 δίεισιν : διαπορεύεται B || δύνει om. P rest. al. m. || 6 ἐπιτολῆς ego : ἀνατολῆς codd. || post ἐπὶ hab. τὴν P || 7 ἐπιτολὴν ego : ἀνατολὴν codd. || 10 ἀνατέλλον Hult. : ἀνατέλλοντι codd. || 11 τὸ Μ F Hult. : τὸ Δ ABD τοῦ Δ P Mog. || 12 τῷ pr. : τὸ BD || τῷ alt. : τὸ B || 14, 15 et 16 ἐπιτέλλει ego : ἀνατέλλει codd.

soleil est en O, M fait son coucher du matin. Mais lorsque le soleil était en K, M faisait son lever du matin ; et, le soleil mettant moins de temps à décrire l'arc KO[1], K précède O. Donc, pour aller de son coucher du matin à son lever du matin, M mettra plus de temps que pour aller de son lever du matin à son coucher du matin.

VIII

Pour toutes les étoiles interceptées par le zodiaque [du côté du levant[2]] au nord, le coucher du soir précède le lever du soir. Pour toutes celles qui sont interceptées au sud par le cercle médian des signes, le lever du soir précède le coucher du soir.

Soient l'horizon AB, le zodiaque CD ; soit une étoile H située au levant et au nord. H se lève donc en même temps que D mais elle ne se couche pas en même temps. H se couchera en même temps que l'une des étoiles qui suivent D. Supposons que ce soit F qui se couche en même temps que H. Prenons l'arc FK et l'arc CL valant chacun un demi-signe de zodiaque. Puisque, le soleil étant en K, F fait son coucher du soir et que, lorsque F se couche, H se couche aussi, quand le soleil est en K, H fait son coucher du soir. De même puisque, le soleil étant en L, C fait son coucher du soir et que, lorsque C

1. Formulation elliptique, assez différente de la première partie de la démonstration, pour indiquer que l'arc KO est inférieur à un demi-cercle. Sur le demi-cercle DKFVOC les étoiles se lèvent les unes après les autres en commençant par D et en terminant par C ; donc K précède O.

2. Cette indication qui ne se trouvait pas dans l'énoncé précédent est probablement une addition postérieure et qui n'a aucun sens. Elle est à sa place dans la construction de la figure, mais pas dans l'énoncé. Autolycos semble reprendre ici sous une autre forme la proposition V du livre I (cf. *supra*, p. 82).

δύνοντος καὶ τὸ Μ δύνει, ὥστε καὶ τοῦ ἡλίου ἐπὶ τοῦ Ο ὄντος τὸ Μ ἑῷον δύνει. Ἀλλὰ μὴν καὶ ἐπὶ τοῦ Κ ὄντος ἑῷον ἐπέτελλεν· καὶ ἔστιν ἐλάττων ὁ χρόνος ἐν ᾧ ὁ ἥλιος τὴν ΚΟ περιφέρειαν διέρχεται καὶ προηγεῖται τὸ Κ τοῦ Ο. Ἀπὸ ἄρα τῆς ἑῴας δύσεως ἐπὶ ἑῴαν ἐπιτολὴν παρέσται ὕστερον, καὶ ἀπὸ ἑῴας ἐπιτολῆς ἐπὶ ἑῴαν δύσιν πρότερον.

Η

Ὅσα ἀπολαμβάνεται ὑπὸ τοῦ ζῳδιακοῦ [κατὰ τὰς ἀνατολὰς] ἐπὶ τὰ πρὸς ἄρκτους, ἐκείνων αἱ ἑσπέριαι δύσεις προηγοῦνται τῶν ἑσπερίων ἐπιτολῶν, ὅσα δὲ πρὸς μεσημβρίαν ὑπὸ τοῦ διὰ μέσων ἀπολαμβάνεται, ἐκείνων αἱ ἑσπέριοι ἐπιτολαὶ προηγοῦνται τῶν ἑσπερίων δύσεων.

Ἔστω ὁρίζων ὁ ΑΒ καὶ ὁ τῶν ζῳδίων κύκλος ὁ ΓΔ, καὶ ἄστρον τι ἐπὶ τῆς ἀνατολῆς ἐπὶ τὰ πρὸς ἄρκτους ἔστω τὸ Η. Τὸ ἄρα Η ἅμα μὲν τῷ Δ ἀνατέλλει, οὐχ ἅμα δὲ δύνει. Τῶν ἄρα ἑπομένων τινὶ τῷ Δ ἄστρῳ συνδύσεται τὸ Η. Συνδυνέτω τὸ Θ καὶ ἀπειλήφθω ἡμίσους ζῳδίου περιφέρεια ἡ ΘΚ καὶ ἔτι ἡ ΓΛ. Ἐπεὶ τοῦ ἡλίου ἐπὶ τοῦ Κ ὄντος τὸ Θ ἑσπέριον δύνει, τοῦ δὲ Θ δύνοντος καὶ τὸ Η δύνει, τοῦ ἄρα ἡλίου ἐπὶ τοῦ Κ ὄντος τὸ Η ἑσπέριον δύνει. Πάλιν ἐπεὶ τοῦ ἡλίου ὄντος ἐπὶ τοῦ Λ τὸ Γ ἑσπέριον δύνει, τοῦ δὲ Γ

1-2 τὸ Μ — ὄντος om. D rest. al. m. || 2 ἐπὶ om. P rest. al. m. || 3 ἐπέτελλεν ego : ἀνέτελλεν ABDF ἀνατέλλει P || ἐλάττων PD[pc] : ἔλαττον ABFD[ac] || 5 ἐπιτολὴν ego : ἀνατολὴν codd. || 6 ἐπιτολῆς ego : ἀνατολῆς codd. || 8-9 κατὰ τὰς ἀνατολὰς deleui || 12 ἑσπέριοι ADF : ἑσπέριαι BP || ἐπιτολαὶ ego : ἀνατολαὶ codd. || 20-21 πάλιν — δύνει om. D rest. al. m. || 21 τοῦ pr. : τὸ B.

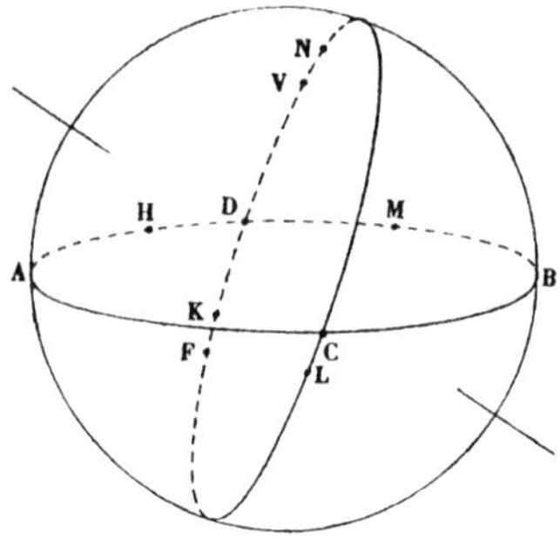

se couche, H se lève[1], quand le soleil est en L, H fait son lever du soir. Or le temps que met le soleil à décrire l'arc LDK est supérieur à celui qu'il met à décrire l'arc KL. Donc pour aller de son lever du soir à son coucher du soir, l'étoile H mettra plus de temps que pour aller de son coucher du soir à son lever du soir.

De même prenons une étoile M au sud. Puisque M ne se couche pas en même temps que D mais se lève en même temps qu'elle, elle se couchera en même temps que l'une des étoiles qui précèdent D. Supposons qu'elle se couche en même temps que V et prenons un arc NV valant un demi-signe. Puisque, le soleil étant en N, l'étoile V fait son coucher du soir et que, lorsque V se couche, M se couche aussi, quand le soleil est en N, M fait son coucher du soir. De même puisque, le soleil étant en L, C fait son coucher du soir et que, lorsque C se couche, D se lève[1], quand le soleil est en L,

1. Le texte grec porte ici « se lève le soir » qui rompt la logique du raisonnement. Le ἑσπέριον est certainement à cette place une inadvertance de copiste, alors qu'il est parfaitement correct à la ligne suivante.

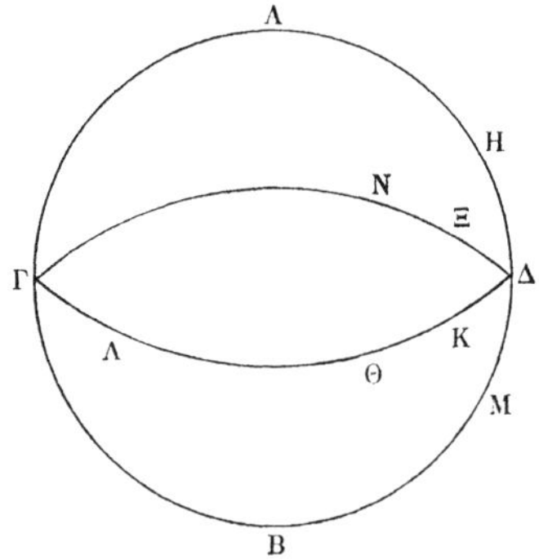

δύνοντος τὸ Η [ἑσπέριον] ἀνατέλλει, τοῦ ἄρα ἡλίου ἐπὶ τοῦ Λ ὄντος τὸ Η ἑσπέριον ἐπιτέλλει. Μείζων ἄρα ὁ χρόνος ἐν ᾧ ὁ ἥλιος τὴν ΛΔΚ περιφέρειαν διέρχεται ἢ τὴν ΚΛ. Ἀπὸ ἄρα τῆς ἑσπερίας ἐπιτολῆς ἐπὶ τὴν ἑσπερίαν δύσιν παραγίγνεται ὕστερον, καὶ ἀπὸ τῆς ἑσπερίας δύσεως ἐπὶ τὴν ἑσπερίαν ἐπιτολὴν πρότερον.

Πάλιν εἰλήφθω ἄστρον πρὸς μεσημβρίαν τὸ Μ. Καὶ ἐπεὶ οὐχ ἅμα μὲν τῷ Δ τὸ Μ δύνει, ἅμα δὲ ἀνατέλλει, ὥστε συνδύσεται τῶν ἡγουμένων τινὶ τοῦ Δ. Συνδυνέτω τῷ Ξ, καὶ ἀπειλήφθω ἡμίσους ζῳδίου περιφέρεια ἡ ΝΞ. Ἐπεὶ τοῦ ἡλίου ἐπὶ τοῦ Ν ὄντος τὸ Ξ ἑσπέριον δύνει, τοῦ δὲ Ξ δύνοντος τὸ Μ δύνει, τοῦ ἄρα ἡλίου ἐπὶ τοῦ Ν ὄντος τὸ Μ ἑσπέριον δύνει. Πάλιν ἐπεὶ τοῦ ἡλίου ἐπὶ τοῦ Λ ὄντος τὸ Γ ἑσπέριον δύνει, τοῦ δὲ Γ δύνοντος τὸ Δ [ἑσπέριον] ἀνατέλλει, καὶ τοῦ ἄρα ἡλίου ἐπὶ τοῦ Λ ὄντος τὸ Δ ἑσπέριον

1 et 14 ἑσπέριον deleui || 1-2 τοῦ ἄρα — ἐπιτέλλει om. P rest. al. m. || 1 τοῦ AB : τὸ DF || 2 ἐπιτέλλει ego : ἀνατέλλει codd. || 3 ὁ om. P || διέρχεται : διαπορεύεται B || 4 ἐπιτολῆς ego : ἀνατολῆς codd. || 6 ἐπιτολὴν ego : ἀνατολὴν codd.

D fait son lever du soir. Or D se lève en même temps que M. Par conséquent quand le soleil se trouve vers L, M fait son lever du soir et, quand il se trouve vers N, M fait son coucher du soir. Or l'arc LCN est inférieur à l'arc NDL. Donc pour aller de son coucher du soir à son lever du soir, l'étoile M met plus de temps que pour aller de son lever du soir à son coucher du soir.

IX

Parmi les étoiles portées par un même cercle[1], toutes celles qui sont interceptées par le zodiaque au nord disparaîtront[2] moins longtemps que celles qui sont interceptées au sud.

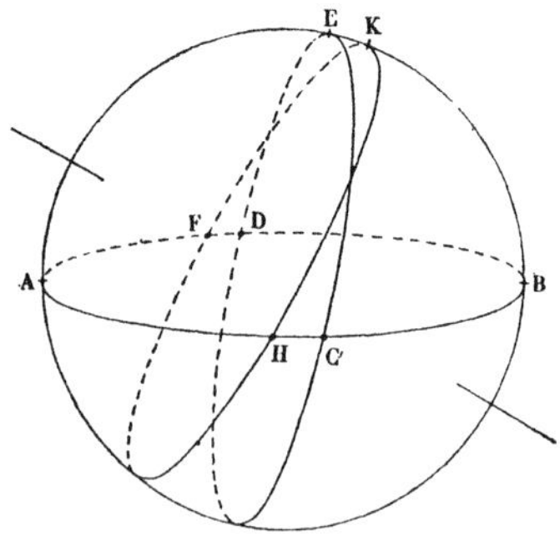

Soient l'horizon ACBD, le méridien AB[3], le zodiaque CD. Décrivons un cercle parallèle HF. Soient sur ce cercle deux étoiles H et K, H étant au nord du zodiaque,

1. Ce cercle est un parallèle. Le cercle du zodiaque étant oblique, des étoiles qui sont à la même distance du pôle (puisqu'elles sont sur un même parallèle) peuvent être situées soit au nord soit au sud du zodiaque, suivant leur position par rapport aux points d'intersection du zodiaque et du cercle parallèle en question.

2. Les étoiles restent invisibles de leur coucher du soir à leur lever du matin (cf. *Levers et couchers héliaques*, livre I, prop. VIII relative aux seules étoiles situées sur le zodiaque). C'est à cette disparition des étoiles que s'applique l'expression κρύψιν ἄγειν.

3. Autolycos place implicitement les étoiles E et K dans le

ἐπιτέλλει. Συνανατέλλει δὲ τὸ Δ τῷ Μ. Ὥστε κατὰ μὲν τοῦ Λ ὄντος τοῦ ἡλίου τὸ Μ ἑσπέριον ἐπιτέλλει, κατὰ δὲ τοῦ Ν ἑσπέριον δύνει. Καὶ ἔστιν ἡ ΛΓΝ περιφέρεια τῆς ΝΔΛ ἐλάσσων. Ἀπὸ ἄρα τῆς ἑσπερίας δύσεως ἐπὶ τὴν ἑσπερίαν ἐπιτολὴν παραγίγνεται ὕστερον, καὶ ἀπὸ τῆς ἑσπερίας ἐπιτολῆς ἐπὶ τὴν ἑσπερίαν δύσιν πρότερον.

Θ

Τῶν ἐπὶ τοῦ αὐτοῦ κύκλου φερομένων ἄστρων ὅσα ἀπολαμβάνεται ὑπὸ τοῦ ζῳδιακοῦ ἐπὶ τὰ πρὸς ἄρκτους, ἐκεῖνα ἐλάσσονα χρόνον κρύψιν ἄξει τῶν ἐπὶ τὰ νότια τοῦ ζῳδιακοῦ.

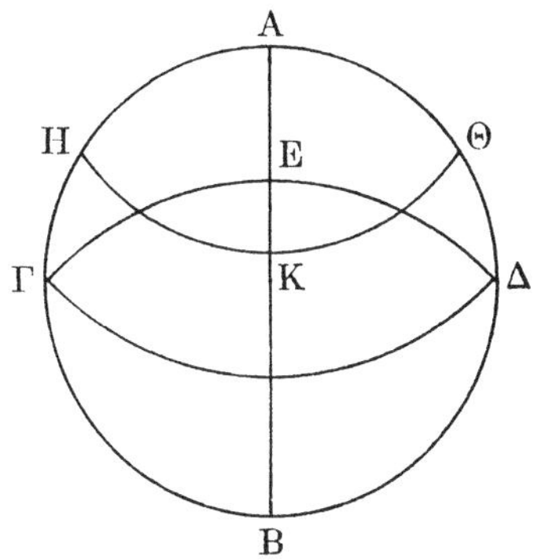

Ἔστω ὁρίζων ὁ ΑΓΒΔ, μεσημβρινὸς δὲ ὁ ΑΒ, ὁ δὲ τῶν ζῳδίων ὁ ΓΔ, καὶ γεγράφθω παράλληλος κύκλος ὁ ΗΘ, καὶ ἔστω ἐπ' αὐτοῦ δύο ἄστρα τὰ Η Κ, βορειότερον μὲν τοῦ

1 et 2 ἐπιτέλλει ego : ἀνατέλλει codd. || 3 ΛΓΝ : ΓΛΝ B || 5 ἐπιτολὴν ego : ἀνατολὴν codd. || 6 ἐπιτολῆς ego : ἀνατολῆς codd. || 10 ἄξει : αὔξει B || 12 ΑΓΒΔ Hult. : ΑΒΓΔ codd.

méridien du lieu ; mais la démonstration serait valable si E et K étaient sur n'importe quel autre cercle horaire (à condition que E soit au nord de K). Notons que le terme de méridien (μεσημβρινός) apparaît ici pour la première fois.

K au sud. Je dis que H disparaît moins longtemps que K.

Puisqu'on a deux étoiles, H et E, H étant au nord du zodiaque et E sur le zodiaque, H disparaît moins longtemps que E[1]. Et puisque sur le méridien on a deux étoiles, E et K, E étant au nord, K au sud, E disparaîtra moins longtemps que K[2]. Mais H disparaît moins longtemps que E. Donc H disparaît moins longtemps que K.

X

Soient des étoiles interceptées par le zodiaque du côté du levant vers le nord[3]. Si les points du zodiaque[4] qui se couchent en même temps qu'elles sont éloignés de moins d'un demi-signe de ceux qui se lèvent en même temps qu'elles, elles[5] mettent, pour aller de leur lever du matin à leur lever du soir, cinq mois pendant lesquels on pourra les voir se lever ; pour aller de leur lever du soir à leur coucher du matin, plus de trente jours [pendant lesquels elles disparaîtront[6]] ; pour aller de leur coucher du matin à leur coucher du soir, cinq mois pendant lesquels on les verra se coucher ; pour aller de leur coucher du soir à leur lever du matin, moins de trente jours pendant lesquels elles disparaîtront.

1. Cf. *Levers et couchers héliaques*, I, 10.
2. Cf. *Levers et couchers héliaques*, I, 9. L'intervention du méridien dans cette figure et dans cette démonstration n'est pas nécessaire.
3. C'est la première de neuf propositions construites exactement sur le même modèle. Varient seulement : — la position des étoiles considérées, au levant ou au couchant sur l'horizon, au nord ou au sud du zodiaque ; — la distance sur l'écliptique entre les points (ou les étoiles) du zodiaque qui se lèvent ou se couchent en même temps que les étoiles considérées. A noter que dans toutes ces propositions, Autolycos emploie un neutre pluriel désignant des points ou des étoiles, ou bien précise — sans raison évidente — qu'il s'agit d'étoiles.
4. Autolycos ne précise pas, comme le fait la traduction, que c'est sur le zodiaque qu'il situe les points (ou étoiles) considérés ; mais cela est suggéré plus loin par l'emploi de l'intervalle d'un demi-signe.

ζῳδιακοῦ τὸ Η, νοτιώτερον δὲ τὸ Κ. Λέγω ὅτι τὸ Η τοῦ Κ ἐλάσσονα χρόνον κρύψιν ἄγει.

Ἐπεὶ γὰρ δύο ἄστρα ἐστὶν τὰ Η Ε, βορειότερον μὲν τὸ Η, ἐπὶ δὲ τοῦ ζῳδιακοῦ τὸ Ε, ἐλάσσονα χρόνον κρύψιν ἄγει τὸ Η τοῦ Ε. Καὶ ἐπεὶ ἐπὶ τοῦ μεσημβρινοῦ δύο ἄστρα ἐστὶν τὰ Ε Κ, βορειότερον μὲν τὸ Ε, νοτιώτερον δὲ τὸ Κ, ἐλάσσονα χρόνον κρύψιν ἄξει τὸ Ε τοῦ Κ. Ἀλλὰ τὸ Η τοῦ Ε ἐλάσσονα χρόνον κρύψιν ἄξει. Τὸ Η ἄρα τοῦ Κ ἐλάσσονα χρόνον κρύψιν ἄγει.

I

Τοῖς ἀπολαμβανομένοις ὑπὸ τοῦ ζῳδιακοῦ κατὰ τὰς ἀνατολὰς ἐπὶ τὰ πρὸς ἄρκτους μέρη, οἷς τὰ συνδύνοντα ἀπέχει τῶν συνανατελλόντων αὐτοῖς ἔλαττον ἡμίσους ζῳδίου, ἐκεῖνα ἀπὸ τῆς ἑῴας ἐπιτολῆς ἐπὶ τὴν ἑσπερίαν ἐπιτολὴν παραγίγνεται διὰ πενταμήνου καὶ τοῦτον τὸν χρόνον ἀνατέλλοντα θεωρηθήσεται, ἀπὸ δὲ τῆς ἑσπερίας ἐπιτολῆς ἐπὶ τὴν ἑῴαν δύσιν διὰ πλειόνων ἢ τριάκοντα ἡμερῶν [καὶ τοῦτον τὸν χρόνον κρύψιν ἄξει], ἀπὸ δὲ τῆς ἑῴας δύσεως ἐπὶ τὴν ἑσπερίαν δύσιν διὰ πενταμήνου καὶ τοῦτον τὸν χρόνον δύνοντα ὁραθήσεται, ἀπὸ δὲ τῆς ἑσπερίας δύσεως ἐπὶ τὴν ἑῴαν ἐπιτολὴν δι' ἐλαττόνων ἥξει ἢ τριάκοντα ἡμερῶν καὶ τοῦτον τὸν χρόνον κρύψιν ἄξει.

2 κρύψιν : κρύψει D || 3-5 ἄστρα — ἐστὶν om. P rest. al. m. || 8 χρόνον om. B || 9 ἄγει : ἄξει B || 16 δὲ om. P rest. al. m. || 18 καὶ — ἄξει deleui || 19 δύσεως om. P rest. al. m. || 20 δύνοντα Hult. : δῦνον codd.

---

5. Il s'agit donc des étoiles interceptées par le zodiaque au nord, qui peuvent être comprises entre 24° nord et 24° sud.

6. Entre le lever du soir et le coucher du matin, les étoiles sont visibles la nuit ; on ne les voit ni se coucher ni se lever mais elles décrivent un trajet dans le ciel pendant la nuit. C'est donc là une glose à supprimer.

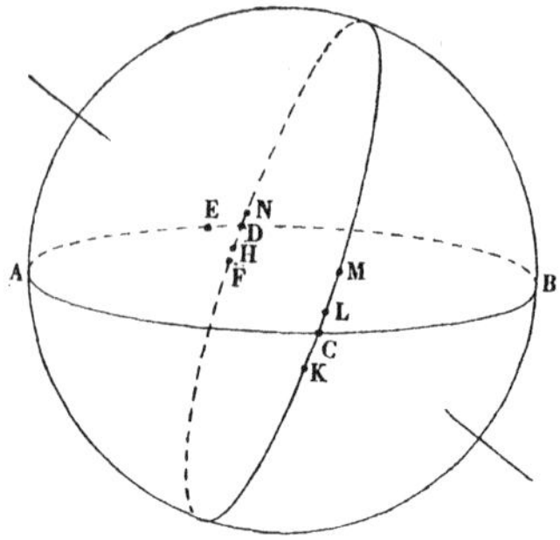

Soient l'horizon ACBD, le zodiaque CD et une étoile E sur l'horizon, au levant et au nord. E se lève en même temps que D mais ne se couche pas en même temps. Elle se couche donc en même temps que l'un des points qui suivent D. Supposons qu'elle se couche en même temps que H. L'arc HD est donc inférieur à un demi-signe[1] [; c'est ce que demande l'hypothèse dans la protase]. Prenons des arcs d'un demi-signe, DF et aussi KC. Soit L diamétralement opposé à H. Prenons des arcs d'un demi-signe, LM et NDH[2].

Puisque, le soleil se trouvant en F, D fait son lever du matin ainsi que E ; puisque de même, le soleil étant en K, C fait son coucher du soir (car K se couche avant C) et que, lorsque C se couche, D se lève ainsi que E, quand le soleil est en K, E fait son lever du soir. Donc pour aller de son lever du matin à son lever du soir, l'étoile E met le temps qu'il faut au soleil pour décrire l'arc FK. Or FK représente cinq mois[3].

1. Ceci est l'hypothèse contenue dans l'énoncé, comme l'indique une glose insérée dans le texte de certains manuscrits. Dans ce cas très particulier, l'étoile E est sans aucun doute assez proche du zodiaque. Cette formulation se retrouvera dans les propositions qui suivent.

2. Puisque DH est inférieur à ½ signe, l'arc de ½ signe NH contient D.

3. Comme dans la démonstration de la proposition VIII, FK vaut un demi-cercle diminué d'un signe de zodiaque, donc cinq signes de zodiaque, qui sont décrits par le soleil en cinq mois.

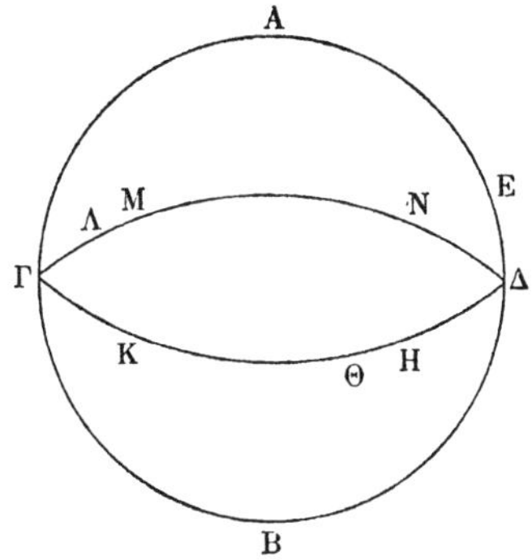

Ἔστω ὁρίζων ὁ ΑΓΒΔ, ὁ δὲ τῶν ζῳδίων ὁ ΓΔ, καὶ ἄστρον τι ἔστω ἐπὶ τοῦ ὁρίζοντος ἐπὶ τῆς ἀνατολῆς πρὸς ἄρκτους τὸ Ε. Τὸ δὴ Ε ἅμα μὲν τῷ Δ ἀνατέλλει, οὐχ ἅμα δὲ αὐτῷ δύνει. Τῶν ἄρα ἑπομένων τινὶ τῷ Δ συνδύνει. Συνδυνέτω τῷ Η. Ἡ ἄρα ΗΔ ἐλάττων ἐστὶν ἡμίσους ζῳδίου [· τοῦτο γὰρ ἐν τῇ προτάσει βούλεται ὑποκεῖσθαι]. Καὶ ἀπειλήφθω ἡμίσους ζῳδίου περιφέρεια ἡ ΔΘ καὶ ἔτι ἡ ΚΓ, καὶ ἔστω τῷ Η κατὰ διάμετρον τὸ Λ, καὶ ἀπειλήφθω ἡμίσους ζῳδίου περιφέρεια ἡ ΛΜ καὶ ἔτι ἡ ΝΔΗ.

Ἐπεὶ τοῦ ἡλίου ἐπὶ τοῦ Θ ὄντος τὸ Δ ἑῷον ἐπιτέλλει καὶ τὸ Ε, πάλιν ἐπεὶ τοῦ ἡλίου ἐπὶ τοῦ Κ ὄντος τὸ Γ ἑσπέριον δύνει, προδύνει γὰρ τὸ Κ τοῦ Γ, τοῦ δὲ Γ δύνοντος τὸ Δ ἀνατέλλει καὶ τὸ Ε, τοῦ ἄρα ἡλίου ἐπὶ τοῦ Κ ὄντος τὸ Ε ἑσπέριον ἐπιτέλλει. Ἀπὸ ἄρα ἑῴας ἐπιτολῆς ἐπὶ ἑσπερίαν ἐπιτολὴν παραγίγνεται τὸ Ε ἄστρον ἐν ᾧ ὁ ἥλιος τὴν ΘΚ περιφέρειαν διέρχεται· καὶ ἔστιν ἡ ΘΚ πέντε μηνῶν.

1 ΑΓΒΔ D : ΑΓΒ AF ΑΒΓ B ΑΒΓΔ P ‖ 5-6 τοῦτο γὰρ — ὑποκεῖσθαι del. Mog. ‖ 6 προτάσει ABF : προτάσσει DP ‖ 7-9 ἡ ΔΘ — περιφέρεια om. D rest. al. m. ‖ 10 τοῦ alt. : τὸ D ‖ 10 et 14 ἐπιτέλλει ego : ἀνατέλλει codd.

Puisque, le soleil étant en M, L fait son lever du matin (en effet L se lève avant M) et que, lorsque L se lève, H se couche ainsi que E, quand le soleil est en M, l'étoile E fait son coucher du matin. Donc l'étoile E pour aller de son lever du soir à son coucher du matin met le temps qu'il faut au soleil pour décrire l'arc KCM. Or cet arc est supérieur à un signe[1].

De même puisque, le soleil étant en N, H fait son coucher du soir (en effet N se couche avant H) et que, lorsque H se couche, E se couche aussi, quand le soleil est en N, E fait son coucher du soir. Donc, pour aller de son coucher du matin à son coucher du soir, l'étoile E met le temps qu'il faut au soleil pour décrire l'arc MN. Or l'arc MN représente cinq mois[2].

Enfin, pendant tout le temps que le soleil décrit l'arc NDF, E reste invisible ; l'arc NDF est inférieur à un signe.

XI

Soient des étoiles interceptées par le zodiaque <du côté du levant> vers le sud. Si les points du zodiaque[3] qui se lèvent en même temps qu'elles sont éloignés de ceux qui se couchent en même temps qu'elles d'un arc inférieur à un demi-signe, elles feront après leur lever du matin leur lever du soir, puis leur coucher du matin moins de trente jours après, puis leur coucher du soir,

1. En effet LM = CK = ½ signe ; et il faut ajouter LC inférieur à un demi-signe. Le soleil met trente jours en moyenne pour décrire un signe ; il met donc plus de trente jours pour décrire KCM. Il est à noter que dans la démonstration il n'est pas indiqué que ces étoiles restent invisibles durant ce temps-là, ce qui corrobore la correction proposée plus haut (p. 119, n. 6).

2. LMH = ½ cercle ou 6 signes ; LM = ½ signe ; HN = ½ signe ; donc LMH — (LM+HN) = 5 signes ; ces 5 signes sont décrits par le soleil en cinq mois.

3. Comme dans la démonstration précédente, τὰ συνανατέλλοντα désignent les points (ou les étoiles) du zodiaque qui se lèvent avec les étoiles considérées. Celles-ci sont prises « du côté du levant », comme il faut le préciser.

Καὶ ἐπεὶ τοῦ ἡλίου ἐπὶ τοῦ Μ ὄντος τὸ μὲν Λ ἑῷον ἐπιτέλλει, προανατέλλει γὰρ τὸ Λ τοῦ Μ, τοῦ δὲ Λ ἀνατέλλοντος τὸ Η δύνει καὶ τὸ Ε, τοῦ ἄρα ἡλίου ἐπὶ τοῦ Μ ὄντος τὸ Ε ἑῷον δύνει. Τὸ ἄρα Ε ἄστρον παραγίγνεται ἀπὸ ἑσπερίας ἐπιτολῆς ἐπὶ ἑῴαν δύσιν ἐν ᾧ ὁ ἥλιος τὴν ΚΓΜ περιφέρειαν διέρχεται· καὶ ἔστι μείζων ζῳδίου.

Πάλιν ἐπεὶ τοῦ ἡλίου ἐπὶ τοῦ Ν ὄντος τὸ Η ἑσπέριον δύνει, προδύνει γὰρ τοῦ Η τὸ Ν, τοῦ δὲ Η δύνοντος καὶ τὸ Ε [ἑσπέριον] δύνει, τοῦ ἄρα ἡλίου ἐπὶ τοῦ Ν ὄντος τὸ Ε ἑσπέριον δύνει. Ἀπὸ ἄρα τῆς ἑῴας δύσεως ἐπὶ τὴν ἑσπερίαν δύσιν παραγίγνεται τὸ Ε ἄστρον ἐν ᾧ ὁ ἥλιος τὴν ΜΝ περιφέρειαν διέρχεται· καὶ ἔστιν ἡ ΜΝ πέντε μηνῶν.

Ἐν ᾧ δὲ ὁ ἥλιος τὴν ΝΔΘ περιφέρειαν διαπορεύεται, τὸ Ε κρύψιν ἄγει· καὶ ἔστιν ἡ ΝΔΘ ἐλάσσων ζῳδίου.

ΙΑ

Ὅσα τῶν ἄστρων ἀπολαμβάνεται ὑπὸ τοῦ ζῳδιακοῦ ⟨κατὰ τὰς ἀνατολὰς⟩ ἐπὶ τὰ πρὸς μεσημβρίαν, ἐκείνοις ἐὰν τὰ συνανατέλλοντα ἀπὸ τῶν συνδυνόντων ἀπέχῃ ἐλάττονα ἡμίσους ζῳδίου περιφέρειαν, ἐκεῖνα ἀπὸ τῆς ἑῴας ἐπιτολῆς ἐχομένην τὴν ἑσπερίαν ἐπιτολὴν ποιήσεται, ἔπειτα τὴν ἑῴαν δύσιν δι' ἐλασσόνων ἢ τριάκοντα ἡμερῶν, εἶτα τὴν ἑσπερίαν δύσιν, εἶτα τὴν ἑῴαν ἐπιτολήν, κρύψιν

3 καὶ : κατὰ D || 7 ἐπὶ τοῦ Ν post ὄντος transp. P || 9 ἑσπέριον deleui || 12 ΜΝ (bis) : ΜΗ F || 17 post τῶν hab. ἀπλανῶν P || 18 κατὰ τὰς ἀνατολὰς addidi || 19 συνανατέλλοντα ego : συνεπιτέλλοντα codd. || 21 ἐπιτολῆς ego : ἀνατολῆς codd. || 22-23 δι' ἐλασσόνων — δύσιν om. DP rest. ἔπειτα τὴν ἑσπερίαν δύσιν al. m.

puis leur lever du matin. Elles disparaîtront plus longtemps que les étoiles situées sur le zodiaque[1].

Soient l'horizon AB et le zodiaque CD. Prenons deux étoiles au levant D et E et supposons que E se lève en même temps que D[2] mais qu'elle se couche avant elle. Elle se couche donc en même temps que l'une des étoiles qui la précèdent. Supposons qu'elle se couche en même temps que Z. L'arc ZD est donc inférieur à un demi-signe[3]. Soit H diamétralement opposé à Z ; l'arc CH est donc lui aussi inférieur à un demi-signe. Prenons des arcs d'un demi-signe, CF, HCK et aussi DL et MZ.

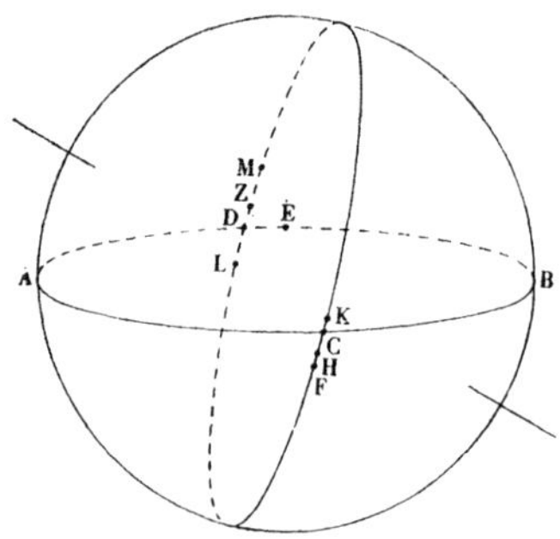

Puisque, le soleil étant en L, D fait son lever du matin ainsi que E ; puisque de même, le soleil étant en F, C fait son coucher du soir et que, lorsque C se couche, D se lève ainsi que E, quand le soleil est en F et que C se couche, E fait son lever du soir.

1. Cette dernière indication de l'énoncé est reprise dans la démonstration sous une autre forme : entre le coucher du soir et le lever du matin de ces étoiles, il y a plus de trente jours, ces trente jours étant l'intervalle entre ces deux phases pour les étoiles du zodiaque (cf. prop. VI).

2. Par construction, l'étoile D est à l'intersection de l'horizon et du zodiaque.

3. D'après l'énoncé, qui avait précisé la valeur de cet arc.

τε πλείονα χρόνον ἄξει τῶν ἐπὶ τοῦ ζῳδιακοῦ τεταγμένων ἄστρων.

Ἔστω ὁρίζων ὁ ΑΒ, ὁ δὲ τῶν ζῳδίων ὁ ΓΔ, καὶ εἰλήφθω ἄστρα δύο ἐπὶ τῆς ἀνατολῆς τὰ Δ Ε, καὶ τὸ Ε τῷ Δ ἅμα ἀνατελλέτω, πρότερον δὲ δυνέτω. Τῶν ἄρα προηγουμένων τινὶ συνδύνει. Συνδυνέτω τῷ Ζ· ἡ ἄρα ΖΔ περιφέρεια ἐλάττων ἐστὶν ἡμίσους ζῳδίου. Ἔστω τῷ Ζ κατὰ διάμετρον τὸ Η· καὶ ἡ ΓΗ ἄρα ἐλάσσων ἐστὶν ἡμίσους ζῳδίου. Καὶ ἀπειλήφθω ἡμίσους ζῳδίου περιφέρεια ἡ ΓΘ, καὶ ἡ ΗΓΚ, καὶ ἔτι ἥ τε ΔΛ καὶ ἡ ΜΖ.

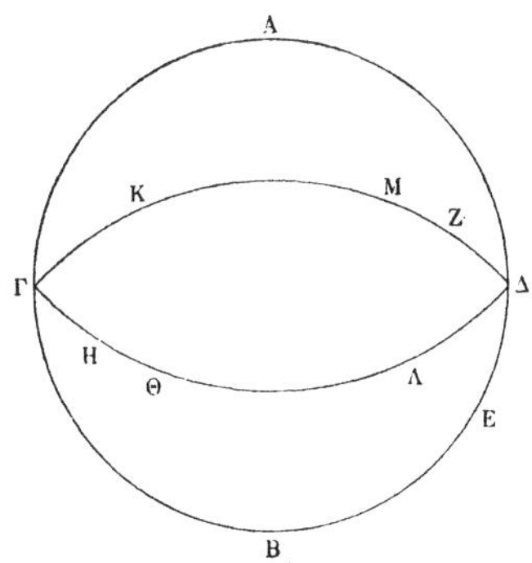

Ἐπεὶ τοῦ ἡλίου ἐπὶ τοῦ Λ ὄντος τὸ Δ ἑῷον ἐπιτέλλει καὶ τὸ Ε, πάλιν ἐπεὶ τοῦ ἡλίου ἐπὶ τοῦ Θ ὄντος τὸ Γ ἑσπέριον δύνει, τοῦ δὲ Γ δύνοντος τὸ Δ ἀνατέλλει καὶ τὸ Ε, τοῦ ἄρα ἡλίου ἐπὶ τοῦ Θ ὄντος καὶ δύνοντος τοῦ Γ, τὸ Ε ἑσπέριον ἐπιτέλλει.

4 τῷ Δ post ἅμα transp. P ‖ 7-8 ἔστω — ζῳδίου om. P rest. al. m. ‖ 10 τε : τὸ F ‖ 11 et 15 ἐπιτέλλει ego : ἀνατέλλει codd. ‖ 14 Γ : Θ B.

De même puisque, le soleil étant en K, H fait son lever du matin ; que, lorsque H se lève, Z qui lui est diamétralement opposé se couche et que, lorsque Z se couche, E se couche aussi, quand le soleil est en K, E fait son coucher du matin. L'arc FHCK est inférieur à un signe[1].

De même puisque, le soleil étant en M, Z fait son coucher du soir et que, lorsque Z se couche, E se couche aussi, quand le soleil est en M, E fait son coucher du soir.

Pour aller de son coucher du soir à son lever du matin, l'étoile E met donc le temps qu'il faut au soleil pour décrire l'arc MDL ; et l'arc MDL est supérieur à un signe[2].

XII

Soient des étoiles interceptées par le zodiaque du côté du levant vers le sud. Si les points du zodiaque qui se lèvent en même temps qu'elles sont éloignés de ceux qui se couchent en même temps qu'elles d'un arc valant un signe, elles font la même nuit leur lever du soir et leur coucher du matin. Elles disparaîtront plus longtemps[3] que les étoiles situées sur le zodiaque.

Soient l'horizon AB, le zodiaque CD, et soit une étoile E au levant vers le sud. Supposons que E se lève en même temps que D. Elle se couche donc en même temps que l'un des points qui précèdent D. Supposons qu'elle se couche en même temps que Z. L'arc DZ est donc égal à un signe. Soit F diamétralement opposé à Z. L'arc CF est donc aussi égal à un signe. Divisons

1. Pendant cette période, inférieure à 30 jours, l'étoile est visible la nuit, mais on ne la voit ni se lever ni se coucher.

2. Il correspond donc à plus de trente jours, pendant lesquels l'étoile E reste totalement invisible. E reste donc invisible plus longtemps que les étoiles du zodiaque.

3. Cette formule est fort vague. D'après la démonstration, il est facile pourtant d'évaluer le temps durant lequel les étoiles en question restent invisibles : deux mois.

Πάλιν ἐπεὶ τοῦ ἡλίου ἐπὶ τοῦ Κ ὄντος τὸ Η ἑῷον ἐπιτέλλει, τοῦ δὲ Η ἀνατέλλοντος τὸ κατὰ διάμετρον τὸ Ζ δύνει, τοῦ δὲ Ζ δύνοντος καὶ τὸ Ε δύνει, τοῦ ἄρα ἡλίου ἐπὶ τοῦ Κ ὄντος τὸ Ε ἑῷον δύνει· καὶ ἔστιν ἐλάσσων ζῳδίου ἡ ΘΗΓΚ.

Πάλιν ἐπεὶ τοῦ ἡλίου ἐπὶ τοῦ Μ ὄντος τὸ Ζ ἑσπέριον δύνει, τοῦ δὲ Ζ δύνοντος καὶ τὸ Ε δύνει, τοῦ ἄρα ἡλίου ἐπὶ τοῦ Μ ὄντος τὸ Ε ἑσπέριον δύνει.

Ἀπὸ ἄρα τῆς ἑσπερίας δύσεως ἐπὶ τὴν ἑῴαν ἐπιτολὴν ⟨τὸ Ε ἄστρον⟩ παραγίγνεται ἐν ᾧ ὁ ἥλιος τὴν ΜΔΛ περιφέρειαν δίεισιν· καὶ ἔστιν ἡ ΜΔΛ μείζων ζῳδίου.

ΙΒ

Ὅσα τῶν ἄστρων ἀπολαμβάνεται ὑπὸ τοῦ ζῳδιακοῦ κατὰ τὰς ἀνατολὰς ἐπὶ τὰ πρὸς μεσημβρίαν, ὧν τὰ συνανατέλλοντα τῶν συνδυνόντων ἀπέχει ζῳδίου περιφέρειαν, ἐκεῖνα τῇ αὐτῇ νυκτὶ καὶ ἑσπέρια ἐπιτέλλει καὶ ἑῷα δύνει, καὶ πλείονα χρόνον κρύψιν ἄξει τῶν ἐπὶ τοῦ ζῳδιακοῦ τεταγμένων ἄστρων.

Ἔστω ὁρίζων ὁ ΑΒ, ὁ δὲ τῶν ζῳδίων ὁ ΓΔ, καὶ ἄστρον ἐπὶ τῆς ἀνατολῆς ἔστω πρὸς μεσημβρίαν τὸ Ε, καὶ τὸ Ε τῷ Δ συνανατελλέτω. Τῶν ἄρα ἡγουμένων τινὶ τῷ Δ συνδύνει. Συνδυνέτω τῷ Ζ. Ἡ ἄρα ΔΖ ζῳδίου ἐστίν. Καὶ τῷ Ζ κατὰ διάμετρον ἔστω τὸ Θ. Καὶ ἡ ΓΘ ἄρα ζῳδίου

2 ἐπιτέλλει ego : ἀνατέλλει codd. ‖ 6 ἐπὶ τοῦ Μ post ὄντος transp. P ‖ 7 δὲ Ζ DFP : ΔΕΖ A δὲ ΕΔΖ B ‖ 9 ἐπιτολὴν ego : ἀνατολὴν codd. ‖ 10 τὸ Ε ἄστρον addidi ‖ 14 τὰς om. B ‖ 19-p. 125, 11 καὶ ἄστρον — ὁ ΓΔ om. B.

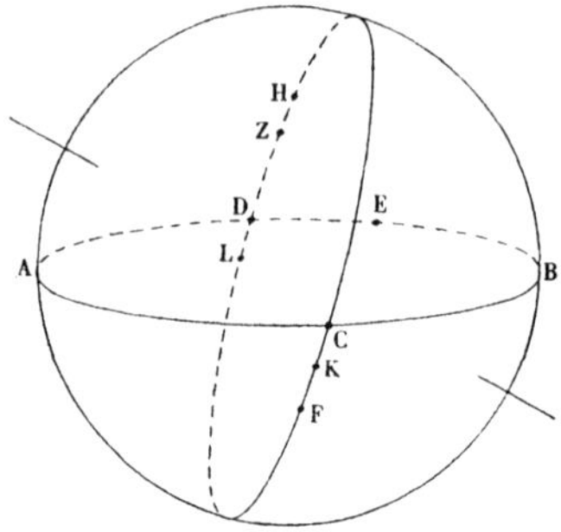

l'arc CF en deux parties égales par le point K et prenons des arcs égaux à un demi-signe, ZH et LD.

Puisque, le soleil étant en L, l'étoile D fait son lever du matin ainsi que E ; puisque de même, le soleil étant en K, l'étoile C fait son coucher du soir (l'arc CK vaut en effet un demi-signe) et que, lorsque C se couche, D se lève ainsi que E, quand le soleil est en K, E fait son lever du soir[1].

De même puisque, le soleil étant en K, F fait son lever du matin, que, lorsque F se lève, Z se couche et que, lorsque Z se couche, E se couche aussi, quand le soleil se trouve en K, E fait son coucher du matin. Mais quand le soleil est en K, E fait également son lever du soir. Donc la même nuit l'étoile E fait son lever du soir et son coucher du matin[2].

De même puisque, le soleil étant en H, l'étoile Z fait son coucher du soir et que, lorsque Z se couche, E se couche aussi, quand le soleil est en H, E fait son coucher du soir[3]. Mais quand le soleil est en L, E fait

1. L'arc LK vaut cinq signes de zodiaque ; le soleil met donc cinq mois à le parcourir. Entre le lever du matin de E et son lever du soir, il s'écoule donc cinq mois.

2. On la voit alors décrire en entier sa trajectoire au-dessus de l'horizon, depuis son lever jusqu'à son coucher. Pour E, cela ne se produit qu'une seule nuit par an.

3. De son coucher du matin (= lever du soir) à son coucher du soir, E met le temps qu'il faut au soleil pour décrire l'arc KCH, soit 5 mois, puisque l'arc KCH vaut 5 signes de zodiaque.

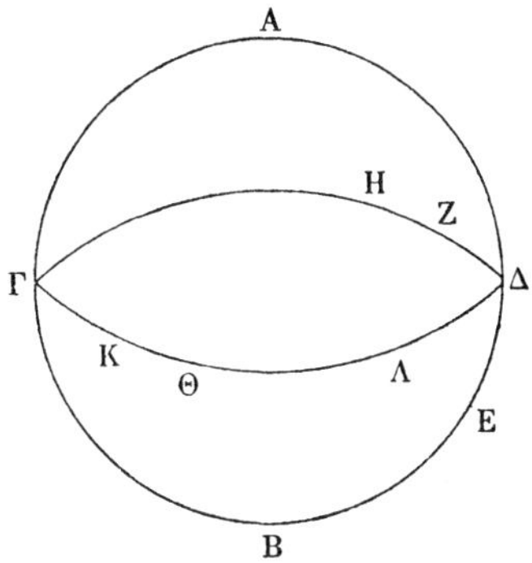

ἐστίν. Καὶ τετμήσθω ἡ ΓΘ δίχα κατὰ τὸ Κ σημεῖον καὶ ἀπειλήφθω ἡμίσους ζῳδίου περιφέρεια ἡ ΖΗ καὶ ἔτι ἡ ΛΔ.

Ἐπεὶ τοῦ ἡλίου ἐπὶ τοῦ Λ ὄντος τὸ Δ ἄστρον ἑῷον ἐπιτέλλει καὶ τὸ Ε, πάλιν ἐπεὶ τοῦ ἡλίου ἐπὶ τοῦ Κ ὄντος τὸ Γ ἄστρον ἑσπέριον δύνει, ἡμίσους γάρ ἐστιν ἡ ΓΚ, τοῦ δὲ Γ δύνοντος τὸ Δ ἀνατέλλει καὶ τὸ Ε, τοῦ ἄρα ἡλίου ἐπὶ τοῦ Κ ὄντος τὸ Ε ἑσπέριον ἐπιτέλλει.

Πάλιν ἐπεὶ τοῦ ἡλίου ἐπὶ τοῦ Κ ὄντος τὸ Θ ἑῷον ἐπιτέλλει, τοῦ δὲ Θ ἀνατέλλοντος τὸ Ζ δύνει, τοῦ δὲ Ζ δύνοντος καὶ τὸ Ε δύνει, τοῦ ἄρα ἡλίου ἐπὶ τοῦ Κ ὄντος τὸ Ε ἑῷον δύνει. Ἀλλὰ μὴν καὶ ἐπὶ τοῦ Κ ὄντος τὸ Ε ἑσπέριον ἐπιτέλλει. Ἐν τῇ ἄρα αὐτῇ νυκτὶ τὸ Ε ἄστρον ἑσπέριον ἐπιτέλλει καὶ ἑῷον δύνει.

Πάλιν ἐπεὶ τοῦ ἡλίου ἐπὶ τοῦ Η ὄντος τὸ Ζ ἄστρον ἑσπέριον δύνει, τοῦ δὲ Ζ δύνοντος καὶ τὸ Ε δύνει, τοῦ ἄρα ἡλίου ἐπὶ τοῦ Η ὄντος τὸ Ε ἑσπέριον δύσεται. Ἀλλὰ

4, 7, 9, 12 et 13 ἐπιτέλλει ego : ἀνατέλλει codd.

également son lever du matin. Donc elle disparaîtra pendant le temps qu'il faut au soleil pour décrire l'arc HDL[1].

XIII

Soient des étoiles interceptées par le zodiaque du côté du couchant[2] vers le nord. Si les étoiles du zodiaque qui se lèvent en même temps qu'elles sont éloignées des étoiles qui se couchent en même temps qu'elles d'un arc inférieur à un demi-signe, elles feront successivement après leur lever du matin leur lever du soir, puis leur coucher du matin, puis leur coucher du soir. Elles disparaîtront moins longtemps que les étoiles qui sont situées sur le zodiaque.

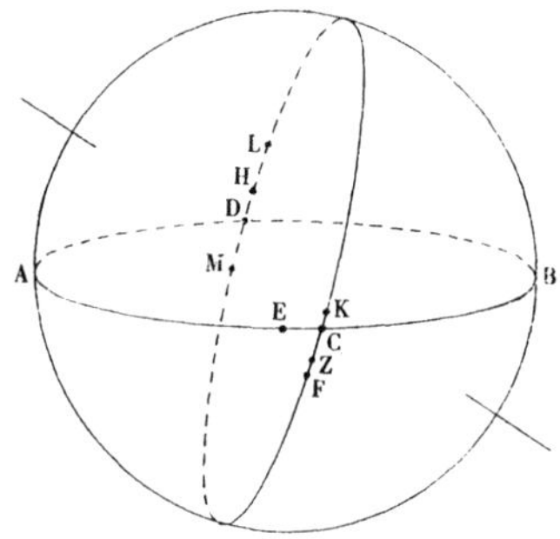

Soient l'horizon AB et le zodiaque CD ; et soit une étoile E au couchant vers le nord. Supposons qu'elle se couche en même temps que C et qu'elle se lève en même temps que l'une des étoiles, Z, qui précèdent C. L'arc CZ est donc inférieur à un demi-signe. Soit H

1. L'arc HDL vaut deux signes ; le soleil mettra donc deux mois à le décrire.

2. Cette proposition est identique à la proposition X mais considère les étoiles « du côté du couchant ». Les résultats sont obligatoirement les mêmes.

μὴν καὶ ἐπὶ τοῦ Λ ὄντος ἑῷον ἐπιτέλλει. Κρύψιν ἄρα ἄξει ἐν ᾧ ὁ ἥλιος τὴν ΗΔΛ περιφέρειαν διέρχεται.

ΙΓ

Τοῖς ἀπολαμβανομένοις ἄστροις ὑπὸ τοῦ ζῳδιακοῦ κατὰ τὰς δύσεις ἐπὶ τὰ πρὸς ἄρκτους, ἐὰν τὰ συνδύνοντα ἀπὸ τῶν συνανατελλόντων ἄστρων ἀπέχῃ ἐλάττονα ἡμίσους ζῳδίου περιφέρειαν, ἐκεῖνα ἀπὸ τῆς ἑῴας ἐπιτολῆς ἐχομένην τὴν ἑσπερίαν ἐπιτολὴν ποιήσεται, εἶτα τὴν ἑῴαν δύσιν, εἶτα τὴν ἑσπέριον δύσιν, ἐλάττονα δὲ χρόνον κρύψιν ἄγει τῶν ἐπὶ τοῦ ζῳδιακοῦ τεταγμένων ἄστρων.

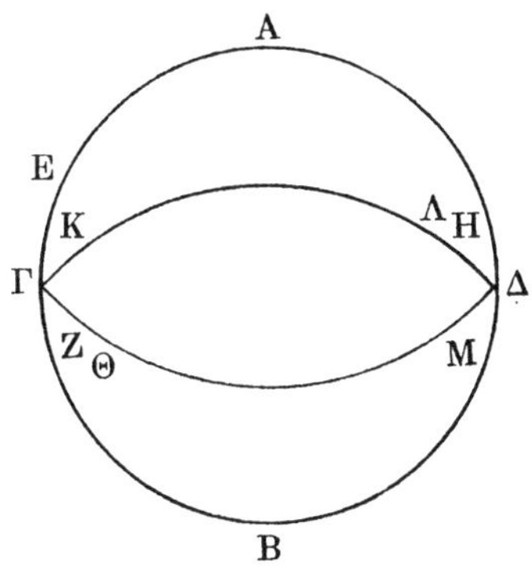

Ἔστω ὁρίζων ὁ ΑΒ, ὁ δὲ τῶν ζῳδίων ὁ ΓΔ, καὶ ἄστρον τι ἐπὶ τῆς [Γ] δύσεως πρὸς ἄρκτους ἔστω τὸ Ε, συνδῦνον μὲν τῷ Γ, συνανατέλλον δὲ τῶν προηγουμένων τινὶ τοῦ Γ τῷ Ζ. Ἡ ἄρα ΓΖ ἐλάττων ἐστὶν ἡμίσους ζῳδίου. Ἔστω

1 καὶ om. P || ἐπιτέλλει ego : ἀνατέλλει codd. || ἄξει Hult. : ἕξει codd. || 6 ἀπέχῃ DF : ἀπέχει AP || ἐλάττονα Hult. : ἔλαττον codd. || 9 ἑσπέριον ADF : ἑσπερίαν P || 12 Γ del. Hult. || συνδῦνον : -δύνων P || 13 συνανατέλλον : -τέλλων P.

diamétralement opposé à Z. Prenons des arcs d'un demi-signe, FC, KCZ, LH et aussi DM.

Puisque, le soleil étant en K, Z fait son lever du matin ainsi que E ; puisque de même, le soleil étant en L, H fait son coucher du soir et Z son lever du soir ainsi que E ; puisque de même, le soleil étant en M, D fait son lever du matin et que, lorsque D se lève, C se couche ainsi que E, quand le soleil se trouve en M, E fait son coucher du matin.

De même puisque, le soleil étant en F, C fait son coucher du soir ainsi que E et que, le soleil étant en K, E fait son lever du matin, E passe donc de son lever du matin à son lever du soir, de son lever du soir à son coucher du matin, de son coucher du matin à son coucher du soir ; elle disparaît pendant tout le temps que le soleil décrit l'arc FCK qui est inférieur à un signe. Par conséquent elle disparaît moins de temps que les étoiles situées sur le zodiaque.

XIV

Soient des étoiles interceptées par le zodiaque du côté du couchant vers le nord. Si les points du zodiaque qui se couchent en même temps qu'elles sont éloignés de ceux qui se lèvent en même temps qu'elles d'un arc égal à un signe[1], elles ne disparaîtront pas ; la même nuit on les verra faire leur lever du matin et leur coucher du soir.

Soient l'horizon AB et le zodiaque CD ; soit une étoile E au couchant, vers le nord. Supposons qu'elle se lève en même temps que Z et qu'elle se couche en même temps que C. L'arc CZ est donc égal à un signe.

1. Cet énoncé est analogue à celui de la proposition XII ; il s'agit ici d'étoiles situées au couchant et au nord. Les résultats sont inversés.

τῷ Ζ κατὰ διάμετρον τὸ Η, καὶ ἀπειλήφθω ἡμίσους ζῳδίου περιφέρεια ἥ τε ΘΓ καὶ ΚΓΖ καὶ ἡ ΛΗ καὶ ἔτι ἡ ΔΜ.

Ἐπεὶ τοῦ ἡλίου ἐπὶ τοῦ Κ ὄντος τὸ Ζ ἑῷον ἐπιτέλλει καὶ τὸ Ε, πάλιν ἐπεὶ τοῦ ἡλίου ἐπὶ τοῦ Λ ὄντος τὸ Η ἑσπέριον δύνει καὶ τὸ Ζ ἑσπέριον ἐπιτέλλει καὶ τὸ Ε, πάλιν ἐπεὶ τοῦ ἡλίου ἐπὶ τοῦ Μ ὄντος τὸ Δ ἑῷον ἐπιτέλλει, τοῦ δὲ Δ ἀνατέλλοντος τὸ Γ δύνει καὶ τὸ Ε, τοῦ ἄρα ἡλίου ἐπὶ τοῦ Μ ὄντος τὸ Ε ἑῷον δύνει.

Πάλιν ἐπεὶ τοῦ ἡλίου ἐπὶ τοῦ Θ ὄντος τὸ Γ ἑσπέριον δύνει καὶ τὸ Ε, κατὰ δὲ τὸ Κ ἑῷον ἐπιτέλλει, ἀπὸ ἄρα τῆς ἑῴας ἐπιτολῆς ἐπὶ τὴν ἑσπερίαν ἐπιτολὴν τὸ Ε παραγίγνεται, ἀπὸ δὲ τῆς ἑσπερίας ἐπιτολῆς ἐπὶ τὴν ἑῴαν δύσιν, καὶ ἀπὸ τῆς ἑῴας δύσεως ἐπὶ τὴν ἑσπέριον δύσιν, καὶ κρύψιν ἄγει ἐν ᾧ ὁ ἥλιος τὴν ΘΓΚ περιφέρειαν διέρχεται ἥτις ἐστὶν ἐλάσσων ζῳδίου. Ὥστε ἐλάσσονα χρόνον κρύψιν ἄγει τῶν ἐπὶ τοῦ ζῳδιακοῦ.

ΙΔ

Τοῖς ἀπολαμβανομένοις ὑπὸ τοῦ ζῳδιακοῦ κατὰ τὰς δύσεις ἐπὶ τὰ πρὸς ἄρκτους, ἐὰν τὰ συνδύνοντα ἀπὸ τῶν συνανατελλόντων ἀπέχῃ ζῳδίου περιφέρειαν, ἐκεῖνα κρύψιν οὐκ ἄξει ἀλλὰ τῆς αὐτῆς νυκτὸς ἑῷά τε ἐπιτέλλοντα καὶ ἑσπέρια δύνοντα φανήσεται.

Ἔστω ὁρίζων ὁ ΑΒ, ὁ δὲ τῶν ζῳδίων ὁ ΓΔ, καὶ ἄστρον τι ἐπὶ τῆς δύσεως ἐπὶ τὰ πρὸς ἄρκτους ἔστω τὸ Ε, καὶ συνανατελλέτω μὲν τῷ Ζ, συνδυνέτω δὲ τῷ Γ. Ζῳδίου ἄρα

1 τῷ : τὸ D || Η : Ν D || 3 ὄντος om. A || τὸ Ζ om. D || 3, 5, 6 et 10 ἐπιτέλλει ego : ἀνατέλλει codd. || 6 ἐπὶ τοῦ Μ post ὄντος transp. P || 11 et 12 ἐπιτολῆς ego : ἀνατολῆς codd. || 11 ἐπιτολὴν ego : ἀνατολὴν codd. || 13 ἑσπέριον ABD : ἑσπερίαν FP || 15 ἄγει om. P rest. al. m. || 22 post φανήσεται hab. καὶ μείζονα χρόνον κρύψιν ἄξει τῶν ἐπὶ τοῦ ζῳδιακοῦ τεταγμένων τὴν ἑσπερίαν ἐπιτολὴν καὶ ἑῴαν δύσιν ποιουμένων BD (om. καὶ) FP.

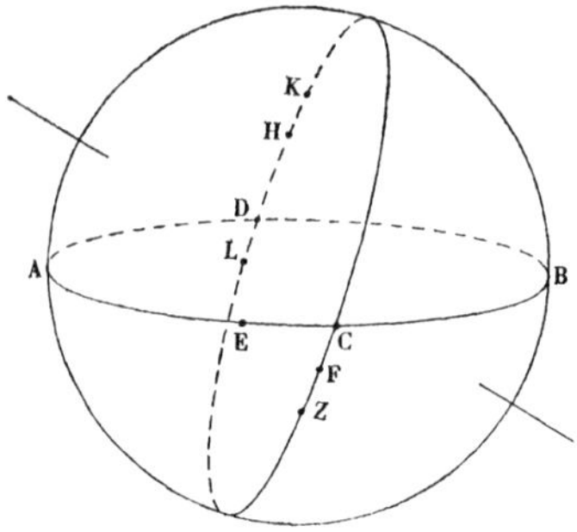

Je dis que l'étoile E ne disparaîtra pas ; c'est la même nuit qu'elle fait son lever du matin et son coucher du soir.

Soit H diamétralement opposé à Z. Divisons l'arc CZ en deux parties égales par le point F. Prenons des arcs d'un demi-signe, HK et aussi DL.

Puisque, le soleil étant en F, Z fait son lever du matin et donc E aussi fait son lever du matin, et que C fait son coucher du soir et donc aussi E, la même nuit donc l'étoile E fait son lever du matin et son coucher du soir[1].

De même puisque, le soleil étant en K, H fait son coucher du soir et que, lorsque H se couche, Z se lève ainsi que E, quand le soleil est en K, E fait son lever du soir[2].

De même puisque, le soleil étant en L, D fait son lever du matin et que, lorsque D se lève, C se couche ainsi que E, quand le soleil se trouve en L, E fait son coucher du matin[3].

1. Or les étoiles restent invisibles entre leur coucher du soir et leur lever du matin. Si l'étoile E fait les deux la même nuit, elle ne reste jamais invisible (ce qui était indiqué dans l'énoncé mais n'est pas repris dans la démonstration).

2. Entre le lever du matin et le lever du soir, il y a donc le temps que met le soleil à parcourir l'arc FK qui vaut 5 signes ; cela fait donc 5 mois.

3. Du lever du soir au coucher du matin de E, il se passe le temps qu'il faut au soleil pour parcourir l'arc KL qui vaut deux signes, soit 2 mois. Entre le coucher du matin de E et son coucher

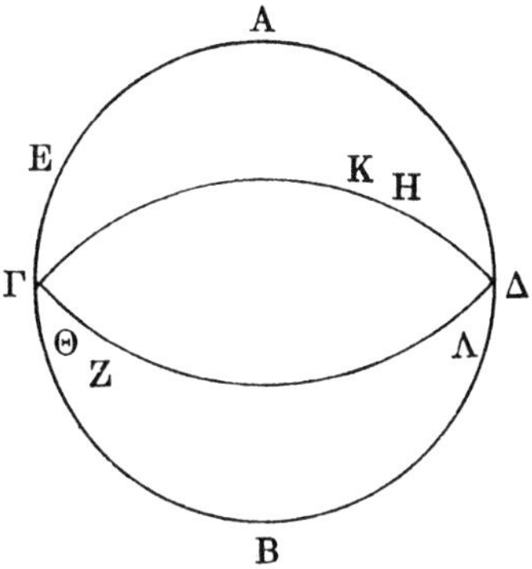

περιφέρεια ἡ ΓΖ. Λέγω ὅτι τὸ Ε ἄστρον κρύψιν οὐκ ἄξει ἀλλὰ τῆς αὐτῆς νυκτὸς καὶ ἑῷον ἐπιτέλλει καὶ ἑσπέριον δύνει.

Ἔστω γὰρ τῷ Ζ κατὰ διάμετρον τὸ Η καὶ τετμήσθω ἡ ΓΖ δίχα κατὰ τὸ Θ σημεῖον καὶ ἀπειλήφθω ἡμίσους ζῳδίου περιφέρεια ἡ ΗΚ καὶ ἔτι ἡ ΔΛ.

Ἐπεὶ τοῦ ἡλίου ἐπὶ τοῦ Θ ὄντος τὸ Ζ ἑῷον ἐπιτέλλει, καὶ τὸ Ε ἄρα ἑῷον ἐπιτέλλει, τὸ δὲ Γ ἑσπέριον δύνει, καὶ τὸ Ε ἄρα, ἐν τῇ αὐτῇ νυκτὶ ἄρα τὸ Ε ἄστρον καὶ ἑῷον ἐπιτέλλει καὶ ἑσπέριον δύνει.

Πάλιν ἐπεὶ τοῦ ἡλίου ἐπὶ τοῦ Κ ὄντος τὸ Η ἑσπέριον δύνει, τοῦ δὲ Η δύνοντος τὸ Ζ ἀνατέλλει καὶ τὸ Ε, τοῦ ἄρα ἡλίου ἐπὶ τοῦ Κ ὄντος τὸ Ε ἑσπέριον ἐπιτέλλει.

Πάλιν ἐπεὶ τοῦ ἡλίου ἐπὶ τοῦ Λ ὄντος τὸ Δ ἑῷον ἐπιτέλλει, τοῦ δὲ Δ ἀνατέλλοντος τὸ Γ δύνει καὶ τὸ Ε, τοῦ ἄρα ἡλίου ἐπὶ τοῦ Λ ὄντος τὸ Ε ἑῷον δύνει.

1 ἄξει ego : ἕξει codd. || 2, 7, 8, 10, 13 et 15 ἐπιτέλλει ego : ἀνατέλλει codd. || 14 ἐπὶ τοῦ Λ post ὄντος transp. P.

du soir (= lever du matin), il s'écoule le temps que met le soleil à parcourir LF qui vaut 5 signes, soit 5 mois.

XV

Soient des étoiles interceptées par le zodiaque du côté du couchant vers le nord. Si les points du zodiaque qui se couchent en même temps qu'elles sont éloignés de ceux qui se lèvent en même temps qu'elles d'un arc supérieur à un signe, elles ne disparaîtront jamais ; dans une même nuit elles se lèvent[1] le matin et se couchent le soir depuis leur lever du matin jusqu'à leur coucher du soir[2].

Soient l'horizon AB et le zodiaque CD ; soit une étoile E au couchant vers le nord. Supposons qu'elle se couche en même temps que C et qu'elle se lève en même temps que Z. Soit l'arc CZ supérieur à un signe. Je dis que l'étoile E ne disparaîtra jamais ; dans une même nuit, elle se couche le soir et se lève le matin <depuis son lever du matin jusqu'à son coucher du soir>.

Prenons des arcs d'un demi-signe, CH et aussi FZ. Soit K diamétralement opposé à Z. Prenons des arcs d'un demi-signe, KL et aussi DM. Puisque[3], le soleil étant en F, Z fait son lever du matin, E <fait donc aussi son lever du matin>. De même puisque, le soleil

1. L'énoncé et la démonstration sont obscurcis par le flottement déjà constaté entre les termes ἐπιτολή et ἀνατολή ou leurs composés.

2. Cf. Géminos, *op. cit.* XIV, 11 : « On donne à certaines étoiles le nom de « doublement visibles », à Arcturus par exemple, car on la voit souvent se coucher après le coucher du soleil et, dans la même nuit, se lever avant le soleil : d'où ce nom de « doublement visible » parce qu'on la voit se coucher le soir et se lever dans la même nuit ».

3. Il faut intervertir les deux propositions commençant par « puisque » pour conserver dans l'ordre normal les points successivement atteints par le soleil dans son mouvement annuel, et il convient de calquer ces deux premières propositions sur les deux suivantes qui aboutissent logiquement à la conclusion indiquée. En revanche il faut supprimer une phrase qui se trouve dans tous les manuscrits, indiquant après le second ἐπεί (celui

ΙΕ

Ὅσα τῶν ἄστρων ἀπολαμβάνεται ὑπὸ τοῦ ζῳδιακοῦ κατὰ τὰς δύσεις ἐπὶ τὰ πρὸς ἄρκτους, τούτοις ἐὰν τὰ συνδύνοντα ἀπὸ τῶν συνανατελλόντων ἀπέχῃ πλέον ζῳδίου περιφερείας, ἐκεῖνα οὐκ ἄξει κρύψιν, ἀλλὰ τῆς αὐτῆς νυκτὸς ἑῷα ἀνατέλλει καὶ ἑσπέρια δύνει ἀπὸ τῆς ἑῴας ἐπιτολῆς μέχρι τῆς ἑσπερίας δύσεως.

Ἔστω ὁρίζων ὁ ΑΒ, ὁ δὲ τῶν ζῳδίων ὁ ΓΔ, καὶ ἄστρον τι πρὸς δυσμαῖς ἐπὶ τὰ πρὸς ἄρκτους ἔστω τὸ Ε, καὶ συνδυνέτω μὲν τῷ Γ, συνανατελλέτω δὲ τῷ Ζ, καὶ ἔστω ἡ ΓΖ πλείων ζῳδίου περιφέρεια. Λέγω ὅτι τὸ Ε ἄστρον κρύψιν οὐκ ἄξει, ἀλλὰ τῆς αὐτῆς νυκτὸς καὶ ἑσπέριον δύνει καὶ ἑῷον ἀνατέλλει ⟨ἀπὸ τῆς ἑῴας ἐπιτολῆς μέχρι τῆς ἑσπερίας δύσεως⟩.

Ἀπειλήφθω γὰρ ἡμίσους ζῳδίου περιφέρεια ἡ ΓΗ, καὶ ἔτι ἡ ΘΖ, καὶ ἔστω τῷ Ζ κατὰ διάμετρον τὸ Κ, καὶ ἀπειλήφθω ἡμίσους ζῳδίου περιφέρεια ἡ ΚΛ, καὶ ἔτι ἡ ΔΜ. Καὶ ἐπεὶ τοῦ ἡλίου ἐπὶ τοῦ Θ ὄντος τὸ Ζ ἑῷον ἐπιτέλλει, καὶ τὸ Ε ⟨ἄρα ἑῷον ἐπιτέλλει⟩. Πάλιν ἐπεὶ τοῦ ἡλίου ἐπὶ

5 ἄξει AFP : ἕξει BD || 6 ἀνατέλλει ego : ἐπιτέλλει codd. || 10 τῷ pr. : τὸ A || 11 πλείων : πλεῖον P || 13 ἀνατέλλει ego : ἐπιτέλλει codd. || 13-14 ἀπὸ τῆς — δύσεως addidi || 16 τῷ Ζ om. B || 18 Θ ὄντος — ἐπιτέλλει e p. 129, 1 huc transposui || ἐπιτέλλει ego : ἀνατέλλει codd. || 19 ἄρα ἑῷον ἐπιτέλλει addidi.

---

qui a été mis en tête) que « pendant le temps que le soleil décrit l'arc FH on voit l'étoile E se lever le matin et se coucher le soir », ce qui est juste mais rendrait complètement inutile la suite de la démonstration. C'est donc probablement une glose, insérée par erreur dans le texte, ce qui a contribué à perturber la démonstration.

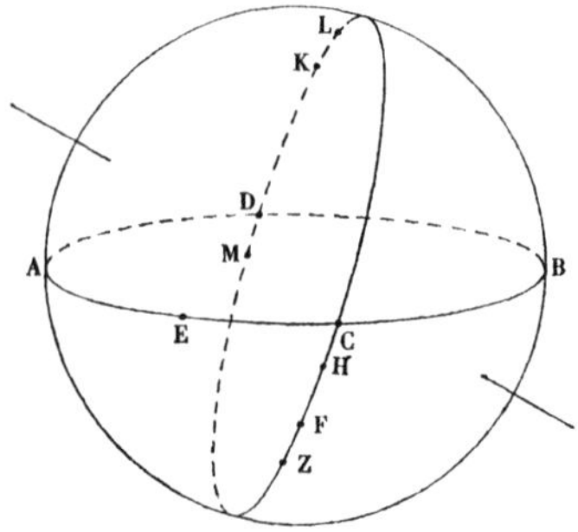

étant en H, C fait son coucher du soir, E <fait donc aussi son coucher du soir>. De même puisque, le soleil étant en L, K fait son coucher du soir et Z son lever du soir, E fait donc aussi son lever du soir. De même puisque, le soleil étant en M, D fait son lever du matin et C son coucher du matin, E fait donc aussi son coucher du matin.

Ainsi pendant tout le temps que le soleil décrit l'arc FCL, on voit l'étoile E se lever ; pendant tout le temps qu'il décrit l'arc MZH, on la voit se coucher. Donc pendant le temps que le soleil décrit l'arc FH, on voit l'étoile E se lever et se coucher.

XVI

Soient des étoiles interceptées par le zodiaque du côté du couchant vers le sud. Si les étoiles du zodiaque qui se couchent en même temps qu'elles sont éloignées de celles qui se lèvent en même temps qu'elles d'un arc inférieur à un signe, elles font successivement après

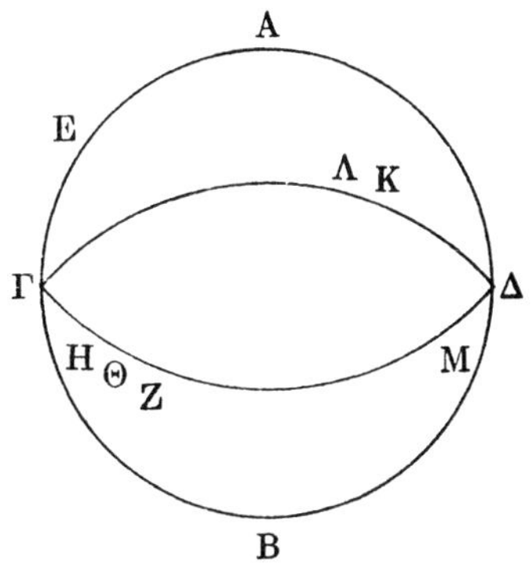

τοῦ Η ὄντος τὸ Γ ἑσπέριον δύνει, καὶ τὸ Ε ⟨ἄρα ἑσπέριον δύνει⟩. Πάλιν ἐπεὶ τοῦ ἡλίου ἐπὶ τοῦ Λ ὄντος τὸ Κ ἑσπέριον δύνει, τὸ δὲ Ζ ἑσπέριον ἐπιτέλλει, καὶ τὸ Ε ἄρα ἑσπέριον ἐπιτέλλει. Πάλιν ἐπεὶ τοῦ ἡλίου ἐπὶ τοῦ Μ ὄντος τὸ Δ ἑῷον ἐπιτέλλει, τὸ δὲ Γ ἑῷον δύνει, καὶ τὸ Ε ἄρα ἑῷον δύνει.

Τὴν ΘΓΛ ἄρα περιφέρειαν διερχομένου τοῦ ἡλίου τὸ Ε ἄστρον ἀνατέλλον ὁρᾶται, τὴν δὲ ΜΖΗ δῦνον. Τὴν ἄρα ΘΗ καὶ δῦνον καὶ ἀνατέλλον ὁρᾶται.

ΙϚ

Τοῖς ἀπολαμβανομένοις ὑπὸ τοῦ ζῳδιακοῦ κατὰ τὰς δύσεις πρὸς μεσημβρίαν, ἐὰν τὰ συνδύνοντα ἄστρα ἀπὸ τῶν συνανατελλόντων ἀπέχῃ ἔλαττον ζῳδίου περιφερείας,

1 Η ὄντος — δύνει e p. 128, 18 huc transposui || post τὸ Ε hab. τὴν ΘΗ ἄρα περιφέρειαν διερχομένου τοῦ ἡλίου τὸ Ε ἄστρον καὶ ἑῷον ἀνατέλλον ὁρᾶται καὶ ἑσπέριον δυόμενον codd. || 1-2 ἄρα — δύνει addidi || 3, 4 et 5 ἐπιτέλλει ego : ἀνατέλλει codd. || 7 ΘΓΛ P al. m. : ΘΓ codd. || ἄρα AB : ἑῷαν F om. DP rest. ἄρα al. m. || 8 et 9 ἀνατέλλον : -τέλλων P || δῦνον : δύνων P || 13 ἔλαττον : ἐλάττων A.

leur lever du matin leur lever du soir, puis leur coucher du matin, puis leur coucher du soir. Elles disparaîtront plus de temps que les étoiles situées sur le zodiaque.

Soient l'horizon AB et le zodiaque CD ; soit une étoile E au couchant, vers le sud. Supposons qu'elle se couche en même temps que C et qu'elle se lève en même temps que l'une des étoiles qui suivent C. Supposons qu'elle se lève en même temps que Z et soit l'arc CZ inférieur à un signe. Soit H diamétralement opposé à Z. Prenons des arcs d'un demi-signe, DF, KH et aussi ZM et CL.

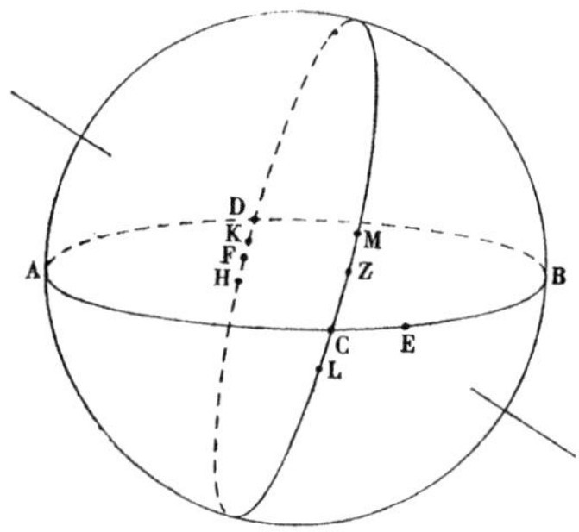

Puisque, le soleil étant en M, Z fait son lever du matin, E le fait aussi[1]. Puisque de même, le soleil étant en K, H fait son coucher du soir, Z fait son lever du soir ainsi que E. De même puisque, le soleil étant en F, D fait son lever du matin et que, lorsque D se lève, C se couche ainsi que E, quand le soleil est en F, E fait son coucher du matin[2]. De même puisque, le

1. L'expression est beaucoup plus abrégée que dans les démonstrations précédentes. Est-ce paresse de copiste ? ou rapidité voulue de l'auteur, tous ces raisonnements se ressemblant beaucoup ?

2. Cette phrase qui, elle, est complètement développée, plaiderait plutôt en faveur de quelque négligence de copiste dans la phrase précédente et dans la suivante.

ἐκεῖνα ἀπὸ τῆς ἑῴας ἐπιτολῆς ἐχομένην τὴν ἑσπερίαν ἐπιτολὴν ποιεῖται, εἶτα τὴν ἑῴαν δύσιν, εἶτα τὴν ἑσπερίαν δύσιν, κρύψιν δὲ ἄξει πλείονα χρόνον τῶν ἐπὶ τοῦ ζῳδιακοῦ τεταγμένων ἄστρων.

Ἔστω ὁρίζων ὁ ΑΒ, ὁ δὲ τῶν ζῳδίων ὁ ΓΔ, καὶ ἄστρον ἔστω ἐπὶ τῆς δύσεως πρὸς μεσημβρίαν τὸ Ε, καὶ συνδυνέτω τῷ Γ, συνανατελλέτω δὲ τῶν ἑπομένων τινὶ τῷ Γ. Συνανατελλέτω τῷ Ζ, καὶ ἡ ΓΖ ἔστω ἐλάττων ζῳδίου περιφερείας, καὶ τῷ Ζ ἔστω κατὰ διάμετρον τὸ Η, καὶ ἀπειλήφθω ἡμίσους ζῳδίου περιφέρεια ἡ ΔΘ, καὶ ἡ ΚΗ, καὶ ἔτι ἡ ΖΜ καὶ ἡ ΓΛ.

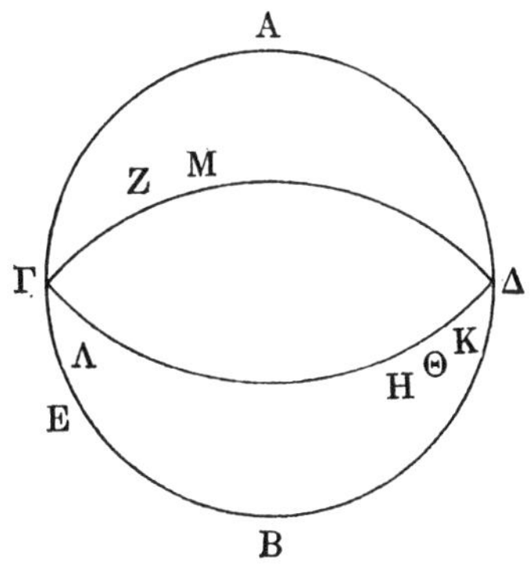

Ἐπεὶ τοῦ ἡλίου ἐπὶ τοῦ Μ ὄντος τὸ Ζ ἑῷον ἐπιτέλλει, καὶ τὸ Ε· πάλιν ἐπεὶ τοῦ ἡλίου ἐπὶ τοῦ Κ ὄντος τὸ Η ἑσπέριον δύνει, καὶ τὸ Ζ ἑσπέριον ἐπιτέλλει καὶ τὸ Ε· πάλιν ἐπεὶ τοῦ ἡλίου ἐπὶ τοῦ Θ ὄντος τὸ Δ ἑῷον ἐπιτέλλει, τοῦ δὲ Δ ἀνατέλλοντος τὸ Γ δύνει καὶ τὸ Ε, τοῦ ἄρα ἡλίου

1 ἐπιτολῆς : ἀνατολῆς B ‖ 3 δὲ om. B ‖ 10 ΔΘ : ΘΔ P ‖ ἔτι : ἔστιν B ‖ 11 ΓΛ : ΛΓ B ‖ 12, 14 et 15 ἐπιτέλλει ego : ἀνατέλλει codd. ‖ 15-p. 131, 1 τὸ Δ — ὄντος om. P rest. al. m.

soleil étant en L, C fait son coucher du soir, E le fait aussi.

Donc, tout le temps que le soleil décrit l'arc LCM[1], l'étoile E a disparu. Or l'arc LCM est supérieur à un signe. Donc l'étoile E disparaîtra plus de temps que les étoiles situées sur le zodiaque.

XVII

Soient des étoiles interceptées par le zodiaque du côté du couchant vers le sud. Si les points du zodiaque qui se couchent en même temps qu'elles sont éloignés de ceux qui se lèvent en même temps qu'elles d'un arc valant un signe, elles font la même nuit leur lever du soir et leur coucher du matin. Elles disparaîtront plus longtemps que les étoiles situées sur le zodiaque[2].

Soient l'horizon AB et le zodiaque CD ; soit une étoile E au couchant vers le sud. Supposons qu'elle se couche en même temps que C ; elle se lève donc en même temps que l'une des étoiles qui suivent C. Supposons qu'elle se lève en même temps que Z et soit l'arc CZ valant un signe. Soit F diamétralement opposé à Z. Divisons l'arc FD en deux parties égales par le point H. Prenons des arcs d'un demi-signe, ZL et aussi CK.

Puisque, le soleil étant en H, D fait son lever du matin, C fait son coucher du matin ainsi que E[3].

1. D'après le principe que toute étoile reste invisible depuis son coucher du soir jusqu'à son lever du matin, c'est-à-dire depuis la position du soleil en L jusqu'à sa position en M. Or ZM et CL valent chacun ½ signe et ZC est inférieur à un signe. Donc LCM vaut plus d'un signe mais moins de deux.

2. Énoncé symétrique, mais avec l'étoile au couchant, de l'énoncé de la proposition XII. Les résultats sont donc les mêmes.

3. Expression très abrégée. En passant par toutes les étapes du raisonnement, on devrait avoir : « Puisque, le soleil étant en H, D fait son lever du matin, et que, lorsque D se lève, C se couche, ainsi que E, quand le soleil est en H, C fait son coucher du matin, ainsi que E ».

ἐπὶ τοῦ Θ ὄντος τὸ Ε ἑῷον δύνει· πάλιν ἐπεὶ τοῦ ἡλίου ἐπὶ τοῦ Λ ὄντος τὸ Γ ἑσπέριον δύνει, καὶ τὸ Ε.

Ἐν ᾧ ἄρα χρόνῳ ὁ ἥλιος τὴν ΛΓΜ περιφέρειαν διέρχεται, τὸ Ε κρύψιν ἄγει. Καὶ ἔστιν ἡ ΛΓΜ πλείων ζῳδίου περιφερείας. Τὸ ἄρα Ε ἄστρον πλείονα κρύψιν ἄξει τῶν ἐπὶ τοῦ ζῳδιακοῦ τεταγμένων ἄστρων.

ΙΖ

Ὅσα τῶν ἄστρων ἀπολαμβάνεται ὑπὸ τοῦ ζῳδιακοῦ κατὰ τὰς δύσεις ἐπὶ τὰ πρὸς μεσημβρίαν, τούτοις ἐὰν τὰ συνδύνοντα ἀπὸ τῶν συνανατελλόντων ἀπέχῃ ζῳδίου περιφέρειαν, ἐκεῖνα τῆς αὐτῆς νυκτὸς ἑσπέρια ἀνατέλλει καὶ ἑῷα δύνει, καὶ πλείονα χρόνον κρύψιν ἄξει τῶν ἐπὶ τοῦ ζῳδιακοῦ τεταγμένων ἄστρων.

Ἔστω ὁρίζων ὁ ΑΒ, ὁ δὲ τῶν ζῳδίων ὁ ΓΔ, καὶ ἄστρον τι ἐπὶ τῆς δύσεως ἔστω πρὸς μεσημβρίαν τὸ Ε, καὶ συνδυνέτω τῷ Γ· τῶν ἄρα ἑπομένων τινὶ τῷ Γ συνανατέλλει. Συνανατελλέτω τῷ Ζ, καὶ ἔστω ἡ ΓΖ ζῳδίου περιφέρεια. Καὶ ἔστω τῷ Ζ κατὰ διάμετρον τὸ Θ, καὶ τετμήσθω ἡ ΘΔ δίχα κατὰ τὸ Η, καὶ ἀπειλήφθω ἡμίσους ζῳδίου περιφέρεια ἡ ΖΛ, καὶ ἔτι ἡ ΓΚ.

Ἐπεὶ τοῦ ἡλίου ἐπὶ τοῦ Η ὄντος τὸ Δ ἑῷον ἐπιτέλλει, ἑῷον ἄρα δύνει τὸ Γ καὶ τὸ Ε. Πάλιν ἐπεὶ τοῦ ἡλίου ἐπὶ τοῦ

2 ἐπὶ τοῦ Λ ὄντος om. D rest. al. m. || 4-5 καὶ ἔστιν — ἄξει om. P rest. al. m. || 4 ΛΓΜ : ΓΛΜ B || πλείων : πλείῳ A || 5 ἄρα post E transp. B || 9 δύσεις : συνδύσεις P || 10 ἀπέχῃ BDF : ἀπέχει AP || 18 καὶ ἔστω τῷ Z om. D rest. al. m. || ΘΔ : ΔΘ B || 21 ἐπιτέλλει ego : ἀνατέλλει codd. || 22 Γ : B A || καὶ τὸ E non hab. A.

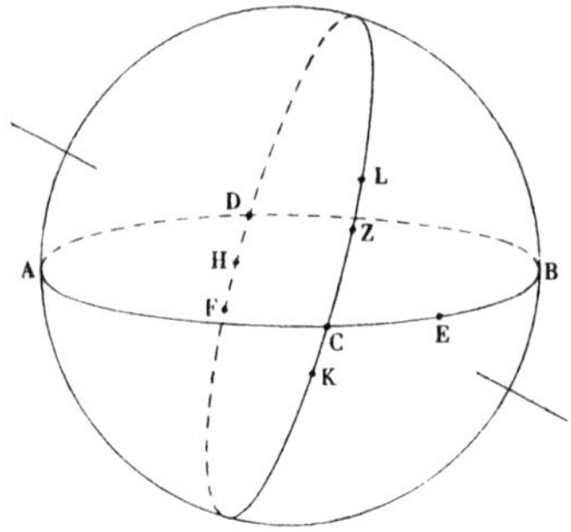

Puisque de même, le soleil étant en H, F fait son coucher du soir et que, lorsque F se couche, Z <se lève[1], Z> fait son lever du soir ainsi que E. Donc la même nuit <l'étoile E> fait son coucher du matin et son lever du soir.

De même puisque, le soleil étant en K, C fait son coucher du soir, E fait aussi son coucher du soir. Puisque de même, le soleil étant en L, Z fait son lever du matin, E fait aussi son lever du matin. Donc l'étoile E disparaîtra pendant tout le temps que le soleil met à décrire l'arc KCL[2]. Or l'arc KCL est égal à deux signes. Donc l'étoile E disparaîtra plus longtemps que les étoiles situées sur le zodiaque.

XVIII

Soient des étoiles interceptées par le zodiaque du côté du couchant vers le sud. Si les points du zodiaque qui se couchent en même temps qu'elles sont éloignés de ceux qui se lèvent en même temps qu'elles d'un arc

1. Pour que le raisonnement soit complet, il faudrait dire « et que, lorsque F se couche, Z se lève, ainsi que E, quand le soleil est en H, Z fait son lever du soir ainsi que E ».

2. L'arc KCL est celui que décrit le soleil tandis que l'étoile E va de son coucher du soir à son lever du matin. CZ vaut un signe, et les deux arcs ZL et CK ½ signe chacun. E reste donc invisible deux fois plus de temps que les étoiles situées sur le zodiaque.

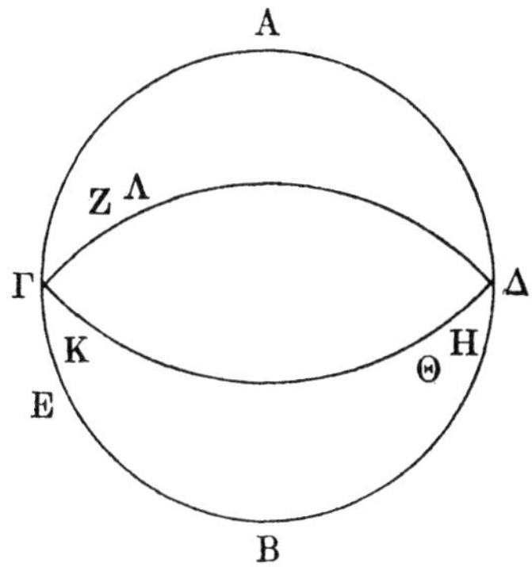

Η ὄντος ἑσπέριον δύνει τὸ Θ, τοῦ δὲ Θ δύνοντος τὸ Ζ ⟨ἀνατέλλει, τὸ Ζ⟩ ἑσπέριον ἐπιτέλλει καὶ τὸ Ε. Τῆς αὐτῆς ἄρα νυκτὸς ⟨τὸ Ε ἄστρον⟩ ἑῷόν τε δύνει καὶ ἑσπέριον ἐπιτέλλει.

Πάλιν ἐπεὶ τοῦ ἡλίου ἐπὶ τοῦ Κ ὄντος τὸ Γ ἑσπέριον δύνει, ἑσπέριον ἄρα καὶ τὸ Ε δύνει. Πάλιν ἐπεὶ τοῦ ἡλίου ἐπὶ τοῦ Λ ὄντος ἑῷον ἐπιτέλλει τὸ Ζ, ἑῷον ἄρα καὶ τὸ Ε ἐπιτέλλει. Κρύψιν ἄρα ἄξει τὸ Ε ἄστρον ἐν ᾧ ὁ ἥλιος τὴν ΚΓΛ περιφέρειαν διέρχεται. Καὶ ἔστιν ἡ ΚΓΛ περιφέρεια δύο ζῳδίων. Πλείονα ἄρα χρόνον κρύψιν ἄξει τὸ Ε τῶν ἐπὶ τοῦ ζῳδιακοῦ.

ΙΗ

Τοῖς ἀπολαμβανομένοις ὑπὸ τοῦ ζῳδιακοῦ κατὰ τὰς δύσεις ἐπὶ τὰ πρὸς μεσημβρίαν, ἐὰν τὰ συνδύνοντα ἀπὸ τῶν συνανατελλόντων ἀπέχῃ ζῳδίου μείζονα περιφέρειαν,

2 ἀνατέλλει, τὸ Ζ addidi || 3 τὸ Ε ἄστρον add. Hult. || ἑῷόν τε Hult. : ἑῷά τε codd. || ἑσπέριον Hult. : ἑσπέρια codd. || 4, 7 et 8 ἐπιτέλλει ego : ἀνατέλλει codd. || 9 ΚΓΛ pr. : ΚΓΔ A || 15 ἀπέχῃ : ἀπέχει A.

supérieur à un signe[1], elles iront de leur lever du matin à leur coucher du matin, puis à leur lever du soir, puis à leur coucher du soir. Une même nuit on les verra se lever et se coucher, et ce, depuis leur coucher du matin jusqu'à leur lever du soir. Elles disparaîtront plus de temps que les étoiles situées sur le zodiaque.

Soient l'horizon AB et le zodiaque CD ; soit une étoile E au couchant vers le sud. Supposons qu'elle se couche en même temps que C et qu'elle se lève en même temps que Z. Soit l'arc CZ supérieur à un signe. Soit H diamétralement opposé à Z. Prenons des arcs d'un demi-signe, HF, KD et aussi ZL et CM.

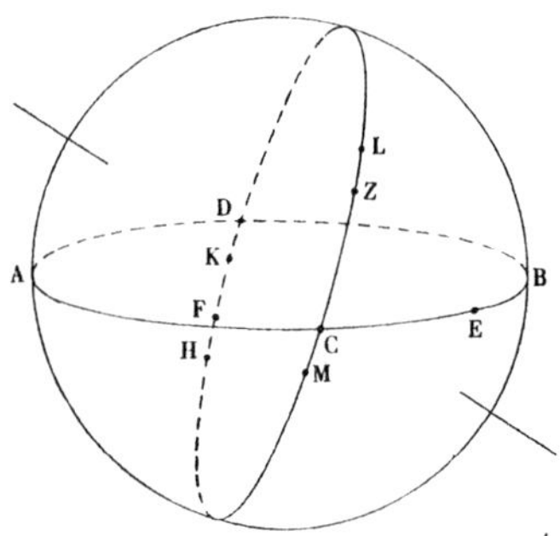

Puisque, le soleil étant en L, Z fait son lever du matin, E le fait aussi[2]. Puisque de même, le soleil étant en K, D fait son lever du matin et C qui lui est diamétralement opposé son coucher du matin, E fait aussi son coucher du matin. Puisque de même, le soleil étant en F,

1. Cette proposition est la symétrique de la proposition XV ; elle concerne les étoiles situées vers le sud.

2. Expression abrégée, comme dans la démonstration précédente.

ἐκεῖνα ἀπὸ τῆς ἑῴας ἐπιτολῆς ἐπὶ τὴν ἑῴαν δύσιν ἥξει, ἔπειτα ἐπὶ τὴν ἑσπερίαν ἐπιτολήν, εἶτα ἐπὶ τὴν ἑσπερίαν δύσιν, καὶ τῆς αὐτῆς νυκτὸς καὶ ἀνατέλλοντα καὶ δύνοντα ὁραθήσεται ἀπὸ τῆς ἑῴας δύσεως μέχρι τῆς ἑσπερίας ἐπιτολῆς, κρύψιν τε ἄξει πλείονα χρόνον τῶν ἐπὶ τοῦ ζῳδιακοῦ τεταγμένων ἄστρων.

Ἔστω ὁρίζων ὁ ΑΒ, ὁ δὲ τῶν ζῳδίων ὁ ΓΔ, καὶ ἄστρον τι ἐπὶ τῆς δύσεως πρὸς μεσημβρίαν ἔστω τὸ Ε, καὶ συνδυνέτω τῷ Γ, συνανατελλέτω δὲ τῷ Ζ, καὶ ἔστω ἡ ΓΖ μείζων ζῳδίου περιφέρεια, καὶ τῷ Ζ κατὰ διάμετρον ἔστω τὸ Η, καὶ ἀπειλήφθω ἡμίσους ζῳδίου περιφέρεια ἡ ΗΘ, καὶ ἡ ΚΔ, καὶ ἔτι ἡ ΖΛ καὶ ἡ ΓΜ.

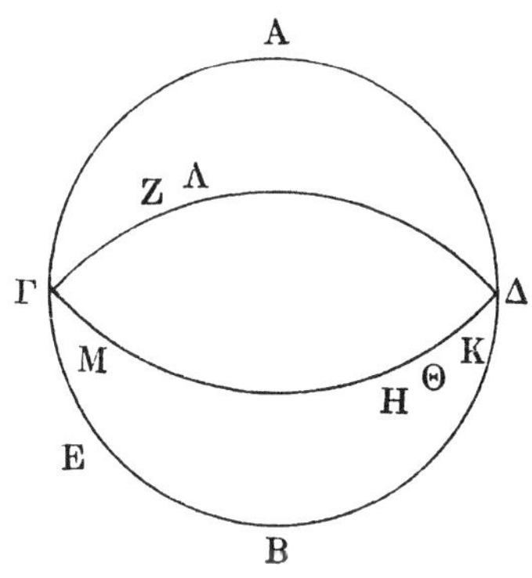

Ἐπεὶ τοῦ ἡλίου ἐπὶ τοῦ Λ ὄντος τὸ Ζ ἑῷον ἐπιτέλλει, καὶ τὸ Ε· πάλιν ἐπεὶ τοῦ ἡλίου ἐπὶ τοῦ Κ ὄντος τὸ Δ ἑῷον ἐπιτέλλει, τὸ δὲ κατὰ διάμετρον τὸ Γ ἑῷον δύνει, καὶ τὸ Ε ἄρα ἑῷον δύνει· πάλιν ἐπεὶ τοῦ ἡλίου ἐπὶ τοῦ Θ

3 ἀνατέλλοντα ego : ἐπιτέλλοντα codd. || 4 post ἀπὸ hab. δὲ B || 5 χρόνον : χρόνων A || τῶν : τὸν D || 9 τῷ pr. om. A || τῷ alt. : τὸ P. || 13 et 15 ἐπιτέλλει ego : ἀνατέλλει codd.

H fait son coucher du soir et que, lorsque H se couche, Z <se lève, quand le soleil est en F, Z> fait son lever du soir et E fait donc aussi son lever du soir. Donc tant que le soleil décrit l'arc KF, l'étoile E, en une même nuit, se lève et se couche[1].

De même puisque, le soleil étant en M, C fait son coucher du soir, E le fait aussi. Or quand le soleil est en L, E fait son lever du matin. L'étoile E disparaîtra donc pendant le temps que le soleil met à décrire l'arc MCL[2] : cet arc est supérieur à deux signes.

1. En effet on voit toute étoile fixe se lever toutes les nuits depuis son lever du matin jusqu'à son lever du soir (cf. *Levers et couchers héliaques*, I, 2), c'est-à-dire ici tout le temps que le soleil décrit l'arc LKF ; et se coucher toutes les nuits depuis son coucher du matin jusqu'à son coucher du soir (*ibid.* I, 3), c'est-à-dire ici tout le temps que le soleil décrit l'arc KFM. L'arc commun est bien KF ; quand le soleil décrit KF, on voit l'étoile toutes les nuits et se lever et se coucher.

2. Dans l'arc MCL, les deux arcs CM et ZL valent chacun ½ signe, et l'arc CZ vaut plus d'un signe. Ce sont sans doute les étoiles dont il est question ici que Géminos appelle les

ὄντος τὸ Η ἑσπέριον δύνει, τοῦ δὲ Η δύνοντος τὸ Ζ ⟨ἀνατέλλει, τοῦ ἄρα ἡλίου ἐπὶ τοῦ Θ ὄντος τὸ Ζ⟩ ἑσπέριον ἐπιτέλλει, καὶ τὸ Ε ἄρα ἑσπέριον ἐπιτέλλει. Τὴν ΚΘ ἄρα περιφέρειαν διαπορευομένου τοῦ ἡλίου, τὸ Ε ἄστρον τῆς αὐτῆς νυκτὸς καὶ ἀνατέλλει καὶ δύνει.

Πάλιν ἐπεὶ τοῦ ἡλίου ἐπὶ τοῦ Μ ὄντος τὸ Γ ἑσπέριον δύνει, καὶ τὸ Ε· ἐπὶ δὲ τοῦ Λ ἑῷον ἐπιτέλλει· τοσοῦτον ἄρα χρόνον κρύψιν ἄξει τὸ Ε ἄστρον, ἐν ᾧ ὁ ἥλιος τὴν ΜΓΛ περιφέρειαν διαπορεύεται· καὶ ἔστι μείζων δύο ζῳδίων.

2 ἀνατέλλει — τὸ Ζ addidi ‖ 3 ΚΘ : ΘΚ B ‖ ἄρα post περιφέρειαν transp. B ‖ 7 τοσοῦτον : πλείονα A.

« évadées de la nuit ». Tout de suite après le passage cité plus haut, sur les étoiles « doublement visibles », il continue : « Pour d'autres étoiles c'est l'inverse : elles se couchent avant le coucher du soleil et se lèvent après le lever du soleil, si bien que, de toute la nuit, on ne les voit ni se lever ni se coucher ; on les appelle parfois les évadées de la nuit » (*op. cit.* XIV, 12).

TESTIMONIA

NOTICE

Les *Testimonia* réunissent trois textes de portée différente mais d'un intérêt incontestable pour la connaissance d'Autolycos et plus généralement pour celle de l'astronomie ancienne. Pappus d'Alexandrie (ɪvᵉ siècle ap. J.-C.) et Jean Philopon (vɪᵉ siècle ap. J.-C.) attestent la notoriété durable dont jouirent les traités réunis dans la collection dite *La petite astronomie* ; Simplicius (vɪᵉ siècle ap. J.-C.) retrace à grands traits l'histoire des hypothèses astronomiques par lesquelles les Grecs ont tenté de rendre compte du mouvement apparemment irrégulier des planètes : Autolycos y tient une place fort honorable.

I. Pappus d'Alexandrie

Pappus qui fut professeur à Alexandrie[1] sous les règnes de Dioclétien et de Constantin I, vers 300 ap. J.-C., a consacré le livre VI de sa *Collection Mathématique* à résoudre certaines difficultés posées par *La petite astronomie*[2] ; car, dit-il, « beaucoup de ceux qui professent

1. Il est aussi l'auteur d'un *Commentaire à la Syntaxe mathématique de Ptolémée* (éd. A. Rome, Studi e Testi, 54 et 72, Cité du Vatican, 1931 et 1936).

2. L'indication (cf. p. 142) peut être seulement le fait d'un annotateur tardif ; elle se trouve ajoutée en marge dans le *Vatic. gr.* 218 du xɪɪᵉ siècle et se présente sous des formes diverses dans le *Paris. gr.* 2440 du xvᵉ et dans le *Leidensis Scaligeranus* du xvɪᵉ siècle.

la science astronomique ne mettent pas assez de soin à bien comprendre les propositions, en ajoutant certaines qu'ils considèrent comme nécessaires et en abandonnant d'autres comme non nécessaires » (*Collect.* VI, 1).

Aussi passe-t-il en revue *Les Sphériques* de Théodose (VI, 2-32), *La sphère en mouvement* d'Autolycos (VI, 33-47), *Les jours et les nuits* de Théodose (VI, 48-68), le traité d'Aristarque de Samos sur les *Dimensions et distances du soleil et de la lune* (VI, 69-79), l'*Optique* d'Euclide (VI, 80-103) et les *Phénomènes* d'Euclide (VI, 104 à la fin). Aucune mention du second traité d'Autolycos, aucune non plus des *Lieux Géographiques* de Théodose ou de l'*Anaphoricos* d'Hypsiclès ; mais la revue n'est pas présentée comme exhaustive.

Dans l'analyse qu'il fait de *La sphère en mouvement*, Pappus tente de voir un ordre d'exposition logique dans la succession des théorèmes qu'il groupe d'après la position de l'horizon (il intervertit les 8e et 9e théorèmes). Il discute ensuite du principe même du traité : des points situés à la surface d'une sphère qui tourne, s'ils sont entraînés par cette sphère, décriront-ils des cercles ? Et il termine par la démonstration d'un théorème supplémentaire.

II. Jean Philopon

Jean d'Alexandrie fut, comme Simplicius, l'élève à Alexandrie du néo-platonicien Ammonius[1], fils d'Hermeias. Celui que son condisciple, qui ne l'aimait guère, appelait toujours le grammairien est mieux connu sous le nom de Philopon, le travailleur. On lui doit, outre de volumineux commentaires à Aristote, un traité sur *L'astrolabe*[2] et un *Commentaire à l'Arithmétique de*

1. Cet Ammonius, qui tenait école à Alexandrie dans la première moitié du VIe siècle, est l'auteur de *Commentaires* à Aristote.

2. Le traité sur *L'astrolabe* de Philopon a joui d'une grande vogue (on le trouve dans un grand nombre de manuscrits) jusqu'au jour où il fut remplacé par le traité du même nom de Nicéphore Grégoras.

Nicomaque de Gerasa. Sa réfutation du traité de Proclus sur *L'éternité du monde*, composée en 529, et son interprétation des premiers chapitres de la Genèse dans sa *Création du monde*, rédigée entre 546 et 549, permettent de situer son activité dans le second quart du VIe siècle.

Dans le *Commentaire à la Physique d'Aristote*, Jean Philopon illustre le passage de la mathématique abstraite à l'astronomie par trois exemples : les *Sphériques* de Théodose, *La sphère en mouvement* d'Autolycos et les *Phénomènes* d'Euclide.

III. SIMPLICIUS

Simplicius, qui fut lui aussi un abondant commentateur d'Aristote, profite de l'exégèse d'un passage du *De caelo* pour brosser un tableau rapide[1] des diverses hypothèses astronomiques qui répondaient à l'exigence de Platon : expliquer par des mouvements circulaires, uniformes et réglés les mouvements apparemment irréguliers des planètes.

a) *Les sphères homocentriques.*

Eudoxe de Cnide, disciple de Platon, fut l'auteur de l'hypothèse utilisant les sphères homocentriques[2].

1. Il se fonde sur un traité de Sosigène d'Alexandrie (IIe s. ap. J.-C.) intitulé Περὶ τῶν ἀνελιττουσῶν, et sur l'*Histoire de l'Astronomie*, d'Eudème de Rhodes.

2. Cette hypothèse d'Eudoxe a été abondamment commentée ; on trouvera de bonnes analyses dans P. Tannery, « Note sur le système astronomique d'Eudoxe », *Mémoires de la Société des Sciences physiques et naturelles de Bordeaux*, I, 1876, p. 441-449, et « Seconde note sur le système astronomique d'Eudoxe », *ibid.* V, 1883, p. 129-147 ; G. V. Schiaparelli, « Le Sfere omocentriche di Eudosso, di Calippo e di Aristotele », *Memorie del R. Instituto Lombardo di Scienze e Lettere*, classe di sc. math. e nat. XIII, serie III, vol. IV, Milan, 1877, p. 117-179 ; T. H. Martin, *Mémoire sur les hypothèses astronomiques d'Eudoxe, de Callippe, d'Aristote et de leur école*, Paris, 1881 ; P. Duhem, *Le Système du Monde*, I, Paris, 1913, p. 102-129 ; T. L. Heath, *Aristarchus of Samos*, Oxford, 1913, p. 190-248 ; et plus récem-

Chaque planète y doit son mouvement à un système de sphères contenues les unes dans les autres, en nombre variable, tournant autour d'axes différents à des vitesses différentes, et dont les mouvements se transmettent des unes aux autres du fait que la sphère intérieure a toujours ses pôles sur la sphère suivante qui la contient ; la planète est fixée sur l'équateur de la sphère intérieure de chaque système. Les divers systèmes de sphères, un pour chaque planète y compris le soleil et la lune, sont également contenus les uns dans les autres ; du ciel des fixes à la terre, on trouve successivement le système de Saturne (quatre sphères), celui de Jupiter (quatre sphères), de Mars (quatre sphères), de Mercure (quatre sphères), de Vénus (quatre sphères), du Soleil (trois sphères) et de la Lune (trois sphères). Toutes ces sphères ont pour centre le centre du monde : elles sont toutes concentriques (ou homocentriques). Ce sont les sphères « tournantes »[1].

Dans chacun des systèmes, la sphère extérieure qui tourne avec le ciel des fixes rend compte du mouvement diurne des planètes, de leur lever et de leur coucher ; la seconde sphère qui tourne autour des pôles de l'écliptique dans le temps que met la planète pour décrire ce cercle rend compte de la révolution zodiacale ; les autres sphères rendent compte de mouvements particuliers qui affectent chaque planète[2]. Pour le Soleil,

ment, Erkka Maula, « Studies in Eudoxus' Homocentric Spheres », *Commentationes Humanarum Litterarum*, 50, Helsinki, 1974, ou encore O. Neugebauer, *A History of Ancient Mathematical Astronomy*, Springer-Verlag Berlin Heidelberg New York, 1975, p. 677-685.

1. Dans le passage de Simplicius considéré, le système d'Eudoxe est désigné comme celui des sphères ἀνελίττουσαι (tournantes), ce qui pose un problème de traduction, vu que dans la *Métaphysique*, Aristote donne ce nom aux sphères rétrogradantes qu'il ajoute à celles d'Eudoxe ou de Callippe. Le traité de Sosigène d'Alexandrie, utilisé par Simplicius et intitulé περὶ τῶν ἀνελιττουσῶν, est sans doute responsable de la confusion.

2. La composition du mouvement des troisième et quatrième sphères fait décrire à la planète de part et d'autre de l'écliptique la figure appelée hippopède par Eudoxe.

la troisième sphère introduit son mouvement en latitude : pour la Lune, elle rend compte de la rétrogradation des nœuds.

L'hypothèse d'Eudoxe, pour ingénieuse qu'elle soit, négligeait un certain nombre de phénomènes pourtant apparents. Aussi les successeurs tentèrent-ils de l'améliorer, Callippe de Cyzique en ajoutant des sphères supplémentaires permettant de prendre en compte certains des phénomènes laissés de côté par Eudoxe (par exemple l'irrégularité de certains mouvements et l'inégalité des saisons astronomiques), Aristote en ajoutant à chaque système de planète des sphères rétrogradantes chargées de supprimer les effets secondaires d'accélération ou de ralentissement causés par la composition des mouvements entre sphères voisines.

b) *Le rôle d'Autolycos.*

Le vice fondamental de cette hypothèse était que les planètes étaient censées rester toujours à la surface d'une même sphère, donc à la même distance du centre, la terre. Or la variation du diamètre apparent de la lune et de certaines planètes, phénomène visible à l'œil nu, implique une variation de leur distance à la terre.

C'est cette difficulté que souligna Autolycos. Il tenta donc de rendre compte de cette variation de distance de la planète à la terre, sans d'ailleurs parvenir à résoudre le problème au moyen de ce « modèle », comme nous dirions aujourd'hui. Comment s'y prit-il ? On ne sait. Mais sa tentative, orchestrée par la controverse avec Aristothéros[1], fit pourtant suffisamment de bruit pour traverser les siècles. Autolycos proposa-t-il en conséquence l'abandon de l'hypothèse d'Eudoxe ? Sosigène ne le dit pas, mais il suggère que l'entreprise d'Autolycos était nettement plus originale que celle de Callippe.

De fait, l'hypothèse utilisant les sphères homocentriques ne tarda pas à être abandonnée au profit d'autres qui avaient l'avantage de rendre compte

1. Sur Aristothéros, cf. l'Introduction, p. 9, n. 1.

de deux phénomènes que celle d'Eudoxe n'expliquait pas : la variation des distances à la terre et l'anomalie du mouvement.

c) *Excentriques et épicycles.*

En tout cas, l'hypothèse fondée sur les sphères excentriques[1] montre une grande simplicité. La planète se déplaçant sur un cercle excentrique à vitesse uniforme paraît, à l'observateur placé au centre du monde, décrire des arcs de zodiaque égaux en des temps inégaux, d'où les variations du mouvement apparent[2]; elle va d'une position plus proche du centre, le périgée, à une position plus lointaine, l'apogée, et réciproquement, d'où la variation des distances à la terre.

L'autre hypothèse, celle des épicycles, « sauve » les mêmes phénomènes que l'hypothèse des excentriques : variations dans le mouvement et inégalité des distances, et de plus elle rend compte des rétrogradations. La planète est fixée à un petit cercle, l'épicycle, qui tourne autour de son centre, ce centre tournant d'un mouvement uniforme sur l'équateur d'une sphère homocentrique (ou excentrique pour la Lune).

Les hypothèses des excentriques et des épicycles sont loin d'être parfaites, et Sosigène en montre bien les difficultés. Néanmoins il les juge préférables (et Simplicius aussi) à celle formulée par Eudoxe. Déjà considérées avec faveur par Apollonios de Pergé[3],

1. Pour l'astronomie des excentriques et des épicycles, cf. P. Duhem, *op. cit.* I, chap. VIII, p. 427-496, et O. Neugebauer, *op. cit.*, p. 145-261.

2. L'excentricité de l'écliptique rendait compte fort simplement de l'inégalité des saisons astronomiques: Cf. Geminos, *op. cit.*, I, 31 sqq.

3. Les géomètres, dès Apollonios de Pergé, ont démontré l'équivalence entre l'hypothèse des excentriques et celle des épicycles (cf. Ptolémée, *Synt. math.* XII, 1). Hipparque avait fait l'étude complète des mouvements du soleil et de la lune au moyen d'excentriques et d'épicycles (cf. Ptolémée, *Synt. math.* IX, 2). Sur tous ces points, cf. P. Duhem, *op. cit.* I, p. 430 et O. Neugebauer, *op. cit.*, p. 306-329.

adoptées par Hipparque, elles ont été brillamment mises en œuvre par Ptolémée.

Dans cette brève histoire des hypothèses astronomiques destinées à rendre compte du mouvement des planètes, l'intervention d'Autolycos a peut-être marqué un tournant dans la recherche : dénonçant l'incapacité du système proposé par Eudoxe à sauver des phénomènes bien connus mais systématiquement refusés par conservatisme philosophique, comme le suggère Sosigène[1], Autolycos a ouvert la voie à d'autres hypothèses dégagées de l'axiome d'Aristote selon lequel tout corps entraîné par un mouvement circulaire doit tourner autour du centre de l'univers.

N.B. — Les textes des *Testimonia* sont reproduits d'après les éditions existantes, soit :

1) Pappi Alexandrini *Collectionis quae supersunt*, ed. Fr. Hultsch, vol. II, Berlin, 1877, p. 518-530.

2) Ioannis Philoponi, *In Aristotelis Physicorum libros tres priores commentaria*, ed. H. Vitelli, Berlin, 1887, p. 218-222.

3) Simplicii, *In Aristotelis librum De Caelo commentaria*, ed. I. L. Heiberg, Berlin, 1894, p. 491-510.

L'apparat critique, principalement fondé sur ces éditions, est réduit à sa plus simple expression, indiquant essentiellement les modifications introduites dans le texte de base ; j'ai néanmoins, pour chacun des trois textes, eu recours au manuscrit de Paris disponible.

Les figures illustrant les démonstrations, ajoutées par les soins de M. R. Nadal, se trouvent rassemblées sur un dépliant en fin de volume.

1. Cf. notamment l'attitude de Polémarque de Cyzique.

PAPPUS D'ALEXANDRIE

COLLECTION MATHÉMATIQUE

LIVRE VI

(il contient la solution des théorèmes difficiles que l'on trouve dans la Petite Astronomie)

27. Étant donné que, pour les grands cercles, il n'y a que trois positions différentes à considérer sur la sphère[1] (car, obligatoirement, ou bien ils sont perpendiculaires à l'axe, ou bien ils passent par les pôles de la sphère, ou bien ils sont inclinés sur l'axe), c'est pour ces trois cas qu'Autolycos fait ses démonstrations.

Comme les théorèmes I, II et III concernent les trois susdites positions des cercles, cela permet à l'auteur de considérer la sphère dans sa globalité. Supposons en effet <le grand cercle> perpendiculaire à l'axe : tous les points situés à la surface de la sphère, quand la sphère tourne, décrivent des cercles parallèles ayant mêmes pôles que la sphère[2] ; les points décrivent en des temps égaux des arcs semblables sur les cercles

1. La sphère considérée est celle d'Autolycos dans son traité *La sphère en mouvement* ; c'est la sphère qui tourne sur son axe. Les cercles parallèles y sont par définition tous les cercles perpendiculaires à l'axe.

2. Cf. proposition I de *La sphère en mouvement.*

ΠΑΠΠΟΥ ΑΛΕΞΑΝΔΡΕΩΣ

ΣΥΝΑΓΩΓΗΣ ΕΚΤΟΝ

Περιέχει δὲ τῶν ἐν τῷ μικρῷ ἀστρονομουμένῳ θεωρημάτων ἀπόρων λύσεις

κζ'. Ἐπειδὴ τρεῖς μόναι διαφοραὶ τῆς θέσεως τῶν μεγίστων κύκλων θεωροῦνται ἐν τῇ σφαίρᾳ (ἢ γὰρ ὀρθοὺς εἶναι δεῖ αὐτοὺς πρὸς τὸν ἄξονα ἢ διὰ τῶν πόλων τῆς σφαίρας ἢ κεκλιμένους πρὸς τὸν ἄξονα), ἐπὶ τῶν τριῶν τὰς ἀποδείξεις ποιεῖται ὁ Αὐτόλυκος.

Καὶ ἐπεὶ τὸ μὲν α' καὶ β' καὶ γ' θεώρημα ἐπὶ τῶν προειρημένων τριῶν θέσεων τῶν κύκλων θεωρεῖται, διὰ τοῦτο καθολικῶς καὶ περιληπτικῶς ἐπ' αὐτῶν τὴν ὅλην σφαῖραν παραλαμβάνει. Ἐάν τε γὰρ τὸν ⟨μέγιστον κύκλον⟩ ὀρθὸν πρὸς τὸν ἄξονα ὑποθώμεθα, πάντα τὰ ἐπὶ τῆς ἐπιφανείας τῆς σφαίρας σημεῖα, στρεφομένης τῆς σφαίρας, κύκλους γράψει παραλλήλους τοὺς αὐτοὺς πόλους ἔχοντας τῇ σφαίρᾳ, καὶ πάλιν ἐν ἴσῳ χρόνῳ τὰς ὁμοίας περιφερείας |

Pappi Alexandrini *Collectionis quae supersunt*, ed. Fr. Hultsch, Berlin 1877, t. II, p. 518-530.

Sigla : A *Vaticanus graecus* 218, s. XII.
B *Parisinus graecus* 2440, s. XV.

3-4 τῶν — λύσεις B : ἀποριῶν λύσεις τῶν ἐν τῷ μικρῷ ἀστρονομουμένῳ A[3] mg. Hult. || 9 Αὐτόλυκος BA[3] : αὐτὸς κύκλος A || 13 μέγιστον κύκλον add. Hult.

parallèles[1] ; les arcs décrits en des temps égaux sont semblables[2]. Supposons maintenant ce grand cercle passant par les pôles de la sphère, ou bien oblique sur l'axe, la même chose se produira. C'est pourquoi c'est pour la sphère en général qu'il a démontré ces théorèmes.

Le théorème IV s'applique uniquement à la position où le grand cercle est perpendiculaire à l'axe ; alors, aucun des points pris sur la sphère ne se lève ni ne se couche. C'est ce qui caractérise cette position et en fait l'originalité.

Le théorème V exprime lui aussi la caractéristique et l'originalité de la position où le grand cercle passe par les pôles de la sphère. Des trois positions du grand cercle, c'est la seule dans laquelle tous les points situés à la surface de la sphère se couchent et se lèvent.

Le théorème VI exprime également une caractéristique de la dernière position, celle où le grand cercle est oblique sur l'axe ; c'est la seule position en effet où le grand cercle est tangent à deux cercles parallèles égaux, dont l'un, situé dans l'hémisphère visible, est toujours visible, et dont l'autre, situé dans l'hémisphère invisible, est toujours invisible. En effet tout grand cercle dans une sphère est tangent à deux cercles égaux et parallèles, mais pas forcément à des cercles toujours visibles ou toujours invisibles[3].

Ainsi, après un début consacré, en bonne logique, aux théorèmes généraux, Autolycos continue par l'exposé des propriétés particulières et caractéristiques des positions sus-dites, indiquant ce qui se produit pour

1. Cf. proposition II.
2. Cf. proposition III.
3. Cela implique la présence d'un autre grand cercle, immobile celui-là, le cercle de l'horizon, qui sépare l'hémisphère visible de l'hémisphère invisible.

τῶν παραλλήλων τὰ σημεῖα διεξέρχεται, καὶ [ἐπὶ τὰς περιφερείας] ἃς διεξέρχεται ἐν ἴσῳ χρόνῳ ὅμοιαί εἰσιν αἱ περιφέρειαι, ἐάν τε αὐτὸν διὰ τῶν πόλων τῆς σφαίρας ἢ λοξὸν πρὸς τὸν ἄξονα ὑποθώμεθα, ταὐτὰ συμβήσεται. Ἕνεκα οὖν τούτου ἐπὶ τῆς ὅλης σφαίρας ἐποιήσατο τὰς ἀποδείξεις ἐπὶ τούτων τῶν θεωρημάτων.

Τὸ δὲ δʹ θεώρημα ἐπὶ μόνης τῆς μιᾶς θέσεως ἁρμόζει, ὅταν ὁ μέγιστος κύκλος ὀρθὸς ᾖ πρὸς τὸν ἄξονα, ὥστε πάντα τὰ λαμβανόμενα σημεῖα ἐπὶ τῆς σφαίρας μήτε ἀνατέλλειν μήτε δύνειν · ὃ καὶ χαρακτηριστικὸν καὶ ἴδιόν ἐστιν ταύτης τῆς θέσεως.

Τὸ δὲ εʹ καὶ αὐτὸ χαρακτηριστικόν ἐστιν καὶ ἴδιον τῆς διὰ τῶν πόλων τῆς σφαίρας. Ἐπ' οὐδεμιᾶς γὰρ ἄλλης τῶν δυεῖν θέσεων πάντα τὰ ἐπὶ τῆς ἐπιφανείας τῆς σφαίρας σημεῖα καὶ δύνει καὶ ἀνατέλλει, ἀλλ' ἐπὶ μόνης ταύτης.

Τὸ δὲ ϛʹ θεώρημα χαρακτηριστικόν ἐστιν καὶ αὐτὸ τῆς λοιπῆς θέσεως τῆς λοξῆς πρὸς τὸν ἄξονα · οὐδεμία γὰρ τῶν ἄλλων θέσεων ἔχει τὸν μέγιστον κύκλον ἐφαπτόμενον δύο κύκλων ἴσων τε καὶ παραλλήλων, καὶ τούτων τὸν μὲν ὄντα ἐν τῷ φανερῷ ἡμισφαιρίῳ διὰ παντὸς ὄντα φανερόν, τὸν δὲ ἐν τῷ ἀφανεῖ διὰ παντὸς ἀφανῆ. Ἐφάψεται μὲν γὰρ πᾶς μέγιστος ἐν σφαίρᾳ κύκλος δύο κύκλων ἴσων τε καὶ παραλλήλων, ἀλλ' οὐκ ἀεὶ φανερῶν οὐδὲ ἀεὶ ἀφανῶν.

Πάνυ οὖν καλῶς καὶ κατὰ λόγον πρότερον τὰ καθολικὰ θεωρήματα προειπὼν [ἐν τοῖς ἐφεξῆς τρισὶ πρώτοις θεωρήμασι θεωρεῖται] μετὰ ταῦτα τὰ ἴδια καὶ χαρακτηριστικὰ τῶν εἰρημένων θέσεων ἐκτίθεται ἃ συμβαίνει γίνεσθαι

1-2 ἐπὶ τὰς περιφερείας del. Hult. || 3 αὐτὸν Hult. : αἱ A αὗ B || 8 ὥστε Hult. : τὸ AB || 25-26 ἐν τοῖς — θεωρεῖται del. Hult.

chaque position ; et il termine par les théorèmes qui, tout en ayant une valeur commune, s'appliquent à une seule position (éventuellement à une seconde).

Le théorème VII[1] en effet, qui vient immédiatement après, s'applique à la fois à la sphère droite, où le grand cercle passe par les pôles, et à la position oblique sur l'axe (nous avons démontré nous-mêmes comment le théorème peut s'appliquer à la position où le grand cercle passe par les pôles). Pour la troisième position, le théorème ne peut s'appliquer, car dans cette position aucun point ne se lève ni ne se couche.

Le théorème VIII[2] ne vaut que pour la position oblique sur l'axe. Dans la position où le grand cercle passe par les pôles de la sphère, les points qui se lèvent ensemble se couchent également ensemble, et ceux qui se couchent ensemble se lèvent également ensemble ; dans ce cas en effet tous les cercles qui coupent l'horizon sont coupés par lui en deux parties égales et ont un demi-cercle au-dessus de l'horizon et un demi-cercle au-dessous ; c'est la raison pour laquelle les points qui se lèvent ensemble se couchent ensemble et réciproquement[3].

De même, dans le théorème IX, Autolycos ne considère que cette même position ; car il veut que les cercles tangents à un même cercle le soient au seul cercle toujours visible.

Le théorème X s'applique à la fois à la position où le grand cercle passe par les pôles et à la position où il est oblique sur l'axe, mais Autolycos ne s'est occupé que de la démonstration pour la position oblique (c'est nous qui avons démontré que ce théorème s'appliquait aussi à la première position). Pour la troisième position,

1. A partir de là, Pappus ne cite plus le contenu du théorème. Il examine la validité de ces théorèmes dans chacune des trois positions définies par lui.

2. Ce théorème est le IXe dans les manuscrits grecs d'Autolycos ; le suivant chez Pappus est le VIIIe chez Autolycos.

3. Pappus aurait pu ajouter que, dans la troisième position, où le cercle est perpendiculaire à l'axe, il n'y a ni lever ni coucher pour les étoiles.

ἐφ' ἑκάστης θέσεως [ἴδια], καὶ ⟨τὰ⟩ λοιπὰ ἅπερ ἐπὶ κοινῷ πάντα ἐστὶν θεωρήματα καὶ σῳζόμενα ἐπὶ μιᾶς μόνης θέσεως (ἀλλὰ καὶ ἐπὶ δευτέρας) ἑξῆς τῇ τάξει τίθησιν.

Εὐθέως γοῦν τὸ ζ' αὐτῷ θεώρημα σῴζεται ἐπί τε ὀρθῆς τῆς διὰ τῶν πόλων θέσεως καὶ ἐπὶ τῆς λοξῆς πρὸς | τὸν ἄξονα· ἐδείξαμεν γὰρ ἡμεῖς πῶς δύναται σῴζεσθαι ἐπὶ τῆς διὰ τῶν πόλων θέσεως τὸ θεώρημα. Ἐπὶ μέντοι τῆς λοιπῆς θέσεως οὐ δύναται σῴζεσθαι· οὔτε γὰρ ἀνατέλλει τι ἐκεῖ οὔτε δύνει.

Τὸ δὲ η' λέγεται θεώρημα ἐπὶ μόνης τῆς λοξῆς πρὸς τὸν ἄξονα θέσεως. Ἐπὶ γὰρ τῆς θέσεως τῆς διὰ τῶν πόλων τῆς σφαίρας τὰ ἅμα ἀνατέλλοντα σημεῖα ἅμα καὶ δύνει, καὶ τὰ ἅμα δύνοντα ἅμα καὶ ἀνατέλλει· πάντες γὰρ ἐκεῖ οἱ κύκλοι οἱ τέμνοντες τὸν ὁρίζοντα δίχα τέμνονται ὑπ' αὐτοῦ, καὶ ἡμικύκλια ὑπέρ τε τὸν ὁρίζοντα ἔχουσιν καὶ ὑπὸ τὸν ὁρίζοντα, καὶ διὰ ταύτην τὴν αἰτίαν τὰ ἅμα ἀνατέλλοντα ἅμα καὶ δύνει, καὶ τὸ ἀνάπαλιν.

Ὁμοίως δὲ καὶ τὸ θ' αὐτῷ ἐπὶ τῆς αὐτῆς θέσεως μόνης παραλαμβάνεται· βούλεται γὰρ τοὺς τοῦ αὐτοῦ ἐφαπτομένους μὴ ἄλλου τινὸς ἐφάπτεσθαι ἢ μόνου τοῦ ἀεὶ φανεροῦ.

Τὸ δὲ ι' ἐπί τε τῆς διὰ τῶν πόλων θέσεως σῴζεται καὶ ἐπὶ τῆς λοξῆς πρὸς τὸν ἄξονα, μόνης δὲ αὐτὸς τῆς ἐπὶ τῆς λοξῆς θέσεως ἀποδείξεως ἐμνήσθη· ἡμεῖς δὲ προσαπεδείξαμεν σῳζόμενον τοῦτο καὶ ἐπ' ἐκείνης τῆς θέσεως. Ἐπὶ

1 ἴδια del. Hult. || τὰ add. Hult. || 1-2 ἐπὶ κοινῷ πάντα Hult. : ἐπὶ κοινωνοῦντα A ἐπικοινωνοῦντα B || 24-25 προσαπεδείξαμεν Hult. : προαπεδείξαμεν AB || 25 σῳζόμενον τοῦτο Hult. : σῳζομένου τούτου AB.

où le grand cercle est perpendiculaire à l'axe, nous avons exposé comment le cercle qui passe par les pôles de la sphère sera perpendiculaire à l'horizon non pas deux fois, mais toujours.

Pour le théorème XI, Autolycos a cherché la difficulté en prenant la position oblique sur l'axe (il parle du cercle « oblique sur l'axe », qui « est tangent à des cercles plus grands que ceux auxquels le cercle considéré était tangent ») alors qu'il savait pertinemment que pour la position où le cercle passe par les pôles, position qu'il laisse de côté, la démonstration était facile (nous avons démontré nous-même comment, dans cette position-là aussi, les levers et les couchers se produisent sur tout l'arc d'horizon compris entre les parallèles auxquels ce cercle est tangent).

Quant au théorème XII, il est manifeste qu'il vaut pour la seule position oblique et qu'il s'applique à elle seule.

[Il faut en tout cas savoir[1] que l'on ne peut supposer quantité de grands cercles perpendiculaires à l'axe, mais un seul, seul de son espèce, tandis que les cercles passant par les pôles de la sphère ou obliques sur l'axe sont en nombre illimité. Tous les cercles qui passent par les pôles de la sphère, quand la sphère tourne, viennent à coïncider entre eux ; pour les cercles obliques, ce n'est pas vrai de tous, mais seulement de ceux qui sont tangents à un même parallèle (un parallèle est un cercle qui a mêmes pôles que la sphère et qui est perpendiculaire à l'axe). C'est peut-être la raison pour laquelle Autolycos, commençant par exposer les particularités caractéristiques de chaque position, a abordé en premier la position la plus simple : celle qui a le grand cercle perpendiculaire à l'axe. Cette position est seule de son espèce, comme nous le disions,

1. Tout ce paragraphe est certainement étranger au texte de Pappus, comme le montre le début du paragraphe suivant qui enchaîne sur la dernière proposition.

μέντοι τῆς ὀρθῆς πρὸς τὸν ἄξονα ἔφαμεν πῶς δὶς μὲν οὐκ ἔσται ὀρθὸς πρὸς τὸν ὁρίζοντα ὁ διὰ τῶν πόλων τῆς σφαίρας, ἀεὶ δέ.

Ἐπὶ δὲ τοῦ ια′ θεωρήματος τὴν χαλεπωτέραν εἴληφε θέσιν τὴν λοξὴν πρὸς τὸν ἄξονα ἐν τῷ λέγειν « λοξὸς ὢν πρὸς τὸν ἄξονα » καὶ « μειζόνων ἐφάπτεται ἢ ὧν ὁ ἐξ ἀρχῆς ἐφήπτετο », ἐπιστάμενος τῆς διὰ τῶν πόλων θέσεως ὑπολειπομένης ῥᾳδίαν εἶναι τὴν ἀπόδειξιν · ἐδείξαμεν γὰρ ἡμεῖς πῶς καὶ ἐπ' ἐκείνης τῆς θέσεως κατὰ πάντα τόπον τοῦ ὁρίζοντος τοῦ μεταξὺ τῶν παραλλήλων ὧν ἐφάπτεται τάς τε ἀνατολὰς καὶ τὰς δύσεις ποιεῖται. |

Ἐπὶ δὲ τοῦ ιβ′ θεωρήματος φανερὸν ὅτι ἐπὶ μόνης τῆς λοξῆς θέσεως συμβαίνει τε καὶ ἁρμόζει.

[Δεῖ μέντοι καὶ τοῦτο μὴ ἀγνοεῖν ὅτι ὀρθοὶ μὲν πρὸς τὸν ἄξονα μέγιστοι κύκλοι πολλοὶ οὐ δύνανται ὑποστῆναι, εἷς δὲ μόνος καὶ μονογενής, διὰ δὲ τῶν πόλων τῆς σφαίρας καὶ λοξοὶ πρὸς τὸν ἄξονα ἄπειροι. Καὶ οἱ μὲν διὰ τῶν πόλων τῆς σφαίρας πάντες στρεφομένης τῆς σφαίρας ἐφαρμόζουσιν ἑαυτοῖς, οἱ δὲ λοξοὶ πάντες μὲν οὐκέτι, ἐκεῖνοι δὲ μόνοι οἵτινες τοῦ αὐτοῦ τῶν παραλλήλων ἐφάπτονται (ὃς παράλληλος περὶ τοὺς αὐτοὺς πόλους ἐστὶ τῇ σφαίρᾳ καὶ ἔτι ὀρθὸς πρὸς τὸν ἄξονα). Μήποτ' οὖν διὰ τοῦτο καὶ ὁ Αὐτόλυκος, ἀρχόμενος τὰ παρακολουθοῦντα ἴδια καὶ χαρακτηριστικὰ ἑκάστῃ θέσει ἐκτίθεσθαι, ἀπὸ τῆς ἁπλουστάτης καὶ πρώτης ἤρξατο θέσεως · αὕτη δέ ἐστιν ἡ τὸν μέγιστον κύκλον ἔχουσα ὀρθὸν πρὸς τὸν ἄξονα. Μονογενὴς δὲ αὕτη ἐστὶν ἡ θέσις, ὡς ἔφημεν, καὶ μετακίνη-

10 τοῦ alt. Hult. : τὸν AB || 14-p. 146, 8 δεῖ — κατέταξεν del. Hult. || 24 ἐκτίθεσθαι B : ἐκτίθεθαι (sic) A.

et n'admet aucun changement d'aucune sorte. Après cette position, il a examiné celle qui lui succède en simplicité : c'est la position où le cercle passe par les pôles de la sphère ; dans ce cas, disions-nous, on peut tracer un nombre illimité de cercles passant par les pôles de la sphère, tous venant à coïncider entre eux du fait que les pôles sont fixes et immuables. La dernière position possède cette propriété dans certains cas mais pas dans d'autres, comme nous le disions ; c'est pourquoi Autolycos lui a donné la troisième position, et il a placé l'autre en seconde position.]

<28.> Voilà donc le contenu du traité. Mais ce que l'on recherche dans le présent ouvrage, le point qu'il est indispensable de justifier, c'est comment des points « qui ne sont pas sur l'axe mais à la surface de la sphère »[1], décrivent des cercles quand ils sont entraînés par le mouvement de la sphère. En effet, si les points restaient immobiles et n'étaient pas entraînés par le mouvement de la sphère, il serait normal de dire que la ligne engendrée à la surface de la sphère par un point quelconque est un cercle ; mais si la sphère tourne et que le point soit entraîné à vitesse uniforme à sa surface en tournant en même temps qu'elle, il faudrait que ce point retarde ou avance sur le mouvement de la sphère en allant dans la même direction[2] pour que l'expression ait un sens ; s'il retardait sur la sphère, le point changerait forcément de place continuellement et engendrerait une ligne à la surface de la sphère ; s'il avançait par rapport à elle, il décrirait pour la même raison un cercle à la surface de la sphère ; si le point ne retarde ni n'avance par rapport à la sphère, qu'il conserve toujours la même place à sa surface pendant qu'elle tourne, il serait bien étonnant qu'il décrive un cercle.

1. Pappus reprend ici les termes du théorème I et discute la validité de la proposition ; ces arguties paraissent bien gratuites.

2. C'est-à-dire que le vecteur vitesse doit être contenu dans le plan du cercle.

σιν οὐδ' ἥντινοῦν ἐπιδεχομένη. Μετὰ δὲ ταύτην τὴν τῇ τάξει ἁπλουστέραν · αὕτη δέ ἐστιν ἡ διὰ τῶν πόλων τῆς σφαίρας, καθ' ἥν, ἔφημεν, ἄπειροι μὲν δύνανται κύκλοι γράφεσθαι διὰ τῶν πόλων τῆς σφαίρας, πάντες δ' ἑαυτοῖς ἐφαρμόζοντες διὰ τὸ τοὺς πόλους ἑστηκέναι καὶ μὴ μεταγίνεσθαι. Ἡ δ' ἄλλη θέσις ἔχει μὲν ἐπί τινων τοῦτο, ὡς ἔφημεν, ἐπὶ δέ τινων οὐκ ἔχει · ταύτῃ οὖν ταύτην μὲν τρίτην τῇ τάξει ἔθηκεν, τὴν δὲ ἑτέραν ἐν δευτέρᾳ χώρᾳ κατέταξεν.]

⟨κη'.⟩ Ταῦτα μὲν οὖν εἴρηται λόγῳ περιοχῆς, ζητεῖται δ' ἐν τῷ βιβλίῳ, ὅπερ ἀναγκαῖον παραμυθήσασθαι, πῶς τὰ μὴ ἐπὶ τοῦ ἄξονος ὄντα σημεῖα, ἀλλ' ἐπὶ τῆς ἐπιφανείας τῆς σφαίρας, κύκλους γράφει συμπεριαγόμενα τῇ σφαίρᾳ. Εἰ μὲν γὰρ τὰ σημεῖα εἱστήκει καὶ μὴ συμπεριήγετο τῇ σφαίρᾳ, πιθανὸν ἦν τὸ λέγειν ὅτι ἡ γραμμὴ ἡ γινομένη ἐν τῇ ἐπιφανείᾳ τῆς σφαίρας ὑπό τινος σημείου κύκλου ἐστὶν περιφέρεια, εἰ δ' αὖ πάλιν ἥ τε σφαῖρα ἐστρέ|φετο καὶ τὸ σημεῖον ὁμαλῶς ἐφέρετο κατ' αὐτῆς συμπεριαγόμενον αὐτῇ, ὑπολειπόμενον μέντοι ἢ ὑπεκτρέχον κατὰ τὰ αὐτὰ τῆς σφαίρας, καὶ οὕτως ἂν εἶχέ τινα λόγον · ὑπολειπόμενόν τε γὰρ τῆς σφαίρας ἐξ ἀνάγκης τόπους μεταμεῖβον κατὰ συνέχειαν ⟨ἂν⟩ γραμμήν τινα ἐγέννα ἐν τῇ ἐπιφανείᾳ τῆς σφαίρας, ὑπεκτρέχον δὲ τῷ αὐτῷ λόγῳ κύκλον γράψειεν ἂν ἐν τῇ ἐπιφανείᾳ τῆς σφαίρας, μήτε δὲ ὑπολειπόμενον μήτε ὑπεκτρέχον, ἀεὶ δὲ τὸν αὐτὸν τόπον ἐπέχον ἐν τῇ σφαίρᾳ στρεφομένης αὐτῆς, θαυμαστὸν ἴσως ἂν δόξειεν πῶς κύκλον γράψειεν.

9 κη' add. Hult. || 11 ἐπὶ ego : ἔσω AB || 21 ἂν add. Hult. || 22-23 κύκλον — σφαίρας del. Hult.

Si on veut décrire, on ne peut le faire que sur de l'immobile ; si ce sur quoi on décrit n'est pas fixe, comment ce qui décrit pourrait-il décrire ? Or aucun des points de la sphère, quand la sphère tourne, n'est fixe ; seul l'axe est fixe, et c'est sur cet axe fixe qu'à partir d'un point toujours en mouvement une perpendiculaire est abaissée[1] ; elle coupe l'axe manifestement en un point. Il faut donc que le point sur lequel se rencontrent les droites soit fixe, puisque l'axe est fixe. Puisque ce point est sur l'axe, et que la perpendiculaire à l'axe est à l'intérieur de la sphère, quand la sphère tourne, la droite tourne avec elle, ainsi que celle de ses deux extrémités qui se trouve à la surface de la sphère, tandis que l'extrémité qui est sur l'axe reste fixe. Nécessairement donc cette droite tourne avec la sphère ; la sphère qui tourne est en mouvement ; l'extrémité qui est sur l'axe reste fixe. Du moment qu'elle garde toujours les mêmes extrémités, elle tourne forcément dans un plan. Ce plan dans lequel elle tourne est fixe [ce plan ne peut être qu'à l'intérieur de la sphère]. Puisque donc on suppose un plan fixe sur lequel tourne ladite droite, et que l'on a pris sur ce plan deux points quelconques [les extrémités de la droite en mouvement, l'une sur l'axe, et l'autre à la surface de la sphère], et qu'il est possible sur un plan, avec un centre quelconque et un rayon quelconque, de décrire un cercle[2], il est clair que le cercle décrit avec pour centre le point situé sur l'axe et pour rayon la distance au point situé à la surface de la sphère sera contenu dans le plan sur lequel ladite droite tournait. Donc c'est le point fixe sur l'axe qui a

1. Dans la démonstration de la proposition I.
2. Cf. Euclide, *Éléments*, I, postulat 3.

Ὀφείλει γὰρ τὸ γράφον περί τι γράφειν ἑστός, εἰ δὲ περὶ ὃ γράφει οὐχ ἕστηκεν, πῶς γράψει τὸ γράφον ; Πάντα μὲν οὖν τὰ ἐν τῇ σφαίρᾳ στρεφομένης αὐτῆς οὐχ ἕστηκεν, μόνος δὲ ὁ ἄξων ἕστηκεν, καὶ ἐπὶ τὸν ἑστῶτα ἀπὸ τοῦ φερομένου αἰεὶ σημείου κάθετος ἄγεται καὶ συμβάλλει τῷ ἄξονι δῆλον ὅτι κατά τι σημεῖον. Δεῖ ἄρα τὸ σημεῖον καθ' ὃ συμβάλλουσιν ἀλλήλαις αἱ εὐθεῖαι ἑστηκέναι, ἐπεὶ καὶ ὁ ἄξων ἕστηκεν. Καὶ ἐπεὶ τὸ μὲν σημεῖον ἐν τῷ ἄξονί ἐστιν, ἡ δὲ ἀχθεῖσα κάθετος ἐν τῇ σφαίρᾳ, στρεφομένης τῆς σφαίρας συμπεριάγεται μὲν ἡ εὐθεῖα μετὰ τοῦ ἑτέρου πέρατος τοῦ ἐπὶ τῆς ἐπιφανείας τῆς σφαίρας, ἕστηκεν δὲ τὸ ἐπὶ τοῦ ἄξονος. Ἀνάγκη οὖν συμπεριφερομένην ταύτην τὴν εὐθεῖαν σὺν τῇ σφαίρᾳ, καθ' ὃ μὲν φέρεται ἡ σφαῖρα κινουμένης αὐτῆς, καθ' ὃ δὲ πεπεράτωται ἑστώσης, καὶ μὴ μεταμειβούσης τὰ πέρατα, κατ' ἐπιπέδου φέρεσθαι. Ἕστηκεν ⟨δ'⟩ ἐκεῖνο τὸ ἐπίπεδον καθ' οὗ φέρεται [τοῦτο δὲ τὸ ἐπίπεδον οὐκ ἀλλαχόσε ἐστὶν ἢ ἐν τῇ σφαίρᾳ]. Ἐπεὶ οὖν ἐπίπεδον ἑστὸς ὑπόκειται καθ' οὗ φέρεται ἡ εἰρημένη εὐθεῖα, καὶ ἔστιν εἰλημμένα ἐπ' αὐτοῦ δύο τυχόντα σημεῖα [τὰ πέρατα τῆς φερομένης εὐθείας τό τε πρὸς τῷ ἄξονι καὶ τὸ ἐπὶ τῆς ἐπιφανείας τῆς σφαίρας], δυνατὸν δέ ἐστιν ⟨ἐν⟩ ἐπιπέδῳ παντὶ κέντρῳ καὶ διαστήματι κύκλον γράφειν, δῆλον ὅτι ὁ κέντρῳ μὲν τῷ ἐπὶ τοῦ ἄξονος | σημείῳ διαστήματι δὲ τῷ ἐπὶ τῆς ἐπιφανείας τῆς σφαίρας σημείῳ κύκλος γραφόμενος ἐν τῷ ἐπιπέδῳ γραφήσεται ἐφ' οὗ ἡ εἰρημένη εὐθεῖα ἐφέρετο · τὸ ἄρα σημεῖον τὸ ἐπὶ τοῦ ἄξονος ἑστὸς

1 ἑστός Hult. : ἑστώς AB || 2 γράφει A : γράφειν B || 10 ἑτέρου A : στερέου B || 12-13 συμπεριφερομένην ταύτην τὴν εὐθεῖαν Hult. : συμπεριφερομένης ταύτης τῆς εὐθείας AB || 14 δ Hult. : ἃ AB || 15 φέρεσθαι Hult. : φέρεται AB || 16 δ' add. Hult. || 16-17 τοῦτο — σφαίρᾳ del. Hult. || 20-21 τὰ πέρατα — σφαίρας del. Hult. || 22 ἐν add. Hult. || 26 ἑστὸς Hult. : ἑστὼς AB.

fait que le cercle a été décrit par le point situé à la surface de la sphère [car il est impossible, sans point fixe, de le décrire]. Il n'était donc possible de résoudre le problème qu'en menant une perpendiculaire à l'axe fixe[1].

[Il faut savoir également qu'abaisser une perpendiculaire sur l'axe ou étendre un plan qui passe par l'axe et par la perpendiculaire, n'est possible qu'avec une sphère fixe. Il n'est pas possible, quand la sphère tourne, d'abaisser une perpendiculaire sur l'axe ; il faut en effet au préalable supposer un plan[2] afin que, une droite se trouvant dans le plan et un point aussi, l'on puisse abaisser du point une perpendiculaire sur la droite. Si ce point tourne durant la rotation de la sphère et se trouve dans une infinité de plans alors que la droite reste fixe, on ne peut abaisser de perpendiculaire sur la droite ; mais lorsqu'à la fois le point et la droite sont fixes, alors on peut les imaginer dans un plan et il est alors possible, à partir du point, d'abaisser une perpendiculaire sur la droite.]

<29.> Que la perpendiculaire abaissée d'un point quelconque situé à la surface de la sphère sur l'axe coupe l'axe à l'intérieur de la sphère peut se démontrer ainsi[3].

Soit une sphère dont l'axe est AB et les pôles A et B ; prenons à la surface de la sphère un point quelconque C ; abaissons une perpendiculaire sur AB ; je dis qu'elle coupe AB à l'intérieur de la sphère.

Admettons que non, et qu'elle coupe AB à l'extérieur de la sphère, au point D. Soit CD perpendiculaire à AB.

1. Dans le modèle cosmique dont la représentation géométrique se trouve dans *La sphère en mouvement* d'Autolycos, l'axe du monde est toujours présenté comme immobile, ainsi que les pôles. C'est même l'un des postulats de la Physique, selon Strabon (*Géographie*, II, 5, 2) : « La terre qui forme une sphère de même centre que le ciel reste immobile, ainsi que l'axe qui traverse la terre et le ciel en leur milieu ; le ciel tourne autour d'elle et autour de l'axe ». La démonstration de Pappus semble aussi embarrassée qu'inutile.

2. Le plan à supposer est un plan passant par l'axe et par le

αἴτιον ἐγένετο τοῦ κύκλον γραφῆναι ὑπὸ τοῦ ἐπὶ τῆς ἐπιφανείας τῆς σφαίρας σημείου [ἀδύνατον γὰρ μὴ ἑστῶτός τινος αὐτὸν γραφῆναι]. Οὐκ ἄρα δυνατὸν ἦν τὸ πρόβλημα γενέσθαι εἰ μὴ κάθετος ἦν ἀχθεῖσα ἐπὶ τὸν ἑστῶτα ἄξονα.

[Καὶ τοῦτο δὲ δεῖ εἰδέναι ὅτι, ὅτε κάθετον ἄγει ἐπὶ τὸν ἄξονα καὶ ἐκβάλλει τὸ διὰ τοῦ ἄξονος καὶ τῆς καθέτου ἐπίπεδον, ὡς ἐπὶ ἑστηκυίας τῆς σφαίρας τοῦτο ποιεῖ. Ἀμήχανον γάρ ἐστιν στρεφομένης τῆς σφαίρας κάθετον ἄξαι ἐπὶ τὸν ἄξονα· δεῖ γὰρ προϋποκεῖσθαι ἐπίπεδον, ἵνα ἐν τῷ ἐπιπέδῳ ὑπαρχούσης εὐθείας τε καὶ σημείου τυχόντος ἀπὸ τοῦ σημείου κάθετον ἀγάγωμεν ἐπὶ τὴν εὐθεῖαν. Φερομένου δὲ τοῦ σημείου ἐν τῷ στρέφεσθαι τὴν σφαῖραν καὶ παριόντος ἀμύθητα ἐπίπεδα, τῆς δὲ εὐθείας ἑστώσης, οὐ δύναται κάθετος ἄγεσθαι ἐπὶ τὴν εὐθεῖαν· ὅταν δὲ καὶ τὸ σημεῖον στῇ καὶ ἡ εὐθεῖα, τότε νοουμένων αὐτῶν ἐν ἐπιπέδῳ δυνατὸν ἀπὸ τοῦ σημείου ἐπὶ τὴν εὐθεῖαν κάθετον ἀγαγεῖν.]

⟨κθʹ.⟩ Ὅτι δὲ ἡ ἀπὸ τοῦ τυχόντος σημείου τῶν ἐπὶ τῆς σφαίρας ἐπὶ τὸν ἄξονα κάθετος ἀγομένη ἐντὸς τῆς σφαίρας αὐτῷ συμπίπτει οὕτως δειχθήσεται.

Ἔστω γὰρ σφαῖρα ἧς ἄξων ὁ ΑΒ, πόλοι δὲ αὐτῆς τὰ Α Β σημεῖα, καὶ εἰλήφθω ἐπὶ τῆς ἐπιφανείας τῆς σφαίρας τυχὸν σημεῖον τὸ Γ, καὶ ἤχθω κάθετος ἐπὶ τὴν ΑΒ· λέγω ὅτι ἐντὸς τῆς σφαίρας τῇ ΑΒ συμπίπτει.

Μὴ γάρ, ἀλλ' εἰ δυνατόν, συμπιπτέτω αὐτῇ ἐκτὸς κατὰ τὸ Δ σημεῖον, καὶ ἔστω ἡ ΓΔ ἐπὶ τὴν ΑΒ κάθετος, καὶ

2-3 ἀδύνατον — γραφῆναι del. Hult. ‖ 5-16 καὶ τοῦτο — ἀγαγεῖν del. Hult. ‖ 17 κθʹ add. Hult. ‖ 20 πόλοι B : πολλοὶ A

---

point choisi sur la sphère (plan méridien). Tout ce raisonnement, visiblement d'un scoliaste, est spécieux.

3. Dans tout son traité, Pappus ajoute ainsi des théorèmes et leurs démonstrations. Le mode de raisonnement utilisé ici est le classique raisonnement par l'absurde.

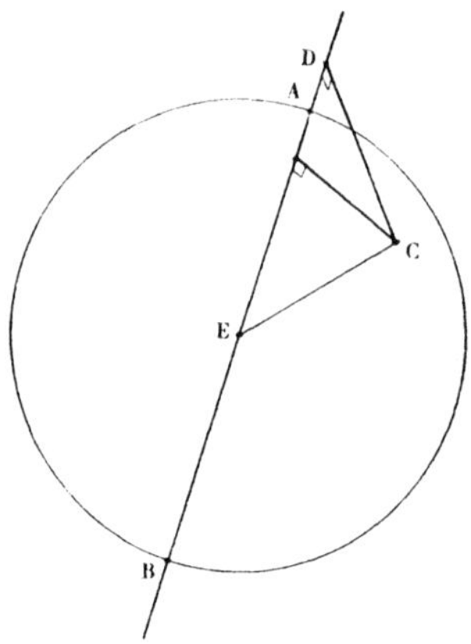

Prenons comme centre de la sphère le point E et joignons EC. Puisque le point E est centre de la sphère, EC est égal à EA. Donc ED est plus grand que EC ; et puisque ECD est un triangle et que ED est plus grand que EC, l'angle ECD est plus grand que l'angle EDC ; or l'angle EDC est droit ; donc ECD est supérieur à un droit ; et donc aussi deux angles du triangle ECD sont supérieurs à deux droits, ce qui est impossible[1]. Donc il ne peut se faire que la perpendiculaire abaissée de C sur AB coupe cette droite à l'extérieur de la sphère. Nous montrerions de la même manière qu'elle ne peut la couper non plus aux extrémités de l'axe A et B ; donc elle la coupe à l'intérieur. Donc la perpendiculaire abaissée de C sur AB tombe à l'intérieur de la sphère. C.Q.F.D.

1. La somme des angles d'un triangle est égale à deux droits, cf. Euclide, *Éléments*, I, 32.

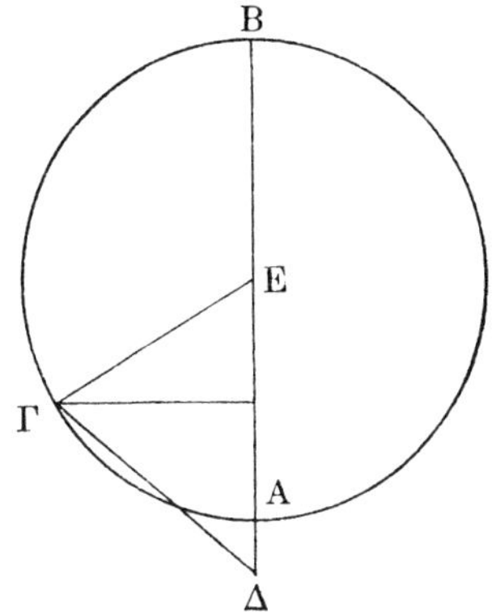

εἰλήφθω τὸ κέντρον τῆς σφαίρας τὸ Ε σημεῖον, καὶ ἐπεζεύχθω ἡ ΕΓ. Ἐπεὶ οὖν τὸ Ε σημεῖον κέντρον ἐστὶν τῆς σφαίρας, ἴση ἐστὶν ἡ ΕΓ τῇ ΕΑ · μείζων ἄρα ἡ ΕΔ τῆς | ΕΓ · καὶ ἐπεὶ τρίγωνόν ἐστιν τὸ ΕΓΔ καὶ μείζων ⟨ἡ⟩ ΕΔ τῆς ΕΓ, καὶ γωνία ἄρα ἡ ὑπὸ ΕΓΔ γωνίας τῆς ὑπὸ ΕΔΓ μείζων ἐστίν · ὀρθὴ δ' ἡ ὑπὸ ΕΔΓ · μείζων ἄρα ὀρθῆς ἡ ὑπὸ ΕΓΔ · τριγώνου ἄρα τοῦ ΕΓΔ αἱ δύο γωνίαι δύο ὀρθῶν μείζους εἰσίν, ὅπερ ἀδύνατον. Οὐκ ἄρα ἡ ἀπὸ τοῦ Γ ἐπὶ τὴν ΑΒ κάθετος ἀγομένη ἐκτὸς τῆς σφαίρας αὐτῇ συμπίπτει. Ὁμοίως δὴ δείξομεν ὅτι οὐδὲ κατὰ τὰ πέρατα τοῦ ἄξονος τὰ Α Β · ἐντὸς ἄρα. Ἡ ἄρα ἀπὸ τοῦ Γ ἐπὶ τὴν ΑΒ κάθετος ἀγομένη ἐντὸς πίπτει τῆς σφαίρας · ὅπερ ἔδει δεῖξαι.

4 ἡ add. Hult. ‖ 13 δεῖξαι Hult. : ποιῆσαι AB.

JEAN PHILOPON

COMMENTAIRE AU SECOND LIVRE DE LA PHYSIQUE D'ARISTOTE

ARISTOTE, *Physique*, II, 2 (193 b 22).

Une fois déterminé en combien de sens s'entend le terme de nature, il convient d'examiner en quoi le mathématicien se distingue du physicien.

JEAN PHILOPON, *Commentaire*, p. 218-222 Vitelli.

Aristote vient d'indiquer que le terme de nature s'entend en trois sens : la forme, la matière et la génération en vue de la forme[1] ; que c'est essentiellement la forme qui est nature ; que la matière et la génération tiennent toutes les deux de la forme la propriété d'être des natures, la matière par son aptitude à recevoir une forme, la génération en tant qu'elle y conduit. Comme la physique (étude de la nature[2]) est une branche de la partie spéculative de la philosophie, la partie spéculative étant divisée en physique, mathématique et théologie[3], Aristote veut en profiter pour distinguer ce qui est du ressort de la physique de ce qui est mathématique ou théologique — il appartient en effet

1. Philopon résume en le clarifiant, mais en usant d'un vocabulaire légèrement différent, le chap. 1 du livre II, consacré à l'analyse de la notion de nature. Aristote avait parlé de la nature comme γένεσις sans préciser ἐπὶ τὸ εἶδος. De même l'expression d'Aristote ἡ μορφὴ φύσις (193 b 18) devient chez Philopon τὸ εἶδος φύσις.

2. La nature (φύσις) donne son nom à la physique (ici φυσιολογία), étude de la nature, d'où la double traduction utilisée ici.

3. Aristote, *Métaphysique*, V, 1, 1026 a 20.

ΙΩΑΝΝΟΥ ΤΟΥ ΦΙΛΟΠΟΝΟΥ

ΕΙΣ ΤΟ Β
ΤΗΣ ΑΡΙΣΤΟΤΕΛΟΥΣ ΦΥΣΙΚΗΣ ΑΚΡΟΑΣΕΩΣ

Ἐπεὶ δὲ διώρισται ποσαχῶς λέγεται ἡ φύσις, μετὰ τοῦτο θεωρητέον τί διαφέρει ὁ μαθηματικὸς τοῦ φυσικοῦ.

Εἰπὼν ὅτι τριχῶς ἡ φύσις λέγεται, καὶ τὸ εἶδος καὶ ἡ ὕλη καὶ ἡ γένεσις ἡ ἐπὶ τὸ εἶδος, καὶ ὅτι μᾶλλον κυριώτερον τὸ εἶδος φύσις, καὶ αἱ ἄλλαι δὲ δύο ἥ τε ὕλη καὶ ἡ γένεσις διὰ τὸ εἶδος ἔχουσι τὸ φύσεις εἶναι, ἡ μὲν ὕλη διὰ τὸ ἐπιτηδεία εἶναι εἰς τὸ δέξασθαι τὸ εἶδος, ἡ δὲ γένεσις ὡς εἰς αὐτὸ ἄγουσα, ἐπειδὴ ἡ φυσιολογία μόριόν ἐστι τοῦ θεωρητικοῦ μέρους τῆς φιλοσοφίας, τὸ δὲ θεωρητικὸν διαιρεῖται εἰς φυσιολογίαν | εἰς μαθηματικὴν εἰς θεολογίαν, βούλεται ἐντεῦθεν διακρῖναι τὸ φυσιολογικὸν τοῦ μαθηματικοῦ καὶ

Ioannis Philoponi *In Aristotelis Physicorum libros tres priores commentaria*, ed. H. Vitelli, Berlin 1887, t. I, p. 218-222.

Sigla : K *Marcianus graecus* 220, s. XV.
L *Vaticanus graecus* 1028, s. XIV.
M *Marcianus graecus* 230, s. XIV.

---

5 τί : τίνι Arist.

au scientifique d'examiner de près les sujets qui lui sont soumis afin de séparer ceux qui ne lui sont soumis qu'en apparence sans l'être réellement. Donc puisque les sciences en question sont des sortes de connaissances et que les connaissances sont des connaissances de formes (s'il existe une connaissance des choses informes, elle ne peut venir que de la connaissance des formes; c'est en effet par analogie ou par élimination que, comme il a été dit plus haut[1], nous connaissons l'informe), Aristote est fondé à établir la distinction entre ces sciences.

Mais au lieu de les distinguer systématiquement l'une de l'autre, il se contente de comparer la physique aux deux autres sciences, sans plus comparer ces autres sciences entre elles. Distinguant d'abord la science mathématique de la science physique, il déclare[2] que la science physique ne se distingue pas de la mathématique par où on le croit généralement. Par là il montre l'obligation où l'on est de distinguer ces sciences ; car si la distinction apparente entre ces sciences n'est pas la distinction véritable, il est bien clair que l'on est dans l'obligation d'étudier ce qui distingue ces sciences.

On considère d'ordinaire que ce qui distingue la physique de la mathématique, c'est que la physique s'occupe de la substance des choses tandis que la mathématique s'occupe des figures et de leurs affections[3] ; mais, dit Aristote, ce n'est pas exact, car les physiciens, manifestement, discutent non seulement sur les substances mais aussi sur les figures et sur leurs

1. Cf. p. 162, 4 sqq. Vitelli. Commentant la *Physique*, I, 7, 190b 23 : « Mais le sujet est un quant au nombre, deux quant à la forme », Jean Philopon avait dit : « Il s'agit de connaître la matière. Comment le faire ? Avant Aristote, Platon avait dit qu'il y avait deux manières : l'une ἐξ ἀφαιρέσεως, ce qui n'est ni l'homme, ni le cheval, ni aucun autre corps mais quelque chose d'autre qui est sous-jacent à tout cela ; l'autre, κατὰ ἀναλογίαν, il y a même rapport entre l'airain et tous les objets en airain qu'entre la matière et tout ce qui existe ».

τοῦ θεολογικοῦ· ἐπιστήμονος γάρ ἐστι τὸ διαλαβόντα περὶ τῶν ὑποβεβλημένων αὐτῷ πραγμάτων ἀποκρίνειν τὰ δοκοῦντα μὲν ὑποβεβλῆσθαι, μὴ ὑποβεβλημένα δέ. Ἐπεὶ οὖν αἱ ἐπιστῆμαι αὗται γνώσεις τινές εἰσιν, αἱ δὲ γνώσεις εἰδῶν εἰσι γνώσεις (κἂν γὰρ ἔστι τῶν ἀνειδέων γνῶσις, καὶ ταύτην ἐκ τῆς τῶν εἰδῶν γνώσεως γινώσκομεν· ἢ γὰρ κατὰ ἀναλογίαν ἢ κατὰ ἀφαίρεσιν, ὡς εἴρηται πρότερον, τὸ ἀνείδεον γινώσκομεν), διὰ τοῦτο οὖν εἰκότως τὴν διάκρισιν τῶν ἐπιστημῶν τούτων ποιεῖται.

Διακρίνει δ' οὐ πάσας ἀλλήλων, ἀλλὰ τῆς φυσιολογίας μόνης τὰς λοιπάς, οὐκέτι δὲ καὶ τὰς ἄλλας ἑαυτῶν. Καὶ διακρίνει πρῶτον τὴν μαθηματικὴν ἐπιστήμην τῆς φυσιολογίας, καί φησιν ὅτι οὐ ταύτῃ διακρίνεται ἡ φυσιολογία τῆς μαθηματικῆς ᾗ δοκεῖ τοῖς πολλοῖς. Καὶ ἐντεῦθεν δείκνυσι τὸ ἀναγκαῖον τῆς διακρίσεως τῶν ἐπιστημῶν τούτων· εἰ γὰρ ἡ δοκοῦσα αὐτῶν διάκρισις ὅμως οὐκ ἔστι διάκρισις, δῆλον δήπου ὅτι ἀναγκαῖος ὁ τῆς διακρίσεως λόγος αὐτῶν.

Νομίζουσι δὲ διακρίνεσθαι φυσιολογίαν μαθηματικῆς τῷ τὴν μὲν φυσιολογίαν περὶ τὰς οὐσίας τῶν πραγμάτων καταγίνεσθαι, μαθηματικὴν δὲ περὶ τὰ πάθη καὶ τὰ σχήματα, τοῦτο δέ, φησίν, οὐκ ἔστιν ἀληθές· καὶ οἱ φυσιολόγοι γὰρ φαίνονται μὴ μόνον περὶ τῶν οὐσιῶν διαλε-

4 αὗται prop. Vit. : αὐτῆς codd.

2. Philopon paraphrase l'exposé d'Aristote en l'amplifiant et en le clarifiant (mais peut-être en le déformant).

3. La mathématique visée ici semble être surtout la géométrie ; c'est à la géométrie de la sphère que Philopon emprunte ses exemples.

affections. Lui-même en tout cas, dans le *De Caelo*[1], n'a pas seulement parlé de la substance des astres, montrant qu'elle est différente de celle des quatre éléments, mais il a indiqué également qu'elle revêt, par nature, une figure sphérique et qu'elle est entraînée par un mouvement circulaire ; de même dans son exposé sur les éléments, il a non seulement étudié la substance propre à chacun, mais précisé que tous sont sphériques ; il a démontré en particulier avec beaucoup d'élégance, par la géométrie, la sphéricité de la terre et celle de l'eau. Si donc les physiciens font porter leurs études non seulement sur les substances mais aussi sur les accidents de ces substances, il est vraisemblable que ce n'est pas par là que le mathématicien se distingue du physicien.

Par quoi donc se distinguent-ils ? Je déclare[2] que c'est non par le fait d'étudier des choses différentes, mais par la manière de mener la recherche. Le mathématicien raisonne sur des figures et sur leurs propriétés sans y ajouter aucune considération de la matière dans laquelle elles peuvent se trouver ; les séparant de toute matière par la pensée, il en considère les propriétés dans ces conditions. Le physicien, lui, considérant la figure et toutes ses affections, les étudie dans la mesure où elles se trouvent dans une matière, par exemple dans le ciel, dans le soleil, dans la Terre, ou dans n'importe lequel des corps physiques.

Ainsi Théodose, dans *Les Sphériques*[3], expose les propriétés de la sphère sans y ajouter aucune considération de matière ; il sépare de toute substance la figure

1. Les passages du *De Caelo* auxquels Jean Philopon peut faire allusion sont : pour la substance des astres, différente de celle des éléments, I, 2, 269b sqq. et II, 7, 289a 10 sqq. ; pour la figure sphérique des astres, II, 8, 290b et II, 11, 291a 10 sqq. ; pour leur mouvement circulaire, II, 8, 289b ; pour la sphéricité des éléments, III, 3 sqq. (c'est une doctrine d'origine pythagoricienne ; cf. Strabon, I, 3, 12) ; pour les démonstrations sur la sphéricité de la terre, II, 14, 297a 8 ; et de l'eau, II, 4, 287a 30 sqq.

Sur la Physique d'Aristote, consulter A. Mansion, *Introduction à la Physique aristotélicienne*, Paris, 2e édition, 1946.

γόμενοι, ἀλλὰ καὶ περὶ σχημάτων καὶ παθῶν. Αὐτὸς γοῦν ἐν τῇ Περὶ οὐρανοῦ οὐ μόνον περὶ τῆς οὐσίας τῶν οὐρανίων ἀπέδειξεν, ὅτι ἐστὶν ἑτέρας τινὸς παρὰ τὰ τέσσαρα στοιχεῖα, ἀλλ' ὅτι καὶ σφαιρικὸν ἔχει κατὰ φύσιν τὸ σχῆμα, καὶ ὅτι κυκλοφορικόν, καὶ περὶ τῶν στοιχείων δὲ διελέχθη οὐ μόνον ποίας ἕκαστόν ἐστιν οὐσίας, ἀλλ' ὅτι καὶ σφαιρικὰ πάντα, ἐν οἷς χαριέστατα γραμμικῶς ἀποδείκνυσι καὶ περὶ τοῦ ὕδατος καὶ τῆς γῆς ὅτι σφαιρικά. Ὥστε εἰ καὶ οἱ φυσιολόγοι διαλέγονται οὐ μόνον περὶ τῶν οὐσιῶν, ἀλλὰ καὶ περὶ τῶν συμβεβηκότων ταῖς οὐσίαις, ἔοικε μὴ διακρίνεσθαι ταύτῃ τοῦ φυσιολόγου ὁ μαθηματικός.

Τίνι οὖν διακρίνεται ; φημὶ οὐ τῷ περὶ διαφόρων διαλέγεσθαι, ἀλλὰ τῷ τρόπῳ τῆς διδασκαλίας, ὅτι ὁ μὲν μαθηματικὸς διαλέγεται περὶ τῶν σχημάτων καὶ τῶν συμβαινόντων αὐτοῖς μηδὲν προσεπινοῶν ἐν ὁποιᾳδηποτοῦν ὕλῃ ταῦτα ὑπάρχει, ἀλλὰ χωρίσας αὐτὰ πάσης ὕλης τῇ διανοίᾳ οὕτω τὰ συμβαίνοντα αὐτοῖς θεωρεῖ, ὁ μέντοι φυσικὸς ἐπινοῶν τὸ σχῆμα καὶ τὰ λοιπὰ τῶν παθῶν, ὡς ἐν ὕλῃ αὐτὰ θεωρεῖ · ἢ γὰρ ἐν οὐρανῷ ἢ ἐν ἡλίῳ ἢ ἐν γῇ ἢ ἐν ἄλλῳ τινὶ τῶν | φυσικῶν σωμάτων.

Ὁ γοῦν Θεοδόσιος ἐν τοῖς Σφαιρικοῖς διδάσκων τὰ συμβαίνοντα [πάθη] τῇ σφαίρᾳ οὐδὲν προσλογίζεται ὕλην, ἀλλὰ χωρίσας πάσης οὐσίας τὸ σφαιρικὸν σχῆμα οὕτω τὰ

10 ταῖς οὐσίαις LK : τῆς οὐσίας M || 20 σωμάτων LK : πραγμάτων M || 21 τοῖς Σφαιρικοῖς LK : τῇ σφαιρικῇ M || 22 πάθη deleui.

---

2. Jean Philopon prend ce développement à son compte.

3. Il est instructif de voir placés ici dans l'ordre où les présente le plus ancien manuscrit conservé les trois premiers traités de *La Petite Astronomie*.

sphérique pour examiner ses propriétés montrant que, si une sphère est coupée par un plan, on obtient un cercle, etc. Autolycos, l'auteur de *La sphère en mouvement*, quand il décrit les propriétés de la sphère en mouvement, est plus particulier que Théodose et se rapproche du physicien (car le mouvement est déjà relativement proche de la substance[1]) ; même s'il ne considère, dans la sphère en mouvement, aucune substance, il prend du moins un composé de figure et de mouvement, et par là il se rapproche plus ou moins de la substance. Encore plus particuliers sont *Les Phénomènes*[2] d'Euclide, et, en bref, toute l'astronomie, car la substance elle-même est cette fois prise en considération : c'est le ciel, le soleil, les planètes dont on étudie le mouvement ; au lieu de simplement examiner le mouvement de la sphère, on y considère le mouvement de la sphère des fixes, ou celui de la sphère de Saturne, ou celui de n'importe quelle sphère, ainsi que la position relative de ces sphères entre elles.

Il existe donc une mathématique de très haut niveau, facile à discerner et nettement séparée de la physique (par exemple *Les Sphériques* de Théodose, les treize livres d'Euclide, les traités d'arithmétique : il n'y est jamais fait mention de la matière), et une mathématique plus commune, qui se rapproche plus ou moins de la physique (l'astronome considère une figure en tant qu'elle est la figure du soleil, un mouvement en tant qu'il est le mouvement du soleil, et de même pour les dimensions ; or le physicien procède de même).

Quelle est donc la différence entre le mathématicien et le physicien, puisqu'ils étudient les mêmes choses, affectant les mêmes objets ? La voici : si le physicien se livre à cette étude, c'est parce que telle ou telle figure, tel ou tel mouvement a un rapport d'affinité et de connaturalité à telle ou telle substance, ici à la

1. Cf. Aristote, *Physique*, III, 1, 200b 32 : « Il n'y a pas de mouvement hors des choses ».

συμβαίνοντα αὐτῷ ἐπισκέπτεται, ὅτι ἐὰν σφαῖρα ἐπιπέδῳ τμηθῇ κύκλον ποιεῖ, καὶ ὅσα ἄλλα. Ὁ δὲ Αὐτόλυκος, Περὶ κινουμένης σφαίρας γράψας καὶ ὅσα συμβαίνει τῇ κινουμένῃ σφαίρᾳ, μερικώτερός ἐστι τοῦ Θεοδοσίου καὶ μᾶλλον τῷ φυσικῷ προσεγγίζων (ἡ γὰρ κίνησις ἐγγύς πώς ἐστι τῆς οὐσίας) · εἰ γὰρ καὶ μὴ ἐπινοεῖ οὐσίαν τινὰ ἐν τῇ κινουμένῃ σφαίρᾳ, ἀλλ' οὖν σύνθεσίν τινα λαμβάνει τοῦ σχήματος καὶ τῆς κινήσεως, καὶ ταύτῃ ἐγγύς πώς ἐστι τῆς οὐσίας. Ἔτι τούτου μερικώτερα τὰ Εὐκλείδου Φαινόμενα καὶ ἁπλῶς πᾶσα ἀστρονομία · ἐνταῦθα γὰρ καὶ ἡ οὐσία αὐτὴ συνεπινοεῖται · οὐρανοῦ γὰρ κίνησιν καὶ ἡλίου καὶ τῶν λοιπῶν ἀστέρων προσλογίζεται · οὐ γὰρ ἁπλῶς κίνησιν σφαίρας ἐπισκοπεῖ, ἀλλὰ τῆς ἀπλανοῦς ἢ τῆς Κρονίας ἢ ἄλλης τινός, καὶ τὴν σχέσιν αὐτῶν τὴν πρὸς ἀλλήλας.

Καὶ ἔστι τὸ μὲν ἀκρότατον τῆς μαθηματικῆς εὐδιάκριτον καὶ κεχωρισμένον τῆς φυσιολογίας (οἷά ἐστι τὰ Θεοδοσίου Σφαιρικά, τὰ Εὐκλείδου ιγ' βιβλία, τὰ ἀριθμητικά · παντελῶς γὰρ ἐν τούτοις ὕλης οὐδεμία μνήμη), τὸ δὲ περιπέζιον αὐτῆς πως ἐγγύς ἐστι τῆς φυσιολογίας (καὶ γὰρ ὁ ἀστρονόμος ὡς ἡλίου σχῆμα θεωρεῖ καὶ ὡς ἡλίου κίνησιν καὶ μεγέθη αὐτῶν, καὶ ὁ φυσιολόγος δ' ὡσαύτως).

Τίς οὖν ἡ διαφορά ; ὅτι εἰ καὶ περὶ τῶν αὐτῶν διαλέγονται καὶ ὡς τοῖς αὐτοῖς ὑπαρχόντων, ἀλλ' ὁ μὲν φυσιολόγος ὅτι τὰ τοιαῦτα σχήματα καὶ αἱ κινήσεις αἱ τοιαῦται οἰκεῖα καὶ συμφυῆ τῇ τοιαύτῃ οὐσίᾳ, λέγω δὴ τῇ πέμπτῃ (διὰ

2 Αὐτόλυκος : Αὐτόκλυτος K || 17 ιγ' LK : δεκατρία M || 24-25 οἰκεῖαι καὶ συμφυεῖς K.

2. Les traités intitulés *Phénomènes* (= Apparences, Faits observés) sont des traités d'astronomie ; les ouvrages intitulés *Introduction aux Phénomènes*, comme celui de Géminos, sont des manuels élémentaires d'astronomie.

quintessence[1] (si ces objets sont sphériques et entraînés par un mouvement circulaire, c'est qu'ils ne sont constitués ni d'un seul élément ni de tous, mais d'un autre corps, le cinquième, et que, pour eux, sont préférables cette figure et ce mouvement) ; le mathématicien, lui, étudie simplement le soleil en mouvement, sans se préoccuper en plus de savoir si, oui ou non, son mouvement ou sa figure sont des qualités naturelles à sa substance ; pour lui, quelle que fût la substance des objets possédant cette figure et ce mouvement, le résultat serait le même ; il ignore si un tel état de choses est ou non préférable pour ces objets ; il étudie simplement chez eux les mouvements et les figures ; que les objets en mouvement soient de feu ou de toute autre substance, il leur applique sans difficulté ce qui a été démontré dans la science mathématique plus générale ; par exemple, puisqu'il a été démontré que toute sphère coupée de telle façon a telle propriété, les mathématiciens appliqueront cette propriété à la sphère proposée ; ainsi ils examinent les phénomènes en dehors de la matière bien qu'ils les étudient comme se produisant dans les corps célestes. Autre différence : le physicien considère le mouvement seulement du point de vue qualitatif; le mathématicien le considère aussi du point de vue quantitatif[2].

C'est comme dans les traités de la *Démonstration*[3]. Après avoir montré que la démonstration scientifique relève de l'universel, et que le particulier n'a jamais valeur démonstrative, Aristote s'est demandé si l'astronomie ne serait pas non démonstrative, car tout ce qui est dit sur l'éclipse de soleil ou de lune, et sur le mouvement des étoiles, s'applique à des objets particuliers, au soleil, à la lune, à l'une ou l'autre des étoiles,

1. La cinquième essence est celle qu'Aristote ajoute à la liste des quatre éléments pour expliquer les mouvements du ciel (*De Caelo,* I, 2-4, 268b sqq.). Sur la quintessence, cf. l'article de P. Moraux, *R.E.* XXIV, col. 1171 sqq. s.v. *Quinta essentia.*

2. Cf. Strabon, *Géographie,* II, 5, 2.

τοῦτο γὰρ σφαιρικά τε καὶ κυκλοφορικά, ἐπειδὴ μήτε ἐξ ἑνὸς μήτε ἐκ πάντων τῶν στοιχείων, ἀλλ' ἑτέρου τινὸς τοῦ πέμπτου σώματός εἰσι, καὶ ὅτι βέλτιον αὐτοῖς τὸ τοιοῦτον σχῆμα καὶ [ἡ] κίνησις), ὁ δὲ μαθηματικὸς ἁπλῶς κινούμενον ἥλιον θεωρεῖ, μὴ προσλογιζόμενος εἴτε προσφυὴς ἡ κίνησις αὐτοῦ ἢ τὸ σχῆμα τῇ οὐσίᾳ, ἢ μή, ὥστε κἂν ὁποίας ποτὲ ᾖ οὐσίας τὰ οὕτως ἐσχηματισμένα καὶ κινούμενα, τὰ αὐτὰ ἂν συμϐαίνειν · ἀλλ' οὐδὲ εἰ βέλτιον αὐτοῖς ἢ μὴ τὸ τοιοῦτον οἶδεν, ἀλλ' ἐν αὐτοῖς μὲν θεωρεῖ τὰς κινήσεις καὶ τὰ σχήματα, οὕτω δὲ κἂν εἰ πύρινα ἦν τὰ κινούμενα ἢ ἄλλης τινὸς οὐσίας, ἀμέλει τὰ δεδειγμένα ἐν τῇ καθολικωτέρᾳ μαθηματικῇ ἐπιστήμῃ προσαρμόζουσι τούτοις · οἷον ὅτι, ἐπειδὴ δέδεικται ὅτι πᾶσα σφαῖρα τοιῶσδε τεμνομένη τάδε πάσχει, καὶ ἐπὶ τῆς προκειμένης ἄρα σφαίρας τὸ αὐτὸ τοῦτο ἁρμόσει · οὕτως ἐκτὸς ὕλης αὐτὰ σκοποῦσι, κἂν ὡς ἐν τοῖς οὐρα|νίοις θεωρῶσι γινόμενα. Καὶ ὁ μὲν φυσικὸς τὸ ποιὸν μόνον τῆς κινήσεως ἐπισκοπεῖ, ὁ δὲ μαθηματικὸς καὶ τὸ ποσόν.

Ὥσπερ οὖν καὶ ἐν τοῖς Ἀποδεικτικοῖς δείξας ὅτι ἡ ἀπόδειξις τῶν καθόλου ἐστὶ καὶ οὐδέν ἐστι τῶν μερικῶν ἀποδεικτικόν, ἠπόρησε μήποτε οὖν ἡ ἀστρονομία οὐκ ἔστιν ἀποδεικτική · ὅσα γὰρ περὶ ἐκλείψεως ἡλίου καὶ σελήνης καὶ τῆς τῶν ἄλλων ἀστέρων κινήσεως λέγεται, περὶ μερικῶν τινων λέγεται περὶ ἡλίου ἢ σελήνης ἢ ἄλλου τινὸς τῶν

4 ἡ del. Vit. ‖ 6-8 ὥστε — συμϐαίνειν LK : om. M ‖ 14 ἄρα σφαίρας LM : γὰρ σφαῖραι K ‖ 24 λέγεται LK : διαλέγεται M.

3. Cf. *Seconds Analytiques*, I, 31, 87b 38 sqq. : « Le grand mérite de l'universel, c'est de faire connaître la cause ». Aristote prend l'exemple de l'éclipse de lune ; si on était placé au-dessus de la lune, on verrait l'éclipse se produire, mais on n'en saisirait pas la cause. L'interprétation de Jean Philopon est très libre.

à la sphère considérée. Il résout la difficulté en déclarant que, même si l'astronome fait ses raisonnements sur des objets particuliers, ce n'est pas en tant qu'objets particuliers mais en tant qu'objets universels qu'il examine leurs propriétés ; par exemple, quand il montre que la conjonction du soleil et de la lune produit une éclipse de soleil, et qu'une position relative différente de ces astres produit une éclipse de lune, sa démonstration ne repose pas sur l'hypothèse que c'est parce qu'il y a un seul soleil et une seule lune que ces phénomènes se produisent ; elle suppose que, même s'il y avait dix mille soleils et autant de lunes, le même phénomène se produirait. Dans ce cas donc, l'astronome, tout en raisonnant sur des objets particuliers et en n'examinant qu'un seul soleil et qu'une seule lune, raisonne sur des objets considérés non pas comme particuliers mais comme universels. De même, s'il examine la sphère du soleil ou le mouvement du soleil, il ne les examine pas simplement comme appartenant à la substance du soleil ; ce qu'il examine, c'est simplement les propriétés d'une sphère quelconque qui tourne de cette manière, car par la pensée il sépare toujours les figures et les mouvements de la substance.

Et d'ailleurs, continue Aristote[1], ces astronomes ne font rien d'absurde en séparant par la pensée les affections de la substance même, car ce sont des choses qui sont naturellement séparables en pensée de leur substrat. En effet si, tout en les séparant, ils les avaient hypostasiées[2], il s'ensuivrait une erreur et une impossibilité ; mais du moment que, par la pensée, ils ne distinguent que des choses qui sont naturellement séparables par la pensée, il ne résultera rien d'absurde d'une telle distinction. Les astronomes donc, d'après Aristote, ne font rien d'absurde ; en revanche ceux qui

1. Jean Philopon continue à paraphraser sans s'astreindre à reproduire les termes mêmes d'Aristote. Cf. *Physique,* II, 2, 193 b 34-35.

ἀστέρων ἢ τῆσδε τῆς σφαίρας. Ἐπιλυόμενος οὖν τὴν ἀπορίαν φησὶν ὅτι, εἰ καὶ περὶ μερικῶν ποιεῖται τοὺς λόγους ὁ ἀστρονόμος, ἀλλ' οὐχ ὡς περὶ μερικῶν, ἀλλ' ὡς καθολικῶν τινων τὰ συμβαίνοντα αὐτοῖς ἐξετάζει· δεικνὺς γάρ, φέρε εἰπεῖν, ὅτι ἡ σύνοδος μὲν ἡλίου καὶ σελήνης ποιεῖ ἡλιακὴν ἔκλειψιν, καὶ ἡ τοιάδε αὐτῶν σχέσις σεληνιακήν, οὐχ οὕτω ταῦτα ἀποδείκνυσιν, ὅτι ἐπειδὴ εἷς ἥλιός ἐστιν καὶ μία σελήνη, ταῦτα οὕτω συμβαίνει, ἀλλ' εἰ καὶ μύριοι ἦσαν ἥλιοι καὶ σελῆναι τοσαῦται, τὰ αὐτὰ ἂν συνέβη. Ὥσπερ οὖν ἐν τούτοις περὶ μερικῶν ποιούμενος τὸν λόγον ὁ ἀστρονόμος καὶ ἕνα ἥλιον ἐξετάζων καὶ μίαν σελήνην, οὐχ ὡς περὶ μερικῶν ἀλλ' ὡς καθολικῶν τινων ποιεῖται τοὺς λόγους, οὕτω κἂν ὡς ἡλιακὴν σφαῖραν ἢ κίνησιν ἐξετάζῃ, οὐχ ἁπλῶς ὡς τῇ ἡλιακῇ οὐσίᾳ ὑπάρχουσαν ἐξετάζει, ἀλλ' ἁπλῶς τοιῶσδε κινουμένῃ σφαίρᾳ τὰ συμβαίνοντα ἐξετάζει, χωρίζων τῇ ἐπινοίᾳ τὰ σχήματα καὶ τὰς κινήσεις τῆς οὐσίας.

Καὶ οὗτοι μέν, φησίν, οὐδὲν ἄτοπον ποιοῦσι χωρίζοντες τῇ ἐπινοίᾳ τὰ πάθη τῶν οὐσιῶν· πεφύκασι γὰρ κατ' ἐπίνοιαν τοῦ ὑποκειμένου διαιρεῖσθαι. Εἰ μὲν γὰρ χωρίζοντες ὑπόστασιν αὐτοῖς ἐδίδοσαν, ψεῦδος ἂν αὐτοῖς καὶ ἀδύνατον ἠκολούθησεν, ἐπειδὴ δὲ τῇ ἐπινοίᾳ μόνον τὴν διάκρισιν αὐτῶν ποιοῦνται πεφυκότων γε τῇ ἐπινοίᾳ χωρίζεσθαι, οὐδὲν ἄτοπον ἕψεται τῇ τοιαύτῃ διακρίσει. Οὗτοι μὲν οὖν, φησίν, οὐδὲν ἄτοπον ποιοῦσιν, οἱ δὲ τὰ εἴδη, φησί, χωρί-

4 δεικνὺς γάρ K : δείκνυσι LM ‖ 7 ἐπειδὴ post ἐστιν LM.

2. Pour Aristote, les êtres mathématiques ne possèdent pas d'existence séparée (*Seconds Analytiques*, 81 b 1-5 ; cf. aussi *Métaphysique*, XIII, 3, 1077 b 31 sqq.) ; ce sont les produits de l'abstraction. Sur la légitimité de l'abstraction mathématique, cf. *Métaphysique*, XIII, 3, 1077 b 18-30.

séparent des formes qui par nature ne sont pas séparables en pensée, et qui, non contents de les séparer par la pensée, vont jusqu'à les hypostasier individuellement, ceux-là selon lui commettent de lourdes erreurs[1], en supposant des choses impossibles.

Pour certaines affections en effet qui ne participent en rien à la définition de la substance, mais possèdent elles-mêmes une définition de leur propre être et qui, par là, peuvent être séparées en pensée des substances, il n'y a aucune absurdité à ce que les mathématiciens les séparent par la pensée à condition de ne pas les hypostasier. En revanche les formes naturelles telles que celles d'un homme, d'un cheval, d'une pierre, etc. ne peuvent même pas être séparées en pensée de la matière qui en est le substrat ; car lorsque je pense à la forme de la chair, j'associe sur le champ à un certain mélange d'éléments son humidité, son aspect sanglant, sa mollesse ; et pour les autres corps naturels, il en est de même.

Ce qui le montre bien, dit Aristote, ce sont les définitions[2]. Si l'on donne la définition de la figure sphérique, du mouvement ou de toute autre propriété comme celle de la courbe ou de la droite, on ne fera aucune mention de la matière ; si l'on veut en revanche donner la définition de la chair, de l'os ou de quelque autre corps naturel, on mentionnera toujours le substrat matériel, parce qu'il comporte un certain degré d'humidité, de chaleur, de mollesse ou de qualités analogues qui indiquent le mélange des éléments sous-jacent à la forme de la chair. Si donc il est impossible d'appréhender par la pensée en dehors d'une matière les formes substantielles, encore plus l'est-il de les poser par hypostase comme réalités séparées.

1. Cf. *Physique*, II, 2, 193 b 35.
2. Cf. *ibid.*, 194 a 2 sqq.

ζοντες, ἅπερ οὐδὲ κατ' ἐπίνοιαν χωρίζεσθαι πέφυκε, καὶ μὴ μόνον τῇ ἐπινοίᾳ χωρίζοντες ἀλλὰ καὶ ὑπόστασιν αὐτοῖς καθ' αὑτὰ παρέχοντες, οὗτοι μάλιστα ἁμαρτάνουσι τὰ ἀδύνατα ὑποτιθέμενοι.

Τὰ μὲν γὰρ πάθη οὐδὲν συντελοῦντα εἰς τὸν τῆς οὐσίας λόγον, ἀλλ' ἴδιον ἔχοντα τὸν τοῦ εἶναι ἑαυτῶν λόγον καὶ χωριζόμενα τῇ ἐπινοίᾳ κατὰ τοῦτο τῶν οὐσιῶν, οὐδὲν ἄτοπον εἰ χωρίζοιτο ὑπὸ τῶν μαθηματικῶν τῇ ἐπινοίᾳ οὐ τῇ ὑποστάσει. Τὰ μέντοι φυσικὰ εἴδη, οἷον τὸ ἀνθρώπου τὸ ἵππου τὸ λίθου καὶ τῶν λοιπῶν, οὐδὲ κατ' ἐπίνοιαν τῆς ὑποκειμένης ὕλης χωρισθῆναι δύναται · ὅταν γὰρ ἐπινοήσω τὸ εἶδος τῆς σαρκός, εὐθὺς μετὰ τῆς τοιᾶσδε | κράσεως τῶν στοιχείων ἐπινοῶ τὸ ὑγρὸν αὐτῆς τὸ αἱματῶδες τὸ μαλακόν, καὶ ἐπὶ τῶν ἄλλων ὡσαύτως.

Δῆλον δέ, φησίν, ἐκ τῶν ὁρισμῶν. Σφαιρικοῦ μὲν γὰρ σχήματος ἢ κινήσεως ἢ ἄλλου τινὸς τῶν παθῶν, οἷον καμπυλότητος ἢ εὐθύτητος, τὸν ὁρισμὸν ἀποδιδούς τις οὐδὲν μεμνήσεται τῆς ὕλης, σαρκὸς δὲ ἢ ὀστοῦ ἤ τινος ἄλλου τῶν φυσικῶν εἰ θελήσει τις ἀποδοῦναι τὸν ὁρισμόν, πάντως μεμνήσεται τῆς ὑποκειμένης ὕλης, ὅτι ἢ τοσῆσδε ὑγρότητος ἢ θερμότητος μετέχουσα καὶ μαλακότητος καὶ τῶν τοιούτων, ἅπερ τὴν ὑποκειμένην κρᾶσιν τῶν στοιχείων τῷ εἴδει τῆς σαρκὸς δηλοῖ. Εἰ δὲ ἀδύνατον κατ' ἐπίνοιαν χωρὶς ὕλης λαβεῖν τὰ οὐσιώδη εἴδη, σχολῇ γε δήπου καθ' ὑπόστασιν αὐτὰ καθ' αὑτὰ ὑποτίθεσθαι εἶναι.

8 ὑπὸ K : ἐπὶ L ἀπὸ M || 10 ἵππου τὸ : ὑπὸ τοῦ K || 11 δύναται K : δύνανται cett. || 20 ἢ Vit. : ἡ codd. || 23 εἰ δὲ K : εἰδῶν M (corr. εἰδ' οὖν) εἰδῶν οὖν L || 25 καθ' pr. LK : καὶ M.

SIMPLICIUS

COMMENTAIRE AU SECOND LIVRE DU TRAITÉ DU CIEL D'ARISTOTE

ARISTOTE, *Du ciel*, II, 12 (293 a 4).

Voici encore une raison[1] *pour laquelle les rotations autres que la première ne concernent pas plus d'un corps : c'est que les rotations précédant la dernière, celle qui porte la planète*[2], *entraînent plusieurs corps (c'est dans plusieurs sphères en effet que la dernière se trouve fixée pour tourner, et chaque sphère est un corps) ; le mouvement de cette dernière sphère est donc un mouvement composé : chaque sphère possède par nature un mouvement de rotation propre et le mouvement de la dernière ne fait que s'ajouter aux autres ; or l'action de tout corps fini ne peut s'exercer que sur un corps fini.*

1. Le chapitre XII du *De Caelo* (livre II) est consacré à la discussion de deux difficultés que peut poser le système d'Eudoxe, revu par Callippe, si on le considère comme une explication physique du monde :

a) pourquoi les planètes ne sont-elles pas entraînées par des mouvements de plus en plus nombreux à mesure qu'elles s'éloignent de la sphère des fixes ? Rappelons que ce sont les planètes intermédiaires, Mercure, Mars et Vénus, qui ont les mouvements les plus complexes. Callippe affecte en effet cinq sphères à chacune de ces planètes, et quatre seulement à Jupiter et à Saturne,

b) pourquoi la sphère des fixes, entraînée par la rotation première, fait-elle tourner avec elle tant d'étoiles tandis que, dans le système de chaque planète, les diverses rotations n'entraînent jamais qu'un seul corps, la planète, attaché à la dernière sphère du système ?

A cette seconde aporie, Aristote répond que, dans le système de chaque planète, toutes les sphères autres que celle qui porte

ΣΙΜΠΛΙΚΙΟΥ

ΕΙΣ ΤΟ Β ΤΩΝ ΑΡΙΣΤΟΤΕΛΟΥΣ ΠΕΡΙ ΟΥΡΑΝΟΥ

Καὶ ἔτι διὰ τοῦτο ἓν ἔχουσι σῶμα αἱ ἄλλαι φοραί, ὅτι πολλὰ σώματα κινοῦσιν αἱ πρὸ τῆς τελευταίας καὶ τῆς ἓν ἄστρον ἐχούσης· ἐν πολλαῖς γὰρ σφαίραις ἡ τελευταία σφαῖρα ἐνδεδεμένη φέρεται, ἑκάστη δὲ σφαῖρα σῶμά τι τυγχάνει ὄν. Ἐκείνης ἂν οὖν κοινὸν εἴη τὸ ἔργον· αὐτῇ μὲν γὰρ ἑκάστῃ ἡ ἴδιος φύσει φορά, αὕτη δὲ οἷον πρόσκειται, παντὸς δὲ πεπερασμένου σώματος πρὸς πεπερασμένον ἡ δύναμίς ἐστιν.

SIMPLICIVS, *In Aristotelis de Caelo commentaria*, ed. I. L. Heiberg, Berlin 1894, p. 491-510.

Sigla : A *Mutinensis* III E 8, s. XIII-XIV.
D *Coislinianus* 166 (ad p. 170, l. 1), s. XIV.
F *Marcianus graecus* 228, s. XV.

---

4 τοῦτο : τόδε D Arist. || φοραί D Arist. : σφαῖραι AF Heib.

---

l'astre entraînent plus d'un corps puisque chacune entraîne la suivante et que le mouvement de la planète résulte de la composition de plusieurs mouvements.

2. Aristote parle de l'astre sans distinguer les étoiles des planètes, du moins par le vocabulaire, mais l'auditeur ou le lecteur faisait immédiatement la différence. Par souci de clarté, il a paru préférable de faire cette distinction dans la traduction chaque fois que cela pouvait être utile.

Simplicius, *Commentaire*, p. 491-510 Heiberg.

Voici une autre tentative, la seconde ou la troisième, fondée cette fois sur le système des sphères dites tournantes[1], pour expliquer que les sphères des planètes portent chacune un seul astre tandis que la sphère des fixes en porte un si grand nombre.

Commentaire du texte.

Aristote déclare que toute sphère qui porte l'un de ces astres que l'on nomme planètes *se trouve fixée pour tourner* dans un grand nombre de sphères dites tournantes ou, selon la dénomination de Théophraste[2], sphères sans astres ; elle est la dernière d'un système de sphères (cf. le système de sphères qui fait tourner Saturne, Jupiter ou toute autre planète). Chacune de ces sphères, aussi bien celle qui porte la planète que celles qui contiennent la dernière sphère, est affectée, par nature, d'un mouvement individuel simple ; les variations et irrégularités du mouvement de la planète, qui semble prendre de l'avance ou du retard, ajouter ou soustraire aux valeurs calculées[3], ou même rester sur place, sont des adjonctions dues à des causes extérieures. Ce sont les sphères tournantes qui produisent cet effet : chacune d'elles tourne bien, comme on l'a dit, de son propre mouvement, mais elle fait tourner aussi la sphère portant la planète, de façon différente dans chaque cas, selon son mouvement particulier. Puisque donc chaque sphère se trouve être un corps et que la sphère extérieure de chaque système, qui tourne avec la sphère des fixes, outre son mouvement propre, est dans l'obligation de faire tourner avec elle-même toutes les sphères qu'elle contient du mouvement dont elle tourne, il serait difficile pour cette sphère de faire tourner à la fois toutes ces sphères, qui sont des corps,

1. Apparition du terme ἀνελίττουσαι pour désigner les sphères homocentriques qui tournent d'un mouvement uniforme. Sur l'amphibologie de ce terme, cf. Notice, p. 138, n. 1.

Ἄλλο τοῦτο ἐπιχείρημα ἢ δεύτερον ἢ τρίτον τὴν αἰτίαν ἀπὸ τῶν ἀνελιττουσῶν καλουμένων σφαιρῶν ἀποδιδὸν τοῦ τὰς μὲν πλανωμένας ἓν ἄστρον ἔχειν ἑκάστην, τὴν δὲ ἀπλανῆ τοσαῦτα.

Λέγει οὖν, ὅτι ἡ σφαῖρα ἡ τὸ ἓν ἄστρον ἔχουσα τὸ πλανᾶσθαι λεγόμενον ἐν πολλαῖς σφαίραις ταῖς ἀνελιττούσαις καλουμέναις ἤ, ὡς ὁ Θεόφραστος αὐτὰς καλεῖ, ταῖς ἀνάστροις *ἐνδεδεμένη φέρεται* τελευταία οὖσα τῆς ὅλης αὐτῶν συντάξεως, οἷον τῶν τὸν Κρόνον ἢ τὸν Δία ἢ τῶν ἄλλων τινὰ κινουσῶν. Καὶ ἑκάστῃ μέντοι τούτων τῶν σφαιρῶν τῇ τε ἄστρον ἐχούσῃ καὶ ταῖς ταύτην περιεχούσαις ἴδιός ἐστι κατὰ φύσιν ἁπλῆ κίνησις, ἡ δὲ ποικιλία καὶ ἀνωμαλία τοῦ ἀστέρος προποδίζειν τε καὶ ὑποποδίζειν δοκοῦντος καὶ προστιθέναι καὶ ἀφαιρεῖν τοῖς ἀριθμοῖς καὶ στηρίζειν ἔξωθεν πρόσκειται. Ὑπὸ γὰρ τῶν ἀνελιττουσῶν γίνεται κινουμένης μὲν ἑκάστης αὐτῶν, ὡς εἴρηται, κατὰ τὴν ἑαυτῆς ἰδίαν κίνησιν, κινούσης δὲ τὴν τὸ ἄστρον ἔχουσαν ἄλλης ἄλλως κατὰ τὴν ἑαυτῆς οἰκείαν κίνησιν. Ἐπειδὴ οὖν ἑκάστη σφαῖρα σῶμα τυγχάνει ὄν, τῇ δὲ ἐξωτάτω καθ' ἑκάστην σύνταξιν σὺν τῇ ἀπλανεῖ κινουμένῃ πρὸς τῇ ἰδίᾳ κινήσει πρόσκειται τὸ καὶ τὰς ἄλλας τὰς ὑφ' ἑαυτῆς περιεχομένας | κινεῖν κοινῶς τὴν αὐτὴν κίνησιν πάσας, ἣν αὐτὴ κινεῖται, ἐργῶδες ἂν ἦν αὐτῇ κινεῖν καὶ

8 ἀνάστροις : ἐνάστροις A || 9 ἤ : οἷον A || 12 ἴδιος D : ἴδιον AF Heib. || 14 ἀφαιρεῖν : ἀφελεῖν A || 17-18 κινούσης — κίνησιν om. A || 20 σύνταξιν om. A.

2. Theophraste, fr. 31 Wimmer.

3. En grec, il est question d'ajouter ou de soustraire « aux nombres ».

et la sphère qui porte l'astre, si cette sphère, au lieu d'un astre, en portait beaucoup à l'instar de la sphère des fixes.

La difficulté de la chose a d'ailleurs été soulignée par Aristote qui ajoute : *l'action de tout corps fini ne peut s'exercer que sur un corps fini*. En effet si la source du mouvement avait une action infinie, point ne serait besoin de rien placer au-dessous pour transmettre le mouvement ; mais puisque, étant un corps fini, elle a une action finie, cette action doit s'exercer sur un objet fini qui lui soit comparable et non pas sur n'importe quoi ; si donc l'on devait non seulement accroître l'action motrice d'une seule sphère pour la rendre capable d'entraîner dans un mouvement de rotation un si grand nombre de corps[1], mais de plus mettre plusieurs astres sur la sphère qui n'en porte qu'un, ce seraient là réellement des conditions bien difficiles à satisfaire[2].

A mon avis ce genre de raisonnement reviendrait à affirmer la grande supériorité de la sphère des fixes sur celles des planètes. Si la sphère des fixes fait tourner avec elle non seulement toutes les étoiles qu'elle porte mais aussi toutes les sphères qu'elle contient[3], pourquoi la sphère extérieure de chaque système ne ferait-elle pas tourner à la fois les sphères tournantes situées au-dessous et une sphère qui porterait plusieurs astres au lieu d'un ? A moins que la différence ne vienne de ce que la sphère des fixes, qui porte les étoiles et qui tourne elle-même de son propre mouvement, est de ce fait capable d'entraîner avec elle les sphères qu'elle

1. C'est-à-dire les sphères de chaque système autres que la première, la plus extérieure, celle qui tourne de concert avec la sphère des fixes. Dans le système revu par Callippe, il peut y avoir, dans un système, quatre sphères au maximum dans la sphère extérieure.

2. Le grec ἐργῶδες est plus pittoresque : « ce serait un gros travail ». C'est le même terme qui est utilisé quelques lignes plus loin.

σφαίρας σωματικὰς τοσαύτας καὶ τὴν τὸ ἓν ἄστρον ἔχουσαν μηκέτι ἓν ἔχουσαν ἀλλὰ πολλά, ὥσπερ καὶ τῇ ἀπλανεῖ.

Τὸ δὲ ἐργῶδες ἔδειξεν ὁ Ἀριστοτέλης διὰ τοῦ εἰπεῖν *παντὸς δὲ πεπερασμένου σώματος πρὸς πεπερασμένον ἡ δύναμίς ἐστιν*. Εἰ μὲν γὰρ ἄπειρον εἶχε δύναμιν τὸ κινοῦν, οὐδὲν ἂν ἦν πρᾶγμα ὁσαοῦν ὑποβάλλειν αὐτῷ πρὸς τὸ κινεῖσθαι, ἐπειδὴ δὲ σῶμα ὂν πεπερασμένον πεπερασμένην ἔχει δύναμιν, πρὸς πεπερασμένον ἂν εἴη αὕτη ἡ δύναμις καὶ σύμμετρον αὐτῇ καὶ οὐ πρὸς ὁποιονοῦν · εἰ οὖν ὑπεραίρει τὴν τῆς μιᾶς σφαίρας κινητικὴν δύναμιν πρὸς τὸ κινεῖσθαι ὑπ' αὐτῆς τὰ τοσαῦτα σώματα, εἰ καὶ πολλοὺς εἶχεν ἀστέρας ἡ τὸν ἕνα ἔχουσα σφαῖρα, ἐργῶδες ἂν ὄντως ἦν τὸ ἐπίταγμα.

Δοκεῖ δέ μοι ὁ λόγος οὗτος ὡς ἐπ' ἐκείνῳ προϊέναι τῷ λέγοντι πολλὴν ὑπεροχὴν εἶναι τῆς ἀπλανοῦς πρὸς τὰς πλανωμένας. Ἐπεὶ τί ἐκώλυεν, ὥσπερ ἡ ἀπλανὴς τούς τε ἐν αὐτῇ πάντας ἀστέρας καὶ τὰς περιεχομένας ὑφ' αὐτῆς σφαίρας πάσας ἑαυτῇ συγκινεῖ, οὕτω καὶ τὴν ἐξωτάτω τῶν ἀνελιττουσῶν τάς τε ὑφ' ἑαυτὴν ἀνελιττούσας κινεῖν καὶ τὴν τὸ ἄστρον μηκέτι ἓν ἀλλὰ πολλὰ ἔχουσαν ; Εἰ μὴ ἄρα τι διάφορον ἔχει τὸ τὴν μὲν ἀπλανῆ μετὰ τῶν ἄστρων ὑφεστῶσαν καὶ κινουμένην τὴν ἑαυτῆς κίνησιν οὕτω τὰς περιεχομένας ὑπ' αὐτῆς συμπεριάγειν, τὴν δὲ τὸ πλανώ-

2-3 τῇ ἀπλανεῖ AD : τὴν ἀπλανῆ F || 5 πρὸς om. AF || πεπερασμένον : -μένη F || 7 οὐδὲν ἂν DE : οὐδὲ A || 9 πρὸς πεπερασμένον : προσπεπερασμένη A || 13 ὄντως A[pc] : οὕτως DF.

3. Elle aussi transmet son mouvement aux sphères inférieures, en particulier à la sphère extérieure de chaque système qui tourne de façon semblable à elle.

contient tandis que, si la sphère qui porte la planète en portait beaucoup d'autres, son entraînement par les sphères extérieures serait rendu plus difficile. Du reste la difficulté de la tâche viendrait non pas de ce que ces corps ont un poids (Aristote l'a nié de façon démonstrative) mais de ce qu'il faut, en toutes choses et particulièrement en ce domaine, que l'objet moteur et l'objet mû soient comparables ; aussi est-ce sur cette comparabilité qu'Aristote a fondé sa démonstration.

Une remarque : cette argumentation revient à considérer les hypothèses utilisant les sphères tournantes comme du domaine de la réalité alors qu'elles n'ont aucun caractère de nécessité, comme je l'ai précédemment indiqué ; d'autres hypothèses aussi ont permis à d'autres de sauver les phénomènes. Il semble donc opportun, dans une discussion sur le ciel et sur le mouvement des astres, de faire un bref exposé critique des hypothèses successivement adoptées pour tenter de sauver les phénomènes[1].

L'exigence de Platon.

Platon (je reprends là ce que j'ai déjà dit[2]), en imposant aux mouvements des corps célestes l'obligation d'être circulaires, uniformes et réglés, a proposé aux mathématiciens le problème suivant : quelles sont les hypothèses qui, par des mouvements uniformes, circulaires et réglés, pourront sauver les faits observés pour les planètes ?

Eudoxe de Cnide, le premier, proposa l'hypothèse des sphères dites tournantes. Callippe de Cyzique qui fit ses études avec Polémarque, l'élève d'Eudoxe, et qui vint à Athènes après l'époque d'Eudoxe se mit en

1. Cette formule célèbre est considérée comme la devise même de l'astronomie antique. Simplicius en fait l'objectif le plus important de la recherche (cf. aussi Géminos, *Introduction aux Phénomènes*, I, 19-21). Il a paru bon de garder ici l'expression consacrée « sauver les phénomènes » ; mais par la suite, le terme de φαινόμενα sera assez souvent traduit par « faits observés ». Pour une étude plus complète du sens de cette expression, cf.

μενον ἄστρον ἔχουσαν, εἰ πλῆθος εἶχεν ἀστέρων, τὴν ὑπ' ἄλλου κίνησιν ἐργωδεστέραν ποιεῖν τῷ κινοῦντι. Τὸ δὲ ἐργῶδες, οὐχ ὅτι βάρος ἔχει τὰ σώματα ἐκεῖνα· τοῦτο γὰρ ἀποδεικτικῶς ὁ Ἀριστοτέλης ἀπέφησεν· ἀλλ' ὅτι χρὴ πάντως καὶ ἐν ἐκείνοις συμμετρίαν τοῦ κινοῦντος πρὸς τὸ κινούμενον εἶναι, δι' ὃ τὴν ἀπόδειξιν ἀπὸ ταύτης ὁ Ἀριστοτέλης πεποίηται.

Ἐπιστῆσαι δὲ χρή, ὅτι καὶ τοῦτο τὸ ἐπιχείρημα ὡς ἐπὶ ἀληθῶς ὑφεστώσαις προῆλθε ταῖς κατὰ τὰς ἀνελιττούσας ἀστρολογικαῖς ὑποθέσεσιν οὐδεμίαν ἐχούσαις ἀνάγκην, ὡς καὶ πρότερον εἶπον, εἴπερ καὶ ἄλλοι δι' ἄλλων ὑποθέσεων ἔσωσαν τὰ φαινόμενα. Οἰκεῖον δὲ ἂν εἴη τοῖς περὶ τοῦ οὐρανοῦ καὶ τῶν οὐρανίων κινήσεων λόγοις τὸ καὶ περὶ τῶν ὑποθέσεων τούτων βραχέα διαλεχθῆναι, ὧν ὑποτεθεισῶν ἕκαστοι σῴζειν τὰ φαινόμενα διετείνοντο.

Καὶ εἴρηται καὶ πρότερον, ὅτι ὁ Πλάτων ταῖς οὐρανίαις κινή|σεσι τὸ ἐγκύκλιον καὶ ὁμαλὲς καὶ τεταγμένον ἀνενδοιάστως ἀποδιδοὺς πρόβλημα τοῖς μαθηματικοῖς προὔτεινε, τίνων ὑποτεθέντων δι' ὁμαλῶν καὶ ἐγκυκλίων καὶ τεταγμένων κινήσεων δυνήσεται διασωθῆναι τὰ περὶ τοὺς πλανωμένους φαινόμενα, καὶ ὅτι πρῶτος Εὔδοξος ὁ Κνίδιος ἐπέβαλε ταῖς διὰ τῶν ἀνελιττουσῶν καλουμένων σφαιρῶν ὑποθέσεσι. Κάλλιππος δὲ ὁ Κυζικηνὸς Πολεμάρχῳ συσχολάσας τῷ Εὐδόξου γνωρίμῳ μετ' ἐκεῖνον εἰς Ἀθήνας

2 ποιεῖν : ποιεῖ A || 14 ὧν : τῶν A || 15 ἕκαστοι DF : ἑκάστω A || 18 προὔτεινε om. A || 20-21 τοὺς πλανωμένους : τὰς -μένας F || 22 ἐπέβαλε : ἐπέβαλλε A || καλουμένων : -μέναις A.

P. Duhem, « Σῴζειν τὰ φαινόμενα », *Annales de Philosophie chrétienne*, 6 (1908), p. 113-139, 277-302, 352-377, 482-514 et 561-592 ; et J. Mittelstrass, *Die Rettung der Phänomene*, Berlin, 1962.

2. Cf. *supra*, p. 488, 21 sqq.

relations avec Aristote et, avec sa collaboration, corrigea et compléta les découvertes d'Eudoxe ; Aristote en effet, qui considérait que tous les corps célestes doivent tourner autour du milieu du tout, était fervent partisan de l'hypothèse des sphères tournantes, supposées homocentriques au tout et non excentriques comme on l'a admis plus tard.

Les trois sphères du soleil.

Pour Eudoxe et ses prédécesseurs, le soleil paraissait accomplir trois sortes de mouvements : il tournait avec la sphère des fixes d'est en ouest ; il se déplaçait lui-même en sens inverse à travers les douze signes ; en troisième lieu, il déviait obliquement de l'écliptique[1] (ce dernier mouvement avait été déduit du fait que le soleil, aux solstices d'hiver ou d'été, ne se lève pas toujours aux mêmes points de l'horizon). C'est pourquoi, disaient-ils, le soleil tournait à l'intérieur de trois sphères que Théophraste[2] appelait sphères sans astres (en effet elles ne portaient pas d'astre mais transmettaient leur mouvement à la sphère inférieure et recevaient une impulsion de la sphère supérieure).

Étant donné l'existence de ces trois mouvements pour le soleil, il était impossible que des mouvements en sens opposés aient la même origine si du moins l'on refusait l'idée que le soleil, la lune et les autres planètes se déplacent d'eux-mêmes et si l'on voulait que tout soit « fixé pour tourner » sur un corps sphérique[3]. Si donc le soleil avait mis le même temps pour effectuer son

1. Le soleil semble parcourir l'écliptique d'ouest en est au cours d'une année. Le terme d'écliptique, utilisé ici dans la traduction, est rarement employé dans les textes grecs qui usent de la périphrase « cercle médian des signes ». Le zodiaque est la bande de 12° de large (cf. Géminos, *op. cit.* V, 51-53) de part et d'autre de l'écliptique ; elle contient les douze constellations appelées signes du zodiaque (cf. Géminos, ch. I). Le troisième mouvement du soleil, qui serait une sorte de nutation, repose sur une observation erronée, comme le souligne Hipparque

ἐλθὼν τῷ Ἀριστοτέλει συγκατεβίω τὰ ὑπὸ τοῦ Εὐδόξου εὑρεθέντα σὺν τῷ Ἀριστοτέλει διορθούμενός τε καὶ προσαναπληρῶν· τῷ γὰρ Ἀριστοτέλει νομίζοντι δεῖν τὰ οὐράνια πάντα περὶ τὸ μέσον τοῦ παντὸς κινεῖσθαι ἤρεσκεν ἡ τῶν ἀνελιττουσῶν ὑπόθεσις ὡς ὁμοκέντρους τῷ παντὶ τὰς ἀνελιττούσας ὑποτιθεμένη καὶ οὐκ ἐκκέντρους, ὥσπερ ὕστερον.

Εὐδόξῳ τοίνυν καὶ τοῖς πρὸ αὐτοῦ τρεῖς ὁ ἥλιος ἐδόκει κινεῖσθαι κινήσεις τῇ τε τῶν ἀπλανῶν σφαίρᾳ ἀπ' ἀνατολῶν ἐπὶ δυσμὰς συμπεριαγόμενος καὶ αὐτὸς τὴν ἐναντίαν διὰ τῶν δώδεκα ζῳδίων φερόμενος καὶ τρίτον ἐπὶ τοῦ διὰ μέσων τῶν ζῳδίων εἰς τὰ πλάγια παρεκτρεπόμενος· καὶ γὰρ καὶ τοῦτο κατείληπτο ἐκ τοῦ μὴ κατὰ τὸν αὐτὸν ἀεὶ τόπον ἐν ταῖς τροπαῖς ταῖς θεριναῖς καὶ ταῖς χειμεριναῖς ἀνατέλλειν. Διὰ τοῦτο οὖν ἐν τρισὶν αὐτὸν φέρεσθαι ἔλεγον σφαίραις, ἃς ὁ Θεόφραστος ἀνάστρους ἐκάλει ὡς μηδὲν ἐχούσας ἄστρον καὶ ἀνταναφερούσας μὲν πρὸς τὰς κατωτέρω, ἀνελισσούσας δὲ πρὸς τὰς ἀνωτέρω.

Τριῶν γὰρ οὐσῶν περὶ αὐτὸν κινήσεων ἀδύνατον ἦν τὰς ἐναντίας ὑπὸ τοῦ αὐτοῦ κινεῖσθαι, εἴ γε μὴ καθ' αὑτὸν μήτε ὁ ἥλιος μήτε ἡ σελήνη μήτε ἄλλο τι τῶν ἄστρων κινεῖται, πάντα δὲ ἐνδεδεμένα φέρεται τῷ κυκλικῷ σώματι. Εἰ μὲν δὴ τήν τε κατὰ μῆκος περίοδον καὶ τὴν εἰς πλάτος

6 post ὥσπερ hab. οἱ DF Heib. || 9 σφαίρᾳ : σφαιρῶν A || 11 τοῦ : τὸ A || 12 μέσων : μέσου A || 17 τὰς A : τὰ DF || 18 τὰς AD : τὰ F || 22 κυκλικῷ D : κύκλῳ A ἐγκυκλίῳ F.

(*In Aratum*, I, 9, 2-4) ; cette observation malencontreuse serait due, selon Erkka Maula (*op. cit.* p. 67), à une évaluation trop faible de l'obliquité de l'écliptique.

2. Théophraste, fr. 32 Wimmer.

3. Donc si l'on en restait aux termes de la démonstration d'Aristote.

trajet circulaire en longitude et son déplacement en latitude, il aurait suffi de deux sphères indépendantes, l'une, la sphère des fixes, tournant d'est en ouest, l'autre tournant d'ouest en est autour d'un axe fixé sur la sphère précédente et perpendiculaire au cercle oblique que le soleil aurait semblé décrire. Puisque la réalité est autre et que le soleil décrit son cercle propre en un certain temps et effectue son déplacement en latitude en un temps différent, on doit obligatoirement ajouter une troisième sphère afin que chacune des rotations rende compte de l'un des mouvements apparents du soleil.

De ces trois sphères, homocentriques avec le tout, Eudoxe a supposé que celle qui contenait les deux autres tournait autour des pôles de l'univers dans le même sens que la sphère des fixes et revenait à son point de départ en même temps qu'elle; que la deuxième sphère, plus petite que la précédente mais plus grande que la troisième, tournait comme il a été dit d'ouest en est autour d'un axe perpendiculaire au plan de l'écliptique ; que la plus petite des sphères tournait elle aussi dans le même sens que la deuxième mais autour d'un axe différent que l'on doit imaginer perpendiculaire au plan du grand cercle oblique que semble décrire le centre du soleil, entraîné par la plus petite des sphères sur laquelle il est fixé.

Eudoxe suppose le retard de cette sphère très supérieur à celui de la sphère qui la contient et dont la grandeur et la position sont intermédiaires : c'est ce qui ressort de son traité consacré aux *Vitesses*[1]. La grande sphère fait tourner les deux autres sphères dans

1. C'est dans cet ouvrage, perdu, qu'Eudoxe exposait sa théorie des sphères homocentriques ; il est probable qu'il y chiffrait les différentes vitesses (cf. les essais de reconstitution de E. Maula, *op. cit.*).

παραχώρησιν ἐν ἑνὶ καὶ τῷ αὐτῷ χρόνῳ ἐποιεῖτο, αὐτάρκεις ἂν ἦσαν δύο σφαῖραι, μία μὲν ἡ τῶν ἀπλανῶν ἐπὶ δυσμὰς περιιοῦσα, ἑτέρα δὲ πρὸς ἕω περὶ ἄξονα στρεφομένη ἐνδεδεμένον μὲν τῇ προτέρᾳ, πρὸς ὀρθὰς δὲ ὄντα λοξῷ κύκλῳ καθ' οὗ τὴν πορείαν ἔδοξεν ἂν ποιεῖσθαι ὁ ἥλιος. Ἐπεὶ δὲ οὐχ οὕτως ἔχει, ἀλλὰ τὸν μὲν κύκλον ἐν ἄλλῳ χρόνῳ περίεισι, τὴν δὲ κατὰ πλάτος παραχώρησιν ἐν ἄλλῳ τῳ ποιεῖται, ἀνάγκη καὶ τρίτην προσλαβεῖν σφαῖραν, ὅπως ἑκάστη κίνησις ἑκάστην τῶν φαινομένων περὶ αὐτὸν ἀποδιδῷ.

Ταύτῃ τοίνυν τριῶν οὐσῶν τῶν σφαιρῶν | καὶ πασῶν ὁμοκέντρων ἀλλήλαις τε καὶ τῷ παντὶ τὴν μὲν τὰς δύο περιέχουσαν περὶ τοὺς τοῦ κόσμου πόλους ὑπετίθετο στρέφεσθαι ἐπὶ ταὐτὰ τῇ τῶν ἀπλανῶν καὶ ἰσοχρονίως ταύτῃ ἀποκαθισταμένην, τὴν δὲ ταύτης μὲν ἐλάττω, μείζω δὲ τῆς λοιπῆς, ἐπιστρέφεσθαι περὶ ἄξονα, καθάπερ εἴρηται, πρὸς ὀρθὰς ὄντα τῷ τοῦ διὰ μέσων τῶν ζῳδίων ἐπιπέδῳ ἀπὸ δυσμῶν ἐπὶ ἀνατολάς, τὴν δὲ ἐλαχίστην καὶ αὐτὴν μὲν ἐπιστρέφεσθαι ἐπὶ ταὐτὰ τῇ δευτέρᾳ, περὶ ἄξονα μέντοι ἕτερον, ὃς νοοῖτο ἂν ὀρθὸς πρός τινος κύκλου ἐπίπεδον μεγίστου καὶ λοξοῦ, ὃν ὁ ἥλιος τῷ ἑαυτοῦ κέντρῳ γράφειν δοκεῖ φερόμενος ὑπὸ τῆς ἐλαχίστης σφαίρας ἐν ᾗ καὶ ἐνδέδεται.

Τὴν δ' οὖν ὑπόλειψιν τῆς σφαίρας ταύτης βραδυτέραν πολλῷ τίθεται ἢ τὴν τῆς περιεχούσης αὐτήν, μέσης δὲ οὔσης τῷ τε μεγέθει καὶ τῇ θέσει, ὡς ἐστι δῆλον ἐκ τοῦ Περὶ ταχῶν αὐτῷ γεγραμμένου συγγράμματος. Ἡ μὲν

3 περιιοῦσα : περιστῶσα A ‖ 9 αὐτὸν F : αὐτῶν AD ‖ 15 ἀποκαθισταμένην A : -μένων DF ‖ 20 ἕτερον : ἕτερος A ‖ 22 ἐλαχίστης : -χίστου A ‖ 24 ὑπόλειψιν DF : ὑπόληψιν A ‖ 25 μέσης : μέσον A.

le même sens que les fixes du fait que sa surface porte les pôles de la seconde sphère et que cette sphère à son tour porte les pôles de la troisième, celle qui porte le soleil ; de même la sphère intermédiaire, dont la surface porte les pôles de la troisième sphère, entraîne dans le même sens la troisième sphère et avec elle le soleil. Voilà pourquoi le soleil paraît tourner d'est en ouest. Si les deux sphères, la moyenne et la petite, n'avaient pas leur propre mouvement, la révolution du soleil se ferait en même temps que celle de l'univers ; mais comme ces sphères tournent en sens inverse, un lever de soleil retarde sur le précédent d'une durée constante[1]. Voilà pour le soleil.

Les trois sphères de la lune.

Pour la lune, Eudoxe a ordonné les choses en partie de la même manière, en partie de manière différente. Il y a aussi trois sphères pour l'entraîner, puisqu'elle a également trois mouvements apparents. De ces sphères, la première tournerait d'un mouvement semblable à celui de la sphère des fixes ; la seconde tournerait en sens inverse de la précédente autour d'un axe perpendiculaire au plan de l'écliptique, comme c'est le cas pour le soleil ; la troisième n'est pas tout à fait comparable à la troisième du système du soleil ; si sa position est semblable, son mouvement ne l'est pas du tout : elle tourne en sens inverse de la seconde sphère et dans le même sens que la première, à faible vitesse, autour d'un axe perpendiculaire au plan du cercle que semble décrire le centre de la lune ;

1. Le jour solaire est donc légèrement supérieur au jour sidéral (cf. Géminos, *op. cit.* VI, 2).

οὖν μεγίστη τῶν σφαιρῶν ἐπὶ ταὐτὰ τοῖς ἀπλανέσιν ἄμφω τὰς λοιπὰς ἐπιστρέφει διὰ τὸ τῆς μὲν φέρειν ἐν ἑαυτῇ ὄντας τοὺς πόλους, ἐκείνην δὲ τοὺς τῆς τρίτης τῆς φερούσης τὸν ἥλιον, ὁμοίως δὲ ἔχουσαν ἐν ἑαυτῇ τοὺς πόλους μεθ' ἑαυτῆς, ἐφ' ἃ περιάγεται, συνεπιστρέφειν καὶ ταύτην καὶ ἅμα ταύτῃ τὸν ἥλιον · οὕτω τε φαίνεσθαι αὐτὸν ἀπ' ἀνατολῶν ἐπὶ δυσμὰς φερόμενον συμβαίνει. Καὶ εἰ μέν γε ἀκίνητοι ἦσαν καθ' ἑαυτὰς αἱ δύο σφαῖραι ἥ τε μέση καὶ ἡ ἐλαχίστη, ἰσοχρόνιος κόσμου στροφῇ γίνοιτο ἂν ἡ τοῦ ἡλίου περιαγωγή · νῦν δέ, ἐπεὶ πρὸς τοὐναντίον αὗται ἀποστρέφονται, ὑστερεῖ τοῦ εἰρημένου χρόνου ἡ ἀπ' ἀνατολῆς ἐπὶ τὴν ἑξῆς ἀνατολὴν τοῦ ἡλίου ἀπονόστησις. Καὶ ταῦτα μὲν περὶ τὸν ἥλιον.

Περὶ δὲ τὴν σελήνην τὰ μὲν κατὰ ταὐτά, τὰ δὲ οὐ κατὰ ταὐτὰ διετάξατο. Τρεῖς μὲν γὰρ σφαίρας καὶ ταύτην εἶναι τὰς φερούσας, διότι καὶ τρεῖς αὐτῆς ἐφαίνοντο εἶναι κινήσεις, τούτων δὲ μίαν μὲν τὴν ὁμοίως κινουμένην τῇ τῶν ἀπλανῶν, ἑτέραν δὲ ἐναντίως μὲν ταύτῃ, περὶ ἄξονα δὲ στρεφομένην πρὸς ὀρθὰς ὄντα τῷ ἐπιπέδῳ τοῦ διὰ μέσων τῶν ζῳδίων, καθάπερ καὶ ἐφ' ἡλίου, τρίτην δὲ οὐκέτι καθάπερ ἐφ' ἡλίου, ὅτι κατὰ μὲν τὴν θέσιν ὁμοίως, κατὰ δέ γε τὴν κίνησιν οὐχ | ὁμοίως, ἀλλ' ἐναντίως μὲν τῇ δευτέρᾳ, τῇ δὲ πρώτῃ φερομένην ἐπὶ ταὐτὰ βραδεῖαν μὲν κίνησιν κινουμένην, περὶ ἄξονα δ' οὖν στρεφομένην ὀρθὸν πρὸς τὸ ἐπίπεδον τοῦ κύκλου, ὃς ἐπινοηθείη ἂν ὑπὸ τοῦ κέντρου τῆς σελήνης γραφόμενος ἐγκεκλιμένος πρὸς τὸν

3 ἐκείνην F : κινεῖν AD || τούς : τοῦ A || 8 μέση D : μεγίστη AF || 10 ἀποστρέφονται A : μεταστρέφονται DF || 13 τὸν ἥλιον : τοῦ ἡλίου D || 15 διετάξατο : διεδέξατο D || 19 μέσων DF : μέσου A Heib. || 23 τῇ δὲ πρώτῃ : τὴν δὲ πρώτην A || 26 γραφόμενος : γραφομένης A.

ce plan fait avec l'écliptique un angle égal à l'écart maximum en latitude de la lune. Bien évidemment, les pôles de la troisième sphère seront éloignés de ceux de la seconde d'un arc qui, compté sur le grand cercle imaginaire passant par les deux couples de pôles, sera égal à la moitié du déplacement de la lune en latitude[1].

L'hypothèse d'Eudoxe expliquait donc au moyen de la première sphère la rotation de la lune d'est en ouest, au moyen de la seconde sphère son retard apparent par rapport aux signes du zodiaque, et, au moyen de la troisième sphère, que sa position la plus boréale ou la plus australe soit observée non pas aux mêmes points du zodiaque mais en des points du zodiaque qui se déplacent toujours vers les signes qui précèdent ; c'est pourquoi Eudoxe a supposé que cette sphère tournait dans le même sens que la sphère des fixes mais, comme le déplacement des points en question est très faible d'un mois à l'autre, il a supposé fort lent le mouvement d'est en ouest de cette sphère. Voilà pour la lune.

Les quatre sphères des planètes.

Pour les cinq planètes, Aristote[2], exposant la doctrine d'Eudoxe, indique qu'il faut quatre sphères pour faire tourner chacune d'elles. La première et la seconde sont les mêmes et ont la même position que dans les systèmes du soleil et de la lune : pour chaque planète, la sphère

1. La théorie de la lune telle qu'elle est exposée ici a suscité les plus vives critiques de la part des auteurs modernes. P. Duhem (*op. cit.* p. 118) attribue à Sosigène seul, P. Tannery (*Seconde Note...*) à Sosigène se fiant à Aristote (*Métaphysique* XII, 8), l'erreur reproduite ici par Simplicius qui consisterait à intervertir les seconde et troisième sphères. A leur avis c'est la seconde sphère qui, tournant très lentement d'est en ouest, devrait rendre compte du phénomène attribué à la troisième sphère et dans lequel ils voient le phénomène de la rétrogradation des nœuds tandis que la troisième sphère, tournant d'ouest en est, devrait rendre compte du mouvement en longitude de la lune, ce que Simplicius appelle « le retard apparent dans les signes du zodiaque » (la lune semble aller dans la direction des signes qui

διὰ μέσων τῶν ζῳδίων τοσοῦτον ὅσον ἡ πλείστη κατὰ πλάτος τῇ σελήνῃ παραχώρησις γίνεται. Φανερὸν δέ, ὅτι οἱ τῆς τρίτης σφαίρας πόλοι ἀπὸ τῶν τῆς δευτέρας διεστῶτες ἂν εἶεν περιφέρειαν ἐπὶ τοῦ δι' ἀμφοῖν νοουμένου μεγίστου κύκλου, ἡλίκη ἐστὶν ἡ ἡμίσεια τοῦ πλάτους ὃ κινεῖται ἡ σελήνη.

Τὴν μὲν οὖν πρώτην ὑπέθετο σφαῖραν διὰ τὴν ἀπ' ἀνατολῶν αὐτῆς ἐπὶ δυσμὰς περίοδον, τὴν δὲ δευτέραν διὰ τὴν ὑπὸ τὰ ζῴδια φαινομένην αὐτῆς ὑπόλειψιν, τὴν τρίτην δὲ διὰ τὸ μὴ ἐν τοῖς αὐτοῖς τοῦ ζῳδιακοῦ σημείοις βορειοτάτην τε καὶ νοτιωτάτην φαίνεσθαι γινομένην, ἀλλὰ μεταπίπτειν τὰ τοιαῦτα σημεῖα τῶν ζῳδίων ἀεὶ ἐπὶ τὰ προηγούμενα· διὸ δὴ καὶ τὴν σφαῖραν ταύτην ἐπὶ ταὐτὰ τῇ τῶν ἀπλανῶν κινεῖσθαι, τῷ δὲ τὴν μετάπτωσιν παντάπασιν ὀλίγην γίνεσθαι καθ' ἕκαστον μῆνα τῶν εἰρημένων σημείων βραδεῖαν αὐτῆς τὴν ἐπὶ δυσμὰς κίνησιν ὑπεστήσατο. Τοσαῦτα μὲν δὴ καὶ περὶ σελήνην.

Περὶ δὲ τῶν πέντε πλανήτων τὴν δόξαν ἐκτιθέμενος αὐτοῦ ὁ Ἀριστοτέλης διὰ τεττάρων σφαιρῶν τούτους κινεῖσθαί φησιν, ὧν ἡ πρώτη τε καὶ ἡ δευτέρα αἱ αὐταὶ καὶ τὴν αὐτὴν ἔχουσαι θέσιν ταῖς ἐπί τε ἡλίου καὶ σελήνης

9 ζῴδια F : ζῷα AD || ὑπόλειψιν : ὑπόληψιν A || 12 προηγούμενα : προαγόμενα A || 16 δυσμὰς DF : δυσμῶν A Heib. || 17 σελήνην DF : σελήνης A Heib.

---

suivent, c'est-à-dire en sens inverse de la révolution diurne). A noter que l'écart maximum en latitude de la lune peut être légèrement supérieur à 5°.

Sur les théories du retard des planètes ou de leur mouvement en sens inverse, cf. Géminos, *op. cit.* XII, 14 sqq. Sur le mouvement de la lune, cf. aussi P. Tannery, *Première note...* et pour une interprétation différente, E. Maula, *op. cit.* p. 53 sqq.

2. Cf. Aristote, *Métaphysique,* XII, 8, 1073 b sqq.

qui contient toutes les autres tourne autour de l'axe de l'univers du levant au couchant, en même temps que la sphère des fixes ; la seconde sphère dont les pôles se trouvent à la surface de la première tourne autour de l'axe (et des pôles) de l'écliptique d'ouest en est dans le temps que chaque planète met à décrire le cercle du zodiaque dans son mouvement apparent. Ainsi, pour Mercure et Vénus, la seconde sphère met un an, d'après Eudoxe, à faire un tour complet ; pour Mars, elle y met deux ans ; pour Jupiter, douze ans ; trente ans pour Saturne que les Anciens appelaient l'astre du soleil[1].

Les deux autres sphères se présentent à peu près ainsi : pour chaque planète, la troisième sphère, dont les pôles sont sur l'écliptique supposé tracé sur la seconde sphère, tourne du sud au nord dans le temps que met chaque planète pour aller d'une phase à la même phase suivante en prenant toutes les positions possibles par rapport au soleil : c'est ce que les mathématiciens appellent révolution synodique ; elle est différente pour chaque planète : aussi la durée de révolution de la troisième sphère n'est-elle pas la même pour toutes ; de l'avis d'Eudoxe, elle est de dix-neuf mois pour l'astre de Vénus, de cent-dix jours pour Mercure, de huit mois et vingt jours pour Mars, de treize mois à peu près pour Jupiter et Saturne[2]. Voilà donc

1. Géminos, *op. cit.* I, 24-30, donne les mêmes valeurs pour les révolutions zodiacales, sauf que pour Mars, il propose 2 ans et 6 mois. Les durées des révolutions zodiacales sont en fait de 1 an pour Mercure et Vénus, 1 an 322 jours pour Mars, 12 ans 315 jours pour Jupiter (la planète pour laquelle l'écart est le plus considérable), 29 ans 166 jours pour Saturne (cf. P. Duhem, *op. cit.* p. 114). Sur le nom d'astre du Soleil donné à Saturne, cf. *Epinomis*, 987 c 5, et la préface à l'édition procurée par le P. des Places (C.U.F. 1956, p. 126).

2. Les durées des révolutions synodiques sont en fait de 584 jours ou 1 an 219 jours pour Vénus, 116 jours pour Mercure, 780 jours ou 2 ans 50 jours pour Mars, 399 jours ou 1 an 34 jours pour Jupiter, 378 jours ou 1 an 13 jours pour Saturne (cf. C. W. Allen, *Astrophysical quantities*, Londres, 3e éd. 1973, p. 140). L'écart entre la valeur réelle et la valeur supposée par Eudoxe, considérable pour Mars, a beaucoup surpris les commen-

πρώταις δύο · ἥ τε γὰρ ἁπάσας περιέχουσα καθ' ἕκαστον αὐτῶν ἐστι σφαῖρα περὶ τὸν ἄξονα τοῦ κόσμου στρεφομένη ἐπὶ δυσμὰς ἀπ' ἀνατολῶν ἰσοχρονίως τῇ τῶν ἀπλανῶν, καὶ ἡ δευτέρα τοὺς πόλους ἐν τῇ πρώτῃ ἔχουσα περὶ ἄξονα καὶ πόλους τοῦ διὰ μέσων τῶν ζῳδίων ἔμπαλιν τὴν στροφὴν ποιεῖται ἀπὸ δυσμῶν ἐπ' ἀνατολάς, ἐν ᾧ χρόνῳ ἕκαστος αὐτῶν δοκεῖ τὸν ζῳδιακὸν κύκλον διεξιέναι. Διὸ ἐπὶ μὲν τοῦ τε Ἑρμοῦ ἀστέρος καὶ τοῦ Ἑωσφόρου ἐνιαυτῷ φησι τὴν τῆς δευτέρας σφαίρας συντελεῖσθαι, ἐπὶ δὲ τοῦ Ἄρεος ἔτεσι δυσίν, ἐπὶ δὲ τοῦ Διὸς δώδεκα ἔτεσι, ἐπὶ δὲ τοῦ Κρόνου τριάκοντα, ὃν Ἡλίου ἀστέρα οἱ παλαιοὶ προσηγόρευον.

Αἱ δὲ λοιπαὶ δύο ὧδέ πως ἔχουσιν · ἡ μὲν τρίτη καθ' ἕκαστον τοὺς πόλους ἔχουσα ἐπὶ τοῦ διὰ μέσων τῶν | ζῳδίων τοῦ ἐν τῇ καθ' ἕκαστον δευτέρᾳ σφαίρᾳ νοουμένου ἀπὸ μεσημβρίας ἐπὶ τὰς ἄρκτους ἐπιστρέφεται, ἐν ᾧ ἕκαστος χρόνῳ ἀπὸ φάσεως ἐπὶ τὴν ἐφεξῆς φάσιν παραγίνεται τὰς πρὸς ἥλιον ἁπάσας σχέσεις διεξιών, ὃν καὶ διεξόδου χρόνον οἱ ἀπὸ τῶν μαθημάτων καλοῦσιν · ἔστι δὲ οὗτος ἄλλῳ ἄλλος, διὸ καὶ οὐκ ἰσοχρόνιος ἅπασιν ἡ τῆς τρίτης σφαίρας στροφή, ἀλλά, καθάπερ Εὔδοξος ᾤετο, τῷ μὲν Ἀφροδίτης ἀστέρι ἐν μησὶν ἐννεακαίδεκα, τῷ δὲ τοῦ Ἑρμοῦ ἐν ἡμέραις δέκα καὶ ἑκατόν, τῷ δὲ τοῦ Ἄρεος ἐν μησὶν ὀκτὼ καὶ ἡμέραις εἴκοσι, τῷ δὲ τοῦ Διὸς καὶ τῷ τοῦ

5 τοῦ : τοὺς F || 7 διεξιέναι : ἐξιέναι A || 9 δευτέρας om. A || 11 ἡλίου : ἥλιον D || 15 ἀπὸ F : ἐπὶ AD || 16 ἐπιστρέφεται : στρέφεται F || 17 φάσιν : φησι A || 20 ἄλλος : ἄλλως D || 23 ἑκατόν : ἕκτον D.

---

tateurs modernes ; E. Maula (*op. cit.* p. 83) suggère que la sphère de Mars ferait un tour en 1/3 de révolution synodique seulement, la vraie période de Mars étant alors pour Eudoxe de 780 jours. Cléomède (*De motu circulari*, II, 7) fixait la durée des révolutions synodiques à 116 jours pour Mercure, 584 pour Vénus, 780 pour Mars, 398 pour Jupiter, 378 pour Saturne.

comment et en combien de temps tourne la troisième sphère.

Quant à la quatrième sphère qui porte l'astre, elle tourne autour des pôles d'un cercle oblique propre à chaque planète ; elle accomplit une révolution dans le même temps que la troisième sphère mais en tournant en sens inverse d'elle, d'est en ouest ; le cercle oblique dont on vient de parler est, d'après Eudoxe, incliné sur l'équateur de la troisième sphère d'un angle qui n'est ni égal ni identique[1] pour toutes les planètes.

Bien évidemment, la sphère qui tourne d'un mouvement semblable à celui de la sphère des fixes fait tourner dans le même sens toutes les autres, car les pôles d'une sphère sont toujours portés par la sphère précédente ; aussi fait-elle tourner également la sphère qui porte la planète et la planète elle-même ; c'est la raison pour laquelle chaque planète se lève et se couche. La deuxième sphère produira le déplacement de la planète par rapport aux douze signes, car elle tourne autour des pôles de l'écliptique, et elle entraîne les deux autres sphères, et la planète, vers les signes qui suivent, dans le temps que chaque planète met à décrire le cercle du zodiaque dans son mouvement apparent.

La troisième sphère dont les pôles se trouvent sur l'écliptique tracée sur la deuxième sphère, et qui tourne du sud au nord et du nord au sud, fera également tourner avec elle la quatrième sphère qui porte la planète ; elle expliquera donc le mouvement en latitude, mais elle ne sera pas seule à le faire. S'il n'y avait que cette sphère, la planète se rapprocherait des pôles de l'écliptique et serait proche des pôles de l'univers; or en réalité la quatrième sphère, qui tourne d'est en ouest en sens

1. Ces deux adjectifs semblent signifier que cet angle n'a ni la même valeur ni la même orientation pour chaque planète.

Κρόνου ἑκατέρῳ ἔγγιστα ἐν μησὶ τρισκαίδεκα. Ἡ μὲν οὖν τρίτη σφαῖρα οὕτω καὶ ἐν τοσούτῳ χρόνῳ κινεῖται.

Ἡ δὲ τετάρτη σφαῖρα, ἥτις καὶ τὸ ἄστρον φέρει, περὶ ⟨τοὺς⟩ λοξοῦ τινος κύκλου στρέφεται πόλους, ἰδίους καθ' ἕκαστον, ἐν ἴσῳ μέντοι χρόνῳ τὴν στροφὴν τῇ τρίτῃ ποιεῖται ἐναντίως ἐκείνῃ κινουμένη ἀπ' ἀνατολῶν ἐπὶ δυσμάς · ὁ δὲ λοξὸς οὗτος κύκλος ἐγκεκλίσθαι πρὸς τὸν μέγιστον τῶν ἐν τῇ τρίτῃ σφαίρᾳ παραλλήλων λέγεται ὑπ' αὐτοῦ οὐκ ἴσον οὐδὲ ταὐτὸν ἐφ' ἁπάντων.

Φανερὸν οὖν, ὅτι ἡ μὲν ὁμοίως τῇ τῶν ἀπλανῶν στρεφομένη πάσας τὰς λοιπάς, ἅτε ἐν ἀλλήλαις τοὺς πόλους ἐχούσας, ἐπιστρέφει ἐπὶ ταὐτά, ὥστε καὶ τὴν τὸ ἄστρον φέρουσαν καὶ αὐτὸ τὸ ἄστρον · καὶ διὰ ταύτην δὴ τὴν αἰτίαν ἀνατέλλειν τε καὶ δύνειν ὑπάρξει ἑκάστῳ αὐτῶν. Ἡ δὲ δευτέρα σφαῖρα τὴν ὑπὸ τὰ δώδεκα ζῴδια πάροδον αὐτῷ παρέξεται · στρέφεται γὰρ περὶ τοὺς τοῦ διὰ μέσων τῶν ζῳδίων πόλους καὶ συνεπιστρέφει τάς τε λοιπὰς δύο σφαίρας καὶ τὸν ἀστέρα ἐπὶ τὰ ἑπόμενα τῶν ζῳδίων, ἐν ᾧ χρόνῳ ἕκαστος δοκεῖ τὸν ζῳδιακὸν διανύειν κύκλον.

Ἡ δὲ τρίτη σφαῖρα τοὺς πόλους ἔχουσα ἐπὶ τοῦ ἐν τῇ δευτέρᾳ διὰ μέσων τῶν ζῳδίων ἀπὸ μεσημβρίας τε πρὸς ἄρκτον στρεφομένη καὶ ἀπ' ἄρκτου πρὸς μεσημβρίαν συνεπιστρέψει τὴν τετάρτην καὶ ἐν αὐτῇ τὸν ἀστέρα ἔχουσαν καὶ δὴ τῆς κατὰ πλάτος κινήσεως ἕξει τὴν αἰτίαν · οὐ μὴν αὐτὴ μόνη. Ὅσον γὰρ ἐπὶ ταύτῃ καὶ πρὸς τοὺς πόλους τοῦ διὰ μέσων τῶν ζῳδίων ἧκεν ἂν ὁ ἀστὴρ καὶ πλησίον τῶν τοῦ κόσμου πόλων ἐγίνετο · νυνὶ δὲ ἡ τετάρτη

1 ἑκατέρῳ : -τέρως A || 3 περὶ A : παρὰ D ἐπὶ F || 4 τοὺς addidi || πόλους D : καὶ πολλοὺς A καὶ πόλους F || 7 τὸν : τὸ A || 10 ἀπλανῶν : ἁπάντων A || 13 δὴ D : δὲ AF || 18 ᾧ : τῷ A || 19 διανύειν : διανύσαι A || 23 συνεπιστρέψει : -στέψας A || 26 ἂν om. D || 27 ἐγίνετο AD : ἐγένετο F.

inverse de la troisième sphère, autour des pôles du cercle oblique décrit par la planète, et qui fait un tour complet dans le même temps que ces pôles, devra faire traverser bien des fois l'écliptique à la planète, et lui fera décrire, au voisinage de ce cercle, la figure appelée hippopède par Eudoxe[1] ; ce sera donc sur toute la largeur de cette figure que la planète paraîtra faire son mouvement en latitude. Ce point est l'un de ceux qui attire à Eudoxe les plus vives critiques.

La sphéropée d'Eudoxe comprend donc au total vingt-six sphères pour les sept planètes : six pour le soleil et la lune, vingt pour les cinq autres.

Améliorations de Callippe.

A propos de Callippe, voici ce qu'écrit Aristote au livre XII de sa *Métaphysique* : *Chez Callippe, la disposition des sphères, ordonnées selon leur rayon, était la même que chez Eudoxe ; mais tandis que Callippe conservait le nombre de sphères adopté par Eudoxe pour Jupiter et Saturne, il jugeait bon d'ajouter deux sphères pour le soleil et la lune afin de rendre compte des faits observés, et d'en ajouter seulement une pour les autres planètes*[2]. Donc, pour Callippe, il y aurait au total cinq fois cinq plus deux fois quatre soit trente-trois sphères. On ne possède aucun traité de Callippe donnant ses raisons d'ajouter des sphères ; Aristote non plus n'a pas pris soin de les indiquer ; heureusement Eudème[3] a dressé un bref inventaire des phénomènes qui rendaient indispensable, aux yeux de Callippe, l'addition de ces sphères. Callippe assurait (c'est ce que dit Eudème)

1. L'hippopède est une figure en forme de 8, sorte de lemniscate sphérique ; elle tire son nom de la similitude soit avec l'entrave des chevaux (deux anneaux liés entre eux) soit avec la figure qui servait dans les manœuvres d'équitation à habituer les chevaux à tourner tantôt d'un côté tantôt de l'autre (cf. Xénophon, *L'équitation*, VII, 13). Sur l'hippopède, cf. Schiaparelli, *op. cit.* L'hippopède que décrivait la planète était une courbe tracée sur la surface de la sphère ; elle ne rendait pas compte de

σφαῖρα περὶ τοὺς τοῦ ⟨τοῦ⟩ ἀστέρος λοξοῦ κύκλου στρεφομένη πόλους ἐπὶ τἀναντία τῇ τρίτῃ ἀπ' ἀνατολῶν ἐπὶ δυσμάς, καὶ | ἐν ἴσῳ χρόνῳ τὴν στροφὴν αὐτῶν ποιουμένη τό τε ἐπὶ πλέον ὑπερβάλλειν τὸν διὰ μέσων τῶν ζῳδίων παραιτήσεται, καὶ τὴν λεγομένην ὑπὸ Εὐδόξου ἱπποπέδην περὶ τὸν αὐτὸν τουτονὶ κύκλον τῷ ἀστέρι γράφειν παρέξεται· ὥστε, ὁπόσον τὸ τῆς γραμμῆς ταύτης πλάτος, τοσοῦτον καὶ ὁ ἀστὴρ εἰς πλάτος δόξει παραχωρεῖν· ὅπερ ἐγκαλοῦσι τῷ Εὐδόξῳ.

Αὕτη μὲν ἡ κατὰ Εὔδοξον σφαιροποιία εἴκοσι καὶ ἓξ τὰς πάσας ἐπὶ τῶν ἑπτὰ παραλαμβάνουσα ἓξ μὲν ἐπὶ ἡλίου καὶ σελήνης, εἴκοσι δὲ ἐπὶ τῶν πέντε.

Περὶ δὲ Καλλίππου τάδε γέγραφεν ὁ Ἀριστοτέλης ἐν τῷ Λ τῆς Μετὰ τὰ φυσικά· *Κάλλιππος δὲ τὴν μὲν θέσιν τῶν σφαιρῶν τὴν αὐτὴν ἐτίθετο Εὐδόξῳ, τουτέστι τῶν ἀποστημάτων τὴν τάξιν, τὸ δὲ πλῆθος τῷ μὲν τοῦ Διὸς καὶ τῷ τοῦ Κρόνου τὸ αὐτὸ ἐκείνῳ ἀπεδίδου, τῷ δὲ ἡλίῳ καὶ τῇ σελήνῃ δύο ᾤετο προσθετέας εἶναι σφαίρας, τὰ φαινόμενα εἰ μέλλοι τις ἀποδώσειν, τοῖς δὲ λοιποῖς τῶν πλανήτων ἑκάστῳ ἀνὰ μίαν.* Ὡς εἶναι κατὰ Κάλλιππον τὰς πάσας πεντάκις πέντε καὶ δὶς τέσσαρας, τουτέστι τριάκοντα καὶ τρεῖς σφαίρας. Οὔτε δὲ Καλλίππου φέρεται σύγγραμμα τὴν αἰτίαν τῶν προσθετέων τούτων σφαιρῶν λέγον, οὔτε Ἀριστοτέλης αὐτὴν προσέθηκεν· Εὔδημος δὲ συντόμως ἱστόρησε, τίνων φαινομένων ἕνεκα ταύτας προσθετέας εἶναι τὰς σφαίρας ᾤετο. Λέγειν γὰρ αὐτόν

1 τοῦ add. Heib. || 4 τὸν : τῶν F || 10 post κατὰ hab. τὸν F || 13 τάδε : ταῦτα F || 17 ἐκείνῳ : ἐκεῖνο A || 25 τίνων : πολλῶν A.

la variation de distance des astres à la terre ; d'où les critiques encourues par Eudoxe.

2. Aristote, *Métaphysique*, XII, 8, 1073 b 32-38.

3. Eudème de Rhodes, fr. 149 Wehrli.

que, même si les intervalles de temps entre solstices et équinoxes ne différaient que des quantités données par Méton et Euctémon[1], les trois sphères seraient insuffisantes dans les deux systèmes pour sauver les faits observés, étant donné l'anomalie manifeste présentée par les mouvements du soleil et de la lune. Pour la sphère que Callippe ajoute à chacun des systèmes des trois planètes, Mars, Vénus et Mercure, Eudème a brièvement et clairement rendu compte des motifs de cette addition.

Les sphères rétrogradantes d'Aristote.

Après avoir indiqué l'avis de Callippe sur les sphères tournantes, Aristote continuait : *Mais il est nécessaire, pour que tous ces systèmes de sphères puissent rendre compte des faits observés, que pour chaque planète il y ait autant de sphères rétrogradantes, moins une*[2], *qui, à chaque fois, restitueraient son mouvement à la première sphère du système de la planète placée immédiatement au-dessous. C'est là le seul moyen possible pour que toutes les forces mises en œuvre produisent le mouvement des planètes*[3]. Telles sont les indications, aussi concises que précises, d'Aristote.

Sosigène, après avoir vanté la sagacité d'Aristote, a tenté de montrer l'utilité de ces sphères supplémentaires ; il indique les deux raisons qui, à son sens, ont

1. Méton et Euctémon avaient établi l'inégalité des saisons ; Callippe avait amélioré leurs résultats en accentuant encore les écarts, et Hipparque raffina encore sur Callippe (la durée des saisons varie faiblement au cours du temps, du fait de la précession des équinoxes). Voici les diverses évaluations :

	Euctémon	Callippe	Hipparque	Durée calculée pour 330 av. J.-C.
printemps	93 j.	94 j.	94 j. ½	94, 17
été	90 j.	92 j.	92 j. ½	92, 08
automne	90 j.	89 j.	88 j. 1/8	88, 57
hiver	92 j.	90 j.	90 j. 1/8	90, 44

(les données pour Euctémon et Callippe sont tirées du *papyrus d'Eudoxe* ou *Didascalie* de Leptine, pour Hipparque, de l'*Almageste*,

φησιν, ὡς, εἴπερ οἱ μεταξὺ τροπῶν τε καὶ ἰσημεριῶν χρόνοι τοσοῦτον διαφέρουσιν ὅσον Εὐκτήμονι καὶ Μέτωνι ἐδόκει, οὐχ ἱκανὰς εἶναι τὰς τρεῖς σφαίρας ἑκατέρῳ πρὸς τὸ σῴζειν τὰ φαινόμενα διὰ τὴν ἐπιφαινομένην δηλονότι ταῖς κινήσεσιν αὐτῶν ἀνωμαλίαν. Τὴν δὲ μίαν, ἣν ἐν ἑκάστῳ τῶν τριῶν πλανήτων Ἄρεος καὶ Ἀφροδίτης καὶ Ἑρμοῦ προσετίθει, σφαῖραν, τίνος ἕνεκεν προσετίθει, συντόμως καὶ σαφῶς ὁ Εὔδημος ἱστόρησεν.

Ὁ δὲ Ἀριστοτέλης μετὰ τὸ ἱστορῆσαι τὴν τοῦ Καλλίππου δόξαν περὶ τῶν ἀνελιττουσῶν ἐπήγαγεν· *Ἀναγκαῖον δέ, εἰ μέλλουσι συντεθεῖσαι πᾶσαι τὰ φαινόμενα ἀποδώσειν, καθ' ἕκαστον τῶν πλανωμένων ἑτέρας σφαίρας μιᾷ ἐλάττονας εἶναι τὰς ἀνελιττούσας καὶ εἰς ταὐτὸν ἀποκαθιστώσας τῇ θέσει τὴν πρώτην σφαῖραν ἀεὶ τοῦ ὑποκάτω τεταγμένου ἄστρου· οὕτω γὰρ μόνως ἐνδέχεται* | *τὴν τῶν πλανήτων φορὰν ἅπαντα ποιεῖσθαι.*

Ταῦτα τοίνυν τοῦ Ἀριστοτέλους συντόμως οὕτως σαφῶς εἰρηκότος ὁ Σωσιγένης ἐγκωμιάσας τὴν ἀγχίνοιαν αὐτοῦ ἐπεχείρησεν εὑρεῖν τὴν χρείαν τῶν ὑπ' αὐτοῦ προστιθεμέ-

1 ἰσημεριῶν : -ρινῶν F ‖ 2 Εὐκτήμονι : Ἀκτήμονι A ‖ 5 ἀνωμαλίαν : -λίας A ‖ 7 προσετίθει pr. : -ετίθεισαν A ‖ σφαῖραν F : φοράν D ‖ σφαῖραν — προσετίθει om. A ‖ 9 τὴν τοῦ A : καὶ τὴν DF ‖ 13 μιᾷ : μιᾶς D ‖ 15 μόνως : μόνην A.

III, 4, p. 233 Heiberg ; les durées calculées sont citées d'après P. Duhem, *op. cit.* p. 109 et 125).

2. Aristote emploie le terme ἀνελίττουσαι qui servait jusque-là à décrire le mouvement des sphères du système d'Eudoxe ; mais il l'emploie dans le sens de « tournant à rebours ». Donc à chaque système de sphères tournantes (théorie d'Eudoxe et de Callippe) serait adjoint un système de sphères rétrogradantes, en nombre égal moins un, qui annulerait les effets d'un système sur l'autre et permettrait à la sphère supérieure de chaque système de conserver le mouvement premier.

3. Aristote, *Métaphysique*, XII, 8, 1073 b 38 - 1074 a 5.

poussé Aristote à déclarer nécessaire d'ajouter aux sphères du modèle précédent celles qu'il appelle rétrogradantes[1] : d'abord une raison relative à la disposition, pour que, dans chaque système, la sphère semblable à la sphère des fixes et les sphères intérieures gardent leur disposition ; ensuite une raison relative aux vitesses, pour que chaque sphère conserve sa vitesse. En effet pour qu'une sphère soit semblable à la sphère des fixes ou à n'importe quelle autre sphère, il faut qu'elle tourne autour du même axe qu'elle, et qu'elle accomplisse une révolution en même temps qu'elle, deux choses qui ne peuvent se produire sans l'adjonction des sphères proposées par Aristote.

Pour éclairer cette théorie, dit Sosigène, raisonnons sur le système de sphères qui porte la planète Jupiter. Si nous fixions les pôles de la première des sphères de Jupiter sur la dernière des quatre sphères de Saturne, celle sur laquelle la planète est fixée, comment ces pôles pourraient-ils demeurer sur l'axe de la sphère des fixes alors que la sphère qui les porte tourne autour d'un axe oblique différent? Pourtant ils doivent demeurer sur cet axe pour assurer le mouvement de rotation le plus extérieur puisque la sphère qui tourne autour de ces pôles doit remplir la fonction de sphère des fixes. De plus puisque les trois autres sphères qui portent Saturne tournent ensemble, entraînées les unes par les autres et par la première, mais qu'elles ont aussi une vitesse qui leur est propre, la quatrième doit être animée d'un mouvement qui, au lieu d'être un mouvement simple, soit un mouvement résultant des mouvements de toutes les sphères supérieures. En effet on peut démontrer que, quand des sphères tournent en sens inverse, il y a toujours une certaine diminution de vitesse dans la rotation des sphères, alors que,

1. Pour un commentaire de tout ce passage et des opinions de Sosigène, cf. M. Schramm, *Ibn Al-Haytams Weg zur Physik*, Wiesbaden, 1963, p. 32-63.

νων σφαιρῶν καὶ λέγει ὅτι δυοῖν ἕνεκα ταύτας, ἃς ἀνελιττούσας καλεῖ, φησὶν ἀναγκαῖον εἶναι προσγενέσθαι ταῖς ὑποθέσεσιν, ἵνα τε θέσις ἡ οἰκεία εἴη τῇ τε καθ' ἕκαστον ἀπλανεῖ καὶ ταῖς ὑπ' αὐτῇ, καὶ ὅπως τάχος τὸ οἰκεῖον ἐν πάσαις ὑπάρχοι. Ἔδει γὰρ τήν γε ὁμοίαν τῇ τῶν ἀπλανῶν ἢ ἄλλῃ τινὶ σφαίρᾳ περί τε τὸν αὐτὸν ἄξονα ἐκείνῃ φέρεσθαι καὶ χρόνῳ ἴσῳ αὐτὴν περιστρέφεσθαι, ὧν οὐδὲν ἄνευ τῆς προσθέσεως τῶν ὑπὸ Ἀριστοτέλους λεγομένων σφαιρῶν ὑπάρξαι δυνατόν.

Ποιώμεθα δέ, φησί, τὸν λόγον τοῦ σαφοῦς ἕνεκα ἐπὶ τῶν φερουσῶν τὸν τοῦ Διὸς σφαιρῶν. Εἰ τοίνυν ἐν τῇ τελευταίᾳ τῶν τοῦ Κρόνου τεττάρων, ἐν ᾗ καὶ αὐτὸς ἐνδέδεται, τοὺς πόλους τῆς πρώτης τῶν τοῦ Διὸς ἐναρμόσαιμεν, τίνα τρόπον οὗτοι μένειν δύναιντο ἂν ἐπὶ τοῦ ἄξονος τῆς τῶν ἀπλανῶν σφαίρας, ὅτε γε ἡ φέρουσα αὐτοὺς περὶ ἄλλον ἄξονα στρέφεται πλάγιον ; Ἀλλὰ μὴν δεῖ γε μένειν αὐτοὺς ἐπὶ τοῦ εἰρημένου ἄξονος ἐπὶ τῆς ἐξωτάτης φορᾶς, εἴπερ μέλλοι τὴν τάξιν τῆς τῶν ἀπλανῶν σφαίρας δέχεσθαι ἡ στρεφομένη σφαῖρα περὶ αὐτούς. Ἔτι τοίνυν, ἐπειδὴ τῶν φερουσῶν τὸν τοῦ Κρόνου σφαιρῶν αἱ τρεῖς ὑπ' ἀλλήλων τε καὶ τῆς πρώτης συνεπιστρέφονται, ἔχουσαι μέντοι καὶ αὐταὶ οἰκεῖόν τι τάχος, εἴη ἂν περὶ τὴν τετάρτην οὐχ ἁπλῆ τις ἡ κίνησις, ἀλλὰ πασῶν τῶν ὑπεράνω μετέχουσα. Δειχθήσεται γάρ, ὅτι τῶν μὲν ἀντιφερομένων ἀφαιρεῖταί τι τοῦ διὰ τὴν συνεπιστρέφουσαν αὐταῖς τάχους ὑπάρχοντος, τῶν δὲ συνεπιστρεφομένων προστίθεταί τι τῇ διικνουμένῃ

1 καὶ λέγει om. D || ἃς F : τὰς A om. D || 3 εἴη A : ᾗ DF || 4 αὐτῇ : αὐτὴν F || 4-5 ἐν πάσαις A : ἑκάσταις DF || 9 δυνατόν : δύναται F || 11 τελευταίᾳ : τῶν τελευταίων A || 13 τῆς πρώτης om. A || 17 ἐξωτάτης A : -τάτω DF || 25 συνεπιστρέφουσαν D : ἐπιστρέφουσαν AF || αὐταῖς A : αὐτὰς DF || 26 τι τῇ : τέλος A.

quand des sphères tournent dans le même sens, il y a une certaine augmentation de vitesse, due à l'influence du mouvement de la sphère supérieure sur leurs propres mouvements. En conséquence, si à la sphère qui porte Saturne est fixée la première des sphères de Jupiter, animée d'une vitesse propre qui la ferait revenir à son point de départ en une révolution du monde, la rotation des sphères supérieures ne lui permettra pas de conserver la même vitesse : elle sera augmentée puisque les sphères supérieures tournent d'est en ouest et qu'elle aussi tourne dans le même sens.

On peut faire le même raisonnement pour tous les systèmes suivants : on composera toujours de plus en plus de mouvements et les pôles s'éloigneront toujours de plus en plus de leur position originelle. Il faut donc, nous l'avons dit, empêcher ces deux effets de se produire.

C'est pour les éviter et pour supprimer cette possibilité de désordre qu'Aristote a conçu *les sphères rétrogradantes qui à chaque fois restitueraient son mouvement à la première sphère du système de la planète placée immédiatement au-dessous*. C'est, à la lettre, ce que dit Aristote, montrant nettement les deux raisons qui l'ont conduit à faire ces innovations : il indique d'abord que ces sphères ramènent le mouvement de rotation à sa vitesse première ; il déclare ensuite qu'*à chaque fois, elles restitueraient son mouvement à la première sphère du système de la planète placée immédiatement au-dessous*, c'est-à-dire qu'elles ramènent les pôles au bon endroit [c'est en effet par rapport aux pôles que l'on définit la position des sphères tournantes puisque ce sont les seuls points immobiles[1]]. Comme c'est autour

1. Cette phrase paraît une glose malencontreusement insérée dans le texte. Il est ici question, semble-t-il, des pôles de l'univers, autour duquel tourne la sphère des fixes et, par extension, toutes les sphères qui lui sont semblables, les premières de chaque système. La remarque de l'annotateur, vraie en soi quoique assez maladroitement libellée, n'est pas du tout à sa place ici.

εἰς αὐτὰς κινήσει ἐκ τῆς ὑπεράνω σφαίρας διὰ τὴν ἴδιον αὐτῶν κίνησιν. Ὥστε, εἴπερ ἐνδεθείη τῇ φερούσῃ τὸν τοῦ Κρόνου σφαίρᾳ ἡ πρώτη τῶν τοῦ Διὸς καὶ τάχος οἰκεῖον ἔχοι, ὡς ἐν κόσμου περιστροφῇ ἐπὶ ταὐτὸν πάλιν ἀναπολεῖν, αἱ τῶν ὑπεράνω σφαιρῶν κινήσεις οὐκ ἐάσουσι τουτὶ τὸ τάχος αὐτῇ παρεῖναι, ἀλλ' ἔσται τις πρόσθεσις · φέρονται γὰρ ἐπὶ δυσμὰς | καὶ αὗται φερομένης καὶ αὐτῆς ἐκείνης ἐπὶ ταὐτά.

Ὁ δὲ αὐτὸς λόγος καὶ ἐπὶ τῶν ἐφεξῆς · ἥ τε γὰρ κίνησις μᾶλλον καὶ μᾶλλον συντεθήσεται καὶ τὴν οἰκείαν θέσιν παραλλάξουσιν αὐτῶν οἱ πόλοι. Δεῖ δέ, καθάπερ ἔφαμεν, οὐδέτερον τούτων συμβαίνειν.

Ὅπως οὖν τοῦτο μὴ γένοιτο μηδὲ ἀπαντῴη τι τούτου γε ἕνεκα πλημμελές, ἐπενόησε *τὰς ἀνελιττούσας καὶ εἰς ταὐτὸν ἀποκαθιστώσας τῇ θέσει τὴν πρώτην σφαῖραν ἀεὶ τοῦ ὑποκάτω τεταγμένου ἄστρου*. Οὕτω γὰρ δὴ καὶ κατὰ λέξιν εἶπεν ἄμφω μηνύων, ὧν ἕνεκα παρεισήγαγεν αὐτά, διὰ μὲν τοῦ φάναι ἀνελιττούσας τὴν τῆς κινήσεως ἀποκατάστασιν εἰς τὸ τάχος τὸ οἰκεῖον, διὰ δὲ τοῦ εἰπεῖν *εἰς ταὐτὸν ἀποκαθιστώσας τῇ θέσει τὴν πρώτην σφαῖραν ἀεὶ τοῦ ὑποκάτω τεταγμένου ἄστρου* τὴν τῶν πόλων ἐν τῷ προσήκοντι μονήν · [κατὰ τούτους γὰρ ἡ τῶν φερομένων σφαιρῶν θέσις νοεῖται, εἴπερ μόνοι μένουσι ·]

4 περιστροφῇ : περιφορᾷ F ‖ 4-5 ἀναπολεῖν αἱ AF : ἀναπολεῖται D ‖ 6 ἔσται : ἔστι A ‖ πρόσθεσις F : πρόθεσις AD ‖ 9 ἐφεξῆς A : ἑξῆς DF ‖ 11 πόλοι : πολλοί A ‖ 22-23 κατὰ — μένουσι deleui.

des pôles, d'après Aristote, que tourne la première sphère du système de la planète placée immédiatement au-dessous, cette sphère, grâce à l'opération de rétrogradation, peut garder les position et vitesse premières ; et donc les faits observés sont sauvés dans tous les systèmes successifs.

Les préalables de Sosigène.

Voulant montrer que c'est bien là l'effet produit, Sosigène commence par énoncer quelques propositions utiles au raisonnement. Les voici à peu près, brièvement exposées.

Soient deux sphères homocentriques, DE et ZH, contenues dans une sphère extérieure <AB> qui ou bien est immobile ou bien tourne elle aussi[1]. Supposons que les sphères DE et ZH font un tour en sens inverse l'une de l'autre dans le même temps, c'est-à-dire à vitesse égale. Tous les points situés sur la sphère intérieure conserveront toujours la même position relative par rapport à la sphère qui les contient, comme si elle restait immobile ; car, quand la sphère DE tourne dans le sens AB, si la sphère inférieure ZH ne faisait que tourner avec DE sans aller en sens contraire, l'on verrait, quand D serait sous B, qu'y serait aussi le point Z qui tourne avec D et dans le même temps. Or puisque les sphères tournent ensemble mais que ZH va en sens inverse de DE, l'augmentation due au mouvement de même sens est égale à la diminution due au mouvement de sens inverse ; et donc lorsque D est sous B, Z est sous A comme on le voyait au début ; de sorte que la proposition est juste[2]. Donc, quand AB reste immobile, la démonstration est évidente : quand il y a

1. Cf. fig. 1 en fin de volume.

2. En fait, ZH tourne par rapport à DE d'une vitesse égale et opposée à celle de DE par rapport à AB. Par conséquent ZH est fixe par rapport à AB, les trois sphères ayant le même axe de rotation et AB restant immobile. Quand D est arrivé en D' (cf. fig. 1) dans le mouvement de la seconde sphère, Z serait

τὴν δὲ πρώτην ἔφη σφαῖραν ὑπ' αὐτῶν ἀποκαθίστασθαι τοῦ ὑποκάτω τεταγμένου ἄστρου, ἐπειδὴ ταύτης τήν τε οἰκείαν θέσιν καὶ τὸ οἰκεῖον τάχος διὰ τὴν ἀνείλησιν λαβούσης τὰ τῶν ἑξῆς σφαιρῶν ἅπαντα διασῴζεται.

Ὅτι δὲ ταῦτα συμβαίνει, ἔδειξεν ὁ Σωσιγένης προεκθέμενός τινα χρήσιμα πρὸς τὸν λόγον, ὧν ἡ σύντομος ἔκθεσίς ἐστι τοιαύτη.

Δύο σφαιρῶν ὁμοκέντρων οὐσῶν, οἷον τῶν ΔΕ ΖΗ, καὶ περιεχομένων ἔξωθεν ὑπ' ἄλλης ⟨ΑΒ⟩ εἴτε μενούσης εἴτε περιαγομένης [ἐκείνας], ἐκείνων δὲ ἐναντίως κινουμένων ἀλλήλαις καὶ δι' ἴσου χρόνου, τουτέστιν ἰσοταχῶς, πάντα τὰ ἐν τῇ περιεχομένῃ σημεῖα κατὰ ταὐτὸν ἀεὶ ἔσται πρὸς τὴν περιέχουσαν, ὡς ἂν εἰ καὶ μένουσα ἐτύγχανε · τῆς γὰρ ΔΕ κινουμένης ὡς ἀπὸ τοῦ Α ἐπὶ τὸ Β, εἰ μὲν ἡ ἐλάσσων ἡ ΖΗ συνεπεστρέφετο μόνον καὶ μὴ ἀντεφέρετο, ὤφθη ἄν, ὡς τὸ Δ ποτε ὑπὸ τὸ Β, οὕτω καὶ τὸ Ζ συμφερόμενον τῷ Δ καὶ ἐν τῷ ἴσῳ χρόνῳ. Ἐπειδὴ δὲ καὶ συμφέρονται, καὶ ἀντιφέρεται τῇ ΔΕ ἡ ΖΗ, ὅσον συμφερομένη προστίθησιν, ἀντιφερομένη τοσοῦτον ἀναλύει, καὶ γίνεται, ὅτε τὸ Δ ὑπὸ τὸ Β, τὸ Ζ ὑπὸ τὸ Α, καθάπερ ἐξ ἀρχῆς ἐφαί|νετο · ὥστε ἀληθὲς τὸ προτεθέν. Μενούσης μὲν οὖν τῆς ΑΒ δῆλον τὸ

1 ἔφη : ἐφ' ἧς A || 3 ἀνείλησιν D : ἀνείλισσιν A ἀνάλειψιν F || 4 ἑξῆς : ἐφεξῆς F || 9 AB addidi || μενούσης AD : κινουμένης F || 10 περιαγομένης D : περιεχούσης A μενούσης τῆς περιεχούσης F περιειλούσης Heib. || ἐκείνας deleui || κινουμένων : κειμένων D || 13 μένουσα D : μάλιστα A μένοντα F || 14 ἡ D : εἴη A ὁ F || 16 τὸ B Heib. : τοῦ B codd. || τῷ AD : ὑπὸ τοῦ F || Δ alt. Heib. : A codd.

---

arrivé en Z′ si le mouvement en sens inverse de la troisième sphère ne l'avait pas ramené au point Z, qui par conséquent est fixe par rapport à A.

deux sphères, les points de la sphère intérieure, qui tourne à la même vitesse que l'extérieure et en sens inverse, gardent toujours la même position, ce qui n'est pas le cas quand ou bien elle tourne dans le même sens, ou bien elle tourne en sens inverse.

De plus, si la sphère AB tourne soit en sens inverse soit dans le même sens que la seconde sphère DE, il se produira la même chose pour les points de la troisième sphère ZH, qu'elle tourne avec DE ou qu'elle aille en sens inverse. En effet si, la sphère AB ayant tourné de sorte que A soit venu en B, en entraînant la sphère DE de sorte que D soit venu en E, la sphère médiane qui est précisément DE tournait en sens inverse ou dans le même sens que AB à une vitesse quelconque par rapport à AB mais à la même vitesse que ZH, d'une part, la troisième sphère tournant elle aussi, le point Z s'écarte du point A mais le mouvement en sens inverse de la troisième sphère fera revenir Z sous A, d'autre part, ceci se produisant quel que soit le point, tous les points situés sur la sphère ZH seront sous les mêmes points de la sphère AB[1].

Or donc la proposition a été démontrée pour des sphères qui tournent autour du même axe. Le raisonnement sera le même si elles tournent autour d'axes différents : ce n'est pas parce que le mouvement suit les mêmes parallèles qu'il y a superposition des points aux mêmes points, mais parce que la rotation de la sphère intérieure par rapport à l'extérieure se compose avec la rotation en sens inverse qui annule tout supplément de vitesse, que la rotation dans le même sens ou la rotation en sens inverse se fasse sur un cercle oblique ou sur un cercle parallèle.

1. Cf. fig. 2 en fin de volume : à partir d'une position initiale ADZ, le mouvement de la première sphère a fait que A est venu en A′ ; le mouvement de la deuxième sphère s'ajoutant au précédent, D est venu en D′ ; le mouvement en sens inverse de la troisième sphère a ramené en Z′ le point Z qui serait sans lui parvenu en Z″ ; ce qui fait que Z′ est à l'alignement de A′.

δειχθέν, σφαιρῶν ἀμφοτέρων ὑπαρχόντων, τὸ τὴν ἐντὸς συμπεριφερομένην καὶ ἀντιφερομένην τῇ ἐκτὸς τοῖς αὐτοῖς ἀεὶ σημείοις τὴν αὐτὴν ἔχειν θέσιν καὶ οὔτε μόνον συμφερομένην οὔτε μόνον ἀντιφερομένην.

Εἰ δὲ δὴ καὶ ἐκινεῖτο ἡ ΑΒ εἴτε ἐναντίως εἴτε ἐπὶ ταὐτὰ τῇ δευτέρᾳ σφαίρᾳ τῇ ΔΕ, τὰ αὐτὰ συμβήσεται περὶ τὰ σημεῖα τῆς τρίτης τῆς ΖΗ συμφερομένης τῇ ΔΕ καὶ ἀντιφερομένης ὁμοίως. Εἰ γὰρ τῆς ΑΒ σφαίρας ἀπὸ τοῦ Α ὡς ἐπὶ τὸ Β στραφείσης καὶ συνεπισπώσης τὴν ΔΕ, ὡς τὸ Δ ἐπὶ τὸ Ε ἐλθεῖν, ἡ μέση σφαῖρα αὐτὴ ἡ ΔΕ ἐπὶ τὰ ἐναντία ἢ ἐπὶ ταὐτὰ φέροιτο τῇ ΑΒ ᾡτινιοῦν τάχει πρὸς τὴν ΑΒ, πρὸς δὲ τὴν ΖΗ ἰσοχρονίως, καὶ [διὰ] τὸ συνεπιστρέφειν τὴν τρίτην τὸ Ζ σημεῖον ποιεῖ παραλλάττειν τὸ Α ἀλλ' ἡ τρίτη σφαῖρα ἀντικινουμένη πάλιν ὑπὸ τὸ Α ποιήσει τὸ Ζ, καὶ ἀεὶ τούτου γινομένου πάντα τὰ ἐπὶ τῆς ΖΗ σφαίρας σημεῖα ὑπὸ ταὐτὰ ἔσται σημεῖα τῆς ΑΒ σφαίρας.

Νῦν μὲν οὖν ὡς περὶ τὸν αὐτὸν ἄξονα κινουμένων τῶν σφαιρῶν δέδεικται τὸ προτεθέν. Ὁ αὐτὸς δὲ λόγος, κἂν μὴ περὶ τὸν αὐτὸν ἄξονα κινῶνται· οὐ γὰρ διὰ τὴν κατὰ τῶν αὐτῶν παραλλήλων κίνησιν ἡ τῶν σημείων ὑπὸ τὰ αὐτὰ σημεῖα συμβαίνει θέσις, ἀλλὰ διὰ τὴν τῆς περιεχομένης συμπεριαγωγὴν πρὸς τὴν περιέχουσαν καὶ ἀντιπεριαγωγήν, ὅσον προσέθηκεν, ἀφαιροῦσαν εἴτε ἐπὶ λοξοῦ κύκλου εἴτε ἐπὶ ὀρθοῦ τῆς τε περιαγωγῆς γινομένης καὶ τῆς ἀντιπεριαγωγῆς.

1 σφαιρῶν ego : καὶ ὅπως codd. || 2 τῇ Heib. : τὴν Α τῆς DF || 5 ἐκινεῖτο A : κινοῖτο DF || 8 εἰ F : ἡ AD || 9 συνεπισπώσης DF : -επιπτώσης A || 12 διὰ deleui || συνεπιστρέφειν : ἐπιστρέφειν D || 14 πάλιν : μᾶλλον πάλιν A || 18 προτεθέν : προστεθέν A || 20 ὑπὸ : ἐπὶ A || 24 γινομένης : κινουμένης A.

De même, quand deux sphères homocentriques tournent dans le même sens, l'une et l'autre à une vitesse donnée, et quand la petite non seulement tourne en même temps que la grande mais est animée d'un mouvement propre dans le même sens, si les vitesses sont égales, le mouvement résultant aura une vitesse double ; si la vitesse de la seconde sphère est double de celle de la première, la vitesse du mouvement résultant sera triple, et ainsi de suite. De même[1], si la grande sphère fait tourner la petite au quart de la vitesse précédente et si celle-ci est animée d'un mouvement de rotation d'égale vitesse, valant donc un quart de sa vitesse précédente, elle sera animée d'un mouvement valant deux fois un quart, de sorte que le mouvement résultant des deux sera double du mouvement propre de la seconde sphère. Cela est valable, dit-il, si les mouvements se font autour des mêmes pôles ; s'ils ne se font pas autour des mêmes pôles, le résultat sera différent du fait de l'obliquité de la seconde sphère, car les vitesses se composeront de façon différente, comme on a l'habitude de le démontrer à l'aide des parallélogrammes[2] : le mouvement sur la diagonale est le résultat de deux mouvements, le mouvement d'un point suivant la longueur du parallélogramme et le mouvement de cette même longueur, entraînée à la vitesse correspondante suivant la largeur du parallélogramme. Ainsi, sera venue se confondre avec l'une des extrémités de la diagonale l'extrémité de la longueur ; la diagonale est évidemment non pas égale mais inférieure aux deux lignes brisées qui l'embrassent, de sorte que la vitesse aussi est inférieure à la somme des deux vitesses, bien qu'elle soit composée des deux.

1. Le grec utilise comme mot de liaison un « car » ; en fait, ce qui suit n'est pas une explication mais un autre exemple donné à titre d'application numérique.

2. Les « parallélogrammes » dont il est question ici doivent renvoyer à des théorèmes courants relatifs à la composition de

Πάλιν δὲ δύο σφαιρῶν ὁμοκέντρων ἐπὶ τὰ αὐτὰ κινουμένων ἑκατέρας ἐν τάχει τινὶ καὶ τῆς ἐλάσσονος οὐ μόνον συμφερομένης τῇ μείζονι, ἀλλὰ καὶ ἰδίαν ἐπὶ τὰ αὐτὰ κινουμένης κίνησιν, εἰ μὲν ἴσα τὰ τάχη, ἡ συγκειμένη κίνησις διπλάσιον δείξει τὸ τάχος, εἰ δὲ διπλάσιον τὸ τῆς ἑτέρας τάχος, τριπλάσιον ἔσται τὸ τῆς συγκειμένης καὶ ἑξῆς ὡσαύτως. Εἰ γὰρ ἡ μείζων κινεῖ τὴν ἐλάσσονα τεταρτημόριον, καὶ αὕτη δὲ ἰσοταχὴς οὖσα τεταρτημόριον κινεῖται, δὶς ἔσται κεκινημένη τεταρτημόριον, ὥστε ἡ ἐξ | ἀμφοῖν διπλασία τῆς ἑτέρας κινήσεως. Ταῦτα δὲ λέγομεν, φησίν, εἰ περὶ τοὺς αὐτοὺς εἶεν πόλους αἱ κινήσεις · εἰ δὲ μὴ περὶ τοὺς αὐτούς, ἄλλο τι συμβήσεται διὰ τὴν λοξότητα τῆς ἑτέρας σφαίρας · οὐ γὰρ οὕτω συγκείσεται τὰ τάχη, ἀλλ' ὡς ἐπὶ τοῦ παραλληλογράμμου δείκνυσθαι εἴωθε τῆς ἐπὶ τῆς διαμέτρου κινήσεως ἀποτελουμένης ἐκ δύο κινήσεων, μιᾶς μὲν σημείου τινὸς ἐπὶ τοῦ μήκους τοῦ παραλληλογράμμου κινουμένου, μιᾶς δὲ τούτου αὐτοῦ τοῦ μήκους καταγομένου ἰσοχρονίως διὰ τοῦ πλάτους τοῦ παραλληλογράμμου. Ἔσται γὰρ ὁμοῦ τό τε σημεῖον ἐπὶ θατέρου πέρατος τῆς διαμέτρου καὶ ἡ τοῦ μήκους πλευρὰ κατηγμένη, καὶ οὐκ ἔστιν ἡ διάμετρος ἀμφοτέραις ἴση ταῖς περὶ αὐτὴν κεκλασμέναις, ἀλλ' ἐλάσσων, ὥστε καὶ τὸ τάχος ἔλασσον μὲν τοῦ ἐξ ἀμφοῖν, σύγκειται δὲ ὅμως ἐξ ἀμφοῖν.

4 ἴσα τὰ : κατὰ D || 8-9 καὶ — τεταρτημόριον om. A || 22 ὥστε : ὡς D.

---

ce que nous appelons maintenant vecteurs. Sur la composition des vitesses dans l'antiquité, cf. S. Sambursky, *The physical world of late Antiquity*, Londres, 1962, p. 88-89.

Jour solaire et jour sidéral.

Voici un raisonnement voisin. Si deux sphères homocentriques tournent soit autour des mêmes pôles soit autour de pôles différents, en sens inverse l'une de l'autre, et si la petite tourne en sens inverse à vitesse moindre mais est entraînée par la grande, les points situés sur la petite mettront plus de temps à revenir à la même position[1] que si la petite sphère se trouvait tout simplement fixée à la plus grande. Si le retour du soleil lui-même d'un levant au levant suivant est plus lent que la révolution sidérale, c'est parce qu'il tourne en sens inverse plus lentement que l'univers ; car, s'il tournait à vitesse égale à celle de la sphère des fixes, malgré son mouvement inverse, comme il ferait toujours sa révolution dans le même temps qu'elle, il devrait toujours se lever au même point de l'horizon.

La sphéropée d'Aristote.

Après ces préalables, Sosigène en vient aux déclarations d'Aristote concernant la nécessité d'ajouter pour chaque planète des sphères rétrogradantes, en nombre égal moins un, si l'on veut rendre compte des faits observés. Il expose la théorie de la sphéropée selon Aristote en ces termes[2] :

Il y avait donc, pour les sphères qui portent Saturne, une première sphère qui tournait sur[3] *la sphère des fixes ; une seconde, inférieure, qui tournait sur l'écliptique ; une troisième qui tournait sur le cercle perpendiculaire à l'écliptique (cette sphère était celle qui entraînait la*

1. L'expression n'est pas claire. La suite indique que Sosigène veut montrer par là que le soleil, dans son mouvement quotidien, met plus de temps pour aller d'un levant au levant suivant que n'en mettent les étoiles fixes. Géminos disait plus clairement (mais sans avoir recours au système d'Eudoxe) que : « Le jour, espace de temps qui sépare un lever du soleil du prochain lever du soleil, vaut la durée de la révolution diurne augmentée du temps que met à se lever l'arc que le soleil, dans son mouvement

Τούτοις τοίνυν κἀκεῖνο λέγεται παραπλήσιον· δύο σφαιρῶν ὁμοκέντρων οὐσῶν εἴτε περὶ τοὺς αὐτοὺς πόλους εἴτε περὶ ἑτέρους, ἐναντίως δὲ ἀλλήλαις περιαγομένων καὶ ἐλάσσονα τῆς ἐλάσσονος ἀντικινουμένης, συμπεριφερομένης δὲ ὑπὸ τῆς μείζονος, τὰ ἐν τῇ ἐλάσσονι σημεῖα ἐν πλείονι χρόνῳ ἐπὶ τὸ αὐτὸ ἥξει, ἢ εἰ ἐνδεδεμένη μόνως ἐτύγχανεν ἡ ἐλάσσων σφαῖρα ἐν τῇ μείζονι. Διὰ γὰρ τοῦτο καὶ ἡ τοῦ ἡλίου αὐτοῦ ἀπ' ἀνατολῆς ἐπ' ἀνατολὴν ἀποκατάστασις βραδυτέρα ἐστὶ τῆς τοῦ κόσμου περιστροφῆς, διότι ἐπὶ τἀναντία κινεῖται τῷ παντὶ βραδύτερον, ὡς, εἴπερ ἴσον ἐκινεῖτο τῇ ἀπλανεῖ ἀντιπεριαγόμενος ἀεὶ κατὰ τὸν αὐτὸν χρόνον ἀποκαθιστάμενος, ἔμελλεν ἀεὶ τῷ αὐτῷ σημείῳ συνανατέλλειν.

Τούτων οὖν προληφθέντων ὁ Σωσιγένης ἐλθὼν ἐπὶ τὰ ὑπὸ τοῦ Ἀριστοτέλους εἰρημένα περὶ τοῦ δεῖν καθ' ἕκαστον τῶν πλανωμένων ἑτέρας ἀνελιττούσας εἶναι σφαίρας μιᾷ ἐλάττους, εἰ μέλλοι τὰ φαινόμενα ἀποδοθήσεσθαι, ἐκτίθεται τὴν θεωρίαν τῆς κατὰ τὸν Ἀριστοτέλην σφαιροποιίας λέγων·

Ἦν τοίνυν τῶν τὸν Κρόνον φερουσῶν σφαιρῶν ἡ μὲν πρώτη κατὰ τὴν τῶν ἀπλανῶν φερομένη, ἡ δὲ δευτέρα κατὰ τὸν διὰ μέσων τῶν ζῳδίων ὑπολειπομένη, τρίτη δὲ ἡ κατὰ τὸν πρὸς ὀρθὰς τῷ διὰ μέσων τῶν ζῳδίων κύκλῳ,

6 τὸ : γὰρ A || ἢ εἰ DF : εἴη A || 13 συνανατέλλειν : ἀνατέλλειν D || 22 τὸν Heib. : τὴν codd.

---

en sens inverse de l'univers, parcourt durant la révolution diurne » (*op. cit.* VI, 1-2).

2. Cf. fig. 3 en fin de volume.

3. C'est-à-dire « en accord avec ». Dans les phrases suivantes, « sur » veut dire « avec pour équateur ». La seconde sphère tourne donc autour d'un axe perpendiculaire à l'écliptique ; la troisième, autour d'un axe perpendiculaire au précédent et dont les pôles sont sur l'écliptique.

planète en latitude dans le sens sud-nord; ce cercle était perpendiculaire à l'écliptique parce qu'il avait ses pôles sur l'écliptique et que les cercles qui en coupent un autre en passant par ses pôles le coupent à angles droits) ; une quatrième sphère, celle qui portait la planète, la faisait tourner sur un cercle oblique qui limitait l'amplitude de son oscillation dans le sens sud-nord pour éviter qu'elle ne se rapproche trop des pôles de l'univers.

Il faut imaginer ensuite une cinquième sphère, différente des sphères porteuses, située en avant des quatre autres[1]*, tournant autour des mêmes pôles que la quatrième mais en sens inverse et à la même vitesse; elle compensera ainsi le mouvement de la quatrième sphère car elle tourne autour des mêmes pôles qu'elle mais en sens inverse et à la même vitesse (ce point a été démontré); elle en modifiera donc la vitesse pour qu'il y ait accord avec les faits observés. Après la cinquième, on peut en concevoir une autre, une sixième, ayant les mêmes pôles que la troisième, qui la fait rétrograder en tournant à vitesse égale et en sens inverse, afin de sauver les phénomènes; elle fera en sorte que chaque point de la troisième sphère sera à la même verticale par rapport à la cinquième*[2]*. Après celle-là, on peut ajouter une septième sphère qui fait rétrograder la seconde, en tournant comme la seconde autour des pôles de l'écliptique mais en accomplissant sa révolution en sens inverse et à la même vitesse que la seconde sphère, ce qui annule le mouvement et l'augmentation de vitesse que la seconde sphère transmettait aux inférieures; en effet la seconde sphère tournant dans le même sens que*

1. Aristote (ou Sosigène ?) place toutes les sphères rétrogradantes à la suite l'une de l'autre, entre celle qui porte la planète et la sphère extérieure du système suivant, dans l'ordre inverse des sphères dont il s'agit de compenser le mouvement.

2. Ceci est une conséquence des propositions préalables qui viennent d'être démontrées par Sosigène.

ἥτις παρέφερεν αὐτὸν κατὰ τὸ πλάτος ἀπὸ μεσημβρίας πρὸς ἄρκτους· πρὸς ὀρθὰς δὲ ἦν ὁ κύκλος οὗτος τῷ διὰ μέσων, διότι ἐπ' αὐτοῦ τοὺς πόλους εἶχεν, οἱ δὲ διὰ τῶν πόλων τέμνοντες καὶ πρὸς ὀρθὰς τέμνουσιν· ἡ δὲ τετάρτη ἡ τὸν ἀστέρα ἔχουσα κατὰ λοξοῦ κύκλου τινὸς | αὐτὸν ἐκίνει τοῦ τὸ πλάτος τῆς ἐκτροπῆς ὁρίζοντος ἐπὶ τὴν ἄρκτον, ἵνα μὴ πλησίον γένηται τῶν τοῦ κόσμου πόλων.

Δεῖ τοίνυν νοῆσαι πέμπτην σφαῖραν ἄλλην πρὸ τῶν φερουσῶν τὴν διὰ τεττάρων περὶ πόλους τοὺς αὐτοὺς τῇ τετάρτῃ κινουμένην, ἐναντίως δὲ αὐτῇ καὶ ἐν ἴσῳ χρόνῳ στρεφομένην· αὕτη γὰρ ἀφαιρήσει τὴν τῆς τετάρτης κίνησιν διὰ τὸ περὶ τοὺς αὐτοὺς αὐτῇ φέρεσθαι πόλους, ἐναντίως μέντοι καὶ ἰσοχρονίως· τοῦτο γὰρ δέδεικται· καὶ μειώσει κατὰ τὸ φαινόμενον τὸ τάχος. Μετὰ δὲ τὴν πέμπτην ἄλλην νοητέον ἕκτην τῇ μὲν τρίτῃ τοὺς πόλους τοὺς αὐτοὺς ἔχουσαν, ἀνελίσσουσαν δὲ αὐτὴν καὶ ἰσοχρονίως καὶ ἐναντίως κινουμένην, ἵνα σωθῇ τὰ φαινόμενα, καὶ τὰ σημεῖα τὰ ἐπὶ τῆς τρίτης ἀεὶ κατὰ τὴν αὐτὴν ἐπὶ τῆς πέμπτης φαίνηται κάθετον. Μετὰ δὲ ταύτην ἑβδόμην προσθετέον τὴν ἀνελίττουσαν τὴν δευτέραν ἐνηρμοσμένην περὶ τοὺς πόλους τοῦ διὰ μέσων, περὶ οὓς καὶ ἐκείνη ἐκινεῖτο, ἐναντίως μέντοι καὶ ἰσοχρονίως τῇ δευτέρᾳ στρεφομένην, ἀφαιροῦσαν τὴν κίνησιν καὶ τὸ τάχος τὸ ἀπ' αὐτῆς διικνούμενον εἰς τὰς ὑπ' αὐτὴν σφαίρας· καὶ γὰρ ἡ δευτέρα συγκινουμένη τῇ ἀπλανεῖ προσετίθει τῷ

2 ἄρκτους : ἄρκτον F ‖ 6 ἐκίνει : ἐκείνη A ‖ 11 κινουμένην D : -μένους AF ‖ 11 αὐτῇ : ἀεὶ F ‖ 14 ἐναντίως : ἐν αὐτῇ F ‖ 20 φαίνηται Brandis : φαίνεται codd. ‖ κάθετον : κάθοδον A ‖ 24 στρεφομένην Heib. : -μένη AF φερομένην D.

la sphère des fixes[1] *augmentait la vitesse de rotation d'est en ouest des sphères inférieures ; la septième tournera donc désormais à vitesse semblable à la sphère des fixes, mais elle n'aura pas le même rôle que la sphère des fixes car elle tournera autour d'autres pôles que ceux de la sphère des fixes bien qu'elle tourne d'est en ouest.*

Après celle-là, il ne reste plus qu'à imaginer une huitième sphère qui serait la première de Jupiter, car Sosigène a correctement établi que la dernière des trois rétrogradantes n'était pas la première des sphères de Jupiter, comme d'aucuns le pensaient, qui imaginaient que la dernière des sphères qui ramènent les mouvements des sphères supérieures était la première de celles qui entraînent la planète immédiatement inférieure ; ce qui ferait que la septième sphère serait identique à celle que nous appelons la huitième et qui est la première de Jupiter. Or ce qu'ils font, c'est de compter deux fois la même sphère dans leur désir de conserver le nombre de sphères rétrogradantes indiqué par Aristote. Il faut que, pour chaque planète, le nombre de sphères rétrogradantes soit inférieur d'une unité au nombre de sphères porteuses ; ainsi pour Saturne et Jupiter qui ont respectivement quatre sphères porteuses, il y en aura trois rétrogradantes ; pour les quatre autres planètes, Mars, Vénus, Mercure et le Soleil, qui ont cinq sphères porteuses chacune[2], il y en aura quatre ; donc en tout les sphères rétrogradantes sont deux fois trois pour Saturne et Jupiter plus quatre fois quatre pour Mars, Vénus, Mercure et le Soleil, soit vingt-deux au total. Les sphères porteuses étant au nombre de huit pour Saturne et Jupiter, de vingt-cinq pour les cinq autres planètes, si à ces trente-trois sphères on ajoute les vingt-deux rétrogradantes cela fait au total

1. Cette déclaration de Sosigène va à l'encontre de la théorie d'Eudoxe exposée précédemment selon laquelle la seconde sphère de chaque système tournait autour de l'axe de l'écliptique en sens inverse de la sphère des fixes, soit d'ouest en est, en une révolution zodiacale.

τάχει τῶν ὑπ' αὐτὴν τῷ ἀπ' ἀνατολῶν ἐπὶ δυσμάς· στραφήσεται μὲν οὖν οὕτως ὁμοίως κινουμένη τῇ ἀπλανεῖ, οὐ μέντοι καὶ τὴν τάξιν ἕξει τῆς ἀπλανοῦς περὶ ἄλλους στρεφομένη πόλους καὶ οὐ τοὺς τῆς ἀπλανοῦς, ἀπ' ἀνατολῶν δὲ ὅμως ἐπὶ δυσμάς.

Μετὰ δὲ ταύτην ὀγδόην λοιπὸν νοητέον τὴν πρώτην τοῦ Διός, ὀρθῶς τοῦ Σωσιγένους ἐπιστήσαντος ὡς οὐκ ἔστιν ἡ τελευταία τῶν τριῶν ἀνελιττουσῶν πρώτη τῶν τοῦ Διός, ὅπερ τινὲς ᾠήθησαν, ὅτι ἡ τελευταία τῶν τὰς ἐπάνω φορὰς ἀνελιττουσῶν πρώτη ἔσται τῶν τὸν ὑποκάτω ἀστέρα φερουσῶν, ὡς εἶναι τὴν αὐτὴν ἑβδόμην τε καὶ ἣν ἡμεῖς φαμεν ὀγδόην πρώτην οὖσαν τῶν τοῦ Διός. Τοῦτο γὰρ συμβαίνει αὐτοῖς δὶς τὴν αὐτὴν ἀριθμεῖν σῴζειν πειρωμένοις τὸν ἀριθμὸν τῶν ἀνελιττουσῶν τὸν ὑπὸ τοῦ Ἀριστοτέλους λεγόμενον. Δεῖ γὰρ μιᾷ ἐλάττους εἶναι καθ' ἕκαστον ἀστέρα τῶν φερουσῶν τὰς ἀνελιττούσας, ὥστε ἐπὶ μὲν Κρόνου καὶ ἐπὶ Διὸς τεττάρων καθ' ἑκάτερον οὐσῶν τῶν φερουσῶν τρεῖς εἶναι τὰς ἀνελιττούσας, ἐπὶ δὲ τῶν λοιπῶν τεττάρων, Ἄρεος, Ἀφροδίτης, Ἑρμοῦ, ἡλίου, πέντε καθ' ἕκαστον | οὐσῶν τῶν φερουσῶν τέτταρας· γίνονται οὖν αἱ πᾶσαι ἀνελίττουσαι δὶς μὲν τρεῖς αἱ Κρόνου καὶ Διός, τετράκις δὲ τέτταρες αἱ Ἄρεος, Ἀφροδίτης, Ἑρμοῦ, ἡλίου, ὥστε πᾶσαι δύο καὶ εἴκοσιν. Ἦσαν δὲ αἱ φέρουσαι ὀκτὼ μὲν αἱ Κρόνου καὶ Διός, πέντε δὲ καὶ εἴκοσι τῶν λοιπῶν πέντε· τριῶν οὖν τούτων καὶ τριάκοντα ταῖς δύο καὶ εἴκοσι συντεθεισῶν ἀνελιττούσαις αἱ πᾶσαί εἰσι πέντε καὶ πεντή-

1 αὐτὴν hic deficit D ‖ 2 μὲν οὖν Heib. : μὲν A οὖν F ‖ 10 τὸν ... ἀστέρα F : τῶν ... ἀστέρων A ‖ 19-22 πέντε — ἡλίου om. A.

2. Ici c'est le nombre de sphères indiqué par Callippe qui est adopté.

cinquante-cinq (aux sphères qui entraînent la lune, point n'est besoin de sphères rétrogradantes car c'est la dernière planète; Aristote dit d'ailleurs que *seules les sphères qui portent la planète la plus basse n'ont pas besoin de subir de rétrogradation*[1]). Tel est en tout cas le nombre total, c'est clair.

Critique du nombre des sphères.

Mais, comme Aristote a ajouté que, *si l'on refusait de tenir compte pour le soleil et la lune des mouvements supplémentaires indiqués, les sphères seraient quarante-sept au total*[2], cela a jeté le trouble. Si nous ôtons les deux sphères du soleil et les deux sphères de la lune ajoutées par Callippe, il est clair qu'il faut en ôter aussi deux de plus pour le soleil, les sphères rétrogradantes correspondantes, car, si on enlève les premières, il faut également enlever celles destinées à compenser leur mouvement ; il y en aura donc six de soustraites : les deux qui entraînent le soleil, les deux qui compensaient leur mouvement, et aussi les deux ajoutées à la lune par Callippe. Le résultat, si l'on soustrait ces six des cinquante-cinq, ne sera pas quarante-sept mais quarante-neuf. Or Aristote dit bien qu'il en reste quarante-sept, peut-être parce qu'il a oublié que pour la lune ce n'est pas quatre qu'il en a enlevées mais deux seulement. A moins qu'il ne faille admettre que pour le soleil il ait enlevé les quatre rétrogradantes qu'il avait ajoutées et pour les deux astres, soleil et lune, les sphères ajoutées par Callippe ; si l'on ôte ces huit sphères des cinquante-cinq, il en reste bien quarante-sept ; tel est en tout cas le moyen d'obtenir ce nombre. Mais pour quelle raison le soleil n'aurait-il pas de sphères pour compenser le mouvement des deux porteuses, c'est ce qu'il nous est impossible de dire, surtout qu'Aristote indique seulement que c'est l'astre le plus bas qui n'a pas besoin de sphères rétrogradantes.

1. Aristote, *Métaphysique*, XII, 8, 1074 a 7-8. La planète la plus basse est la lune.
2. Aristote, *ibid.*, 12-14.

κοντα· ταῖς γὰρ τὴν σελήνην φερούσαις οὐδὲν δεῖ ἀνελιττουσῶν ἐσχάτης οὔσης τοῦτο καὶ τοῦ Ἀριστοτέλους εἰπόντος ὅτι *μόνας οὐ δεῖ ἀνελιχθῆναι ἐν αἷς φέρεται τὸ κάτω τεταγμένον ἄστρον*. Ἀλλ' ὅτι μὲν ὁ πασῶν ἀριθμὸς τοσοῦτος, δῆλον.

Ἐπειδὴ δὲ ἐπήνεγκεν ὁ Ἀριστοτέλης ὅτι, *εἴ τις μὴ προσθείη τῷ ἡλίῳ καὶ τῇ σελήνῃ ἃς εἴπομεν κινήσεις, ἑπτὰ καὶ τεσσαράκοντα ἔσονται πᾶσαι*, τοῦτο ταραχὴν ἐποίησεν. Ἐὰν γὰρ ἀφέλωμεν τὰς τοῦ ἡλίου δύο καὶ τῆς σελήνης δύο ἃς προσέθηκε Κάλλιππος, καὶ δηλονότι καὶ δύο ἄλλας ἀπὸ ἡλίου τὰς ἀνελιττούσας ἐκείνας· ἀφαιρουμένων γὰρ ἐκείνων δεῖ συναφαιρεῖν καὶ τὰς μελλούσας αὐτὰς ἀνελίττειν· ἓξ μὲν ἔσονται ἀφῃρημέναι δύο φέρουσαι τὸν ἥλιον καὶ δύο αἱ ταύτας ἀνελίττουσαι πρὸς ταῖς δύο ταῖς τῇ σελήνῃ προστεθείσαις ὑπὸ Καλλίππου, οὐκέτι δὲ συμβαίνει τούτων ἀφαιρεθεισῶν ἀπὸ τῶν πέντε καὶ πεντήκοντα λοιπὰς εἶναι πάσας ἑπτὰ καὶ τεσσαράκοντα, ἀλλὰ ἐννέα καὶ τεσσαράκοντα. Λέγει δὲ ὁ Ἀριστοτέλης ἑπτὰ καὶ τεσσαράκοντα καταλιμπάνεσθαι ἢ ὡς ἐπιλελησμένος, ὅτι τῆς σελήνης οὐ τέτταρας ἀλλὰ δύο μόνας ἀφεῖλεν. Εἰ μὴ ἄρα δεῖ λέγειν ὅτι τοῦ μὲν ἡλίου τὰς τέσσαρας ἀφεῖλεν ἃς αὐτὸς προστέθεικεν ἀνελιττούσας, καὶ ἀμφοτέρων ἃς ὁ Κάλλιππος, καὶ οὕτως ὀκτὼ τῶν ἀφαιρεθεισῶν οὐσῶν ἀπὸ τῶν πεντήκοντα καὶ πέντε αἱ λοιπαί εἰσιν αἱ ἑπτὰ καὶ τεσσαράκοντα· συμβαίνει μὲν οὕτως ὁ ἀριθμός. Διὰ τί δὲ τοῦ ἡλίου τὰς δύο τὴν δευτέραν καὶ τὴν τρίτην οὐκ ἀνελίξουσί τινες, οὐχ ἕξομεν λέγειν, καὶ ταῦτα εἰπόντος αὐτοῦ μόνον τὸ κάτω κείμενον μὴ ἀνελίττεσθαι.

1 τὴν σελήνην F : τῆς σελήνης A ‖ 27 ἀνελίξουσι F : ἀνέξουσι A ‖ 28 μὴ A : οὐκ F.

Autre chose que Sosigène a bien établi, c'est aussi à cause de la lune qu'il est indispensable de supposer ces sphères rétrogradantes pour le soleil, afin d'éviter que le mouvement venant des sphères immédiatement supérieures au système de la lune, s'ajoutant à celui de ses sphères porteuses, ne rende son mouvement d'est en ouest différent de celui de la sphère des fixes.

D'ailleurs, admettrait-on que la lune seule n'ait pas de sphères rétrogradantes, on n'en arriverait pas pour autant au nombre donné, ce qui a beaucoup troublé Alexandre et Porphyre[1] dans les *Commentaires* qu'ils ont composés sur le livre XII de la *Métaphysique*. Sosigène dit en conclusion que mieux vaut considérer ce nombre comme une bévue de copiste plutôt que de confondre les septième et huitième sphères étant donné que, même en ce cas, le nombre des sphères ne s'accorderait pas avec le nombre indiqué, car alors le total ne serait plus cinquante-cinq, nombre donné par Aristote.

Bien évidemment, ajoute Sosigène, toute la discussion prouve que c'est en des sens légèrement différents[2] que ces sphères ont été appelées rétrogradantes par Aristote et ramenantes par Théophraste, deux termes qui désignent les mêmes sphères ; car elles font rétrograder le mouvement des sphères qu'elles ont au-dessus et elles ramènent à la bonne place les pôles des sphères qu'elles ont au-dessous, annulant certains mouvements, rétablissant les autres comme ils doivent être. Il faut en effet que les mouvements venus du haut ne perturbent pas le mouvement différent de la planète qui est au-dessous, et que les pôles des sphères inférieures se retrouvent à la verticale des pôles des sphères auxquelles

1. Alexandre d'Aphrodise, élève de Sosigène, philosophe péripatéticien qui vécut sous Septime Sévère, fut l'auteur de nombreux commentaires à Aristote ; ceux sur la *Métaphysique* conservés sous son nom (ed. Hayduck, Berlin, 1891) ne sont de lui que jusqu'au livre IV. Porphyre, né à Tyr en 234 ap. J.-C., fut l'élève de Plotin ; ses commentaires à la *Métaphysique* sont perdus.

Καίτοι καὶ τοῦτο καλῶς ὁ Σωσιγένης ἐπέστησεν, ὅτι καὶ ἐπὶ σελήνης ἀναγκαῖον ὑποθέσθαι τὰς ἀνελιττούσας, ἵνα μὴ τὸ ἀπὸ τῶν ἀνωτέρω κινήσεων τάχος ταῖς φερούσαις αὐτὴν προστιθέμενον ποιῇ μηκέτι τῇ ἀπλανεῖ ἰσοταχῶς ἐπὶ δυσμὰς αὐτὴν παραχωρεῖν.

Ἀλλ' οὖν καὶ τούτου δοθέντος τοῦ μόνην αὐτὴν μὴ ἔχειν ἀνελίττουσαν οὐ συμβαίνει ὁ ἀριθμός, καὶ τοῦτο τόν τε Ἀλέξανδρον καὶ τὸν Πορφύριον ἐτάραξεν ἐν ταῖς εἰς τὸ Λ τῆς Μεταφυσικῆς σχολαῖς. Σωσιγένης δὲ ἐπιστήσας βέλτιον εἶναί φησι τοῦ ἀριθμοῦ παρόραμα νομίζειν | τοῖς γράφουσι γεγονέναι ἢ τὰς αὐτὰς ἑβδόμας καὶ ὀγδόας σφαίρας ποιεῖν οὐδέ, εἰ τοῦτο γένοιτο, συνᾴδοντος τοῦ ἀριθμοῦ ταῖς ῥήσεσιν· οὐ γὰρ ἔτι ἔσονται αἱ πᾶσαι πέντε καὶ πεντήκοντα, καθάπερ αὐτός φησι.

Προστίθησι δὲ καὶ τοῦτο ὁ Σωσιγένης δῆλον εἶναι λέγων ἐκ τῶν εἰρημένων, ὅτι κατ' ἄλλο μὲν ἀνελιττούσας αὐτὰς ὁ Ἀριστοτέλης προσαγορεύει, κατ' ἄλλο δὲ Θεόφραστος ἀνταναφερούσας· ἔστι γὰρ ἄμφω περὶ αὐτάς· ἀνελίττουσι γὰρ τὰς τῶν ὑπεράνω κινήσεις καὶ ἀνταναφέρουσι τοὺς τῶν ὑπ' αὐτοὺς σφαιρῶν πόλους, τὰς μὲν ἀφαιροῦσαι, τὰς δὲ εἰς τὸ δέον καθιστῶσαι. Δεῖ γὰρ τὰς μὲν ἄνωθεν κινήσεις μὴ διικνεῖσθαι πρὸς τὰς τῶν κατωτέρων διαφορὰς ἄστρων, τοὺς δὲ τῶν ὑποκάτω πόλους ὑπὸ τὴν αὐτὴν κάθετον τοῖς

1 τοῦτο A : τούτῳ F || 3 τάχος ταῖς F : ταχίσταις A || φερούσαις F : φέρουσαι A || 9 Μεταφυσικῆς A : Μετὰ τὰ φυσικὰ F || ἐπιστήσας F : ἐπιστήσαις A || 10-11 τοῖς γράφουσι F : τὸ γὰρ γραφόμενον A || 23 τούς F : τοῖς A.

---

2. Sosigène reconnaît qu'entre Aristote et Théophraste, il y avait déjà une altération du vocabulaire. Ce flottement dans les termes n'a pu que s'accentuer au cours de siècles de commentaires faits par des philosophes qui utilisaient un vocabulaire technique sans toujours en connaître le sens exact.

elles sont semblables afin que puissent revenir à la même position, selon son expression, les premières sphères de chaque système propre à la planète située au-dessous et, bien entendu, par leur intermédiaire, également celles qui viennent après. C'est le seul moyen, dit-il, pour que toutes les forces à l'œuvre produisent le mouvement des planètes, comme il a été dit ci-dessus, et il a parfaitement raison.

Insuffisances de l'hypothèse des homocentriques.

Voilà donc en quoi consiste la sphéropée qui utilise les sphères tournantes. Elle est d'ailleurs incapable de sauver les faits observés, comme le souligne Sosigène, que je cite :

Non, dans le système sphérique d'Eudoxe et de son école, les faits observés ne sont nullement sauvés, non seulement ceux qui n'ont été aperçus que plus tard, mais même pas ceux qui étaient connus depuis longtemps et parfaitement admis. Pour ne pas les indiquer tous (pour certains de ces phénomènes, Callippe de Cyzique, voyant qu'Eudoxe était incapable de les sauver, a tenté de le faire et y a réussi), prenons-en un seul, pourtant observable à l'œil nu, que nul des Anciens jusqu'à Autolycos de Pitane n'a tenté d'expliquer par ces hypothèses (Autolycos d'ailleurs n'y est pas arrivé lui non plus, comme le montre sa controverse avec Aristothéros) : je veux dire le fait que les planètes nous donnent l'impression d'être parfois proches mais à d'autres moments fort éloignées ; et pourtant, pour certaines, c'est un phénomène visible à l'œil nu. Par exemple la planète qui porte le nom de Vénus et celle qui porte celui de Mars, vers le milieu de leur marche rétrograde, paraissent beaucoup plus grandes, si bien que Vénus, dans les nuits sans lune, fait projeter de l'ombre aux objets[1].

1. Le diamètre apparent des planètes subit en effet des variations. Pour les planètes supérieures, Mars, Jupiter et Saturne, c'est au moment où la planète est en opposition avec le soleil, exactement au milieu de la rétrogradation, que leur diamètre

τῶν ὁμοίων σφαιρῶν πίπτειν πόλοις, ὅπως εἰς ταὐτὸν εἶεν ἀποκαθεστηκυῖαι τῇ θέσει, καθάπερ φησίν, αἱ πρῶται σφαῖραι τῶν ὑποκάτω τεταγμένων ἄστρων καὶ δηλονότι διὰ τὰς πρώτας καὶ αἱ μετ' αὐτάς. Οὕτως γὰρ μόνως, φησίν, ἐνδέχεται τὴν τῶν πλανήτων φορὰν ἅπαντα ποιεῖσθαι, καθάπερ ἤδη ἔφαμεν, εὖ λέγων.

Τοιαύτη τίς ἐστιν ἡ διὰ τῶν ἀνελιττουσῶν σφαιροποιία μὴ δυνηθεῖσα διασῶσαι τὰ φαινόμενα, ὡς καὶ ὁ Σωσιγένης ἐπισκήπτει λέγων ·

Οὐ μὴν αἵ γε τῶν περὶ Εὔδοξον σῴζουσι τὰ φαινόμενα, οὐχ ὅπως τὰ ὕστερον καταληφθέντα, ἀλλ' οὐδὲ τὰ πρότερον γνωσθέντα καὶ ὑπ' αὐτῶν ἐκείνων πιστευθέντα. Καὶ τί δεῖ περὶ τῶν ἄλλων λέγειν ὧν ἔνια καὶ Κάλλιππος ὁ Κυζικηνὸς Εὐδόξου μὴ δυνηθέντος ἐπειράθη διασῶσαι, εἴπερ ἄρα καὶ διέσωσεν ; 'Αλλ' αὐτό γε τοῦτο, ὅπερ καὶ τῇ ὄψει πρόδηλόν ἐστιν, οὐδεὶς αὐτῶν μέχρι καὶ Αὐτολύκου τοῦ Πιταναίου ἐπεβάλετο διὰ τῶν ὑποθέσεων ἐπιδεῖξαι, καίτοι οὐδὲ αὐτὸς Αὐτόλυκος ἠδυνήθη · δηλοῖ δὲ ἡ πρὸς τὸν 'Αριστόθηρον αὐτοῦ διαφορά · ἔστι δέ, ὃ λέγω, τὸ ποτὲ μὲν πλησίον, ἔστι δὲ ὅτε ἀποκεχωρηκότας ἡμῶν αὐτοὺς φαντάζεσθαι · καὶ γὰρ τῇ ὄψει συμφανὲς ἐπ' ἐνίων τοῦτό ἐστιν. Ὅ τε γὰρ τῆς 'Αφροδίτης λεγόμενος ἀστὴρ καὶ δὴ καὶ ὁ τοῦ Ἄρεος κατὰ μέσας τὰς προηγήσεις αὐτῶν πολλαπλάσιοι φαίνονται, ὥστε ὅ γε τῆς 'Αφροδίτης ἐν ἀσελήνοις νυξὶ σκιὰς πίπτειν ἀπὸ τῶν σωμάτων ποιεῖ.

5 πλανήτων ego : ἀπλανῶν codd. ‖ φορὰν F : σφαιρῶν A ‖ ἅπαντα Heib. : ἅπαντες A ἅπαντας F ‖ 7 τοιαύτη τίς F : τοιαῦτα τί A ‖ 18 δηλοῖ F : δῆλον A ‖ 19 λέγω A : λέγει F ‖ 20 ὅτε F : ὅτι A.

---

apparent est maximum, leur distance à la terre étant minimum. Pour les planètes inférieures, Mercure et Vénus, le diamètre apparent est minimum au moment de la conjonction supérieure

La lune non plus, c'est observable à l'œil nu, n'est pas toujours à égale distance de nous car elle ne nous paraît pas toujours avoir la même dimension alors même que les conditions du milieu à travers lequel elle est observée sont identiques. Du reste, l'observateur qui use d'instruments est d'opinion semblable, car il faut interposer, à la même distance de l'observateur, un disque de tantôt onze doigts tantôt douze pour la cacher entièrement à la vue[1]*. De plus, ce qui se produit dans les éclipses centrales de soleil témoigne en faveur de ce qui a été dit (c'est même là un indice de l'exactitude de cette théorie) : lorsque se trouvent alignés le centre du soleil, celui de la lune et notre œil, il ne semble pas toujours se produire la même chose ; tantôt le soleil est compris tout entier dans le cône d'ombre circonscrit à la lune et qui a notre œil pour sommet, tantôt au contraire il ne l'est pas tout à fait, si bien que, vers le milieu de l'éclipse, on voit seulement un anneau circulaire*[2]*, tout ce qui reste du soleil. Obligatoirement donc, les différences de dimensions qui se manifestent doivent être dues à la différence de distances de ces corps, du moment que les conditions atmosphériques sont très voisines.*

(Mercure 4″,5, Vénus 9″,7, d'après J. C. Pecker, *La Nouvelle Astronomie*, Paris, 1971, p. 120), maximum au moment de la conjonction inférieure (Mercure 12″,9, Vénus 66″,2, d'après la même source) mais la planète nous présente alors son hémisphère obscur : c'est donc au moment de leurs plus grandes élongations que ces planètes inférieures ont le plus d'éclat ; Vénus peut alors, par temps clair, être vue en plein jour.

1. Le diamètre apparent de la lune diffère peu de celui du soleil ; mais comme il varie de 29′ 20″ à 33′ 32″ (Landolt-Börnstein, vol. I, Berlin, Heidelberg, New York, 1965, p. 161) alors que le diamètre apparent du soleil reste compris entre 31′ 31″ et 32′ 36″ (*ibid.*, p. 95), le premier est tantôt plus grand tantôt plus petit que celui du soleil, d'où les phénomènes décrits plus bas lors des éclipses.

Le doigt, mesure de longueur, vaut 2 cm environ ; mais le doigt, mesure angulaire, vaut 1/24 de la coudée astronomique qui vaut elle-même 2°. Il est vraisemblable qu'il s'agit ici de la mesure angulaire : Cléomède (*De motu circulari*, II, 3) dit par exemple que « le soleil et la lune ont un diamètre apparent de 12 doigts », soit 1° si l'on s'en tient à la valeur précédemment

Ἥ τε αὖ σελήνη καὶ ἐν αὐτῇ μὲν τῇ ὄψει συμφανής ἐστιν οὐκ ἀεὶ τὸ ἴσον ἡμῶν ἀφισταμένη διὰ τὸ μὴ ἀεὶ τὸ ἴσον ἔχουσα μέγεθος ἡμῖν φαίνεσθαι τῶν αὐτῶν περὶ τὸ δι' οὗ θεωρεῖται καθεστώτων. Οὐ μὴν ἀλλὰ καὶ ὀργανικώτερον παραφυλάττουσι τὸ αὐτὸ συνδοκεῖ διὰ τὸ τότε μὲν ἑνδεκαδάκτυλον, τότε δ' αὖ δωδεκαδάκτυλον τύμπανον ἐξ ἴσης ἀποστάσεως τοῦ θεωμένου τιθέμενον ἀντιφράττειν αὐτοῦ τῇ ὄψει, ὥστε μὴ | πίπτειν ἐπ' αὐτήν. Πρὸς δὲ τούτοις καὶ τὰ περὶ τὰς τοῦ ἡλίου παντελεῖς ἐκλείψεις συμβαίνοντα τῷ λελεγμένῳ μαρτυρεῖ καὶ ἔστι γε τεκμήρια τῆς περὶ τοῦτο ἀληθείας · ὅτε γὰρ τύχοι κατὰ στάθμην ὄντα τό τε κέντρον αὐτοῦ καὶ τὸ τῆς σελήνης καὶ δὴ καὶ ἡ ἡμετέρα ὄψις, οὐχ ὅμοια τὰ συμβαίνοντα ἀεὶ φαίνεται, ἀλλ' ὁτὲ μὲν τῷ περιλαμβάνοντι τὴν σελήνην κώνῳ, κορυφὴν δὲ ἔχοντι τὴν ἡμετέραν ὄψιν καὶ αὐτὸς ὁ ἥλιος συμπεριλαμβάνεται, ὅτε καὶ διατελεῖ χρόνον τινὰ μὴ φαινόμενος ἡμῖν, ὁτὲ δὲ αὖ τοσοῦτον ἀποδεῖ τούτου, ὥστε καὶ ἔξωθεν ἴτυν αὐτοῦ τινα περιφαινομένην ἀπολείπεσθαι κατὰ τὸν μέσον τῆς ἐκλείψεως χρόνον. Ὥστε ἀναγκαῖον ἂν εἴη τὴν περὶ τὰ μεγέθη αὐτῶν διαφορὰν φαίνεσθαι διὰ τὴν τῶν ἀποστάσεων ἀνισότητα τῶν περὶ τὸν ἀέρα παραπλησίων ὄντων.

5 τότε A : ποτὲ F ‖ 7 θεωμένου A : θεωρουμένου F ‖ 13 φαίνεται F : φαίνεσθαι A.

---

indiquée. Aristarque de Samos, dans son traité *Dimensions et distances du soleil et de la lune*, prend pour hypothèse que « la lune sous-tend 1/15 de signe de zodiaque » soit 2° ; mais Archimède, dans l'*Arénaire*, indique qu'Aristarque attribuait au soleil (et donc par extension à la lune) un diamètre apparent de 1/720 de cercle zodiacal, soit ½ degré. L'intérêt du texte réside ici dans l'ordre de grandeur de la variation, légèrement inférieure à la réalité.

2. Ce phénomène d'éclipse annulaire avait été observé par Sosigène le 4 septembre 164 (cf. Proclus, *Hypotypose*, IV, 98, p. 130 M).

Ce qui arrive pour ces astres et qui est visible à l'œil nu, il est normal que cela arrive aussi pour les autres planètes, quand bien même cela ne serait pas manifeste à la vue. Et non seulement c'est normal, mais c'est exact : en effet le mouvement quotidien des planètes paraît irrégulier ; pour leurs dimensions apparentes, il n'y a pratiquement pas de différence vu la faible amplitude dans la translation vers le haut et vers le bas, ce que les mathématiciens ont pris l'habitude d'appeler mouvement en profondeur. Or tout cela, les Anciens n'avaient nullement tenté de le sauver : ils ne se préoccupaient même pas des écarts d'un jour à l'autre ; et pourtant le problème[1] *l'exige.*

Ce n'est pas que l'inégalité des distances pour un même astre leur ait échappé, on ne saurait le prétendre. Polémarque de Cyzique, visiblement, connaissait ces variations mais les négligeait sous prétexte qu'elles étaient peu perceptibles : c'est qu'il préférait que les sphères aient leur centre au milieu de l'univers. Aristote, dans ses Problèmes physiques[2], *montre également qu'il connaît le phénomène : ce qui lui rend suspectes ces hypothèses astronomiques, c'est que les dimensions apparentes des planètes ne restent pas toujours les mêmes. Voilà qui prouve qu'il n'était pas entièrement satisfait des sphères tournantes, même si l'idée qu'elles soient homocentriques au tout et qu'elles tournent autour de son milieu le séduisait.*

Du reste, d'après ce qu'Aristote dit dans le Livre XII de sa *Métaphysique*, il est clair qu'il ne considère pas les théories concernant le mouvement des planètes présentées par les astronomes antérieurs ou par ses contemporains comme capables de se suffire à elles-

1. Problème posé aux mathématiciens par Platon, comme Simplicius l'a indiqué au début de son exposé. Sosigène reproche ici à l'école d'Eudoxe d'avoir négligé deux phénomènes importants : l'anomalie du mouvement, la variation du diamètre apparent, deux faits qui exigeraient de tenir compte du mouvement en profondeur incompatible avec l'hippopède d'Eudoxe, tout entière située sur une surface sphérique avec la terre pour

Ὅπερ δὲ ἐπὶ τούτων συμβαῖνον καὶ τῇ ὄψει καταφανές ἐστιν, εἰκὸς καὶ τοῖς ἄλλοις συμβαίνειν, κἂν εἰ μὴ τῇ ὄψει πρόδηλον εἴη. Καὶ οὐ μόνον εἰκός, ἀλλὰ καὶ ἀληθές, εἴπερ ἡ καθ' ἑκάστην ἡμέραν κίνησις αὐτῶν ἀνώμαλος φαίνεται· ἀλλὰ περὶ τὰ φανταζόμενα αὐτῶν μεγέθη οὐ προσπίπτει τις διαφορὰ διὰ τὸ μηδὲ πολὺ διαφέρειν τὴν εἰς ὕψος τε καὶ τοὐναντίον μετάστασιν, ἣν δὴ καὶ κατὰ βάθος κίνησιν οἱ ἀπὸ τῶν μαθημάτων καλεῖν εἰώθασι. Τοῦτο τοίνυν οὐδαμῶς ἐπειράθησαν διασῶσαι, ὥστε μὴ καθ' ἑκάστην ἡμέραν παραλλάττουσαν ἐπιδεικνύναι, καίτοι τοῦ προβλήματος τοῦτο ἀξιοῦντος.

Ἀλλὰ μὴν οὐδὲ ὡς ἐλελήθει γε αὐτοὺς ἡ ἀνισότης τῶν ἀποστημάτων ἑκάστου πρὸς ἑαυτόν, ἐνδέχεται λέγειν. Πολέμαρχος γὰρ ὁ Κυζικηνὸς γνωρίζων μὲν αὐτὴν φαίνεται, ὀλιγωρῶν δὲ ὡς οὐκ αἰσθητῆς οὔσης διὰ τὸ ἀγαπᾶν μᾶλλον τὴν περὶ αὐτὸ τὸ μέσον ἐν τῷ παντὶ τῶν σφαιρῶν αὐτῶν θέσιν. Δηλοῖ δὲ καὶ Ἀριστοτέλης ἐν τοῖς Φυσικοῖς προβλήμασι προσαπορῶν ταῖς τῶν ἀστρολόγων ὑποθέσεσιν ἐκ τοῦ μηδὲ ἴσα τὰ μεγέθη τῶν πλανήτων φαίνεσθαι. Οὕτως οὐ παντάπασιν ἠρέσκετο ταῖς ἀνελιττούσαις, κἂν τὸ ὁμοκέντρους οὔσας τῷ παντὶ περὶ τὸ μέσον αὐτοῦ κινεῖσθαι ἐπηγάγετο αὐτόν.

Καὶ μέντοι καὶ ἐξ ὧν ἐν τῷ Λ τῶν Μετὰ τὰ φυσικά φησι, φανερός ἐστιν οὐχ ἡγούμενος αὐτάρκως ὑπὸ τῶν μέχρι καὶ καθ' αὑτὸν ἀστρολόγων εἰρῆσθαι τὰ περὶ τὰς κινήσεις τῶν

4 ἡ F : εἴη A || 5 φανταζόμενα F : -ζομένων A || 12 ἐλελήθει F : ἐληλύθει A || 14 γὰρ F : δὲ A || 19 μηδὲ A : μὴ F || 22 αὐτόν F : αὐτῷ A || 23 τῶν A : τῆς F || 24 φανερός F : φανερῶς A.

---

centre. Sur Polémarque de Cyzique, élève d'Eudoxe et maître de Callippe, on ne sait guère que ce qui est dit ici.

2. Fr. 211 Rose[3]. L'ouvrage est perdu, mais c'est peut-être un faux tardif, inventé pour disculper Aristote de son adhésion aux hypothèses d'Eudoxe.

mêmes. Il dit en effet à peu près ceci[1] : *Pour le moment, nous allons pour donner une idée du sujet rapporter ce qu'en disent les mathématiciens : cela fournira à l'esprit un nombre déterminé de mouvements à examiner. Quant au reste, il faut pour une part chercher par nous-même, pour une autre nous renseigner auprès des chercheurs ; et s'il se manifeste quelque contradiction entre nos opinions présentes et les théories des spécialistes, il faudra accueillir avec sympathie les unes comme les autres mais suivre les plus exactes.* Après avoir dénombré dans ce même livre tous les mouvements possibles, il ajoute : *Admettons que ce soit là le nombre des mouvements ; il y aura donc un nombre égal de substances et de principes immobiles [et sensibles] ; c'est là du moins ce qu'il est rationnel de penser ; car qu'il faille l'admettre nécessairement, laissons à de plus habiles le soin d'en décider.* Le *admettons*, le *il est rationnel*, le *laissons à de plus habiles* montrent bien les doutes qu'il éprouve sur la question.

Et donc, pour suivre le conseil d'Aristote, il faut plutôt se fier à ses successeurs car ils sauvent mieux les faits observés, même s'ils ne réussissent pas eux non plus à les sauver entièrement. D'abord les Anciens ne connaissaient pas autant de phénomènes, car les observations expédiées de Babylone par Callisthène sur la recommandation d'Aristote n'étaient pas encore parvenues en Grèce, observations qui, au dire de Porphyre, s'étendaient sur †trente et un mille ans† jusqu'à l'époque d'Alexandre de Macédoine[2]. De plus, même pour les phénomènes qu'ils connaissaient, ils n'étaient pas capables de les expliquer tous par leurs hypothèses.

1. *Métaphysique,* XII, 8, 1073 b 10-17. Chez Aristote, la phrase commence par πόσαι δ' αὗται τυγχάνουσιν οὖσαι, νῦν μὲν... Le second passage cité termine l'exposé du système d'Eudoxe, amélioré par Callippe puis par Aristote lui-même (1074 a 14-17, mais avec σφαιρῶν à la place de φορῶν).

2. Cette indication que l'on ne trouve nulle part ailleurs est visiblement erronée mais aucun indice ne permet d'y apporter une correction vraisemblable. Callisthène, le neveu d'Aristote,

πλανωμένων. Λέγει γοῦν ὧδέ πως· *νῦν μὲν οὖν ἡμεῖς, ἃ λέγουσι τῶν μαθηματικῶν τινες, ἐννοίας χάριν λέγομεν, ὅπως ᾖ τι τῇ διανοίᾳ πλῆθος ὡρισμένον ὑπολαμβάνειν. Τὸ δὲ λοιπὸν τὰ μὲν ζη|τοῦντας αὐτοὺς δεῖ, τὰ δὲ πυνθανομένους τῶν ζητούντων, ἐάν τι φαίνηται παρὰ τὰ νῦν εἰρημένα τοῖς ταῦτα πραγματευομένοις, φιλεῖν μὲν ἀμφοτέρους, πείθεσθαι δὲ τοῖς ἀκριβεστέροις.* Ἀλλὰ καὶ καταριθμησάμενος ἐν τῷ αὐτῷ βιβλίῳ τὰς συμπάσας φορὰς ἐπάγει· *Τὸ μὲν πλῆθος τῶν φορῶν ἔστω τοσοῦτον, ὥστε καὶ τὰς οὐσίας καὶ τὰς ἀρχὰς τὰς ἀκινήτους [καὶ τὰς αἰσθητὰς] τοσαύτας εὔλογον ὑπολαβεῖν· τὸ γὰρ ἀναγκαῖον ἀφείσθω τοῖς ἰσχυροτέροις λέγειν.* Τό τε οὖν *ἔστω* καὶ τὸ *εὔλογον* καὶ τὸ *ἄλλοις ἰσχυροτέροις καταλείπειν* τὸν περὶ αὐτὰ ἐνδοιασμὸν ἐνδείκνυται.

Τῷ οὖν Ἀριστοτέλει πειθομένους ἀκολουθεῖν χρὴ μᾶλλον τοῖς μεταγενεστέροις ὡς μᾶλλον σῴζουσι τὰ φαινόμενα, κἂν εἰ μηδὲ οὗτοι τελέως διασῴζωσιν, ἐκείνων μήτε τοσαῦτα ἐπισταμένων φαινόμενα διὰ τὸ μήπω τὰς ὑπὸ Καλλισθένους ἐκ Βαβυλῶνος ἐκπεμφθείσας τηρήσεις ἥκειν εἰς τὴν Ἑλλάδα Ἀριστοτέλους τοῦτο ἐπισκήψαντος αὐτῷ ἃς ἱστορεῖ Πορφύριος ἐτῶν εἶναι †χιλίων καὶ μυριάδων τριῶν† ἕως τῶν Ἀλεξάνδρου τοῦ Μακεδόνος σῳζομένας χρόνων, μήτε, ὁπόσα ἠπίσταντο, διὰ τῶν ὑποθέσεων ἐπιδεικνύναι δυναμένων.

4 δεῖ, τὰ F : δεῖται A || 10-11 *καὶ τὰς αἰσθητὰς* delet Ross || 12-13 λέγειν — ἰσχυροτέροις om. A || 12 τό τε οὖν Brandis : τοῦτο οὖν F || 13-14 καταλείπειν A : -λιπεῖν F || 17 διασῴζωσιν A : -σῴζουσιν F || 19 ἥκειν F : ἧκον A || 23 ὁπόσα F : om. A || ἠπίσταντο Brandis : ὑπίσταντο A ἠδύναντο F.

---

avait pris part à l'expédition d'Alexandre comme historiographe ; il fut exécuté par Alexandre pour n'avoir pas voulu se plier à la *proskynèse.*

Les reproches que leur adresse Ptolémée[1], c'est d'introduire tant de sphères pour un seul mouvement, la rotation des sept planètes avec la sphère des fixes ; c'est aussi de dire que des sphères intérieures expliquent un mouvement de révolution pour des sphères extérieures, et des sphères basses pour des sphères plus hautes[2], bien que, dans la nature, ce qui est en haut explique toujours le mouvement de ce qui est en bas (en effet dans notre cas aussi, c'est d'en haut, depuis la partie dirigeante de notre être, que les impulsions du mouvement se transmettent par l'intermédiaire des nerfs à tous les organes).

Objections de Simplicius.

Pour ma part, j'ignore la raison qui, pour chaque planète, leur fait placer une première sphère semblable à la sphère des fixes, tournant à la même vitesse et entraînant dans une rotation identique à celle de la sphère des fixes toutes les sphères qui lui font suite jusqu'à celle qui porte la planète. Car si la sphère supérieure transmet à des sphères situées plus bas un mouvement de même nature que le sien, pourquoi ne pas dire que la sphère des fixes est la plus forte de toutes, qu'elle est prédominante et entraîne dans une rotation semblable à la sienne toutes les sphères qui sont au-dessous d'elle ? En effet, puisque les mouvements en longitude et en latitude sont différents pour chaque planète, les sphères qui les produisent doivent obligatoirement être différentes ; en revanche, pour la rotation semblable à celle de la sphère des fixes qui est la même pour toutes les sphères, pourquoi ne suffirait-il pas de la révolution normale de la sphère des fixes, et pourquoi a-t-on besoin de sphères qui transmettent

1. Ptolémée, il est vrai, opte toujours pour les mouvements les plus simples possibles (cf. par ex. *Synt. Math.* III, 4 et IX, 5), mais il ne semble pas que ce soit dans un ouvrage conservé qu'il ait critiqué le système d'Eudoxe en prenant ce motif. Dans les *Hypothèses des planètes,* où il tente de mettre en œuvre ses propres hypothèses astronomiques dans un appareil mécanique, il fait effectivement « descendre » tous les mouvements.

Ἐγκαλεῖ δὲ αὐτοῖς ὁ Πτολεμαῖος καὶ ὡς πολὺ πλῆθος σφαιρῶν εἰσάγουσι μόνης ἕνεκα τῆς συναποκαταστάσεως τῶν ἑπτὰ πλανήτων πρὸς τὴν περιφορὰν τῆς ἀπλανοῦς καὶ τὸ λέγειν τὰς περιεχομένας ταῖς περιεχούσαις καὶ τὰς ἐσχάτας ταῖς ὑπὲρ αὐτὰς αἰτίας εἶναι τῆς συναποκαταστάσεως, καίτοι τῆς φύσεως ἀεὶ τὰ ἀνωτέρω τοῖς κατωτέρω αἴτια ποιούσης τῆς κινήσεως· καὶ γὰρ ἐφ' ἡμῶν ἄνωθεν ἀπὸ τοῦ ἡγεμονοῦντος μορίου τὰς ὁρμὰς τῆς κινήσεως διὰ τῶν νεύρων εἰς πάντα τὰ ὄργανα διαδίδοσθαι.

Ἐγὼ δὲ ἀγνοῶ τί δήποτε καθ' ἕκαστον ἀστέρα τὴν πρώτην σφαῖραν τάττουσιν ὁμοίως τῇ ἀπλανεῖ καὶ ἰσοταχῶς κινουμένην καὶ τὰς μεθ' ἑαυτὴν πάσας μέχρι τῆς τὸν ἀστέρα ἐχούσης τῇ ἀπλανεῖ συναποκαθιστῶσαν. Εἰ γὰρ διαδίδωσιν ἡ ὑπερκειμένη ταῖς ὑποκειμέναις τὸ τῆς οἰκείας κινήσεως εἶδος, διὰ τί μὴ τὴν ἀπλανῆ λέγομεν ἰσχυροτάτην καὶ ἐπικρατεστάτην πασῶν οὖσαν πάσας τὰς ὑφ' ἑαυτὴν ἑαυτῇ συναποκαθιστάνειν ; Τὰς μὲν γὰρ τὴν κατὰ μῆκος καὶ κατὰ πλάτος κίνησιν φερούσας, ἐπειδὴ διάφοροι αὗται καθ' ἕκαστον ἀστέρα, ἀναγκαῖον ἦν διαφόρους εἶναι· ἡ δὲ μετὰ | τῆς ἀπλανοῦς συναποκατάστασις ἡ αὐτὴ οὖσα πασῶν τῶν σφαιρῶν πῶς οὐκ ἠρκέσθη τῇ τῆς ἀπλανοῦς συμπεριαγωγῇ, ἀλλ' ἐδεήθη τῶν ταύτην τὴν κίνησιν

5-6 συναποκαταστάσεως A : συναποστάσεως F ‖ 12 μεθ' ἑαυτὴν F : μεθ' ἑαυτὰς A ‖ 13 συναποκαθιστῶσαν Heib. : -τῶσας AF ‖ 15 τὴν ἀπλανῆ F : τῇ ἀπλανεῖ A ‖ 18 διάφοροι F : διάφοραι A ‖ 22 συμπεριαγωγῇ F : -αγωγῆς A.

---

2. Les reproches adressés par Ptolémée portent sur : 1) l'intervention, dans chaque système de planète, d'une sphère extérieure qui tourne en accord avec la sphère des fixes afin de retrouver le mouvement diurne ; 2) le fait que ce soit la septième sphère qui compense le mouvement de la seconde, la sixième celui de la troisième, et la cinquième celui de la quatrième.

ce mouvement à chaque planète, et de sphères qui fassent rétrograder les premières de chaque système, comme le veut Aristote?

Les tenants de cette thèse répondront peut-être par l'objection suivante : puisque ces sphères tournent comme la sphère des fixes d'est en ouest mais ont des dimensions différentes, elles ont une vitesse de rotation différente[1] ; serait-il normal dans ces conditions que des sphères, séparées les unes des autres, sans aucun lien entre elles, soient affectées de mouvements différents sous l'impulsion d'une seule sphère, celle des fixes?

Hypothèse des excentriques.

La condamnation de l'hypothèse des sphères tournantes par les générations postérieures repose sur le fait qu'elle ne sauvait ni la variation en profondeur ni l'irrégularité des mouvements ; on abandonna donc les sphères homocentriques tournantes et l'on supposa des excentriques et des épicyles (il se peut que l'hypothèse des cercles excentriques ait déjà été imaginée par les Pythagoriciens ; c'est ce que rapporte par exemple Nicomaque, ou encore Jamblique se fondant sur Nicomaque[2]). Afin de nous faire une idée sur l'intérêt de ces hypothèses pour l'étude que nous faisons sur le ciel, exposons d'abord à l'aide d'un schéma l'hypothèse des excentriques en la comparant à celle des homocentriques.

Imaginons l'écliptique ABCD homocentrique et de

1. C'est la différence entre vitesse réelle et vitesse angulaire (cf. Strabon, *Géographie* II, 3, 2 : « Parmi les mouvements accomplis à vitesse semblable, les plus rapides sont ceux qui se font sur les plus grands cercles »).

2. Géminos, *op. cit.* I, 19, qui fait remonter aux Pythagoriciens l'exigence de ne faire se mouvoir le soleil, la lune et les cinq planètes que par des mouvements circulaires uniformes et réglés, semble leur attribuer également l'hypothèse de l'excentrique qu'il présente immédiatement après pour expliquer l'inégalité des saisons. Le schéma qu'il adjoint à son explication (I, 34)

φερουσῶν ἕκαστον ἀστέρα καὶ τῶν ἐκείνας ἀνελιττουσῶν κατὰ τὸν Ἀριστοτέλην ;

Λέγοιεν δὲ ἂν ἴσως ὅτι, κἂν συναποκαθιστῶνται τῇ ἀπλανεῖ τὴν αὐτὴν αὐτῇ κίνησιν τὴν ἀπ' ἀνατολῶν κινούμεναι, ἀλλὰ διάφορον ἔχουσαι τὸ μέγεθος, διάφορον πάντως καὶ τὸ τάχος ἔχουσι τῆς κινήσεως · πῶς οὖν ἦν εἰκὸς ἀπολελυμένας αὐτὰς καὶ μὴ συνδεδεμένας ὑπὸ μιᾶς τῆς ἀπλανοῦς τὰς διαφόρους κινεῖσθαι κινήσεις ;

Κατεγνωκότες οὖν τῆς τῶν ἀνελιττουσῶν ὑποθέσεως οἱ μεταγενέστεροι μάλιστα διὰ τὸ τὴν κατὰ βάθος διαφορὰν καὶ τὴν ἀνωμαλίαν τῶν κινήσεων μὴ ἀποσῴζειν τὰς μὲν ὁμοκέντρους ἀνελιττούσας παρῃτήσαντο, ἐκκέντρους δὲ καὶ ἐπικύκλους ὑπέθεντο · εἰ μὴ ἄρα ἡ τῶν ἐκκέντρων κύκλων ὑπόθεσις ὑπὸ τῶν Πυθαγορείων ἐπενοήθη, ὡς ἄλλοι τέ τινες ἱστοροῦσι καὶ Νικόμαχος καὶ Νικομάχῳ κατακολουθῶν Ἰάμβλιχος. Ἵνα δὲ καὶ τούτων τῶν ὑποθέσεων τῆς χρείας ἔννοιάν τινα λάβωμεν περὶ οὐρανοῦ τὴν πραγματείαν ποιούμενοι, ἐκκείσθω πρῶτον ὡς ἐπὶ καταγραφῆς ἡ κατὰ τὸν ἔκκεντρον ὑπόθεσις τῇ κατὰ τὸν ὁμόκεντρον παραβαλλομένη.

Νοείσθω ὁ διὰ μέσων τῶν ζῳδίων κύκλος ὁμόκεντρος

4-5 κινούμεναι F : κινουμένην A || 5 ἔχουσαι — διάφορον om. F || 14 Πυθαγορείων om. F || 15-16 κατακολουθῶν F : -θεῖ A || 21 ὁ F : τὰ A.

---

est plus clair que celui de Simplicius. Nicomaque de Gérasa, mathématicien néo-pythagoricien qui vécut vers 100 ap. J.-C., faisait un exposé de l'astronomie selon les Pythagoriciens au livre X de la *Synagoge pythagorica* (ouvrage perdu).

Pour l'attribution aux Pythagoriciens de l'hypothèse des excentriques et épicycles, cf. aussi Proclus, *Hypotypose*, I, 34-35 (éd. Manitius, Leipzig, 1909). Sur toute cette question, cf. B. L. Van der Waerden, « The earliest form of the epicycle theory », *J. Hist. Astron.* 5 (1974), p. 175-185.

centre E où nous supposons notre œil, et un diamètre AEC[1]. Si l'astre allant de A vers B décrit cette trajectoire à vitesse uniforme sur le cercle ABCD, il est évident que, notre œil se trouvant au centre E, si nous imaginons le rayon EA qui va de l'œil à l'astre, lui aussi se déplacera circulairement à vitesse uniforme ; l'astre paraîtra de toute évidence décrire sa trajectoire à vitesse uniforme et à une distance de nous qui sera toujours égale à elle-même.

Or ce n'est pas là ce que l'on voit : les planètes décrivent toujours leur trajectoire à vitesse non uniforme et à distance variable, comme le montrent les variations des dimensions apparentes. Supposons donc un cercle ABCD non homocentrique au zodiaque, c'est-à-dire un cercle tel que le centre du zodiaque sur lequel nous disons que se trouve notre œil ne se trouve plus en E mais en Z ; le cercle ABCD, au lieu d'être homocentrique au cercle médian des signes, lui est excentrique. Soit A l'apogée de ce cercle (c'est-à-dire le point le plus distant de l'œil placé en Z) et C le périgée (c'est-à-dire le point le moins distant de l'œil placé en Z).

Si nous imaginons d'abord l'astre décrivant à vitesse uniforme l'arc AB, de l'apogée A vers le point B, sur le cercle excentrique ABCD, et puis un rayon de l'excentrique qui tourne en même temps que l'astre, ce rayon aussi sera entraîné à vitesse uniforme : ce sera EB. Si maintenant on trace ZB reliant notre œil Z à l'astre, l'astre aura bien décrit à vitesse uniforme l'arc sous-tendu par l'angle AEB mais il paraîtra avoir décrit un arc sous-tendu par un angle plus petit, l'angle AZB.

1. Cf. fig. 4 en fin de volume.

ὁ ΑΒΓΔ περὶ κέντρον τὸ Ε, ἐφ' οὗ ὑποκείσθω ἡ ἡμετέρα ὄψις, καὶ διάμετρον τὴν ΑΕΓ. Εἰ μὲν οὖν ὁ ἀστὴρ ὡς ἀπὸ τοῦ Α ἐπὶ τὸ Β ποιεῖται τὴν ὁμαλὴν πάροδον ἐπὶ τοῦ ΑΒΓΔ κύκλου, φανερὸν ὅτι, τῆς ὄψεως πρὸς τῷ Ε κέντρῳ τυγχανούσης, ἐὰν νοήσωμεν τὴν ἀπ' αὐτῆς ἐπὶ τὸν ἀστέρα πίπτουσαν ἀκτῖνα ὡς τὴν ΑΕ εὐθεῖαν, καὶ αὕτη ὁμαλῶς συμπεριενεχθήσεται, καὶ φανήσεται δηλαδὴ ὁ ἀστὴρ καὶ ὁμαλὴν ποιούμενος τὴν πάροδον καὶ ἀπόστασιν ἀεὶ τὴν ἴσην ἡμῶν ἀπέχων.

Ἀλλ' ἐπεὶ οὐχ οὕτως ὁρῶνται, ἀλλὰ πάντοτε ἀνώμαλον ποιούμενοι τὴν πάροδον καὶ ἄλλοτε ἄλλην ἀπόστασιν ἀφεστῶτες, ὡς δῆλον γίνεται ἐκ τῆς τῶν μεγεθῶν διαφορᾶς, ὑποκείσθω ὁ ΑΒΓΔ κύκλος μηκέτι ὁμόκεντρος τῷ ζῳδιακῷ, οἷον ἵνα μηκέτι ἐπὶ τοῦ Ε τυγχάνῃ τὸ τοῦ ζῳδιακοῦ κέντρον, ἐφ' οὗ φαμεν τὴν ὄψιν εἶναι, ἀλλ' ἐπὶ τοῦ Ζ, καὶ γίνεσθαι τὸν ΑΒΓΔ μηκέτι ὁμόκεντρον τῷ διὰ μέσων τῶν ζῳδίων κύκλῳ, ἀλλ' ἔκκεντρον πρὸς αὐτόν, καὶ ἀπογειότατον μὲν αὐτοῦ τὸ Α, τουτέστι τὸ μέγιστον ἀπὸ τῆς κατὰ τὸ Ζ ὄψεως ἀπέχον, περιγειότατον δὲ τὸ Γ τὸ ἐλάχιστον τῆς κατὰ τὸ Ζ ὄψεως ἀπέχον.

Ἐὰν οὖν νοήσωμεν ἐπὶ τοῦ ΑΒΓΔ ἐκκέντρου κύκλου τὸν ἀστέρα ὁμοίως ἀπὸ τοῦ Α ἀπογείου ἐπὶ τὸ Β τὴν ΑΒ περιφέρειαν ὁμαλῶς κινούμενον καὶ εὐθεῖάν τινα ἀπὸ τοῦ | ἐκκέντρου συμπεριαγομένην αὐτῷ, καὶ αὕτη ὁμαλῶς περιενεχθήσεται· ἔστω οὖν ὡς ἡ ΕΒ. Συμβήσεται οὖν ἐπιζευχθείσης ἀπὸ τῆς κατὰ τὸ Ζ ὄψεως ἐπὶ τὸν ἀστέρα τῆς ΖΒ ὁμαλῶς μὲν κεκινῆσθαι τὸν ἀστέρα τὴν ὑπὸ ΑΕΒ γωνίαν, πεφηνέναι δὲ ἐλάττονα τὴν ὑπὸ ΑΖΒ. Ἡ γὰρ πρὸς τῷ Ε

1 ἐφ' Brandis : ὑφ' AF || 2 καὶ A : κατὰ F || 24 αὐτῷ A : αὐτῇ F || 25 περιενεχθήσεται A : συμπερι — F || 28 ΑΖΒ F : ΑΒΖ A.

En effet l'angle E, étant extérieur au triangle BEZ, est plus grand que l'angle Z intérieur qui lui fait face.

Mais si, partant du périgée C, l'astre au cours de sa trajectoire décrit à vitesse uniforme l'arc CD de manière que la droite ED tourne elle aussi à vitesse uniforme, et si nous menons de notre œil Z le rayon ZD, il y aura aussi parcours à vitesse uniforme de l'arc sous-tendu par l'angle CED mais parcours apparent à vitesse non uniforme correspondant à l'angle CZD ; bien évidemment le parcours apparent sur l'arc qui part du périgée C sera plus grand que le parcours à vitesse uniforme, du fait que l'angle Z est plus grand que l'angle E.

Ainsi quand l'astre va de A à B, le parcours à vitesse uniforme étant représenté par l'angle AEB, le parcours apparent par l'angle AZB, la différence sera l'angle EBZ ; quand l'astre va de C à D, le parcours à vitesse uniforme étant représenté par l'angle CED, le parcours apparent par l'angle CZD, la différence sera l'angle EDZ.

Cette hypothèse remplit donc avec grande simplicité la mission assignée à la mathématique.

Hypothèse des épicycles.

Une autre hypothèse a pourtant été imaginée qui peut également expliquer, aussi bien que la précédente[1], que les astres, tournant à vitesse uniforme, paraissent parcourir à vitesse non uniforme les arcs du cercle médian des signes.

Considérons à nouveau le cercle ABCD homocentrique au cercle médian et de centre E où se trouve notre œil[2]; supposons que l'astre n'opère pas son mouvement sur ce cercle mais sur un petit cercle ZHFK, appelé épicycle, dont le centre se trouve toujours sur le cercle

1. L'équivalence entre les deux hypothèses était connue et démontrée dès l'époque d'Apollonios de Pergé (cf. Ptolémée, *Synt. Math.* III, 4 et IX, 5).

2. Cf. fig. 5, en fin de volume.

γωνία ἐκτὸς οὖσα τοῦ ΒΕΖ τριγώνου μείζων ἐστὶ τῆς ἐντὸς καὶ ἀπεναντίον τῆς πρὸς τῷ Ζ.

Ἐὰν δὲ ὡς ἀπὸ τοῦ Γ περιγείου ποιούμενος τὴν πάροδον κινηθῇ ὁμαλῶς τὴν ΓΔ περιφέρειαν, ὥστε καὶ τὴν ΕΔ εὐθεῖαν ὁμαλῶς συμπεριενεχθῆναι, καὶ ἐπιζεύξωμεν πάλιν ἀπὸ τῆς κατὰ τὸ Ζ ὄψεως τὴν ΖΔ εὐθεῖαν, ἔσται πάλιν ἡ μὲν ὁμαλὴ ἀπὸ τοῦ περιγείου πάροδος περιεχομένη ὑπὸ τῆς ὑπὸ ΓΕΔ γωνίας, ἡ δὲ ἀνώμαλος καὶ φαινομένη ὑπὸ τῆς ὑπὸ ΓΖΔ, καὶ μείζων ἔσται δηλονότι κατὰ τὴν ἀπὸ τοῦ Γ περιγείου ἡ φαινομένη τῆς ὁμαλῆς διὰ τὸ μείζονα εἶναι τὴν πρὸς τῷ Ζ γωνίαν τῆς πρὸς τῷ Ε.

Καὶ ἔσται ἐπὶ μὲν τῆς κατὰ τὸ Β τοῦ ἀστέρος θέσεως ὁμαλὴ μὲν ἡ ὑπὸ ΑΕΒ, φαινομένη δὲ ἡ ὑπὸ ΑΖΒ, διαφορὰ δὲ ἡ ὑπὸ ΕΒΖ, ἐπὶ δὲ τῆς κατὰ τὸ Δ τοῦ ἀστέρος θέσεως ὁμαλὴ μὲν ἡ ὑπὸ ΓΕΔ, φαινομένη δὲ ἡ ὑπὸ ΓΖΔ, διαφορὰ δὲ ἡ ὑπὸ ΕΔΖ.

Ταύτης οὖν τῆς ὑποθέσεως κατὰ τὸ ἁπλούστερον ἁρμοζούσης τῷ εἰρημένῳ σκοπῷ τοῦ μαθηματικοῦ, καὶ ἑτέραν ἐξεῦρον τὰ αὐτὰ τῇ προειρημένῃ δυναμένην ἐπιδεικνύναι, τουτέστιν ὥστε ὁμαλῶς τῶν ἀστέρων κινουμένων ἀνωμάλως αὐτοὺς φαίνεσθαι διεξιόντας τὰς τοῦ διὰ μέσων τῶν ζῳδίων κύκλου περιφερείας.

Νοείσθω γὰρ πάλιν ὁ ΑΒΓΔ κύκλος ὁμόκεντρος τῷ διὰ μέσων περὶ κέντρον τὸ Ε, ἐφ᾽ οὗ πάλιν ἡ ἡμετέρα ὄψις, ὁ δὲ ἀστὴρ μὴ ἐπ᾽ αὐτοῦ ποιούμενος τὴν κίνησιν, ἀλλ᾽ ἐπὶ τοῦ ΖΗΘΚ κυκλικοῦ καλουμένου ἐπικύκλου τὸ Α κέντρον πάντοτε ἔχοντος ἐπὶ τῆς τοῦ ΑΒΓΔ κύκλου περιφερείας,

6 τὸ Ζ F : τῆς A || 10 Γ ego : Ζ codd. || 13 ΑΕΒ F : ΑΕ A || 15 ΓΕΔ A : ΑΕΒ F || 16 ΕΔΖ Heib. : ΕΖΔ AF || 19 δυναμένην F : δυνάμει A || 21 ἀνωμάλως F : ἀνωμάλους A || 22 κύκλου F : κύκλους A || 23 τῷ F : πρὸς τὸ A Heib.

ABCD et qui soit placé de telle sorte qu'en Z l'astre soit à l'apogée et en F au périgée.

De toute évidence, si l'épicycle, décrivant à vitesse uniforme l'arc AB, arrive en B (le rayon EB est également entraîné à vitesse uniforme) et si l'astre qui décrit l'arc ZH en allant de l'apogée Z au point H, tourne à vitesse uniforme, si de plus nous traçons à partir de l'œil placé en E la droite EH, l'astre sera effectivement entraîné à vitesse uniforme par l'épicycle sur l'arc AB correspondant à l'angle AEB mais il paraîtra décrire un arc, d'angle au centre AEH, plus grand que l'arc décrit à vitesse uniforme, la différence entre les deux étant l'angle BEH.

Si de l'apogée Z l'astre se déplace non pas en direction de H mais en direction de K[1], l'angle AEB restera celui du parcours effectué à vitesse uniforme, mais l'angle AEK mesurant le mouvement apparent sera inférieur à celui du mouvement uniforme, la différence étant l'angle KEB.

Examen critique.

Ainsi une hypothèse de ce genre peut expliquer que les parcours d'un astre au voisinage de l'apogée soient tantôt plus petits tantôt plus grands ; ils sont plus grands bien évidemment lorsque l'astre partant de l'apogée de l'épicycle fait son mouvement dans le même sens que le cercle, plus petits quand il le fait en sens inverse. L'hypothèse des excentriques, elle, conduit toujours à un mouvement apparent, au voisinage de l'apogée, plus lent que le mouvement uniforme, puisque de toutes façons le mouvement apparent mesuré par l'angle AZB est inférieur au mouvement uniforme mesuré par l'angle AEB.

Chacune de ces deux hypothèses, prise séparément, satisfait à l'objectif de l'astronomie, sauf que, pour

1. Cf. fig. 6, en fin de volume.

ὥστε κατὰ μὲν τοῦ Ζ ἀπογειότατον ὁμοίως γίνεσθαι τὸν ἀστέρα, κατὰ δὲ τοῦ Θ περιγειότατον.

Καὶ δῆλον ὅτι, ὅταν μὲν ὁ ἐπίκυκλος τὴν ΑΒ περιφέρειαν ὁμαλῶς κινηθεὶς γένηται κατὰ τὸ Β συμπεριαγομένης πάλιν καὶ τῆς ΕΒ ὁμαλῶς, ὁ δὲ ἀστὴρ ἀπὸ τοῦ Ζ ἀπογείου ὡς ἐπὶ τὸ Η ποιούμενος τὴν πάροδον τὴν ΖΗ πάλιν ὁμαλῶς κινηθῇ, καὶ ἐπιζεύξωμεν ἀπὸ τῆς κατὰ τὸ Ε ὄψεως τὴν ΕΗ εὐθεῖαν, ὁμαλῶς μὲν | πάλιν ὁ ἀστὴρ περιενεχθεὶς ἔσται ὑπὸ τοῦ ἐπικύκλου τὴν ΑΒ περιφέρειαν, τουτέστι τὴν ὑπὸ ΑΕΒ γωνίαν, φαίνεται δὲ τὴν ὑπὸ ΑΕΗ μείζονα τῆς ὁμαλῆς, διαφορὰ δὲ αὐτῶν γίνεται ἡ ὑπὸ ΒΕΗ γωνία.

Ὅταν δὲ ἀπὸ τοῦ Ζ ἀπογείου μὴ ὡς ἐπὶ τὸ Η ποιῆται τὴν πάροδον, ἀλλ' ὡς ἐπὶ τὸ Κ, ἡ μὲν ὑπὸ ΑΕΒ γωνία πάλιν ἔσται τῆς ὁμαλῆς παρόδου, ἡ δὲ ὑπὸ ΑΕΚ τῆς φαινομένης ἐλάττονος τῆς ὁμαλῆς, διαφορὰ δὲ αὐτῶν ἡ ὑπὸ ΚΕΒ.

Ὥστε ἡ τοιαύτη ὑπόθεσις δύναται πρὸς τοῖς ἀπογειοτέροις τὰς τῶν ἀστέρων παρόδους καὶ μείζονας καὶ ἐλάττονας ἐπιδεικνύναι, μείζονας μὲν δηλονότι, ὅταν ὁ ἀστὴρ ἀπὸ τοῦ ἀπογείου τοῦ ἐπικύκλου ἐπὶ τὰ αὐτὰ τῷ κύκλῳ ποιῆται τὴν πάροδον, ἐλάττονας δέ, ὅταν ἐπὶ τὰ ἐναντία. Ἡ δὲ κατ' ἔκκεντρον ἀεὶ τὴν πρὸς τῷ ἀπογειοτέρῳ φαινομένην ἐλάττονα τῆς ὁμαλῆς, ἐπεὶ καὶ πάντοτε ἡ ὑπὸ ΑΖΒ φαινομένη ἐλάττων ἐστὶ τῆς ὑπὸ ΛΕΒ ὁμαλῆς.

Τούτων τῶν ὑποθέσεων ἑκατέρα τὸν ἀστρολογικὸν σκοπὸν ἀποδίδωσιν ἰδίᾳ λαμβανομένη, πλὴν ὅτι ἐπὶ τῆς

2 περιγειότατον A : προσγειότατον F || 4-5 συμπεριαγομένης F : -αγόμενος A || 6 τὸ A : τοῦ F || 11 ΑΕΗ Heib. : ΑΕΒ A ΑΚΗ F || μείζονα F : γωνίαν A || 12 ΒΕΗ F : ΒΕ A || 14-15 ἡ μὲν — ΑΕΚ om. F || 14 ὑπὸ Heib. : ἡ ἀπὸ A || 15 ΑΕΚ Heib. e uersione latina : om. A || 15-16 τῆς alt. — ὑπὸ om. A || 26 λαμβανομένη Heib. : -νόμενον AF.

la lune, il est besoin d'utiliser les deux à la fois ; en effet, si l'on veut sauver les faits observés en ce qui la concerne, il faut supposer que l'épicycle qui porte la lune est entraîné sur un cercle excentrique. Ces hypothèses ont en outre le mérite d'être plus simples que les précédentes ; sans exiger l'introduction de tant de corps célestes, elles sauvent fort bien les faits observés, en particulier en ce qui concerne la profondeur de l'astre et l'irrégularité de son mouvement.

En revanche elles ne respectent pas l'axiome d'Aristote qui veut que tout corps animé d'un mouvement circulaire tourne autour du milieu du tout. Et elles ne permettent pas non plus de résoudre la difficulté posée par le problème[1] qui est à l'origine de toute cette discussion : l'objection de disparité ne tient plus, puisque n'en existe plus le motif, qui était que le premier mouvement à lui seul entraîne un grand nombre de corps divins tandis que les autres mouvements à eux tous n'entraînent qu'un seul corps par système. Les mouvements qui précèdent le dernier, celui qui porte l'astre, n'affectent ici qu'un petit nombre de corps. Telles sont les incompatibilités que découvre Sosigène dans ces hypothèses, sans pour autant leur préférer l'hypothèse des sphères tournantes (nous avons dit pourquoi).

La première de ces incompatibilités attire automatiquement la critique de ceux qui pensent que les astres aussi sont des êtres vivants, animés d'un mouvement propre, qu'ils ne sont pas de simples parties du ciel mais que chacun d'eux à lui seul est un tout. La vérité voudrait alors que l'on formule ainsi l'axiome : tout corps entraîné par un mouvement circulaire tourne autour de son centre ; de cette façon, pour tous ceux des corps célestes qui ont pour centre le milieu du tout, il sera conforme à la vérité de dire qu'ils se meuvent autour du milieu du tout ; quant aux corps qui sont

1. Il s'agit de la seconde aporie présentée par Aristote et qui est à l'origine de ce commentaire.

σελήνης ἀμφοῖν δέονται συντιθεμένων · τὸν γὰρ φέροντα τὴν σελήνην ἐπίκυκλον ἐπὶ ἐκκέντρου κύκλου περιαγόμενον ὑποτίθενται, ἵνα σωθῇ τὰ φαινόμενα ὑπ' αὐτῆς. Αὗται δὲ αἱ ὑποθέσεις καὶ ἁπλούστεραι τῶν προτέρων εἰσὶν οὐ δεόμεναι τοσαῦτα σώματα οὐράνια ἀναπλάττειν καὶ σῴζουσι τὰ φαινόμενα τά τε ἄλλα καὶ μάλιστα τὰ περὶ τὸ βάθος καὶ τὴν ἀνωμαλίαν.

Οὔτε δὲ τὸ ἀξίωμα τοῦ Ἀριστοτέλους φυλάττουσι τὸ βουλόμενον πᾶν κυκλοφορητικὸν σῶμα περὶ τὸ τοῦ παντὸς μέσον κινεῖσθαι, ἀλλ' οὐδὲ ἡ τῆς ἀπορίας λύσις ἡ εἰρημένη χώραν ἔχει λοιπόν, δι' ἣν οἱ λόγοι πάντες οὗτοι κεκίνηνται · οὐδὲ γὰρ ὁ ἀνισασμὸς ἔτι χώραν ἔχει, εἴπερ μηκέτι ἀληθὲς τὸ εἰρημένον, ὅτι ἡ μὲν πρώτη φορὰ μία οὖσα πολλὰ κινεῖ τῶν θείων σωμάτων, αἱ δὲ πολλαὶ οὖσαι ἓν μόνον ἑκάστη. Οὐ γὰρ πολλὰ σώματα κινοῦσιν αἱ πρὸ τῆς τελευταίας καὶ τῆς ἓν ἄστρον ἐχούσης. Καὶ ταῦτα τὰ ἄτοπα ἐπάγει ταύταις ταῖς ὑποθέσεσιν ὁ Σωσιγένης οὐδὲ τῇ τῶν ἀνελιττουσῶν ἀρεσκόμενος διὰ τὰς εἰρημένας ἔμπροσθεν αἰτίας.

Ἀλλὰ πρὸς μὲν τὸ πρῶτον ἐνίστασθαι ἀνάγκη τοὺς νομίζοντας καὶ τοὺς ἀστέρας ἐμψύχους ὄντας ἔχειν ἰδίαν κίνησιν · οὐδὲ γὰρ μέρη μόνον εἰσὶ τοῦ οὐρανοῦ, ἀλλὰ καὶ ὅλος καθ' αὑτὸν ἕκαστος. Ἀληθὲς οὖν ἂν μᾶλλον ἀξίωμα εἴη τὸ λέγον, ὅτι πᾶν κυκλοφορητικὸν σῶμα περὶ τὸ ἑαυτοῦ κέντρον κινεῖται, διό, ὅσα μὲν τῶν οὐρανίων σωμάτων μέσον ἔχει τὸ τοῦ παντὸς μέσον, ἀληθὲς εἰπεῖν περὶ τὸ μέσον τοῦ παντὸς κινεῖσθαι, | ὅσα δὲ ἐκτὸς ἐκείνου τοῦ μέσου ἐστὶ μερικώτερα ὄντα, περὶ τὸ ἑαυτῶν κινεῖται μέσον, ὥσπερ οἱ ἀστέρες καὶ οἱ ἐπίκυκλοι καὶ οἱ ἔκκεντροι,

1 δέονται F : δὲ A ‖ 22 ὅλος Heib. : ὅλως AF ‖ 24 διό F : δι' A ‖ 25-26 μέσον alt. — κινεῖσθαι om. A ‖ 27 μερικώτερα F : -κώτερον A.

extérieurs à ce milieu, qui sont donc plus « particuliers »[1], ils tournent autour d'un milieu qui leur est propre (ce serait le cas des planètes, des épicycles et des excentriques, si du moins il existe de tels corps dans le ciel) mais ils tournent également autour du milieu du tout, sinon de leur propre mouvement, du moins par le mouvement de la sphère qui les porte et qui est homocentrique au tout. Le seul moyen en tout cas pour que soit vraie la théorie d'Aristote, que tout corps animé d'un mouvement circulaire tourne autour du milieu du tout, c'est d'éviter d'ajouter que c'est de son propre mouvement.

Quant au problème posé, ces hypothèses permettent de lui donner une solution partielle. En effet il est assez vrai de dire, dans le cadre de ces hypothèses, que *la nature est un facteur d'égalité et d'ordre quand elle attribue à un mouvement unique plusieurs corps et à un corps unique plusieurs mouvements*[2]*:* bien que chaque corps soit entraîné par un mouvement qui lui est propre, tous les corps qui sont au-dessous de la sphère des fixes sont entraînés par le mouvement de cette sphère, les épicycles sont entraînés par ce mouvement et par le mouvement des sphères homocentriques ou excentriques, et la planète, ce corps unique dont parle Aristote, l'est par le mouvement de l'épicycle, par le mouvement de la sphère homocentrique ou excentrique et par le mouvement de la sphère des fixes.

Autre chose : les cercles excentriques ne sauraient avoir un mouvement de rotation circulaire puisque leur rotation se fait non pas autour du milieu mais autour d'un point extérieur au milieu, et qu'ils occupent une certaine place puis l'abandonnent au cours de leur révolution ; cela entraînerait l'existence du vide[3] ;

1. Le terme est employé ici dans son sens logique (cf. un emploi analogue chez Jean Philopon), par opposition à universel. Pour les astres considérés comme des êtres vivants, cf. par ex. Ciceron, *De Natura Deorum*, II, 23 sqq.

εἴπερ ἔστι καὶ τοιαῦτα ἐν τῷ οὐρανῷ σώματα · ταῦτα δὲ κινεῖται περὶ τὸ τοῦ παντὸς μέσον, κἂν μὴ τὴν ἰδίαν κίνησιν, ἀλλὰ τὴν τῆς φερούσης αὐτὰ σφαίρας ὁμοκέντρου τῷ παντὶ οὔσης. Καὶ ταύτῃ γε καὶ ὁ τοῦ Ἀριστοτέλους λόγος ἀληθὴς ἂν εἴη, ὅτι πᾶν κυκλοφορητικὸν σῶμα περὶ τὸ μέσον φέρεται τοῦ παντός, εἰ μὴ προσθείη τις, ὅτι κατὰ τὴν ἰδίαν κίνησιν φέρεται.

Ἡ δὲ λύσις τῆς ἀπορίας μερικῶς ἕξει χώραν καὶ ἐπὶ τούτων τῶν ὑποθέσεων. Καὶ γὰρ ἐπὶ τούτων ἀληθές πως εἰπεῖν ὅτι *ἀνισάζει ἡ φύσις καὶ ποιεῖ τινα τάξιν τῇ μὲν μιᾷ φορᾷ πολλὰ ἀποδοῦσα σώματα, τῷ δὲ ἑνὶ σώματι πολλὰς φοράς* · κἂν γὰρ μίαν ἕκαστον τὴν ἰδίαν κινῆται κίνησιν, ἀλλὰ καὶ τὴν τῆς ἀπλανοῦς πάντα κινεῖται τὰ ὑπ' αὐτὴν καὶ οἱ ἐπίκυκλοι ταύτην τε καὶ τὴν τῶν ὁμοκέντρων ἢ ἐκκέντρων καὶ ὁ ἀστήρ, ὃν ἓν σῶμα εἶπε, τήν τε τοῦ ἐπικύκλου καὶ τοῦ ὁμοκέντρου ἢ ἐκκέντρου καὶ τὴν τῆς ἀπλανοῦς.

Ἔτι δὲ οἱ ἔκκεντροι κύκλοι οὐκ ἂν εἶεν κύκλῳ κινούμενοι, εἴπερ μὴ περὶ μέσον, ἀλλὰ περὶ τὸ ἔξω τοῦ μέσου κινοῦνται, ἔν τε τῷ στρέφεσθαι ἐπιλαμβάνοντες τόπον καὶ καταλιπόντες κενὸν ἀναγκάζουσιν εἶναι, τό τε σχῆμα αὐτῶν ἀλλόκοτον ἔσται τοῦ ἐντὸς ἀεὶ μέρος τοῦ ἐκτὸς ἀποτέμνον-

10 ἀνισάζει F : ἂν ἰσάζῃ A || ποιεῖ F : ποιῇ A || 19 τὸ A : τῆς F.

---

2. *De Caelo* II, 12, 293 a 2-4.

3. Interprétation physique, à la manière d'Aristote, de l'hypothèse des excentriques. Dans le livre II des *Hypothèses des planètes,* conservé uniquement dans la traduction arabe, Ptolémée tentait aussi de donner une réalité physique à ses hypothèses (cf. Ptolémée, *Opera astronomica minora* II, éd. Heiberg, Leipzig, 1907).

la figure décrite ne serait plus invariante, le corps intérieur empiétant toujours sur le corps extérieur. Peut-être tournerions-nous la difficulté en fixant chaque sphère excentrique à l'intérieur d'une homocentrique et en disant que l'homocentrique, tournant autour de son centre, entraîne l'excentrique qui tourne aussi autour de son centre ; nous pourrions alors considérer chaque couple de sphères comme une seule sphère, et nous n'aurions plus à craindre d'interpénétration entre les corps.

Il y a bien d'autres difficultés d'ordre astronomique qui arrêtent Sosigène dans ces hypothèses, et c'est normal. Les examiner en détail relèverait d'une tout autre étude. Ce que nous avons voulu simplement ici, c'est récapituler les théories concernant le ciel et les mouvements des corps célestes, et vérifier les démonstrations qui avaient servi à montrer que les mouvements sont circulaires, uniformes et réglés alors que les mouvements apparents ne sont pas uniformes et présentent des variations de hauteur ; et puis nous avons voulu donner une idée des hypothèses qui, au moyen de mouvements uniformes, circulaires et réglés, ont permis aux astronomes anciens et à leurs successeurs de sauver les phénomènes. Une telle étude est plus à sa place dans des *Commentaires sur le Ciel* que dans des *Commentaires sur la philosophie première*; aussi nul ne nous reprochera, j'en suis sûr, la longueur excessive de cette digression, eu égard à son opportunité.

Mais revenons à la suite des développements d'Aristote.

τος. Μήποτε δὲ πάντα διαφευξόμεθα ταῦτα ἐκκέντρους σφαίρας ἐν ὁμοκέντροις ἐναρμόζοντες καὶ τὴν ὁμόκεντρον περὶ τὸ ἑαυτῆς κέντρον κινουμένην περιάγειν λέγοντες τὴν ἔκκεντρον καὶ αὐτὴν περὶ τὸ αὑτῆς κέντρον κινουμένην· καὶ πάσας τελείας ἐροῦμεν σφαίρας μὴ δεδοικότες ἐπ' ἐκείνων τὸ σῶμα διὰ σώματος χωρεῖν.

Καὶ ἄλλας δὲ ἀστρονομικὰς ἀπορίας οὐκ ὀλίγας ὁ Σωσιγένης ἀπορεῖ καὶ πρὸς ταύτας τὰς ὑποθέσεις εὐφυῶς, ἃς ἄλλης ἂν εἴη σχολῆς ἐπισκέπτεσθαι. Νῦν δὲ ἐδόκει τοὺς περὶ τοῦ οὐρανοῦ καὶ τῶν οὐρανίων κινήσεων λόγους ἀνερευνῶντα καὶ τὰς ἀποδείξεις βεβαιωσάμενον δι' ὧν ἐγκύκλιοί τε καὶ ὁμαλεῖς καὶ τεταγμένοι ἐδείχθησαν, ἐπειδὴ φαίνονται ἀνώμαλοί τε καὶ ἀνόδους ἔχουσαι καὶ καθόδους, ἔννοιαν παρασχεῖν τίνων ὑποτεθέντων δι' ὁμαλῶν καὶ ἐγκυκλίων καὶ τεταγμένων κινήσεων οἵ τε παλαιοὶ ἀστρονόμοι καὶ οἱ μεταγενέστεροι σῴζουσι τὰ φαινόμενα. Εἰ οὖν μᾶλλον τοῖς περὶ τοῦ οὐρανοῦ λόγοις τοῦτο προσήκει ἤπερ τοῖς περὶ τῆς πρώτης φιλοσοφίας, μηδεὶς ἡμῶν αἰτιάσεται τὴν πλείονα τοῦ λόγου παρέκβασιν, εἰ κατὰ καιρὸν εἴη γεγενημένη.

Ἀλλ' ἐπὶ τὰ ἑξῆς τῶν τοῦ Ἀριστοτέλους λόγων ἰτέον.

1 διαφευξόμεθα Heib. -ξώμεθα AF || 3 περὶ — κέντρον om. A || κινουμένην F : κινούμενοι A || 7 ἀστρονομικὰς F : ἀστρονομίας καὶ A || 9 ἃς om. A.

TABLE DES MATIÈRES

Ce volume,
de la Collection des Universités de France,
publié aux Éditions Les Belles Lettres,
a été achevé d'imprimer
en novembre 2002
sur presse rotative numérique
de Jouve
11, bd de Sébastopol, 75001 Paris

N° d'édition : 4448
Dépôt légal : décembre 2002

Imprimé en France